생성소멸 (영)문법 V, 한국어가 구세주

한국어는 생어(SOV)
영국어는 사어(SVO)

유영두(상명대 명예교수) 저

종류	한국어	몽골어와 일본어	영국어와 기타
어순	SOV	SOV	SVO
문자	소리	뜻	뜻
문법	격	격	수
자음+모음=음절	생음	사음	사음
뜻어+기능어=격어	생어	생어	사어
문맹률	0%	20%	50%

주어(S)+목적어(O)+동사(V)의 어순은 생어고 아니면 사어다. **자음+모음=음절**이 되면 생음이고 안 되면 사음이다.
뜻어+기능어=격어가 되면 생어고 안 되면 사어다. 문맹률은 문자와 문법이 결정한다. 지구촌에서 몽골어 한국어 일본어만이 생어고
나머지는 모두 사어들이다. 한국어만이 생음 생어라서 문맹률이 0%다. 미국과 캐나다의 문맹률이 50% 이상인 것은 영국어가 사음
사어기 때문이다. 죽은 사람을 살릴 수 없듯이 죽은 언어를 살릴 수 없기도 마찬가지다. 미국과 캐나다가 영국어를 초중고대에서
주 10시간씩 교육해도 문맹률을 50% 이하로 내릴 수 없는 것은 죽은 영국어기 때문이다. 이걸 모르고 있으니 답답하다. 그들은 영국어를
버리고 한국어를 수입하여 모국어로 써야 문맹률을 0%로 내릴 수 있다. 기타 세계 각국들도 마찬가지다. 따라서 한국어는 세계 각국의
문맹률을 0%로 내려줄 수 있는 구세주(Savior)와 같은 존재다. 한국어가 세계어가 되는 것은 불우이웃돕기다.

 백산출판사

머리말

1) 제5권

이 책은 2006년도에 출간된 '생성소멸 (영)문법 IV'에 이어지는 제V권으로 총결론판이다.

2) 필수품

영어를 연구하는 데 필요한 필수품들(공, 국어, 불교, 6행, 자연과 사람, 몽골족과 몽골어)이 UN세계국가를 건설하는 데도 필수품이라서 제3부에 '필수품'이라는 제목을 붙였다. 중요한 결론들을 미리 말해두면 다음과 같다.

a) 0123, ㅇㄱㄴㄷ, 공즉시색

공 유무로 정답과 오답이 나뉜다. 0123이 세계 숫자이듯이 ㅇㄱㄴㄷ이 세계 문자다. 따라서 공즉시색 불교가 세계종교다. 공이 없으면 수학이 안 되듯이 공이 없으면 어학도 안 되고 종교도 안 되고 모든 학문이 안 된다.

b) 세계 최우수 한국어

(a) 6행어

한국어가 유일하게 3음(자음+모음=음절), 3어(뜻어+기능어=격어)가 되는 6행어라서 생음 생어다. 사음 사어인 영국어를 밀어내고 세계어로 나가서 불통세계를 소통세계로 만드는 것은 적자생존의 자연법칙이다.

(b)
한국어	영국어
생어(SOV)	사어(SVO)
생음 생어	사음 사어
소리문자	뜻문자
격문법	수문법

c) 불교는 과학

과학이 발달할수록 불교는 맞아 들어간다. 지동설, 진화론, 대폭발(Big Bang) 등은 모두 윤회론이다. 정답 탐지기 공과 6행이 모두 불교에 들어 있다. 색즉시공과 6대(지수화풍공식)가 그것이다. 불교에서 알면 부처가 된다는 최상의 깨달음 3먁3보리도 6행이다. 위 어학의 3음 3어와 같은 소리다.

d) 만물6행, 만학6행

우주만물의 진리는 음양5행(목화토금수)이 아니라 음양6행(지수화풍공식)이다. 6행으로 모든 학문을 다시 연구하면 어려운 학문의 시대는 가고 쉬운 학문의 시대가 열린다. 6행 정답시대다. 학문이 바로 서야 인간만사가 바로 선다.

e) 사람과 자연

(a) 병든 지구, 사람이 병균

병든 지구에서 보면 사람이 병균에 불과하다. 다시 말해 자연파괴 유무로 보면 마귀인간이고 천사동식물이다. 사람만이 자연을 파괴한다. 서기 2050년으로 예상되는 제6대멸종은 천재가 아니고 인재다. 사람들이 수도승처럼 살다가 지구를 떠나야 지구의 병이 낫는다. 인간은 지구의 불청객이요 조물주의 실패작이다.

(b) 부패한 인간만사

사람이 손만 대면 다 망가진다. 부패한 정치 경제 사회 문화, 부패한 종교, 부패한 지구, 부패한 국어 영어 수학 등이 그 예다. 국어와 불교는 정답이라도 6행 국어와 6행 불교로 고쳐야 명실상부한 정답이 되어 세계어와 세계종교로 나아간다.

f) 몽골족, 몽골어

흉노족이 헝가리를 세운 훈족이고 돌궐족이 터키를 세운 투르크족이다. 몽골족이 현생 인류의 민족 조상이고 몽골어가 어족 조상이다. 따라서 한국어가 윤회한 송장이 영국어라서 한국어와 영국어를 비교연구하면 영문법의 모든 문제가 풀어진다. 나아가서 한글과 한말이 보편문자요 보편문법이라는 것도 알게 된다.

g) UN세계국가

뭉치면 살고 흩어지면 죽는다. 소크라테스의 세계시민사상과 플라톤의 '국가론'을 살려 지금의 UN을 세계 통일국가로 만들어야 핵 종말을 예방할 수 있다. UN세계국가가 해야 할 급선무는 핵무기를 수거하여 폐기처분하는 것이다.

3) 되풀이 강조

이 책은 중요한 내용을 지루할 정도로 되풀이 되풀이 강조하는 것이 특징이다. 난해한 문제도 뒤로 가면서 이해가 된다.

4) 6행 몰라서 장님

6행 알면 악화가 양화를 구축하는 부패한 시대는 가고 청정한 시대가 열린다. 음양5행의 암흑시대는 가고 음양6행의 광명시대가 오는 제2의 르네상스시대가 열린다. 우리는 6행 몰라서 장님이지만 6행 알면 곧 부처임을 깨닫기 때문이다.

한국어는 생어(SOV)
영국어는 사어(SVO)

목 차

제1부 앞표지 설명

제2부　6행 보편 음어(3음 3어) 지도

한국어는 생어(SOV)
영국어는 사어(SVO)

제3부 필수품

한국어는 생어(SOV)
영국어는 사어(SVO)

제4부 되풀이 강조

한국어는 생어(SOV)
영국어는 사어(SVO)

제1부 앞표지 설명

제1부는 국어와 영어를 비교 연구한 총결론인 '한국어는 생어, 영국어는 사어'라는 앞표지를 미리 간단하게 설명하는 내용이다. 자세한 것은 2, 3, 4부에서 논한다.

제1장

글과 말이 다르다

제1장 글과 말이 다르다

정도의 차이는 있지만 나라마다 글과 말이 다르다. 다음 도표에서 라틴어와 영국어는 사어(SVO)라서 철자도 문법도 없는 언어다. 한국어만 생어(SOV)다. 하지만 한국어는 맞춤법을 잘못 고정하여 문자에 약간 문제가 있다.

인공 글	자연 말	언어
1) 랑그(Langue)	빠롤(Parole)	(소쉬르)
2) 고급(Classical)	저급(Vulgar)	라틴어
학교(School)문법	어머니(Mother)문법	
규범(= 거짓말)문법	비규범(= 참말)문법	
수문법	격문법	
인공(Unnatural)문법	자연(Natural)문법	
3) 글(Written)영어	말(Spoken)영어	영국어
철자	발음기호	
egg	[eg]	
수문법	격문법	
He is going to	He gonna	
He wants to	He wanna	
4) 글국어	말국어	한국어
철자	발음기호	
닳도록	[달토록]	
격문법	격문법	

1) 랑그(Langue)와 빠롤(Parole)

구조주의 언어학자 소쉬르가 한 말이다. 글과 말이라는 의미다. Langue는 Language라는 의미로 '글(Written)'이라는 뜻이고, Parole은 프랑스어 '말하다' 의미 parler동사에 해당하는 단어로 '말(Spoken)'이라는 의미다. 글과 말이 다르다는 것은 이해하기 매우 어려운 문제인데 소쉬르가 이것을 지적했다는 것은 그의 천재성이다.

2) 고급 라틴어(Classical Latin)와 저급 라틴어(Vulgar Latin)

고급 라틴어는 상류층들이 쓰는 좋은 라틴어고, 저급 라틴어는 하층민들이 쓰는 나쁜 라틴어로 생각하면 커다란 착각이다. 우리는 용어의 전도몽상에 빠져 있다. 표시한 대로 고급 라틴어가 학교문법이고 규범(= 거짓말)문법이고 수문법이고 인공문법이다. 반대로 저급 라틴어가 어머니문법이고 비규범(= 참말)문법이고 격문법이고 자연문법이다. 이 논리는 아래 영어와 우리 국어에도 적용되고 세계 각국어에도 적용된다.

3) 글영어(Written English)와 말영어(Spoken English)

품목 \ 영어	인공 글영어	자연 말영어
문자	철자(뜻글)	발음기호(소리글)
문법	수문법	격문법

　영어도 위 라틴어처럼 글과 말이 다르다는 것을 이해하기 어려운데 문자도 다르고 문법도 다르다. 문답문(Q&A) 즉 묻고 답하는 문장을 말영어로 착각하는 경향이 있다. 이런 문답문은 모두 글영어에 해당한다. 영문법 필요 유무로 글영어와 말영어기 때문이다. 따라서 말영어를 할 때는 영문법이 필요 없다. 소위 문법적인 고급 영어(Classical English)가 글영어(Written English)고, 비문법적인 저급 영어 (Vulgar English)가 말영어(Spoken English)라고 해야 정명이다. 영어에 관한 이 설명은 프랑스어, 독일어 등 모든 언어들에 공통으로 해당되는 말이다. 지금은 언어학 암흑시대다. 생어와 사어도 모르고 글과 말이 다른 것도 모른다.

4) 글국어와 말국어

품목 \ 한국어	인공 글국어	자연 말국어
문자	철자(닳도록)	발음기회[달토록]
문법	격문법	격문법

a) 한국어는 생어라서 라틴어나 영어처럼 글과 말이 크게 다르지 않고 단지 맞춤법을 잘못 고정하여 생긴 차이뿐이다. 그래서 그 예를 하나 달아 놓은 것이 닳도록[달토록]이다. 애국가 일절로 크게 예를 들면 다음과 같다.

　　　동해물과 백두산이[백뚜사니] 마르고 닳도록[달토록]
　　　하느님이[하느니미] 보우하사 우리나라 만세
　　　무궁화 삼천리[삼철니] 화려강산
　　　대한사람 대한으로[대하느로] 길이[기리] 보전하세

b) 소리 나는 대로 적어야 소리글이다.
　라틴어와 영어는 사어(SVO)들이라서 구제 불능이다. 한국어만이 생어(SOV)라서 구제 가능하다. 한국어는 맞춤법을 고치기만 하면 되기 때문이다. 애국가 일절이 간단한 예다. 소리 나는 대로 써야 소리문자다. 소리 안 나는 대로 쓰면 뜻문자다. 이 문제는 다음 제2부에서 자세히 논하기로 한다.

인공 글과 자연 말

제2장 인공 글(langue)과 자연 말(parole)

1) 글(Written)영어

  죽은 송장 영어
  마네킹 영어
  Classical(고급) English

  말(Spoken)영어

  산송장 영어
  중풍 걸린 영어
  Vulgar(저급) English

2) 주어와 동사의 일치 있음

  고급(Classical) 영어
  He is not happy.
  He is going to live in Korea.
  He wants to live in Korea.

  주어와 동사의 일치 없음

  저급(Vulgar) 영어
  He ain't happy.
  He gonna live in Korea.
  He wanna live in Korea.

3) 수문법

  인공(unnatural)문법
  규범(거짓말)문법
  학교(School)문법
  oxen 소들

  격문법

  자연(natural)문법
  비규범(참말)문법
  어머니(Mother)문법
  oxen 소는 = an ox [는 소]

4) 뜻문자

  철자
  egg[ㅔㄱㄱ]

  소리문자

  발음기호
  eg[ㅔㄱ]

5) English / Korean / Konglish

  영국어 / 한국어 / 콩글리시
  주어와 동사의 일치 / / 뜻어와 기능어의 일치
  I am a boy. / 나는 소년이다. / I let boy.
  I am happy. / 나는 행복하다. / I have happy.
  I am in the room. / 나는 방에 있다. / I be in the room.

1. 고급 영어(글영어)와 저급 영어(말영어)

a) 고급 영어가 글영어요 죽은 송장 영어로 인공 영어고, 저급 영어가 말영어요 식물인간같이 송장 영어지만 생명이 붙어 있는 자연영어라서 산송장 영어라는 별명을 붙였다. 글영어가 말영어보다 더 인공 영어라는 말이다. 말영어를 중풍 걸린 영어, 글영어를 마네킹 영어라고 불러도 된다.

b) 영어 문답문(Q&A)은 Spoken English가 아니고 Written English라는 것도 유의해야 한다. 규범영문법 유무로 글영어와 말영어기 때문이다.

2. 주어와 동사의 일치가 있으면 수문법이고 없으면 격문법이다

a) 영어는 주어와 동사의 일치가 있는 대신 뜻어와 기능어의 일치가 없으니 수문법이고 격문법이 아니다. 반대로 국어는 주어와 동사의 일치가 없고 뜻어와 기능어의 일치가 있으니 수문법이 아니고 격문법이다.

b) 아래에 있는 주어와 동사의 일치가 없는 3문장은 Vulgar English지만 자연영어다.

3. 규범문법 = 거짓말 문법

a) 수문법이 인공문법이고 규범문법이고 학교문법이다. 반대로 격문법이 자연문법이고 비규범문법이고 어머니문법이다.

b) 규범문법이 엉터리라는 것을 강조하기 위하여 괄호 안에 거짓말이라고 하고 비규범문법은 참말이라고 적었다.

c) 학교문법의 반대말은 어머니문법이라고 한 것은 우리가 태어나기 전에 어머니의 배 안에 있을 때 이미 배우고 나온 것이 격문법이라서 만든 용어다.

d) oxen = an ox는 격문법과 수문법의 차이를 보여주고 영어의 맞춤법과 띄어쓰기가 엉터리라는 것을 보여주는 예다. 기능어와 뜻어 사이를 띄어 쓰는 영어기 때문이다.

> 소는 동물이다.
> Oxen are animals.
> An ox is an animal.

4. abc는 소리문자가 아니고 뜻문자다

a) 발음기호 유무로 뜻글과 소리글이다. 영어는 발음기호 없이 철자를 읽을 수가 없다. 그래서 출석도 부를 수 없는 abc라서 중국 한자보다도 못하다.

b) 영어 abc는 중국 한자의 획에 해당하고, 영어의 단어는 중국 한자와 같은 것이라고 보면 정확하다. 중국은 5만 한자를 가진 문자지만 영어는 10만 한자를 가진 문자라고 보면 영어가 얼마나 배우기 어려운 언어인지 안다. 중국의 한자를 암기해서 쓸 수 있는 것이 몇 자 안 되듯이 영어 단어도 그렇다. 1,000단어 내지 2,000단어다.

c) 아래 egg[eg]는 3음이 안 되는 abc라는 증거로 제시된 것이다. 따라서 3음이 되는 문자는 우리 한글 하나다.

5. Konglish = Vulgar English = Spoken English

a) 위에서 한 소리의 되풀이다. 주어와 동사의 일치는 사람이 만든 규범문법이고 뜻어와 기능어의 일치는 자연이 만든 어머니문법이요 격문법이다. 따라서 콩글리시가 저급 영어지만 말영어다. 따라서 말영어를 할 때는 영문법을 잊어버려야 한다. 영문법 유무로 글영어와 말영어기 때문이다.

이래서 미국 학생들은 글영어를 수학보다 더 어려워한다.

b) 글영어 문장들은 모두 비문

I am a boy의 'I'는 이도령이고, 'am'은 열녀춘향이다. 'am'은 언제나 'I'만 따라다니는 be동사라서 붙인 별명이다. 영어의 주어와 동사의 일치가 얼마나 엉터린가를 보여주는 좋은 증거다. 따라서 I am a boy는 정문이 아니고 비문이다. 나아가서 글영어 문장들은 모두 비문이다. 격문법이 아니고 수문법으로 만든 인공문장들이기 때문이다.

제3장

ABC는 소리글이 아니고 뜻글

제3장 ABC는 소리글이 아니고 뜻글

1) ㅇㄱㄴㄷ(생음), oabc(사음)

한글 공(이응)은 자음인데 영어 공(오)은 모음이라서 엉터리다. 공 없는 숫자로 수학이 안 되듯이 공 없는 문자로 어학이 안 된다. 따라서 전 세계에서 한글만이 공이 있어서 유일하게 3음이 되는 생음 문자다.

2) 3음(자음 + 모음 = 음절)이 되고 안 되는 한글과 abc

한글은 3음이 되니 생음이고 영어는 안 되니 사음이다. 영어는 공(이응)과 '으'가 없어서 3음이 안 될 때가 많다. 다음이 예다. 음소(phoneme)와 음절(syllable)의 구별이 없다.

에그 egg[eg] ㅔㄱ

애플 apple[aepl] ㅐㅍㄹ

3) 발음기호 유무로 뜻글과 소리글

영어는 발음기호가 있어서 뜻글이다. 한글은 발음기호가 따로 없다. 철자가 발음기호기 때문이다.

4) 한글도 발음기호가 생길 판

애국가 일절을 다시 예로 든다.

동해물과 백두산이 [백뚜사니] 마르고 닳도록 [달토록]
하느님이 [하느니미] 보우하사 우리나라 만세
무궁화 삼천리 [삼철니] 화려강산
대한사람 대한으로 [대하느로] 길이 [기리] 보전하세

이래서 한글도 중국의 한자와 결별하고 소리 나는 대로 쓰는 한글로 가야 한다. 아니면 문자론이라는 학문이 성립하지 못한다. 문자론과 문법론은 언어학의 음양으로 두 다리다. 지금은 문자론은 없고 문법론만 있으니 절름발이 어학을 하고 있다.

5) 문자부족 abc

a) 쌍둥이 8개: c j q x y는 쌍둥이라서 발음기호에는 없지만, 'r v f'는 'l b p'와 쌍둥이지만 발음기호에도 있으니 더 엉터리다.

b) 모음 7개: a e i o u 외에 w는 겹모음용이고, y는 쌍모음용이라서 반모음이 아니고 완전 모음이다. 이래도 영어는 모음이 13개나 부족하다. 한글은 모음이 20개기 때문이다.

c) 자음 12개: 한글은 자음도 20개로 모음과 일치하는데 영어는 자음도 8개나 부족하다.

6) 영어는 쌍자음 5개(ㄲㄸㅃㅉㅆ)가 없다.

한글처럼 같은 문자를 나란히 쓴다고 쌍자음이 되는 영어가 아니기 때문이다. 영어는 홑자음이 쌍자음을 겸하니 엉터리다.

      gas 깨스, bus 뻐스, down 따운, jazz 째즈, sink 씽크

7) 음소와 음절의 구별이 없다.

strong[스트롱]: 영어는 '으'가 없어서 s와 t가 단독으로 음절이 되니 3음 위반이다. 자음과 모음을 음소라고 한다. 따라서 음소와 음절은 완전히 다른 것이다.

8) 규칙 ㄱㄴㄷ, 불규칙 abc

한글은 규칙적인데 영어는 불규칙하여 발음기호가 따로 있다. 영어 a는 banana[버내너]에서 '어'도 되고 '애'도 된다. talk[토크]에서는 '오'가 된다. 이렇게 불규칙 abc다. 영어 abc는 한자의 획에 해당한 다. 이래서 영어 abc는 소리글이 아니고 뜻글이다.

9) 규칙 발음기호 36개〉불규칙 철자 26개

이래서 영어 발음기호가 철자보다 좋다. 따라서 영어는 철자를 버리고 발음기호를 철자로 하면 소리글로 다가간다. 하지만 발음기호도 3음이 안 되니 구제불능은 마찬가지다.

10) 3음(자음 + 모음 = 음절) + 3어(뜻어 + 기능어 = 격어)

문자론과 문법론의 기초요, 맞춤법과 띄어쓰기의 기초로 2개 합해서 음양6행이다. 따라서 두 개 중에 하나가 없으면 절름발이 어학이 된다. 지금은 문자론(음성학)이 없어서 절름발이 어학시대다.

11) 문장조사 대용: 어순 구두점 대문자

영어는 문장조사가 죽어서 만든 어순 구두점 대문자다. 국어는 문장조사가 있어서 이런 것들이 필요 없다.

12) 나라마다 다른 abc

영어 독어 불어의 abc가 모두 다르다. 나아가서 서반아어는 28자, 러시아어는 33자로 문자의 수도 다르다.

13) 한국어는 모아쓰기, 영국어는 풀어쓰기

한국어는 모아쓰기 즉 3성 글로 초성 중성 종성이 분명한데 영국어는 풀어쓰기라서 3성이 불분명 하다.

14) 한글(소리글) 〉 한자(뜻글) 〉 abc(사이비 소리글)

중국의 한자보다 못한 사이비 소리글이 영어의 abc다. 미국의 선생님들은 학생들의 출석을 부르지 못한다. 발음기호가 없으면 읽을 수 없는 것이 영어의 단어들이기 때문이다. 이 문제는 다음 장에서 다시 논하도록 하겠다.

한국어는 생어(SOV)
영국어는 사어(SVO)

제4장

출석도 못 부르는 abc

제4장 출석도 못 부르는 abc

영어는 세계어라서 세계 최우수 언어고, 한국어는 약소국의 언어라서 열등한 것으로 착각하기 쉽다. 그러나 사실은 정반대다. 한국어가 생음 생어로 세계 최우수언어고, 영어는 사음 사어로 문자도 문법도 없는 언어다. 다음에서 한글과 영어 abc를 비교해 본다.

	한글(ㅇㄱㄴㄷ)	로마자(oabc)
1) 공(이응)	유	무
2) 3음(자음 + 모음 = 음절)	된다	안 된다
3) 발음	규칙	불규칙
4) 발음기호	무	유
5) 글	소리	뜻
6) 출석 부르기	가능	불가능
7) 문자 수	40자	26자
8) 맞춤법	모아쓰기	풀어쓰기

1) 공

한글 이응에 해당하는 문자가 abc에 없어서 영어는 3음이 안 된다.

2) 3음

예를 들면 영어 단어 egg[eg]는 한글로 [에그]지만 영어 발음기호를 한글로 쓰면 [ㅔㄱ]에 불과하니 3음이 안 된다. 한글 이응(ㅇ)도 없고 '으'도 없다. 영어는 26자 철자도 3음이 안 되는 엉터리고, 36자 발음기호도 3음이 안 되기는 마찬가지다. 설상가상의 영어다. 따라서 abc를 3음으로 분리수거 안 된 쓰레기장이라고 맹비난해도 된다.

3) 발음

한글 ㄱㄴㄷ은 언제나 규칙적으로 ㄱㄴㄷ인데 영어 abc는 불규칙하여 단어마다 다르니 발음기호가 없으면 읽을 수가 없다. a자를 예를 들면 banana[버내너], talk[토크], father[파더]에서 볼 수 있듯이 '어' '애' '오' '아' 등으로 다양하다.

4) 발음기호

발음기호 유무로 소리글과 뜻글이다. 영어 abc를 소리글로 착각하면 안 된다.

5) 글

한글은 3음이 되는 세계에서 유일한 생음 문자지만 영어 abc는 뜻글이고 3음도 안 되는 사이비 소리문자다.

한국어는 생어(SOV)
영국어는 사어(SVO)

6) 출석 부르기

미국 선생님들은 학생들 출석을 부를 수가 없다. 학생들의 이름에는 발음기호가 없기 때문이다. 예를 들어 Reagan(레이건), Coleridge(코울리지), Nietzsche(니체) 같은 이름들은 발음하기가 불가능하다. 따라서 학생 본인에게 어떻게 발음하는지 물어보고 출석을 불러야 하니 abc는 문자도 아니다. 중국 한자보다도 못하다. 중국 한자는 출석을 부를 수 있는 문자기 때문이다. 따라서 abc는 뜻문자(죽)도 아니고 소리문자(밥)도 아닌 사이비 소리문자로 죽도 밥도 아닌 문자다.

7) 문자 수

영어 abc는 구제불능이고 한글은 자음 20자 + 모음 20자 = 40자라는 사실은 제2부 음어 6행 지도에서 자세히 설명하기로 한다.

8) 맞춤법

한국어 받침이 총 27개에서 8개(ㄱㄴㄹㅁㅂㅅㅇㅆ)만 소리가 나고 나머지 19개는 소리도 안 나는 엉터리다. 이 19개가 어린이들이 받아쓰기 할 때 자주 틀리는 것들이다. 이 문제도 제2부에서 설명하기로 한다.

무학 문맹자와 대졸 문맹자

제5장 무학 문맹자와 대졸 문맹자

한국어는 생음 생어라서 초등학교를 다니지 못한 사람이 문맹자니까 무학 문맹자지만, 영국어는 사음 사어라서 대학을 나와도 문맹자가 많다. 따라서 미국 대통령들도 철자도 문법도 틀리는 영어를 쓰는 사람들이 많다.

1) 국어는 생어, 영어는 사어

다음 3가지가 증거다.

a) 어순 보면 안다.

한국어가 윤회한 송장이 영국어

한국어(SOV) ──────▶ 영국어(SVO)

생어 　　　　　　　사어

b) 문장조사 유무로 생어와 사어

어순이 윤회하면서 문장조사가 사라진 영어다. 문장조사가 통조림 뚜껑과 비슷하다. 통조림 뚜껑이 사라지니 통조림의 내용물이 모두 썩듯이 문장조사가 없어져서 구석구석 썩은 영어다. 따라서 영어는 문장조사 대용으로 어순, 구두점, 대문자를 사용하지만 역부족이다. 한국어는 문장조사가 있어서 이런 것들이 필요 없다.

c) 3어(뜻어 + 기능어 = 격어)가 되면 생어고 안 되면 사어다.

한국어는 되는데 영국어는 안 된다. 다음이 간단한 증거다.

(a) 명주보목: 영어는 격조사도 없이 명사가 주어 보어 목적어가 된다.

God is love.

I love Mary.

(b) 명동형부: 영어는 격조사도 없이 명사가 동사 형용사 부사가 된다.

I (have a) think that he is honest.

He is safe.

He arrived safe. (safe arrival)

(c) 불규칙 영어 격조사: 기능어가 윤회 독립하였다. 한국어는 기능어가 모두 뜻어 뒤에 온다.

A love is loving the lovely love lovelily.

사랑은 사랑스런 사랑을 사랑스럽게 사랑하고 있다.

2) 영어 abc는 뜻문자다.

영어 abc는 소리문자가 아니고 뜻문자다.

a) 영어 발음기호가 증거다.

중국어: 산(山)[san]

영국어: mountain[mauntin]

중국 한자처럼 뜻문자는 발음기호가 필요하다. 이래서 영어 철자 abc도 뜻문자다. 발음기호가 따로 있기 때문이다. 영어 철자 abc가 소리문자가 아니라는 것을 각별히 유의해야 한다.

b) 3음(자음 + 모음 = 음절)이 안 된다.

다음과 같이 한글로 비교하면 abc가 소리문자가 아니라는 것을 쉽게 안다.

egg   [eg]
ㅔㄱㄱ   [ㅔㄱ]

여기서 영어는 한글 '이응(ㅇ)'에 해당하는 문자가 없고, '으'에 해당하는 문자도 없다는 것을 안다. 이렇게 한글(ㄱㄴㄷ)에는 있지만 로마자(abc)에는 없는 문자가 많다. 이래서 지구촌에서 한글만이 생음이다.

3) 글과 말이 다른 영어

a) 미국 대입자격시험(SAT) 필수과목의 성적표

영어 읽기(reading)	800점
영어 쓰기(writing)	800점
수학	800점

영어는 글과 말이 다르다는 증거다. 듣기(hearing)와 말하기(speaking)는 없다.
이것은 미국 학생들이 수학보다 글영어를 어려워한다는 증거요 주 5시간 수학하고, 주 10시간 영어한다는 증거다.

b) 링컨 대통령은 고2 영문법 실력

미국 대통령들 중에서 링컨의 영문법 실력이 가장 높다는 뉴스보도가 있다. 고3 영문법 실력이 최고 수준이라는 기준으로 하는 말이라서 링컨도 고3 실력은 아니라는 의미다. 따라서 다른 미국 대통령들은 영문법 실력이 초등이나 중등 수준이라는 비난의 의미가 담긴 뉴스보도다. 이것도 미국에 대졸 문맹자들이 많다는 증거다.

4) 구제불능 미국 문맹자

a) 한국어는 생어라서 100% 자연국문법이고, 영국어는 사어라서 100% 인공영문법이다. 자연문법(격문법)은 암기할 필요가 없지만, 인공문법(수문법)은 암기해야 한다. 따라서 영국어는 암기과목이고 한국어는 비암기과목이다.

b) 우리나라는 글과 말이 같아서 초등학교를 못 다닌 사람이 문맹자지만 미국은 글과 말이 달라서 대졸자도 문맹자가 많다. 우리나라 문맹자는 한글만 며칠 배우면 문맹에서 벗어나지만 미국 문맹자는 abc를 며칠 배운다고 문맹에서 벗어나는 것이 아니라서 구제불능이다. 글과 말이 같은 한국어와 글과 말이 다른 영국어의 차이가 원인이다.

한국어는 생어(SOV)
영국어는 사어(SVO)

제6장

한국어가 윤회한 송장이 영국어

제6장 한국어가 윤회한 송장이 영국어

1) 기능어 윤회

a) 한국어는 정상인데 영국어는 비정상이다. 영국어는 기능어가 윤회하여 3어가 죽었다.

한국어: 뜻어 + 기능어 = 격어
영국어: 기능어 + 뜻어 = 격어

oxen ⟶ an ox
소는　　　 는 소
children ⟶ a child
아이는　　 는 아이
brethren ⟶ a brother
형제는　　 는 형제

따라서 영어의 복수명사라는 것은 격어고 복수명사가 아니다.

b) 소위 영문법에서 대표단수, 대표복수라는 소리가 한국어 주격조사들이다.

영어	국어
Horse is useful.	말 유용하다.
A horse is useful.	말은 유용하다.
The horse is useful.	말도 유용하다.
Horses are useful.	말이 유용하다.

한국어의 주격조사 이/가는 영국어에 없고 Horses가 그 자리를 차지하고 있는 것이 다르다.

2) 동사 윤회

여자들이 흔히 하는 말 '나는 머리했다.'는 문장의 변천사로 다음과 같이 동사의 윤회를 추론할 수 있다.

I hair have done.
⟶ I have hair done.
⟶ I have done hair.

3) 한국어는 생어(SOV), 영국어는 사어(SVO)

본래 모든 언어의 어순은 생어(SOV) 하나였다. 이게 변하여 사어(SVO)가 생긴 것이다. 영국어의 기능어 8가지(관사, be동사, 조동사, 관계대명사, 전치사, 접속사, 접두사, 접미사) 중에서 접미사를 뺀 나머지 7가지는 모두 기능어가 뜻어 앞으로 윤회한 것들이다. 윤회는 사망이라서 윤회한 기능어들은 격조사 기능을 못한다. 그래서 8기능어에 격조사라는 이름이 하나도 없다. 다음 문장을 보면 한국어는 생어라서 뜻어 + 기능어 = 격어가 규칙적인데 영국어는 사어라서 불규칙하다는 것을 우리는 안다.

A love has loved the lovely loves lovingly.

사랑은 사랑스런 사랑을 사랑스럽게 사랑했다.

4) 두 개의 핵심

a) 'a/an'과 '~s'는 단수와 복수가 아니고 격조사다.

'a/an'은 한국어 주격조사 '은/는'에 해당하고 '~s'는 한국어 소유격조사 사이시옷(ㅅ)에 해당하는 화석이다. 이게 단수와 복수라니 말이 안 된다. 이것을 단수와 복수로 하면 영문법은 수문법이 되고, 격조사로 하면 격문법이 된다. 따라서 지금의 영문법은 수문법이라서 100% 터무니없는, 새빨간 거짓말 영문법이다.

b) 'will' 'shall'은 미래조동사가 아니고 가정법 기능동사다.

'will' 'shall'은 한국어 '일 것이다'와 '할 것이다'에 해당하는 화석이다. 모두 '할 것이다'로 쓰인다. 이것을 미래조동사로 하면 시간 3시제가 되고, 가정법 기능동사로 하면 마음 6시제가 된다. 소위 가정법 공식이 마음 6시제의 증거다. 아래에서 영국어와 한국어를 비교하면 차이를 이해할 수 있다.

직설법(사실심) 4시제   가정법(생각심) 2능 2시제

(원형)   If he work(s) hard, I will employ him. (가능 현재)

그가 열심히 일하면, 나는 그를 채용할 것이다.

(현재)   If he worked hard, I would employ him. (불능 현재)

그가 열심히 일한다면, 나는 그를 채용할 것인데.

(과거)   If he have worked hard, I will have employed him. (가능 과거)

그가 열심히 일했다면, 나는 그를 채용했을 것이다.

(대과거)   If he had worked hard, I would have employed him. (불능 과거)

그가 열심히 일했었다면, 나는 그를 채용했을 것인데.

If절은 가정법이 아니고 직설법 4시제다. 주절이 가정법 2능 2시제다. 합해서 마음 6시제다. 시간과 시제는 별개다. 조동사는 2시제가 아니고 2능어다. 이 문제도 제2부 6격 6상 6시제에서 자세히 설명하겠다.

제 7 장

엉터리 수문법 증거들

제7장 엉터리 수문법(Number Grammar) 증거들

다음은 수문법이 엉터리라는 몇 가지 증거들이다. 격문법이 보편문법이다. 수문법이라는 용어조차 없다.

품목	단수	복수
1) 명사	a/an	-s
2) be동사	am/is(was)	are(were)
3) have동사	has	have
4) 일반동사	goes	go
5) 대명사	I	we
	you	thou
	he	they(그들)
	she	they(그녀들)
	it	they(그것들)
6) 형용사	this book	these books
	that book	those books
	the book	the books

1) 명사

격조사를 단수와 복수로 규범을 정하였으니 격문법이 아니고 수문법이다.

2) be동사

동사에 단수와 복수가 있으니 소도 웃을 일이다. 더구나 2능어인 am are is에 단수와 복수라니 설상가상이다. be동사는 과거시제도 주동일치가 있으니 더 웃긴다. 다음을 보면 are도 단수가 된다. 복수라는 근거가 없다.

> I am a boy.
> You are a boy,
> He is a boy.

3) have동사

has(하다)와 have(가지다)가 하나로 되었다. He is처럼 He has로 3인칭 단수에 인공규범으로 주동일치시켰을 뿐이다.

4) 일반동사

a) 직설법 3인칭 단수 현재 동사의 어미에 -s를 붙이는 주어와 동사의 일치는 최악의 일치다. 본토인들도 잘 모른다. 따라서 예외도 많다. If 가정법이 대표적인 예다. If절을 가정법으로 착각해서 주어와 동사가 일치하지 않는다.

> If he work hard, I will employ him.
>
> If he have worked hard, I will have employed him.

b) 다음을 보면 1인칭과 3인칭 단수에도 were가 쓰인다. 따라서 be동사 2능어는 are were만 남기고 am is was는 지워도 된다. 2능어는 하나로 충분하기 때문이다.

> If I were a bird, I would fly to you.
>
> If the sun were to rise in the west, I wouldn't change my mind.

c) 직설법 3인칭 단수 과거 동사의 어미에도 ‑s를 붙인다. have + pp는 현재시제가 아니고 과거시제기 때문이다.

> She has posted the letter yesterday.

5) 대명사

a) you의 복수는 thou인데 you로 단수와 복수를 모두 하니 are가 단수도 되고 복수도 된다. am/is는 단수고 are는 복수 be동사라는 증거가 없다.

b) 국어는 3개(그들 그녀들 그것들)의 복수대명사가 다른데 영어는 they 하나로 다 되니 엉터리다.

6) 형용사

a) 동사에 단수와 복수가 있다는 말이나 형용사에 단수와 복수가 있다는 말이나 소가 웃을 comedy 영문법이다.

b) 3인칭 the는 복수가 없으니 인칭도 고장이다.

c) 다음 문장을 보면 영어의 수문법이 지나치다는 것을 실감한다. 단수가 복수로 되면 3개(주어 동사 보어)가 모두 바뀐다.

> This is a book.
>
> These are books.

이상 6가지를 종합해 보면 영어는 사어라서 규범문법인 수문법으로 버티고 있다. 글은 수문법이고 말은 격문법이니 글과 말이 100% 달라서 문맹률이 50%도 낮게 잡은 것이다. 70~80%라고 해도 된다. 미국 학생들이 제출한 시험 답안지를 보면 철자도 문법도 없는 영어라는 것을 실감한다. 이래도 채점할 때 감점은 하지 않는다. 감점을 하면 전부 낙제생이 되기 때문이다.

한국어가 구세주

제8장 한국어가 구세주

1. 세계 최우수 한국어

품목＼언어	한국어	몽골어와 일본어	영국어와 기타 세계 각국어
1) 등위	1위	2위	3위
2) 어순	SOV(생어)	SOV(생어)	SVO(사어)
3) 문장조사	유	유	무(어순, 구두점, 대문자가 대용)
4) 문자	소리(자연)	뜻(인공)	뜻(인공)
5) 문법	격(자연)	격(자연)	수(인공) (성, 수, 인칭 문법)
6) 3음	된다(생음)	안 된다(사음)	안 된다(사음)
7) 3어	된다(생어)	된다(생어)	안 된다(사어)
8) 글과 말	15% 다르다	50% 다르다	100% 다르다
9) 문맹률	0%	20%	50%
10) 문맹자	무학	중졸	대졸
11) 모국어 교육	불필요	필요	필요
12) 과목	비암기	암기	암기
13) IQ	1위	2위	3위

1) 등위

언어에도 우열이 있다. 생어(SOV) 3개(몽골어 한국어 일본어) 중에서 한국어가 1위고 다음이 몽골어와 일본어고 영어를 포함한 나머지 언어들은 모두 사어(SVO)로 꼴찌라는 소리가 3위다.

2) 어순

여기서 SOV는 주어 + 목적어 + 동사의 어순을 의미하고, SVO는 주어 + 동사 + 목적어의 어순을 의미한다. 어순을 보면 생어와 사어를 구별할 수 있으니 가장 쉬운 증거가 어순이다.

3) 문장조사

a) 3어에서 뜻어 다음에 기능어가 오는 것이 정상이듯이 문장조사도 문미에 오는 것이 정상이다. 동사격조사와 문장조사가 하나기 때문이다. 한국어는 6행의 문장조사들(하다, 하냐, 하라, 하소서, 하자, 하구나)이 있는데 영어는 동사가 주어 다음으로 윤회한 언어라서 문장조사가 없어졌다.

b) 문장조사는 통조림의 뚜껑과 같다. 이것이 없으면 내용물이 모두 썩듯이 언어도 그렇다. 따라서 영어는 구석구석 썩은 언어다.

c) 영어는 없어진 문장조사 대용으로 어순, 구두점, 대문자를 쓰지만 역부족이다.

4) 문자

a) 소리문자는 자연문자고 뜻문자는 인공문자다.

b) 소리문자도 우열이 있다. 3음이 되면 한글과 같은 생음문자고 안 되면 abc와 같은 사음문자다.

5) 문법

a) 격문법은 자연문법이고 수문법은 인공문법이다.

b) 인구어의 성 수 인칭은 사망한 격조사를 고정시키기 위한 나사못처럼 사용하고 있는 엉터리 영문법이다. 백해무익한 담배와 같은 존재가 성 수 인칭이다. 영어는 성이 없어서 불어나 독어보다 덜 인공어라서 배우기 쉬운 편에 속한다.

6) 3음

a) 3음은 자음 + 모음 = 음절을 의미한다. 문자론의 기초요 맞춤법의 기초라서 굉장히 중요하다. 3음이 되면 생음문자요 안 되면 사음문자다.

b) 3음이 되는 문자는 한글 하나라서 한국어가 몽골어와 일본어를 앞서는 세계 1위가 된다.

7) 3어

a) 뜻어 + 기능어 = 격어를 의미한다. 문법론의 기초라서 굉장히 중요하다.

b) 3어가 되면 생어요 안 되면 사어다. 지구촌에서 우랄알타이어(몽골어, 한국어, 일본어)만이 생어고 나머지는 모두 사어들이다. 몽골족이 현생인류의 민족 조상이고 몽골어가 현생인류의 언어 조상이라서 우랄알타이어만 생어다. 몽골어가 이동하면서 SVO 어순으로 망가졌다는 것을 우리는 알 수 있다.

8) 글과 말

a) 정도의 차이는 있지만 나라마다 글과 말이 다르다.

b) 생음 생어지만 한국어도 15% 다른 것은 맞춤법을 잘못 고정하였기 때문이다. 몽골어와 일본어가 50% 다른 것은 사음 생어기 때문이고, 영어가 100% 다른 것은 사음 사어기 때문이다.

9) 문맹률

a) 문자와 문법이 문맹률을 결정한다. 국어는 생음 생어라서 문맹률이 0%고, 몽골어와 일본어는 사음 생어라서 20%고, 영어와 기타 세계 각국어는 사음 사어라서 50%다.

b) 죽은 사람을 살릴 수 없듯이 죽은 언어를 살릴 수 없기도 마찬가지다. 미국과 캐나다가 영국어를 초중고대에서 주 10시간씩 교육해도 문맹률을 50% 이하로 내릴 수 없는 것은 영국어가 사음 사어기 때문이다. 간단하게 말해 한국어(SOV)가 윤회한 송장이 영국어(SVO)기 때문이다. 기능어가 뜻어 앞으로 윤회한 영어라서 격문법이 아니고 성 수 인칭으로 만든 수문법 영어다. 이걸 모르고 있으니 답답하다. 미국은 영국어를 버리고 한국어를 모국어로 선택해야 문맹률을 0%로 내릴 수 있다. 나머지 세계 각국들도 마찬가지다. 따라서 한국어는 세계 각국의 문맹률을 0%로 내려 줄 수 있는 구세주(Savior)와 같은 존재다. 따라서 한국어가 세계어가 되는 것은 불우이웃돕기요 적자생존의 자연법칙이다.

10) 문맹자

a) 한국의 문맹자는 초등학교를 나오지 못한 무학문맹자들이다. 이들도 한글을 며칠 배우면 문맹에

서 벗어난다.

b) 미국의 문맹자는 우리와 사정이 다르다. abc를 며칠 배운다고 문맹에서 탈출할 수 없기 때문이다. abc는 한자의 획에 해당하는 사이비 소리문자요 영어 단어 하나하나가 한자에 해당하는 뜻문자라서 철자를 암기한다는 것이 굉장히 어려운 글영어다.

c) 설상가상으로 수문법인 규범영문법도 암기해야 영어작문을 할 수 있으니 미국의 문맹자는 구제불능이다.

11) 모국어 교육

a) 한국어는 생음 생어라서 초중고에서 모국어 교육이 필요 없다. 한글만 며칠 배우면 되니까 초등학교에 입학하기 전에 이미 읽고 쓸 수 있기 때문이다.

b) 몽골어와 일본어는 사음 생어라서 문자를 익히기 위한 초중고의 모국어 교육시간이 필요하다.

c) 영어와 기타 세계 각국어는 사음 사어라서 주 5시간 수학을 하고 주 10시간 모국어를 해도 문맹률을 50% 이하로 내리는 것이 불가능하다. 문자도 암기해야 하고 문법도 암기해야 하는 암기과목의 언어들이기 때문이다.

d) 따라서 우리는 국어교육시간을 과학에 주면 과학 강국으로 가고 노벨상 수상자들도 많이 나올 것이다.

12) 과목

a) 한국어는 생음 생어라서 문자도 암기과목이 아니고 문법도 암기과목이 아니다.

b) 몽골어와 일본어는 사음 생어라서 문자만 암기과목이다.

c) 영어와 기타 세계 각국어들은 사음 사어라서 문자와 문법을 모두 암기해야 하는 암기과목이라서 구제불능의 언어들이다. 그들은 한국어를 수입해서 쓰지 않을 수가 없다.

13) IQ

a) 언어가 IQ를 결정한다는 소리는 일반론이다. 한국과 일본의 IQ가 1위와 2위로 나오는 것은 한국어와 일본어가 1위와 2위기 때문이다.

b) 영어권 국가들은 5위 내에 없으니 영어가 사어(SVO)라는 증거다.

2. 100% 거짓말(인공) 영문법

다음은 영어연구 총 결론을 간단하게 시로 표현한 것이다.

예전엔 미처 몰랐어요.
영어가 사어라는 것을
한국어가 윤회한 송장이 영국어라는 것을

100% 거짓말 영문법이라는 것을
주어와 동사의 일치(I am, You are, He is)가 대표적인 거짓말이라는 것을
기타 영문법의 모든 일치들도 다 거짓말이라는 것을

한국어는 생어(SOV)
영국어는 사어(SVO)

18세기에 라틴문법을 모방하여 날조된 붕어빵 영문법이라는 것을

영문법 유무로 글영어와 말영어가 완전히 다르다는 것을
a/an과 -s가 글영어에서는 단수와 복수지만 말영어에서는 격조사라는 것을
따라서 본토인들은 글영어(수문법)를 어려워하고
외국인들은 말영어(격문법)를 어려워한다는 것을
이래서 미국과 캐나다의 문맹률이 50%나 되고 지구촌은 영어로 불통세계라는 것을
다시 말해 글과 말이 다른 영어로 본토인도 불행하고 외국인도 불행하다는 것을
요약하면 지금 인류는 영문법에 사기 당하고 있다는 것을
국문법은 자연문법 격문법 참말문법이지만
영문법은 인공문법 수문법 거짓말 문법이라는 것을
정말로 정말로 예전엔 미처 몰랐어요.

3. 불우이웃돕기

한국어 세계화는 불우이웃돕기다. 우리가 누리는 다음과 같은 1석4조의 혜택을 전 세계가 함께 누릴 수 있기 때문이다. 이 혜택들은 한국어가 세계 최우수 언어라는 증거도 된다.

1) 문맹률 0%

문자와 문법이 문맹률을 결정한다. 전 세계에서 문맹률이 0%인 국가는 한국 하나다.

2) IQ 세계 1위

언어가 IQ를 결정한다는 이론은 일반론이다. 다음은 영국과 스웨덴 교수들이 행한 세계 각국 IQ조사 결과다. 몽골의 IQ가 나오지 않은 것은 인구 200만의 소수민족국가기 때문에 통계에서 제외된 것으로 안다.

남한 1위
북한과 일본 공동 2위
대만 4위
오스트리아 5위

3) 서당개 3년이면

중국어는 글만 되고 말은 안 된다.
한국어는 글도 되고 말도 된다.
영국어는 글도 안 되고 말도 안 된다.

생어(자연어)는 배우기 쉽고, 사어(인공어)는 배우기 어렵기 때문이다. 세계 각국들이 자기들의 모국어를 버리고 한국어를 수입하여 모국어로 만드는 데 많은 시간이 걸리지도 않는다. 서당개 3년이면 되기 때문이다.

4) 과학 강국

a) 한국어는 생음 생어라서 초중고에서 한국어시간이 불필요하다. 이 시간을 과학에 주면 과학 강

국이 되고 노벨상 수상자도 많이 나올 것이다. 지금 대입 수능에서 국어와 국사는 애국과목이다. 영어를 상대 평가하여 등급화로 거세한 것은 잘못된 교육행정이다. 영국어는 사어라서 암기과목이지만 한국어는 생어라서 비암기과목이라는 것을 모르는 처사다.

b) 영어를 모방한 국어교육은 잘못

다음은 한국어는 생어(SOV)고 영국어는 사어(SVO)라서 문맹률이 0%와 50%의 차이가 나는 것을 간과하고 미국의 영어교육을 모방한 한국의 국어교육이 얼마나 잘못된 교육행정인가를 보여주는 것들이다.

(ㄱ) 미국이 초중고에서 영어를 가르친다고 우리도 초중고에서 국어를 가르치는 것

(ㄴ) 미국이 대학에서 교양영어를 가르친다고 우리도 대학에서 교양국어를 가르치는 것

(ㄷ) 미국이 수능(SAT)에서 영어와 수학만을 필수로 한다고 우리도 한국 수능에서 국어와 수학만을 필수로 하는 것

(ㄹ) 미국이 대학입시에서 작문(Essay) 시험을 본다고 우리도 대학입시에서 논술(Editorial)시험을 보는 것

4. 언어 사대주의

우리는 다음과 같은 거대한 착각에 빠져 있다.

영국어	한국어
세계어	약소국어
세계 최우수어	열등어
무결점어	유결점어
불규칙 동사	규칙 동사
불규칙 복수	규칙 복수
불규칙 비교	규칙 비교

한국어는 생어(SOV)
영국어는 사어(SVO)

제9장

4개국어 비교표

제9장 4개국어 비교표

종류 \ 언어	한국어	일본어	중국어	영국어
1) 어순	SOV(생어)	SOV(생어)	SVO(사어)	SVO(사어)
2) 문장조사	유	유	무	무
3) 언어	자연	자연	인공	인공
4) 문자	소리	뜻	뜻	뜻
5) 3음	생음	사음	사음	사음
6) 발음기호	무	유	유	유
7) 문자 변화	유	무	무	무
8) 문법	격	격	격	수
9) 3어	생어	생어	사어	사어
10) 글과 말 차이	15%	50%	80%	100%
11) 문맹률	0%	20%	50%	50%
12) IQ	1위	2위	대만 4위	오지리 5위
13) 서당개 3년	글과 말 가	글과 말 가	글만 가	글과 말 불가
14) 모국어 교육	불필요	필요	필요	필요

1) 어순

SOV어순은 생어고 SVO어순은 사어다. 따라서 생어와 사어는 비교대상이 아니다. 지금 지구촌은 3개어(몽골어 한국어 일본어)만 생어고, 나머지는 모두 사어들이다. 따라서 지구촌 문맹률이 50% 이상이라는 것은 이상한 일이 아니다. 살아 있는 3개국어 중에서 한국어가 1등이라는 것은 한글로서 알 수 있다. 일본은 중국한자를 쓰고 몽골은 러시아문자를 쓰니 3음이 안 되는 뜻문자들이다.

죽은 사람을 되살릴 수 없듯이 죽은 언어도 되살릴 수 없다. 따라서 세계 각국은 각국의 죽은 모국어를 버리고 한국어를 수입하여 모국어로 써야 1석4조의 한국어 사용 혜택을 누릴 수 있다.

2) 문장조사

문장조사 유무로 생어와 사어다. 영어는 어순 구두점 대문자를 문장조사 대용으로 쓰지만 불충분하다. 이런 것으로 6개의 문장조사(사랑하다, 하냐, 하구나, 하라, 하자, 하소서)를 대신할 수 없기 때문이다.

3) 언어(생어 = 자연어, 사어 = 인공어)

국어는 생어라서 자연문법(격문법)을 쓰니 자연어고, 영어는 사어라서 인공문법(수문법)을 쓰니 인공어다.

4) 문자

소리문자는 자연문자고, 뜻문자는 인공문자다. 발음기호 유무로 뜻문자와 소리문자로 나눈다. 따라서 영어는 발음기호가 있어서 소리문자가 아니고 뜻문자다. 지금 영어 abc를 소리문자로 착각하고

있으니 무명이고 전도몽상에 빠진 우리다. 학생들 출석도 부를 수 없는 사이비 소리글이라는 것을 알면 더욱 놀랄 것이다.

5) 3음

        3음(자음 + 모음 = 여성음절)
           ㅅ + ㅗ = 소(여성음절)

        3음(자음 + 모음 + 자음 = 남성음절)
           ㅁ + ㅏ + ㄹ = 말(남성음절)

  a) 3음은 한글(ㅇㄱㄴㄷ)만 가능하다. 로마자(oabc)로는 불가능하다. egg[eg = ㅔㄱ기]에서 '공'과 '으'가 없는 영어 발음기호가 하나의 예다.

  b) 쌍자음(ㄲㄸㅃㅆㅉ)이 안 되는 영어다. 음이 겹친다고 쌍자음이 되는 영어가 아니기 때문이다.

        egg, add, rabbit, ass, jazz

6) 발음기호

  발음기호 유무로 뜻문자와 소리문자다. 국어도 맞춤법을 고치지 않으면 발음기호가 생길 판이다.

        닳도록[달토록], 밝은[발근] 달

7) 문자 변화

  소리 나는 대로 적어야 소리문자다. 다음과 같이 되어야 정상이다. 한글도 일부는 문자변화를 한다. 100% 문자변화를 허용해야 100% 글과 말이 같은 한국어가 된다.

        몇월[며뒬] 며칠
        얽히[얼키]고설킨

8) 문법

  영어에서 a/an과 ~s는 단수와 복수조사로 하는데 이것은 국어 주격조사 은/는과 소유격조사 사이시옷(ㅅ)에 해당한다. 따라서 수문법 영어는 새빨간 거짓말이다. 100% 주먹구구 문법이다. 격문법이 어머니 배 안에서 배우고 나온 어머니문법(Mother Grammar), 즉 자연문법(Natural Grammar)이고, 수문법은 학교에 가서 배우는 학교문법(School Grammar) 내지 규범문법(Normative Grammar) 즉 인공문법(Unnatural Grammar)이다. 다시 한 번 강조하면 a/an과 ~s를 단수와 복수로 하면 수문법이고, 격조사로 하면 격문법이다.

9) 3어(뜻어 + 기능어 = 격어)

  기능어가 윤회하여 뜻어 앞으로 가면 본래의 기능을 상실하기 마련이다. 영어에서 7기능어(관사, be동사, 조동사, 관계사, 접속사, 전치사, 접두사) 등이 예다. 따라서 3어는 생어만 되고 사어는 안 된다. 결과적으로 생어는 격문법이고 사어는 격문법이 아니고 수문법이니 죽은 문법이다.

10) 글과 말 차이(문자 50% + 문법 50% = 100% 계산)

맞춤법을 잘못 만들어 한국어도 글과 말이 15% 차이가 나서 받침 울렁증에 걸린 한국 사람들이 많다. 맞춤법을 소리 나는 대로 고치면 15% 차이도 사라지니 다행이다. 일본은 한자를 쓰니 50% 차이 나고, 미국과 중국의 차이는 백해무익한 성 수 인칭 유무 차이로 각각 100%와 80%다. 영국어는 수문 법이고 중국어는 수문법이 아니니 격문법이기 때문이다.

11) 문맹률

우리나라도 1% 정도 문맹률은 있지만 무시하고 0%라고 했다. 초등학교를 못 다닌 할머니들이기 때문이다. 미국은 대학 나온 사람들도 문맹자가 많으니 큰 문제다. 학교를 졸업하고 나면 철자와 문법을 잊어버리기 때문이다. 미국 대통령들 중에서 링컨의 영문법 실력이 가장 좋은데 고등학교 2학년 수준이라고 보도되었다. 고3 영문법 실력을 최고로 보는 견해다. 따라서 다른 미국 대통령들은 영문법 실력이 중학교나 초등학교 수준이라는 소리다. 이러니 미국 문맹률을 50%로 잡은 것도 낮게 잡은 것이다. 실제로는 70% 내지 80%라고 해야 정확하다.

12) IQ

영국과 스웨덴 교수들이 조사한 세계 각국 IQ 조사 결과는 다음과 같다. 이것은 신문에 보도된 내용이다.

> 남한 1위
> 북한과 일본 공동 2위
> 대만 4위
> 오스트리아 5위

언어가 IQ를 결정한다는 것은 일반론이다. 이것이 한국어가 세계 최우수어라는 증거다. 이게 아니더라도 한국이 IQ 1위라는 증거는 많다.

a) 2차 세계대전 이후 후진국이 선진국이 된 나라는 한국 하나다.

b) 한국 학생들이 수학이나 과학 올림피아드에서 1등이나 2등을 한다.

c) 여러 가지 한류가 불고 있는 것도 IQ 1위 증거들이다.

d) 한국은 기능 올림픽에서 거의 연속 우승하고 있다. 육상 올림픽은 체력 올림픽이지만 기능올림픽은 IQ(정신) 올림픽이다.

13) 서당개 3년

3개국어를 비교하면 다음과 같다.

국어	어순	문자	문법	서당개 3년
중국어	SVO(사어)	뜻	격	말은 안 되고 글만 된다.
영국어	SVO(사어)	뜻	수	말도 안 되고 글도 안 된다.
한국어	SOV(생어)	소리	격	말도 되고 글도 된다.

자연어는 배우기 쉽고 인공어는 배우기 어렵다. 소리문자와 격문법은 어머니 배 안에서 배우고

한국어는 생어(SOV)
영국어는 사어(SVO)

태어나지만 뜻문자와 수문법은 태어나서 학교에 가서 배워야 알게 되니 학교를 졸업하고 나면 잊어버린다. 그래서 본토인들은 대학을 나와도 문맹자들이 많다. 따라서 미국이 영어를 버리고 한국어를 쓰지 않으면 한국이 누리고 있는 1석4조의 혜택을 누리지 못한다. 기타 세계 각국들도 마찬가지다.

14) 모국어 교육

a) 중국은 초등학교 6년 동안 간자체 한자 2235자를 배우는 게 목표고, 일본도 한자를 쓰니 한자 2100자를 배우는 것이 목표고, 미국은 영어 단어의 철자와 발음이 다르니 기본 단어 철자 2500개를 암기하고 주어와 동사의 일치와 같은 간단한 인공영문법도 암기해야 한다. 하지만 우리나라 초등 6년 동안은 이런 목표가 없다.

b) 영어는 글과 말이 달라서 로마자(oabc)를 하루 배워도 영어를 읽을 수 없지만 한국어는 글과 말이 같아서 한글(ㅇㄱㄴㄷ)을 하루 배우면 한국어를 읽을 수가 있다. 따라서 한국어는 글과 말이 같아서 소리 나는 대로 쓰면 되기 때문에 학교에서 배울 필요가 없다. 하루 한글은 대부분 유치원이나 가정에서 어머니로부터 배우고 초등학교에 입학한다. 이래서 일본 중국 미국은 초중고에서 모국어 교육이 필요하지만 우리나라는 불필요하다. 사회 자연 산수 과목도 국어 교과서 역할을 하기 때문이다. 이런 국어시간을 과학에 주면 한국은 과학 강국이 되고 노벨상 수상자도 쏟아져 나올 것이다. 세계 각국은 문맹률이 높아서 초중고에서 모국어 교육을 하지만 우리는 문맹률이 0%인데도 하고 있으니 어리석은 교육행정이다.

제2부 6행 보편 음어(3음 3어) 지도

제2부는 음양6행 문자와 문법 지도라는 의미다. 3음과 3어를 줄여서 음어라고 부른다. 문자론과 문법론의 기초가 된다. 6행이란 음양6행으로 음양5행을 1행 늘린 것이다. 음양6행을 줄인 말인 6행이란 보편, 자연, 정답, 우주만물 진리다. 플라톤의 이데아(Idea)요 철학의 로고스(Logos)요 유교의 중용과 불교의 중도, 6대, 3먁3보리에도 해당된다.

1. 3음 6줄 48문자

1) 자음: 초성 19 + 종성 9 = 28자

a) 무성자음(6자)	b) 홑자음(9자)	c) 쌍자음(5자)	겹자음(11자)
ㅋ	ㄱ	ㄲ	(ㄱㅅ) 몫[목]
	ㄴ		(ㄴㅈ) 앉다[안따]
ㅌ	ㄷ	ㄸ	(ㄴㅎ) 않다[안타]
	ㄹ		(ㄹㄱ) 맑다[막따]
	ㅁ		(ㄹㅁ) 삶[삼]
ㅍ	ㅂ	ㅃ	(ㄹㅂ) 밟다[밥따]
ㅅ		ㅆ	(ㄹㅅ) 돐[돌]
ㆁ	ㅇ		(ㄹㅌ) 훑다[훌따]
ㅊ	ㅈ	ㅉ	(ㄹㅍ) 읊다[읍따]
	ㅎ		(ㄹㅎ) 앓다[알타]
			(ㅂㅅ) 없다[업따]

2) 모음: 중성 20자

무성모음	d) 홑모음(6자)	e) 쌍모음(5자)	f) 겹모음(9자)
	ㅏ	ㅑ	ㅐ ㅒ
	ㅓ	ㅕ	ㅔ ㅖ
	ㅗ	ㅛ	ㅚ ㅘ ㅙ
	ㅜ	ㅠ	ㅟ ㅝ (ㅞ)
	ㅡ	〈ㅡ〉	(ㅢ)
	ㅣ		

***무성모음이 없듯이 11개 겹자음도 없어야 정상이다. 6줄이 되기 때문이다.

한국어는 생어(SOV)
영국어는 사어(SVO)

2. 3어 6격 108문법

1) 6격과 36격조사 = 42행

형용사격	주격	목적격	보어격	동사격	부사격
a) 공	공	공	다	다	공
b) 소유격	이	을	이다	이다	기본부사
c) 관계사	가	를	있다	있다	접속사
d) 준보어	은	은	하다	하다	전치사
e) 준동사	는	는	지다	지다	관사
f) 뜻어	도	도	되다	되다	기능어

2) 6뜻어 = 6행

a) 비명사
b) 성품명사
c) 비성품명사
d) 지명사
e) 각명사
f) 뜻기능어

3) 6뜻기능어 = 6행

a) 의문사
b) 지시사
c) 의존명사
d) 부정명사
e) 뜻기능동사
f) 수사

4) 6순수 기능어 = 6행

a) 공조사
b) 격조사
c) 상조사
d) 시제조사
e) 비교조사
f) 문장조사

5) 6상과 12상조사 = 18행

a) 심(사실심과 생각심)
b) 능(가능과 불능)
c) 료(완료와 미완료)
d) 역(자역동사와 사역동사)
e) 형(정지형과 진행형)
f) 태(능동태와 수동태)

6) 6료와 24료조사 = 30행

a) 준보어 6료
b) 준동사 6료
c) 보어격 6료(원형=현재)
d) 동사격 6료

***이상 6행들을 모두 보태서 108문법이다.

3음 6줄 48문자
(생음 한국어, 사음 영국어)

제1장 3음 6줄 48문자(생음 한국어, 사음 영국어)

다음 도표는 한글로만 가능하다. 한글은 3음이 되는 생음이고 영어 abc는 3음이 안 되는 사음이기 때문이다.

1. 도표

1) 자음: 초성 19 + 종성 9 = 28자

a) 무성자음(6자)	b) 홑자음(9자)	c) 쌍자음(5자)	겹자음(11자)
ㅋ	ㄱ	ㄲ	(ㄱㅅ) 몫[목]
	ㄴ		(ㄴㅈ) 앉다[안따]
ㅌ	ㄷ	ㄸ	(ㄴㅎ) 않다[안타]
	ㄹ		(ㄹㄱ) 맑다[막따]
	ㅁ		(ㄹㅁ) 삶[삼]
ㅍ	ㅂ	ㅃ	(ㄹㅂ) 밟다[밥따]
ㅅ		ㅆ	(ㄹㅅ) 돐[돌]
ㅇ	ㅇ		(ㄹㅌ) 훑다[훌따]
ㅊ	ㅈ	ㅉ	(ㄹㅍ) 읊다[읍따]
	ㅎ		(ㄹㅎ) 앓다[알타]
			(ㅂㅅ) 없다[업따]

2) 모음: 중성 20자

무성모음	d) 홑모음(6자)	e) 쌍모음(5자)	f) 겹모음(9자)
	ㅏ	ㅑ	ㅐ ㅒ
	ㅓ	ㅕ	ㅔ ㅖ
	ㅗ	ㅛ	ㅚ ㅘ ㅙ
	ㅜ	ㅠ	ㅝ ㅞ (ㅟ)
	ㅡ	〈ㅠ〉	(ㅢ)
	ㅣ		

2. 구성 요소

1) 자음과 모음

  a) 음양의 원리에 따라 크게 자음과 모음으로 나눈다.

  b) 영어 abc는 한글처럼 자음과 모음의 구별이 없이 abcde로 나열하니 엉터리다. 심지어 w와 y는 반모음이라고 하니 자음과 모음도 구별 못 하는 영어다.

2) 자음 3줄 + 모음 3줄 = 6줄 = 6행

a) 자음 3줄, 모음 3줄 보태면 6행이다. 겹자음 줄을 빼야 자음 3줄이 된다. 따라서 겹자음 11개는 없어져야 한다.

b) 영어도 choir, choice, rhythm 등 이런 겹자음들이 많아서 구석구석 썩은 abc의 증거들이다.

3) 자음 20개 + 모음 20개 = 40개

a) 20:20으로 음양이 일치한다. 영어 26자 abc로는 엄두도 못 낸다.

b) ㅇ: 종성 이응(무종성)

꼭지가 있는 종성(초성이응) 공은 사라졌지만 실제로는 존재하니 자음 20개로 계산된다. 하지만 소리가 나는 이응(꼭지가 없는 종성)은 종성으로만 쓰이고 초성으로는 안 쓰이니 초성은 19개가 된다. 꼭지 유무로 초성이응과 종성이응은 임의로 만든 것이다. 훈민정음 해례본에는 이 구별이 불분명하기 때문이다.

c) 영어 abc에는 한글의 이응에 해당하는 문자가 없으니 3음이 안 되는 가장 큰 이유다.

4) 자음 28개

초성 19개에 종성 9개(ㄱㄴㄹㅁㅂㅅㅇㆁㅆ)를 보태서 자음 28개가 된다. 여기서 'ㆁ'은 셍종엉젱[세종어제]에 나오는 무종성을 의미한다. 따라서 한글 이응(ㅇ)은 하나지만 3번 계산되어 자음 28개가 된다. 무종성도 종성이기 때문이다.

5) 용어 변경: 공 유무로 모음과 부음

자음(정자) + 모음(난자) = 음절(태아)은 근친상간이라서 모음 + 부음 = 자음으로 용어를 변경해야 정명이다. 'ㅇㄱㄴㄷ'에는 공이 있어서 모음이라 칭하고 'ㅏㅑㅓㅕ'에는 공이 없어서 부음이라 칭하기로 한다. 하지만 용어의 혼란을 피하기 위해 기존 용어를 그대로 쓰도록 하겠다.

6) '의'

a) '의'는 가장 잘못 만든 모음이다. '으 + 이 = 의'자로 만든 것이라서 2음절이니 음소가 아니라서 엉터리다. '의'자는 위치 따라 음이 변한다.

> 의사[으사], 주치의[주치이]

b) 소유격조사 '의'는 소유격조사 6행(으이어에 ㅅ 공)에 따라 해체되어야 한다.

> 나의(나, 나으, 내, 나어, 나에, 냇) 조국

c) 의 = of

(a) 한국어는 6행의 소유격조사가 있는데 '의' 하나로 고정한 것은 잘못된 것이다. 실제로 다음과 같이 쓰이고 있다.

> 영변에 약산 진달래
> 길동이 어머니
> 목포에 눈물

한국어는 생어(SOV)
영국어는 사어(SVO)

영어도 'of' 하나로 고정하여 잘못 쓰기는 마찬가지다.

Thames river ———▶ river of Thames

(b) 영어 사이시옷 사망: 종성시옷 ———▶ 초성시옷

영어는 사이시옷(ㅅ)도 어순이 윤회할 때 종성이 초성되어 6격에 쓰이니 사망이다.

(ㄱ) 주격과 목적격에는 복수조사로

Horses are useful.

I love horses.

(ㄴ) 보어격과 동사격의 어미에 -s로

He is professor. He has a think. He loves his wife.

Thanks. Cheers. Congratulations. meseems, methinks

(ㄷ) 형용사격에는 초성 시옷으로

Mary's book

Thames river

말영어에서는 구두점의 구별이 없다.

Animal's Farm = Animals Farm

(ㄹ) 부사격에는 설명도 없다.

always, perhaps, downstairs

7) '웨'

모음 '외'와 '웨'는 같은 음이라서 '웨'는 버리기로 한다. '외(外)'라는 한자는 있어도 '웨'라는 한자는 없는 것도 증거다. 그래서 '웨'는 '외'로 고친다.

궤변가 ——▶ 괴변가, 야훼 ——▶ 야회, 웬일이냐 ——▶ 왠일이냐

8) 'ㅍ'

'으' 쌍모음이 'ㅍ'다. 이것을 만들어야 쌍자음 5개와 나란히 음양이 맞다. 입으로 발음해 보면 실제로 이런 음이 존재한다는 것을 알 수 있다. 새로 만들어야 할 유일한 음소다.

ㅏㅑ, ㅓㅕ, ㅗㅛ, ㅜㅠ, ㅡ(ㅍ), ㅣ

9) 기능어 백두대간(주축): 이/아

'이'는 쌍모음이 없어서 가장 많이 쓰이는 음소다.

a) 사역동사격조사로: 이히리기 우구추

죽다, 죽이다

b) 수동태 동사격조사로: 이히리기 지되

보다, 보이다

c) '이'가 유일하게 6격조사로 쓰인다. 더 나아가서 '이/아'가 가장 많이 쓰이는 모음 기능어라는

것도 안다.

(ㄱ) 주격조사로: 이/가

말이 유용하다.

소가 유용하다.

(ㄴ) 보어격에서 목적격조사로: 이/가

나는 말이 좋다.(보어격) ──→ 나는 말을 좋아한다.(동사격)

나는 소가 좋다.(보어격) ──→ 나는 소를 좋아한다.(동사격)

(ㄷ) 보어격조사로: 이다/하다

그는 선생님이다.

그는 친절하다.

(ㄹ) 동사격조사로: 이다/하다

쥐를 죽이다.(사역동사로)

달이 보이다.(수동태로)

나는 생각하다.(자역동사로, 능동태로)

(ㅁ) 준보어 준동사로: 임/함

사람이다. 사람임

친절하다. 친절함

보이다. 보임

사랑하다. 사랑함

(ㅂ) 부사격조사로: 이/하게

간단이/간단하게

3. 8종성만이 진리

8종성(ㄱㄴㄹㅁㅂㅅㅇㅆ)만이 정답이다. 기타 19엉터리 종성들은 모두 사라져야 글과 말이 같은 한국어가 된다. 어린이들이 받아쓰기에 잘 틀리는 것들이 이 19개 엉터리 종성들이기 때문이다.

1) 겹자음 11개

겹자음 종성 11개는 이유 여하를 막론하고 대청소해야 한다.

2) 홑자음 8개

홑자음 8개도 대청소해야 한다.

a) 홑자음 5개는 시웃(ㅅ)으로 한다.

낟낱낮낯낳 ──→ 낫

b) 홑자음 'ㅋ', 쌍자음 'ㄲ'은 'ㄱ'으로 한다.

부엌 ──→ 부억

낚시 ──→ 낙씨

c) ㅍ은 ㅂ으로 한다.

잎 ──→ 입

높이 ──→ 노피, 높다 ──→ 놉따

합해서 ──→ 하패서

3) 한글 자음 명칭 19개 통일

다음과 같이 '이/어'로 통일하면 8종성만이 정답이라는 것도 알고, 가장 많이 쓰이는 사이시옷(ㅅ)의 중요성도 안다.

ㄱ = 기억, ㄴ = 니언, ㄷ = 디엇, ㄹ = 리얼, ㅁ = 미엄, ㅂ = 비업, ㅅ = 시엇, ㅇ = 이엉,

ㅈ = 지엇, ㅊ = 치엇, ㅋ = 키억, ㅌ = 티엇, ㅍ = 피업, ㅎ = 히엇,

ㄲ = 끼억, ㄸ = 띠엇, ㅃ = 삐업, ㅆ = 씨었, ㅉ = 찌엇

- 현재 : ㄱ = 기역, ㄴ = 니은, ㄷ = 디귿, ㄹ = 리을, ㅁ = 미음, ㅂ = 비읍, ㅅ = 시옷, ㅇ = 이응,

ㅈ = 지읒, ㅊ = 치읓, ㅋ = 키읔, ㅌ = 티귿, ㅍ = 피읖, ㅎ = 히읗

4. 음절 수

한글로 만들 수 있는 총 문자수와 실용문자수를 계산하면 다음과 같다.

1) 총 음절 3420자

a) 초성 19 × 중성 20 = 380 여성 음절

b) 380음절 × 8종성 = 3040 남성 음절

c) 3040 남성 음절 + 380 여성 음절 = 3420 남녀 음절

2) 실용음절 570자

a) 3420 ÷ 6 = 570자

3420을 6행수로 나누면 실용 음절 570자가 나온다.

b) 가장 날씬한 한글

다음이 3나라 국민이 자기 나라의 신문을 보기 위해서 최소한 알아야 할 음절의 수다.

중국 간자체 2235자

일본 한자 2000자

한국 570자

중국 한자는 하루에 몇 자씩 배우지만 한글은 하루에 다 배운다. 이래서 'ㄱㄴㄷ'만 배우면 한국어는 읽을 수가 있다. 이래서 뜻글과 소리글은 차이가 무섭다.

c) 영어 철자 abc는 뜻글이고, 발음기호가 소리글이다. 영어는 철자 abc를 배워도 영어를 읽을 수가 없다. 발음기호가 따로 있기 때문이다.

d) 1당 100 한글과 한자

한자 사전에 한글 500자에 한자 50000자가 다 들어가는 것이 증거다.

5. 음 기본 원리

1) 음양 원리

a) 자음 + 모음 = 여성 음절(소, 사자, 교사)

b) 자음 + 모음 + 자음 = 남성 음절(말, 사슴, 선생님)

c) 자음 + 모음 + 자음 + 자음 = 겹자음 음절(닭, 삶)은 없다.

서양어들의 남성명사와 여성명사는 남성음절과 여성음절로 개명해야 정명이다. 다음 격조사가 변하는 것을 보면 이 사실을 안다.

여성명사	남성명사
소가	말이
소는	말은
소를	말을
사자가	사슴이
사자는	사슴은
사자를	사슴을
교사가	선생님이
교사는	선생님은
교사를	선생님을

뒤에 오는 음절의 받침 유무로 남성명사와 여성명사가 되기 때문이다. 이래서 문법성은 자연성과 다르다. '소'와 '사자'는 여성명사고, '말'과 '사슴'은 남성명사다. 교사와 선생님은 동의어지만 여성명사와 남성명사로 성이 다르다.

2) 사람 입 하나

언어마다 문자가 다르지만 사람이 입으로 낼 수 있는 발성 능력은 하나다. 영어 26자 abc로는 48보편문자 도표를 만들 수가 없다. 따라서 국어에 없는 것은 영어의 결점이다. 한 예로 영어 r v f는 잘못 만든 문자라서 없어져야 한다. 이런 쌍둥이 문자가 많아서 영어 abc는 구제불능 문자다.

ㄹ: r, l   right, light, girl, world
ㅂ: v, b   very, bury
ㅍ: f, p   leaf, leap, fowls = poultry

3) 영어 발음기호도 구제불능

26개 영어 철자도 구제불능이지만 36개 영어 발음기호도 구제불능이다. 3음(자음 + 모음 = 음절)이 안 되기 때문이다. 3어가 정답문법 탐지기듯이 3음은 정답문자 탐지기다. 이래서 36자 영어 발음기호로도 한글 48문자를 만들 수가 없다. 국어는 모음이 20개나 되는데 영어는 모음이 7개(aeiouwy)밖에 안 되니 절대 부족하다. animal, egg, ink, old, uncle에는 국어 이응(ㅇ)에 해당하는 자음이 없는 영어라서 모음이 자음도 없이 음절이 되니 역시 엉터리 abc다.

한국어는 생어(SOV)
영국어는 사어(SVO)

4) 무생물도 생물

만물에 불성이 있다는 불교의 소리나 분별심을 버리라는 불교의 소리나 같은 말이다. 무생물도 생물이라는 소리다. 따라서 무생물인 문자도 주위환경에 따라 변한다. 문자도 생물처럼 주위환경의 지배를 받는다.

> 여자, 부녀자
> 국토, 궁민, 구거, 각꾹, 각꿍민, 각꾸거

이렇게 문자변화를 할 수 있는 유일한 문자가 한글이라서 세계 최우수 문자다. abc로는 어림도 없다. 언어학은 문자론과 문법론으로 구성된다. 문자변화를 하는 한글만으로 문자론이 가능하다. 지금 국어학도 문법론만 있고 문자론이 없어서 절름발이 어학이다.

6. 한글 창제: 미완성 작품

1) 원리: 음양6행

a) 천지인: 天23 地23 人23 大3合6

단군교 경전인 천부경에 있는 천지인 6행 원리다.

b) 음양6행: 아설순치후(비)

음양5행으로 만들었지만 비음(ㅁㄴㅇ)도 만들었기 때문에 실제로 음양6행이다.

c) 기하학 도형 6행: 무(백지), 점(.), 선(ㅡ, ㅣ), 3각형(ㅅ), 4각형(ㅁ), 원(ㅇ)

2) 미완성 한글 연구

세종은 건강상 이유로 한글 연구를 중단하고 미완성으로 반포하였다. 따라서 우리 후손들이 더 연구해서 완성해야 한다. 28자를 반포한 증거는 다음 두 가지로 추정된다.

a) 세종 28년에 반포

b) 사람 이빨 28개라서

7. 궁합 = 일치(Agreement)

사람의 입에서 나오는 음성에도 궁합이 있다. 이것을 영문법에서 일치라고 한다. 문자일치와 문법일치는 모두 자연법칙에서 하나다. 지금 한글 맞춤법은 궁합이 맞지 아니한 경우가 많아서 맞춤법 다시 보기를 해야 한다. 따라서 한글학회에서 맞춤법 다시 보기 주제로 논문발표도 한다. 지금 국어의 맞춤법에 있는 결점 몇 개의 예를 들면 다음과 같다.

1) '으' 남용: 으 ⟶ 어

a) 주격과 목적격조사: 은/는 ⟶ 언/넌: 영어 a/an(어/언)이 증거

> 말은[마런]/소는[소넌]

b) 목적격조사: 을/를 ⟶ 얼/럴: 서반아어 el/la(엘/라), 불어 le/la(러/라)가 증거

> 말을[마럴]/소를[소럴]

c) 준보어와 준동사에서 '으'를 남용하고 있다. '어'가 맞다.

　　　죽음 ⟶ 주검, 묻음 ⟶ 무덤 등이 증거다.
　　　분사 '사랑하던' '사랑했던'도 증거다.

2) '여와 예' 남용

　a) 고쳐라[고처라]

　b) 하셔요[하세요]

　c) 솅종엉졩[세종어제]

3) 문장조사(다 타 따) 살리기

　　　옳다[올타], 옳았다[오랐따]
　　　가다 간다 갔다[갔따]

4) 공 메우기: 공즉시색 원리

　　　국어[구거]
　　　몇월[며둴] 며칠

5) 받침 두 개짜리는 하나로 한다.

　a) 몫[목]

　b) 앉다[안따, 안넌다, 안잤따]

　c) 않다[안타, 아났따]

　d) 밝다[박따, 발갔따], 닭[닥], 칡[칙], 흙[흑]

　e) living: 삶[삼]
　　boil: 계란을 삶다[쌈따, 쌈넌다, 쌀맜따]

　f) 밟다[밥따, 밥넌다, 발밨따]

　g) 돐[돌](1989년에 변경되었다고 한다)

　h) 훑다[훌따, 훌넌다, 훌텄따]

　i) 읊다[읍따, 읍넌다, 을펐따]

　j) 앓다[알타, 알넌다, 아랐따]

　k) 없다[업따, 업썼따]

6) 낟낱낮낯낱 ⟶ 낫

　a) 낟개[낫개], 낟낱히[낫나치]

　b) 낱말[낫말]

　c) 낮과 밤[낫꽈 밤]

한국어는 생어(SOV)
영국어는 사어(SVO)

d) 낯을[나틸] 가리다, 낯이[나치] 두껍따

e) 애를 낳다[나타, 낫넌다, 나았따]

f) 같이[가치] 갑시다, 같은[가틴] 사람
   꽃이[꼬치] 피었따. 꽃을[꼬틸] 피우다

7) 이응화 현상

종성과 초성일치다.

a) ㄱㄴ: 독립문[동닙문], 국립[궁닙], 죽는대[중넌다], 먹는다[멍넌다]
   이미 이엉화된 것. 다락논[다랑논], 작란[장난]

b) ㄴㄱ: 민국[밍국]: 친구[칭구], 연구[영구], 한글[항글], 하는구나[하넝구나], 인구[잉구], 인괘[잉괘],
   인간[잉간], 한국[항국]

c) ㄱㅁ: 국민[궁민], 국문[궁문], 학문[항문]

8) ㄱㅎ ⟶ ㅋ

얽히[얼키]고설킨, 축하[추카], 북한[부칸]
아늑한[아느칸], 학회[하쾨], 국회[구쾨]

9) ㄹㄹ ⟶ ㄹㄴ

달리다[달니다], 알래스카[알내스카]

10) ㄱㅂㅅㅆ 뒤에는 언제나 쌍모음

a) 국까, 국쩨, 백뚜산

b) 업따, 입뻡

c) 숫까락, 젓까락

d) 있따

11) ㄴㄹㅁㅇ 뒤에는 자유재량: 쌍모음화 현상이 있다.

a) ㄴ: 한자[한짜], 문법[문뻡]

b) ㄹ: 멸종[멸쫑], 불상(부처상)[불쌍]

c) ㅁ: 마음속[마음쏙]

d) ㅇ: 등불[등뿔]

12) 잘못 만든 것

a) 쌍자음 대신 무성자음으로 규범한 실수들

암닭[암딱], 수닭[수딱]
암돼지[암뙈지], 수돼지[수뙈지],

암컷[암껃], 수컷[수껃]

살코기[살꼬기]

안팎[안빡]

b) '닭알 ⟶ 달걀'보다는 '닥알 ⟶ 다갈'이 자연스럽다.

13) ㅂㅎ ⟶ ㅍ

합해서[하패서], 급해서[그패서]

14) 니언(ㄴ)으로 공 메우기

여자 부녀자, 이빨 금니빨, 법률[법뉼], 문맹률[문맹뉼]

15) 종성 시옷(ㅅ) 변형: ㅅ ⟶ ㄷㅌㅈㅊ

a) 뜻이[뜨시], 뜻어[뜨더]

b) 같다[갇따], 같이[가치], 같은[가튼]

c) 맞다[맏따], 맞춤법[마춤법], 따라서 '맞춤법과 띄어쓰기'는 '마춤법과 떼어쓰기'가 맞다. 따라서 '맞띄의 자유'는 '맏떼의 자유'가 맞다.

d) 꽃[꼳], 꽃이[꼬치], 꽃은[꼬튼]

16) '함'과 '합' 다르다.

사랑합니다(평서문, 동명사 + 니다)

사랑합시다(청유문)

17) ㄴㄹ 궁합 아니다.

ㄹㄴ이 궁합이다.

신라[실나], 완료[왈뇨], 삼천리[삼철니]

18) 가장 엉터리 종성 히읗(ㅎ)

좋다[조타], 좋아하다[조아하다],

싫다[실타], 싫어하다[시러하다]

방아 찧다[찌타, 찓넌다, 찌었따]

곡식을 빻다[빠타, 빧넌다, 빠았따]

19) 기능어 음양

기능어도 음양이 있다. 남성음절 + 여성기능어, 여성음절 + 남성기능어다. 공이 있는 기능어가 여성기능어다.

a) 주격과 목적격조사: 이/가, 언/넌, 얼/럴

사스미/사자가, 사스먼/사자넌, 사스멀/사자럴

b) 보어격조사: 다/이다

교사다/선생니미다

c) 부사격조사: 으로/로/노

　　부사느로/대구로/서울노

d) 부사격조사: 과/와

　　말과 소/소와 말

이것은 예외다. 공이 있는 기능어가 남성 기능어다. 원인을 모르겠다.

20) 시제조사(ㄴ, ㅆ) 불변의 법칙

시간 3시제가 아니고 마음 6시제라서 용어도 바꿔야 한다.

보어 3시제	보분사 3개	동사 4시제 번성하다(원형)	동분사 4개
친절하다(현재)	친절한(현재분사)	번성한다(현재)	번성하는(현재분사)
친절했다(과거)	친절하던(과거분사)	번성했다(과거)	번성한(과거분사)
친절했었다(대과거)	친절했던(과거분사)	번성했었다(대과거)	번성하던(과거분사)
			번성했던(과거분사)

a) 3개어 '한': 동음 이기능어

　　친절한(현재 보분사)

　　번성한다(현재 동사)

　　번성한(과거 동분사)

b) 과거시제조사 쌍시옷(ㅆ) 불변의 법칙

c) 영어는 불규칙동사라서 이런 고정된 시제조사가 없다.

d) 한국어는 보어격 문장조사 '다' 유무로 현재와 원형시제인데 영어는 교잡 be동사라서 이게 안 된다.

　　친절하면(If he is(be) kind, I will be kind)

　　친절하다면(If he were kind, I would be kind)

　　친절했다면(If he have been kind, I will have been kind)

　　친절했었다면(If he had been kind, I would have been kind)

21) 과거시제용 리을(ㄹ)

a) 시제조사 불변의 법칙을 지키기 위해 과거시제에 리얼(ㄹ)이 갑자기 나타나서 동음이의어를 해결하기도 한다.

　　사다(live), 산다, 사랐따

　　사다(buy), 산다, 샀따

　　날이 박따, 발갔따

　　못을 박따, 바갔따

b) 과거시제용 리얼(ㄹ)이 등장하는 곳에서 착각으로 '삶'이나 '밝은' 같은 겹자음 받침이 생기는데 이것은 잘못된 것이다. '삼' '발건'으로 해야 맞다.

22) 기타 자세한 것은 각자가 소리나는 대로 적어보면 안다.

8. 구석구석 쩍은 영문자

1) 3음으로 분리수거 안 된 쓰레기장

abc에는 한글의 이엉(ㅇ)에 해당하는 음이 없으니 3음(자음 + 모음 = 음절)으로 분리수거 안 된 쓰레기장이다. 따라서 abc는 음소와 음절의 구별도 안 된다.

> apple[aepl = ㅐㅍㄹ]
> egg[eg = ㅔㄱ]

2) 콩밥 abc: 자음과 모음 구별도 불분명

한글처럼 자음과 모음으로 선명하게 나누어지지 않는다. w와 y는 모음인지 자음인지 애매하다. 완전 모음으로 해야 w는 겹모음을 내고, y는 쌍모음을 내는 모음에 해당하는 것을 안다. 자음 19자 사이에 모음 7자(aeiouwy)가 뒤섞여 있어서 콩밥이라는 별명을 붙인다.

3) 철자는 뜻글, 발음기호는 소리글

영어 발음기호는 영어 철자가 소리글이 아니고 뜻글이라는 증거다. 발음기호가 진짜 소리글이다. 영어의 철자는 불규칙하지만 발음기호는 규칙적이기 때문이다.

4) 영어는 철자와 발음기호가 다르다.

철자는 26개인데 발음기호는 36개라는 것은 26개 철자로는 소리글이 부족하다는 것을 말해준다. 따라서 영어는 철자를 버리고 발음기호를 철자로 해야 소리글로 가까이 간다.

5) 발음기호에 없는 철자들: cjqxy

이 5개 문자는 철자에만 있고 발음기호에는 없다. 철자에서도 쌍둥이 철자들이기 때문이다. c는 s와, j는 z와, q와 x는 k와, y는 i와 쌍둥이들이기 때문이다.

6) 쌍둥이들: rl, vb, fp

> ㄹ r l,   ㅂ v b,   ㅍ f p

한글에는 하나만 있는데 영어에는 2개가 있는 것은 영어가 잘못된 것이다. 그래서 쌍둥이라고 별명을 붙였다. 26자 abc에서 위 쌍둥이 8개를 빼면 18개만 남으니 한글 40자에 비하면 문자가 22개나 부족한 abc다.

7) 풀어쓰기

한글처럼 모아쓰기(3성 글, 받침 글)가 아니라서 초성과 종성의 구별이 애매하고, 공 메우기와 같이 종성이 초성으로 이동하는 것도 볼 수가 없다. 따라서 3음(자음 + 모음 = 음절)이 안 되는 영어 abc다.

8) 쌍자음 불가능

한글 쌍자음 5개(ㄲㄸㅃㅆㅉ)는 영어로는 불가능하다. gg, dd, bb, ss, zz로 한다고 쌍자음이 되지 않기 때문이다.

한국어는 생어(SOV)
영국어는 사어(SVO)

9) 모음 태부족

모음 7개로는 터무니없이 부족하다. 한글은 자음 20개 + 모음 20개 + 받침 8개로 총 48자나 되는데 영어는 고작 26자다. 모음이 많이 부족한 abc다. 그래서 '어'와 '으'가 없어서 영문으로 한글 표기할 때 어(eo), 으(eu)로 하는 것이 한 예다.

서울 Seoul 세울, 거창 Geochang 지오창, 음성 Eumseong?

한글로 영문 표기는 되도, 영문으로 한글 표기는 안 된다. 이걸 확대하면 한글로 세계 각국의 문자를 표기할 수 있어도 세계 각국의 문자로 우리 한글 표기는 불가능하다. 한글만이 3음 6줄 48문자가 되기 때문이다.

10) 규칙 ㄱㄴㄷ, 불규칙 abc

한글은 규칙적인데 영어는 불규칙하여 발음기호가 따로 있다.

11) 나라마다 다른 abc

영어, 독어, 불어 abc가 모두 발음이 약간 다르다. 한글이 세계문자로 나가면 이렇게 안 되도록 하기 위하여 초성 19 + 중성 20 + 종성 9 = 총 48자로 고정하여 내보내야 한다.

12) 나라마다 abc 개수도 다르다.

영어 26자, 스페인어 28자, 러시아어 33자

13) 발음기호는 뜻글 증거

a) 중국 한자는 발음기호가 없으면 외국인들이 읽을 수가 없다. 그래서 '山[san]'처럼 옆에 abc로 발음기호를 단다. 영어 발음기호도 이와 마찬가지다. 그래서 영어 철자는 소리글이 아니고 뜻글이다. 우리가 영어 철자를 소리글이라고 생각하는 것은 큰 전도몽상[착각]이다. 소리 나는 대로 써야 소리글이다. 소리 안 나는 대로 쓰면 뜻글이다. 그래서 영어는 100% 뜻글이고 한글도 30%는 뜻글이다. 한글은 맞춤법을 잘못 고정하였기 때문이다. 30% 뜻글 증거로 애국가 일절을 예를 든다.

동해물과 백두산이[백뚜사니] 마르고 닳도록[달토록]
하느님이[하느니미] 보우하사 우리나라 만세
무궁화 삼천리[삼철니] 화려강산
대한사람 대한으로[대하느로] 길이[기리] 보전하세

b) 다시 강조하면 영어는 문자가 두 가지다. 26개 철자와 36개 발음기호다. 26개 철자로는 부족하여 36개로 늘린 것이다.

c) 파닉스(phonics)라는 어린이 영어교육은 엉터리다. 영어 발음기호도 없이 영어를 읽는다는 것은 불가능하기 때문이다.

14) 영어 발음기호도 엉터리

영어 발음기호도 총 36개로 한글 40개에 미치지 못한다. 쌍둥이들 빼면 36개도 더 내려가서 30개도 안 된다. 주먹구구 영어 발음기호다. 발음기호에도 공이 없는 것이 마찬가지요 쌍자음 없는 것도 마찬가지다. 문자 정답 탐지기 3음이 안 되는 것도 마찬가지다.

15) 3음이 안 되는 발음기호

3음(자음 + 모음 = 음절)이 안 된다. 한글 이응에 해당하는 음이 없는 것이 대표적인 예다.

> apple[aepl = ㅐㅍㄹ]
> egg[eg = ㅔㄱ]
> I[ai = ㅏㅣ]
> old[ould = ㅗㅜㄹㄷ]
> use[juz = ㅠㅈ]

16) 4체 문자는 엉터리

a) 영어는 abc를 대문자와 소문자로 나누고 또 인쇄체와 필기체로 나누지만 한글은 이런 4체가 없어도 아무런 문제가 없다.

b) Aa, Bb처럼 대문자와 소문자가 모양도 다르다.

c) 영어는 문장조사가 없어서 어순, 구두점, 대문자가 필요하다.

d) 영어가 필기체까지 고정한다는 것은 지나치다. 필체는 선천적으로 사람마다 다르기 때문이다.

17) 묵음

묵음도 영어 abc가 뜻문자라는 증거다.

> Wednesday{wenzdei}, indict[indait], night[nait]

18) 로마 것들 하나 쓸 것 없다.

로마에는 학자가 없다. 그리스의 소크라테스, 플라톤, 아리스토텔레스에 버금가는 학자가 없다는 말이다.

a) 로마숫자: X I II III

b) 로마문자: abc

c) 로마문법: 라틴문법(8품사와 성 수 인칭 문법)

d) 로마종교: 삼위일체 예수교(예수는 God가 아니고 Man이다.)

19) 세계숫자 0123, 세계문자 ㅇㄱㄴㄷ

한국어는 한글이라야 하고, 중국어는 한자라야 하고, 영국어는 로마자라야 하는 것이 아니다. 한글로 중국어도 되고, 영국어도 되고, 세계 각국어가 다 된다. 유일하게 3음이 되는 생음문자가 한글이기 때문이다.

20) 이상의 여러 가지 증거로 볼 때 영문법처럼 영문자도 구석구석 썩었다.

9. 음철 6행

동음동의어	동음이의어
이음이의어	이음동의어
동음동철어	*동음이철어(웨 = 외)
이음이철어	*이음동철어(의 = 으 이 어 에)

1) 뜻글

중국 한자에 많은 동음이철어와 이음동철어는 자연법칙이 아니다.

2) 동음이의어 공포증

동음이의어 공포증으로 한글에 19엉터리 종성이 있다. 동음이철어들이다.

3) 이음동의어 공포증

국 궁 구 꾹 꿍 꾸(국토 궁민 구거 각꾹 각꿍민 각꾸거)

'국'으로 고정은 이음 동철어라서 자연법칙 위반이다. 이음동의어 공포증이다. 6개로 나누어 쓰면 이음 이철어라서 자연법칙이다.

10. 3음 3어

1) 3음 + 3어 = 6행 음어

3음	3어
자음 + 모음 = 음절	뜻어 + 기능어 = 격어
문자(alphabet)론	문법(grammar)론
한글	한말
맞춤법 기준	띄어쓰기 기준
음절과 음절 사이 짧게 띄어쓰기	격과 격 사이 길게 띄어쓰기
동해물	동해 물

a) 정답 탐지기

3음은 문자 정답 탐지기고, 3어는 문법 정답 탐지기다. 3음 3어가 되면 생음 생어고, 안 되면 사음 사어다. 한국어가 생음 생어고, 영국어가 사음 사어다.

b) 소위 받침 두 개인 자음 + 모음 + 자음 + 자음 = (?) 이런 것은 없다.

c) 어학은 2론(문자론과 문법론)이라서 촘스키(Chomsky) 3론(통사론, 의미론, 음운론) 문법은 문법 도 아니다.

2) 한국어만이 3음 3어가 되는 유일한 생음생어 6행어

한글(문자)도 좋지만 한말(문법)은 더 좋다. 한글은 맞춤법을 고쳐야 6행이 되지만 한말은 고칠 것 도 없이 6행이기 때문이다. 따라서 다음과 같은 소리를 해도 된다.

a) 만국의 문맹자여 단결하라

세계 각국이 자국의 글(문자)을 버리고 한글을 쓰면 문맹자가 없어진다.

b) 만국의 저능아여 단결하라

세계 각국이 자국의 말(문법)을 버리고 한국말을 쓰면 머리가 좋아진다.

3) 문자변화 유무로 소리글과 뜻글이다.

한글만이 문자변화가 가능한 문자다. 소리 나는 대로 써야 소리글이다. 아니면 뜻글이다.

4) 통하면 말이고 통하면 글이다.

맞춤법과 띄어쓰기가 좀 틀려도 통하면 말이고 통하면 글이다. 말은 상황으로, 글은 문맥으로 파악하기 때문이다. 맞춤법과 띄어쓰기 자유로워도 아무 문제없다.

5) 맞띄(맞춤법과 띄어쓰기) 고정과 자유

고정 = 고인 물 (썩는다)

자유 = 흐르는 물 (정화된다)

6) 맞띄 자유 = 3음 3어 원칙 + 자유재량

3음 3어의 원칙하에 소리 나는 대로 쓰고, 띄고 싶은 대로 띄기가 맞띄 자유다. 3음으로 맞춤법을 고정하되 자유재량을 주고, 3어로 띄어쓰기를 고정하되 자유재량을 주자는 것이다. 따라서 맞춤법과 띄어쓰기가 개인적으로 약간 달라도 아무런 문제가 없다. 통하면 말이고 통하면 글이기 때문이다.

a) 맞춤법 자유: 소유격조사 6개(으이어에공ㅅ)가 대표적인 예다. '의' 하나로 고정하면 안 된다.

b) 띄어쓰기 자유: 애국가 다음 구절은 방송국마다 다르다. 모두 맞는 것으로 하면 된다.

동해물 = 동해 물, 화려강산 = 화려 강산, 바람서리 = 바람 서리

7) 띄어쓰기와 붙여 쓰기 차이

띄어 쓰면 문자변화를 안 하는 신호로 사용하면 좋다.

핵 전쟁 = 핵쩐쟁, 핵 무기 = 행무기

8) 자유재량

1933년 한글 맞춤법을 고정한 사람들은 문자변화를 막으려고 노력했으니 실수다. 한글을 한자나 영어 단어처럼 고정하려고 노력한 것이 잘못이다. 말에 자유재량이 있듯이 글에도 자유재량이 있다. 이것이 자연법칙이다.

9) 맞춤법만 문제

각자가 소리 나는 대로 한글을 적어보면 지금의 한글 맞춤법이 얼마나 엉터린가를 스스로 안다. 한마디로 요약하면 지금의 한글에서 맞춤법만 문제다. 띄어쓰기는 별문제가 없다. 지금의 띄어쓰기는 자유재량이기 때문이다.

한국어는 생어(SOV)
영국어는 사어(SVO)

6격 6상 6시제(한국어는
자연어, 영국어는 인공어)

제2장 6격 6상 6시제(한국어는 자연어, 영국어는 인공어)

이 논문은 앞서 출판한 생성소멸 (영)문법 I—IV에서 다룬 두 가지 핵심(a/an과 ‑s는 단수와 복수가 아니고 격조사다. will shall은 미래조동사가 아니고 가정법 기능동사다)을 기초로 만든 6행문법이다.

6행문법이 보편문법이고 자연문법이고 참말문법이라는 예로 6격 6상 6시제 논문을 썼다. 이것이 (영)문법의 백두대간이기 때문이다. 한국어와 영국어를 비교 연구하면 한국어는 모두 정상인데 영국어는 모두 비정상인 것을 알게 된다. 따라서 한국어는 자연어(생어)고, 영국어는 인공어(사어)라는 것을 알게 되고 더이상 영어 연구는 시간 낭비라는 것도 알게 된다.

한국어는 자연문법 격문법 참말문법
영국어는 인공문법 수문법 거짓말문법

1. 6격: 주격, 목적격, 보어격, 동사격, 형용사격, 부사격

1) 3음: 자음 + 모음 = 음절

주격조사로 예를 들면 다음과 같다.

a) 자음 + 모음 = 여성음절:　　　　　　　　사자, 사자가, 사자는, 사자도

b) 자음 + 모음 + 자음 = 남성음절:　　　　　사슴, 사슴이, 사슴은, 사슴도
　　　　　　　　　　　　　　　　　　　　　　[사스미] [사스믄]

종성 유무로 남성명사와 여성명사가 아니고 남성음절과 여성음절이다. 문법성과 자연성은 다르다. 한국어는 남성명사와 여성명사를 암기할 필요가 없다. 저절로 명사와 격조사가 일치하기 때문이다. 뒤에 오는 기능어에 따라 저절로 공메우기 문자변화도 한다.

2) 3어: 뜻어 + 기능어 = 격어

a) 뜻어: 명사, 대명사

b) 기능어: 전치사, 접속사, 관사, be동사, 조동사, 관계사, 접두사, 접미사

c) 격어: 동사격어, 형용사격어, 부사격어, 주격어, 목적격어, 보어격어

8품사를 그냥 두고 격문법을 한다는 것은 불가능하다. 3어로 8품사 쓰레기장을 분리수거 안 하면 소쉬르(구조문법), 예스뻴슨(전통문법)과 촘스키(생성문법)처럼 문법 연구하느라 허송세월한다. 3어 격문법이 보편문법이고 3음 소리문자가 보편문자기 때문이다.

3) 3음 + 3어 = 6행 음어

어학은 3음 문자론과 3어 문법론 두 가지로 나눈다. 촘스키는 3론(통사론, 의미론, 음운론)으로 보편문법을 찾으니 지금까지도 수정에 수정을 되풀이하면서 미로를 헤매고 있다. 한마디로 촘스키 문법은 문법도 아니다. 횡설수설 문법이다.

한국어는 생어(SOV)
영국어는 사어(SVO)

4) 6행 한국어

영국어는 3음 3어가 안 된다. 영국어는 인공(비6행) 영문법이라서 영문법을 알아야 작문이 되지만 한국어는 자연(6행) 국문법이라서 국문법을 몰라도 작문이 된다. 이래서 미국과 캐나다의 문맹률은 50%고 우리나라는 0%라는 큰 차이가 난다. 영어는 문자와 문법이 모두 엉터리다. 구제불능 영어다. 3음 + 3어 = 6행이 안 되기 때문이다.

5) 8품사는 쓰레기장

8품사는 3어로 분리수거 안 된 쓰레기장이다. 8품사문법을 버리고 3어 격문법으로 가야 보편문법이 나온다.

6) 성 수 인칭

고장난 격조사들을 고정하기 위하여 만든 주먹구구 문법 범주들이다. 백해무익한 담배와 같다. 성 수 인칭 유무로 영어가 중국어 보다 못하기 때문에 이대로 가면 미국이 중국에 망한다.

7) 어 구 대(어순 구두점 대문자)

사망한 문장조사를 대신하기 위하여 만든 주먹구구 문법범주들이지만 역부족이다. 죽은 사람을 살릴 수가 없듯이 죽은 문장조사도 어순 구두점 대문자로 살릴 수가 없기 때문이다.

8) 팔품사와 성 수 인칭이 원수

8품사와 성 수 인칭이 존재하는 한 격문법(보편문법)은 불가능하다.

9) 격 결론: 갈갈이 찢어진 이름

a) 주격과 목적격은 격

b) 동사 형용사 부사는 품사

c) 보어는 격도 아니고 품사도 아니니 가장 망한 격이다.

10) 6격이 모두 후천적

주어 보어 목적어가 3어로 만들어지듯이 동사 형용사 부사도 3어로 만들어진다. 주어 보어 목적어는 3어로 만들어지는 후천적인 3격이고, 동사 형용사 부사는 선천적이라는 착각에서 벗어나야 6격이 모두 3어로 만들어진다는 사실을 알 수 있다. 뜻어 + 기능어 = 격어에서 뜻어와 기능어는 선천적으로 만들어지고, 격어는 후천적으로 만들어진다는 사실은 매우 중요하다.

11) 기능동사는 선천적, 일반동사는 후천적

기능동사(do be have let get become)와 일반동사(think know)는 다르다. 전자는 선천적이고 후자는 3어로 만들어지는 후천적인 것인데 영어는 기능동사가 죽어서 명사가 기능어도 없이 바로 동사가 되니 3어가 죽은 영어다.

2. 6상: 심, 능, 료, 역, 형, 태

음양6행이 우주 만물의 원리다. 6행 안에 또 음양이 있다.

1) 6상

a) 심: 생각심(think-mood), 사실심(know-mood)

조동사 유무로 생각심과 사실심이다. if, as if, wish, time 뒤에 가정법이 온다는 소리는 거짓말이다. 영어에만 있는 규범가정법이다. 다음에서 번역한 한글과 비교해 보면 영어의 규범가정법이 얼마나 엉터린가를 알 수 있다. 영어에만 있는 가정법이다. 다른 언어에는 없다. 그러니 엉터리다.

> If he worked hard, I would employ him.
> 그가 열심히 일한다면, 나는 그럴 채용할 것인데.
> He talks as if he knew everything.
> 그는 마치 그가 모든 것을 아는 것처럼 말한다.
> I wish I worked in Seoul.
> 나는 서울에서 일하는 것을 소망한다.
> It's time you went to bed.
> 네가 잠자리에 가는 시간이다.

생각심과 사실심 용어 변경은 명사(뜻어)의 종류에서 나온 것이다. think라는 각명사는 생각심이고, know라는 지명사는 사실심이다. 다음은 명사의 종류 6행이다. 명사의 종류를 고유명사, 보통명사, 물질명사, 추상명사, 집합명사로 나누는 것이나, 가산명사와 불가산 명사로 나누는 것은 모두 수문법에서 나오는 엉터리다. 격문법에서 명사의 종류 6행은 다음과 같이 완전히 다르다.

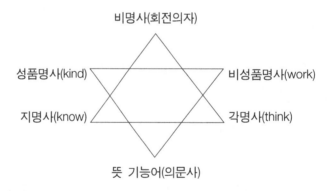

(a) 뜻어가 아닌 기능어나 문장도 뜻어 자리에 올 수 있는 것이 비명사다. '빙글 빙글 도는 회전의자에 앉으면 주인'이라는 노래가사처럼 회전의자 별명을 붙이면 이해하기 쉽다.

> 'An' is an article.
> 'I ain't happy.' is vulgar English.

(b) 뜻 기능어는 뜻어지만 중요한 기능을 하는 명사(의문사, 지시사, 의존명사, 부정명사, 뜻기능동사, 수사)들이다.

b) 능: 가능, 불능

Be동사와 조동사는 2시제(현재와 과거)가 아니고 2능(가능과 불능)이다.

> may = are to = are about to = 할 테다
> might = were to = were about to = 할 텐데

한국어는 생어(SOV)
영국어는 사어(SVO)

> will = are to = are going to = 할 것이다
> would = were to = were going to = 할 것인데
> can = are to = are able to = 할 수 있다
> could = were to = were able to = 할 수 있는데

c) 료: 완료, 미완료

시간 3시제가 아니고 마음 6시제다. will, shall이라는 미래시제는 없다. must may can과 더불어 생각심 조동사들이다. 시제 명을 다음과 같이 고쳐야 한다.

사실심 4시제	생각심 2능 2시제
thrive	will thrive
하다(원형 미완료)	할 것이다(가능 미완료)
thriven	would thrive
한다(미완료)	할 것인데(불능 미완료)
have thrived	will have thrived
했다(완료)	했을 것이다(가능 완료)
had thrived	would have thrived
했었다(대완료)	했을 것인데(불능 완료)

d) 역: 자역, 사역

(a) 동사는 자역 동사와 사역 동사로 나눈다. 자동사와 타동사로 나누는 것은 주어와 목적어가 자리를 바꾸는 잘못된 수동태 때문에 생긴 부작용이다.

(b) 한국어는 보어격과 동사격이 서로 소통한다. 보어격이 동사격으로 갈 때 다음과 같이 사역 동사로 가기도 한다. 영어는 이런 소통이 안 되니 보동격을 불통격이라고 별명을 붙이기로 한다.

보어격 3시제	동사격 4시제
	그는 친절하게 하다. (원형-미완료)
그는 친절하다.	그는 친절하게 한다. (미완료)
그는 친절했다.	그는 친절하게 했다. (완료)
그는 친절했었다.	그는 친절하게 했었다. (대완료)

e) 형: 정지형, 진행형

우리 국어 진행형 '–하고 있다'와 확 다르다. 구식 현재시제(She is marrying)로 만든 진행형은 인공 진행형이라서 엉터리다. 2능어 am are is로 만드는 것도 엉터리 증거고 현재분사가 진행형에 동원되는 것도 엉터리다. 엉터리 투성이가 영문법이다. 다음과 같이 해석해야 2능 be동사를 이해한다.

| She is marrying to Tom. | 그녀는 톰과 결혼한다. (가능) |
| She was marrying to Tom. | 그녀는 톰과 결혼하는데. (불능) |

f) 태: 능동태, 수동태

구식 과거시제(She is married)로 만든 수동태라서 인공 수동태니 역시 엉터리다. 이래서 영어는

능동태의 목적어를 주어로 하고 주어는 by 이하로 하는 엉터리 수동태들이다. 수업시간에 연습 문제로도 이런 수동태를 만들지 말라고 말하는 영국 문법가의 말이 맞다.

I love you. (나는 너를 사랑한다.)

*You are loved by me. (나는 네가 사랑된다.)

한국어는 자동사도 수동태가 되고, 주어와 목적어가 움직이지도 않는다. 동사 내에서 목적격조사가 주격조사로 변하면 수동태가 된다. 영어는 이게 안 된다.

능동태: 나는 그가 현명하다고 생각을 한다.

I have a think that he is wise. O

수동태: 나는 그가 현명하다고 생각이 된다.

I become a think that he is wise. X

다음과 같이 해석해야 2능 be동사를 이해한다.

She is married to Tom.　　　그녀는 톰과 결혼했다. (가능)

She was married to Tom.　　　그녀는 톰과 결혼했는데. (불능)

2) 만물이 음양6행

6상은 만물이 음양6행이라는 증거다. 6상 안에 음양이 또 들어 있고 6행도 들어 있다. 6시제가 예다.

3) 6상 착각(전도몽상)

다음과 같이 6상을 모두 잘못 알고 있다. 6상이 엉터리라는 것을 다시 한 번 더 강조한다.

a) 심

If절은 직설법이고 주절이 가정법인데, If절을 가정법으로 하고 주절을 미래시제로 하니 종속절과 주절 모두 착각이다. If가정법은 가짜 가정법이고 조동사 가정법이 진짜 가정법이다. 조동사 유무로 가정법과 직설법이다.

I go to Seoul.　　　나는 서울에 간다. (직설법 현재)

I will go to Seoul.　　　나는 서울에 갈 것이다. (가정법 가능 현재)

I would go to Seoul.　　　나는 서울에 갈 것인데. (가정법 불능 현재)

b) 능

Be동사와 조동사는 2능어인데 2시제로 착각되고 있다. 따라서 be동사가 만드는 6가지(보어, 준보어, 진행형, 수동태, 조동사, 시제)는 모두 엉터리다. 교잡 be동사가 6격에서 3격(보어격, 동사격, 형용사격)을 망치고 있으니 영어를 쑥대밭으로 만들고 있다고 해도 과언이 아니다. 그래서 쑥대밭 be동사라는 별명을 추가하기로 한다.

c) 료

마음 6시제인데 다음과 같이 시간 3시제로 착각하고 있다.

단순 3시제	현재	과거	미래(생각심 가능 미완료)
	work	worked	will work
	일하다, 한다	일했다	일할 것이다

한국어는 생어(SOV)
영국어는 사어(SVO)

완료 3시제	현재완료	과거완료	미래완료(생각심 가능 완료)
	have worked	had worked	will have worked
	일했다	일했었다	일했을 것이다

(ㄱ) 영어는 과거시제가 두 개다. worked는 가짜 과거시제고, have worked가 진짜 과거시제다. 이 가짜 과거가 가정법 과거시제로 착각되어 가짜 가정법이 영어에 존재한다.

(ㄴ) 미래라는 것들 두 개 모두 생각심 가능 미완료와 완료 2시제다.

d) 역

자역동사와 사역동사로 나눠야 하는데 자동사와 타동사로 나누니 역시 착각에 빠져 있다. 영어는 자역동사와 사역동사의 구별도 없다. 능수동처럼 자사역동사다.

She married her daughter to a rich man.
그녀는 그녀의 딸을 부자에게 결혼시켰다.

e) 형

규범 문법가들이 구식 현재시제를 진행형으로 규범한 것이 커다란 잘못이다.

She is marrying next year. 그녀는 내년에 결혼한다.
She was marrying next year. 그녀는 내년에 결혼하는데.

f) 태

규범 문법가들이 구식 과거시제를 수동태로 규범문법을 만든 것이 큰 착각이다. be동사는 2시제가 아니고 2능어라는 것을 모르는 것도 큰 문제다.

She is married.
Winter is gone. Spring has come.
Gone are my friends from the cotton fields away.

다음이 2능 be동사다.

My friends are going. 나의 친구들은 간다.
My friends were going. 나의 친구들은 가는데.
My friends are gone. 나의 친구들은 갔다.
My friends were gone. 나의 친구들은 갔는데.

4) 2능 고장

a) 영어는 '-할 수 있었다'가 2개인데 다음과 같이 구별하는 것이 옳다.

He was able to do it. 그는 그것을 할 수 있는데.
He has been able to do it. 그는 그것을 할 수 있었다.

b) 다음과 같이하면 2능이 더 선명해진다.

(a) 조동사는 생각심 2능어다.

He will be able to do it. 그는 그것을 할 수 있을 것이다.
He would be able to do it. 그는 그것을 할 수 있을 것인데.

(b) be동사는 사실심 2능어다.

다음과 같아야 정상인데 이렇게 안 쓰이고 be가 없어지니 인공영어다.

They are be able to do it. 그들은 그것을 할 수 있다.
They were be able to do it. 그들은 그것을 할 수 있는데.

5) 상 결론: 교잡 6상

6격 6상 6시제 모두 고장이지만 그중에서도 6상이 가장 고장이라서 교잡 6상이라는 별명을 붙이고 다음에서 되풀이 강조한다. 6상마다 음양이 있다.

a) 심(사실심과 생각심)

(a) If절은 사실심 4시제인데 생각심으로 착각하여 주어와 동사의 일치를 안 하니 영어의 주어와 동사의 일치가 엉터리 증거가 If절이다.

(b) 주절이 생각심 2능 2시제다. will have pp는 미래완료가 아니고 생각심 가능 완료시제다.

She will have posted the letter yesterday.

b) 능(가능과 불능)

(a) 2능을 2시제로 착각이 심각하다. 따라서 시제일치에서 가능(will)을 불능(would)으로 만드니 영어시제가 엉망진창이다.

He said, "I will go to Seoul."
He said that he would go to Seoul.

(b) be동사도 2시제가 아니고 2능어다. are to, were to도 증거다.

am(하다)   had(한데)
are(이다)   were(인데)
is(있다)   was(있는데)

I are a bird. 나는 새다.
I were a bird. 나는 샌데.

c) 료(완료와 미완료)

(a) 시간 3시제가 아니고 마음 6시제다.

(b) 크게 완료와 미완료로 나누고 사실심 4시제와 생각심 2시제로 나눈다.

d) 역(자역과 사역)

(a) 자동사와 타동사로 나눌 것이 아니고 자역동사와 사역동사로 나누어야 한다.

(b) 자역동사(하다), 사역동사(하게 하다)로 기능동사가 다르기 때문이다.

e) 형(정지와 진행)

(a) 구식 현재시제로 진행형을 만들어서 엉터리다.

He is marrying tomorrow. 그는 내일 결혼한다.

(b) be동사(am are is, was were)는 2능어다. 한국어 진행형(--하고 있다)에는 2능어도 현재분사도 없다.

한국어는 생어(SOV)
영국어는 사어(SVO)

f) 태(능동과 수동)

   (a) 구식 과거시제로 수동태를 만들어 엉터리다.

      Winter is gone. Spring has come. 겨울이 갔다. 봄이 왔다.

      She is married to Tom. 그녀는 톰과 결혼했다.

   (b) 한국어 수동태에는 2능 be동사도 과거분사도 필요 없다. 동사 내에서 태가 바뀐다.

      그가 정직하다고 나는 생각을 한다.

      그가 정직하다고 나는 생각이 된다.

3. 6시제: 사실심(직설법) 4시제 + 생각심(가정법) 2시제

1) 보어격 6료

영어의 보어격은 죽었다고 보면 된다. 잡종교배 be동사로 주동일치하기 때문이다.

	사실심(직설법)	생각심(가정법)
(원형 미완료)	If I be(am) kind, he will be kind. (가능 미완료)	
	내가 친절하면, 그도 친절할 것이다.	
(미완료)	If I were kind, he would be kind. (불능 미완료)	
	내가 친절하다면, 그도 친절할 것인데.	
(완료)	If I have been kind, he will have been kind. (가능 완료)	
	내가 친절했다면, 그도 친절했을 것이다.	
(대완료)	If I had been kind, he would have been kind. (불능 완료)	
	내가 친절했었다면, 그도 친절했을 것인데.	

a) 문장조사 유무로 원형-미완료와 미완료

한국어는 보어격이 원형 = 현재가 같은데 영국어는 동사격이 원형 = 현재가 같으니 완전히 반대다. 영국어가 고장이다. 다음 영어 7시제 be동사가 증거다. 2능어와 be동사는 완전히 다른 것이다.

원형	가능	불능	사실심완료	사실심대완료	생각심미완료	생각심완료
be 있다	am are is	was were was	has been 있었다	had been 있었었다	will be 있을 것이다	will have been 있었을 것이다

b) 7시제 be동사

am are is 원형이 be라는 것은 정신병자의 소리다. be까지 합치면 보어문장은 직설법 5시제, 가정법 2시제로 7시제가 되니 마음 6시제에도 어긋난다.

c) 보동격(보어격과 동사격) 조사: do, be, have, let, get, become

한국어는 보어격조사가 동사격조사로도 쓰이는데 영국어는 안 쓰이니 고장이다. 영어는 교잡 be동사로 망한 보어격과 동사격이다.

d) 과거미래?

will을 시제일치하면 would가 되는데 이것을 우리는 과거미래라고 부른다. 매우 엉터리 용어다.

'현재미래 과거미래 미래미래'라는 용어는 없다.

2) 동사격 6료

| | 사실심(직설법) | 생각심(가정법) |

（원형 미완료）　　　If he work(s) hard, I will employ him. (가능 미완료)
그가 열심히 일하면, 나는 그를 채용할 것이다.

（미완료）　　　If he worked hard, I would employ him. (불능 미완료)
그가 열심히 일한다면, 나는 그를 채용할 것인데.

（완료）　　　If he have worked hard, I will have employed him. (가능 완료)
그가 열심히 일했다면, 나는 그를 채용했을 것이다.

（대완료）　　　If he had worked hard, I would have employed him. (불능 완료)
그가 열심히 일했었다면, 나는 그를 채용했을 것인데.

a) 최악 공식: 가정법 공식

If절이 사실심(know-mood), 주절이 생각심(think-mood)이다. 이것은 천지개벽하는 소리다. 조동사 유무로 생각심과 사실심이다. know와 think는 많이 다르다.

I know that he is a fool. 사실심(fact-mood = know-mood)
= He is a fool.

I think that he is a fool. 생각심(thought-mood = think-mood)
= He may be a fool.

(a) 주어와 동사의 일치가 엉터리면 영문법의 모든 일치가 엉터리라는 증거가 된다. 하나 보면 열을 알기 때문이다. 성 수 인칭의 일치, 어순 구두점 대문자의 일치, 시제의 일치 등이 모두 인공일치라서 엉터리다. 영어는 기능어가 모두 고장이다.

성, 수, 인칭 = 고장난 격조사 고정용
어순, 구두점, 대문자 = 사망한 문장조사 대용

(b) 정명

직설법은 사실심, 가정법은 생각심으로 개명해야 if, as if, wish, time 뒤에 소위 가정법 과거가 온다는 착각을 깰 수가 있다. 말영어에서는 현재시제를 써도 아무 문제없다. 직설법 현재 자리에 온 과거시제기 때문이다.

If he worked(work) hard, I would employ him.
He talks as if he knew(know) everything.
I wish you went(go) to bed.
It's time you went(go) to bed.

(c) 조동사의 용법 엉터리

will, shall은 미래 조동사가 아니고 생각심 기능동사다. 조동사는 2시제가 아니고 2능이다. 기타 조동사들도 마찬가지다. must는 의무, may는 허가, can은 능력이라는 용법은 거짓말이다.

I speak English. (영어가 모국어인 경우)

I can speak English. (영어가 외국어인 경우)

(d) 언제나 가정법 공식대로 나타나지 않는다. 주절에 직설법이 나타나기도 한다.

If you had not helped me, I am not alive.
이건 가정법 대과거가 아니다. 종속절과 주절 모두 직설법이다.

b) 가정법 과거 착각

한국어 en-미완료시제(한다) 자리에 온 ed-인공과거를 가정법 과거로 착각하고 있다. if 가정법은 가짜 가정법이고 조동사 가정법이 진짜 가정법이라는 것을 다시 한 번 강조한다.

c) will have pp는 미래완료가 아니고 생각심 가능 완료다.

d) 무명용사 would have pp

시제 이름이 없으니 무명용사다. 생각심 불능 완료라는 이름이 정명이다.

e) 자연과거 have + pp, 인공과거 pp = p

have + pp는 자연 과거시제인데 이름이 현재완료니까 현재시제로 착각하고 있으니 문제다. 다음이 예다. 구석구석 인공영어 = 정신병자 영어다.

I have been married to John for ten years. 결혼 상태
I had been married to John for ten years. 이혼 상태

f) do be have 3파전

보동격조사 3개가 담당하는 역할이 다르다. 그래서 do(다), be(있다), have(하다) 3파전이라는 별명을 붙이기로 한다.

(a) do: 의문문, 부정문 독점

(b) be: 보어, 준보어, 진행형, 수동태, 조동사 독점

(c) have: 완료시제 독점

이러니 let(이다), get(지다), become(되다)은 할 일이 없다. 보동격조사에서 왕따 신세다. 일반 동사로 착각되고 있다. 3대 수동기능동사들이다. 한국어로 보면 정확하다.

보다, 보이다 (let)
좋아하다, 좋아지다 (get)
생각을 하다, 생각이 되다 (become)

g) 3동 1리

뜻어와 기능어를 내모(성격)와 외모(모양)로 나누어 관찰하면 3가지가 같고 1가지가 다르다. 그래서 3동 1리라는 제목을 붙였다. 기능어는 만국 공통이라는 것을 우리는 안다.

(a) 뜻어: 내모(성격) 동, 외모(모양) 리

성품명사에서 내모는 하나다. 외모만 다르다.
영국어 'kind', 한국어 '친절'이 예다.

(b) 기능어: 내모(성격) 동, 외모(모양) 동

내모 외모 모두 하나라서 만국 공통이다.
영국어 부정관사 'a/an', 한국어 주격조사 '은/는'이 예다.

UN세계국을 만들면
종말의 시계가 멈춘다

프랑스어 정관사 le/la, 한국어 목적격조사 '을/를'

h) 보동격조사 구성요소 6행: 한국어는 하나로 통일되지만 영국어는 불가능하다.

한국어는 보어격과 동사격이 모두 '것 임니다' 하나로 끝난다. 다음 보어격은 동사격처럼 만든 것이다. 괄호 안이 지금의 엉터리 보어격이다.

보어격: 친절할 것임니다.   친절했을 것임니다.

    shall kind   shall have kinded

    (shall be kind)   (shall have been kind)

동사격: 결혼할 것임니다.   결혼했을 것임니다.

    shall marry   shall have married

(a) 보어격 조동사 구성요소 6행 해부: '친절할 것임니다'

친절(성품명사) + 할(보부정사) + 것(의존명사) + 임(보명사) + 니(보어격조사) + 다(문장조사)

(b) 동사격 조동사 구성요소 6행 해부: '결혼할 것임니다'

결혼(비성품명사) + 할(동부정사) + 것(의존명사) + 임(보명사) + 니(보어격조사 = be동사) + 다(문장조사)

(c) '것임니다' 사망

위에서 '것임니다' 사망으로 영어는 의존명사 사망, 보명사 사망, be동사 사망, 문장조사도 사망한 언어다. 따라서 영어는 shall marry 준동사가 동사로 쓰인다. 보어격은 완전히 망했다. 준보어가 보어로 쓰이지도 않는다.

i) 교잡 조동사

영문법 책의 조동사 장(chapter)에서 다음 3가지를 모두 다루니 교잡 be동사처럼 교잡 조동사라는 별명이 필요하다. 조동사가 뭔지 모르는 증거다.

(a) 보동격조사

do(다), have(하다)

(b) 2능어

가능	불능
must (할 테다)	ought to(할 텐데)
may(일 테다)	might(일 텐데)
shall(할 것이다)	should(할 것인데)
will(일 것이다)	would(일 것인데)
can(할 수 있다)	could(할 수 있는데)

(c) 일반 동사: 명사 동사

need: You need not have done it.

dare: How dare you say such a thing to me.

3) 준보어 6료: 보부정사 2료(2개) + 보분사 2료(3개) + 보명사 2료(2개)

다음은 준동사 모양으로 표현한 준보어다.

시제	보부정사	보분사	보명사
미완료	친절할 to kind	친절한 kinden	친절함 kinding
완료	친절했을 to have kinded	친절하던 having kinded 친절했던 *hading kinded	친절했음 having kinded

a) 준보어 사망

영국어 준보어는 죽었다. 영국어로는 이해가 안 되니 한국어로만 봐야 한다.

b) '한' 사망: kind man 친절(한) 사람

보분사 조사 '한' 사망으로 'kind(친절)'라는 성품명사가 형용사로 착각되고 있다. 그래서 주어, 보어, 목적어에 쓰일 kindness(친절한 것)라는 파생명사(분사 의존명사)가 생기니 영어 뜻어(명사)가 격어보다 길어지는 기이한 현상이 일어난다.

c) 교잡be동사로 영어의 보어와 준보어, 진행형과 수동태는 완전히 사망했다고 보면 된다.

d) 관계사 발달

준보어 사망으로 관계사가 발달한 영국어. 잡종 be동사라서 7시제(사실심 5시제, 생각심 2시제)나 되니 완전히 엉터리다. 한국어로 번역이 안 된다. 같은 것이 두 개다.

사실심 5시제
man who be kind
친절한 사람
man who is kind
친절한 사람

man who was kind
친절하던 사람
man who has been kind
친절하던 사람

man who had been kind
친절했던 사람

생각심 2시제
man who will be kind
친절할 사람
man who will have been kind
친절했을 사람

e) 보분사 3개

(a) 보분사의 과거분사 2개 '친절하던'과 '친절했던'은 시제 차이가 없다.

(b) 한국어 '친절했던'에 해당하는 hading kinded(또는 hading been kind)는 영국어에 없다.

4) 준동사 6료: 동부정사 2료(2개) + 동분사 2료(4개) + 동명사 2료(2개)

시제	동부정사	동분사	동명사
미완료	번성할 to thrive	번성하는 thriving	번성함 thriving
완료	번성했을 to have thrived	번성한 thriven 번성하던 having thrived 번성했던 hading thrived	번성했음 having thrived

a) 영국어 준동사는 죽었다. 영국어로는 이 도표가 안 돼서 한국어 위주로 봐야 이해가 된다.

b) 3개의 '한' 차이: 동음 이기능어
   자연법칙이 매우 불가사의하다는 것을 알 수가 있다. 하나의 기능어가 다양하게 쓰이니 동음 이기능어라는 이름을 붙인다.

> 친절한: 미완료 보분사
> 번성한: 완료 동분사
> 번성한다: 미완료 동사

c) 시제조사(ㄴ, ㅆ) 불변의 법칙: 사다(buy), 산다, 샀다, 샀었다

d) 과거시제용 리얼(ㄹ): 사다(live), 산다, 살았다, 살았었다

e) 한국어는 종속절에 '불능'이 없다. '가능'만 있는데 영어는 불능이 있으니 역시 엉터리다. 그래서 다음 should가 종종 생략된다.

> I think it natural that he (should) get angry.

f) 가정법 미래시제 엉터리
   직설법 미래(의지미래, 단순미래) 시제가 엉터리이듯이 소위 가정법 미래라는 시제도 엉터리다. 한국어는 종속절에 불능도 없다. 다음도 엉터리 문장이다.

> If the sun should(were to) rise in the west, I wouldn't change my mind.
> 해가 서쪽에서 뜬다고 할지라도 나는 마음을 바꾸지 않을 것이다.

g) 전환
   (a) 준동사-동사 전환은 대체로 성공
      준동사가 동사로 전환하여 영어는 동사와 준동사의 구별이 없다. 다음에서 love는 준동사고 die는 동사다.

> Whom the gods love[loving] die young.
> (신들이 사랑하는 자는 어려서 죽는다.)

   (b) 준보어-보어 전환은 완전 실패
      교잡 be동사가 보어격을 점령하였기 때문이다.

한국어는 생어(SOV)
영국어는 사어(SVO)

h) 4동 8망

한국어는 4개가 다른데 영국어는 4개가 같으니 8개가 다 망한 것이라서 4동8망이라는 별명이
필요하다. 구석구석 썩은 영어다.

원형(thrive 번성하다) = 현재(thrive 번성한다)
현재분사(thriving 번성하는) = 동명사(thriving 번성함)
과거분사(thrived 번성한) = 과거(thrived 번성했다)
소유격(Mary's 매릿) = 소유대명사(Mary's 매릿 것)

i) 가짜와 진짜

영어는 100% 가짜지만 그중에 큰 것만 몇 개 고르라면 다음이다.

	가짜 = 인공	진짜 = 자연
과거시제	worked	have worked
가정법	If 가정법	조동사 가정법
복수조사	-s	the (poor)
will shall	미래조동사	가정법 기능동사
일치	주어와 동사의 일치	뜻어와 기능어의 일치
be동사와 조동사	2시제	2능어
진행형	교잡be + 현재분사	(진행형 사망)
수동태	교잡be + 과거분사	(수동태 사망)

j) 6시제 계산이 다르다.

(a) 준동사격 6행 시제 계산, 준보어 6행 시제조사도 이에 준한다.

2시제 부정사 = 생각심 준동사 2시제
2시제 분사 + 2시제 동명사 = 사실심 준동사 4시제

(b) 준동사-동사 전환: 피부 이론(새살 이론)

2개의 생각심 부정사 + 4개의 사실심 분사 = 6개의 준동사가 동사의 생각심 2시제와 사실심
4시제로 가는 것이 마치 피부가 벗겨지면 새 살이 돋아나오는 것 같아서 피부 이론 또는
새살 이론이라 명명하였다. 이게 준동사-동사 전환이다. 다음이 준동사로 남은 ing-분사와
동사로 간 원형분사다. thriven이 미완료 시제로 전환을 실패하여 미완료시제가 없는 영어
다. 이 자리에 ed-인공과거가 오니 가정법 과거라는 오해가 생겼다. 원형부정사가 현재시제
가 아니고 원형분사가 현재시제라는 것도 특히 유의해야 한다.

ing-분사	원형분사
준동사로 남는다.	동사로 간다.
thriving(번성하는)	thrive(번성하다)
thriven(번성한)	thrived(번성한다)
having thrived(번성하던)	have thrived(번성했다)
hading thrived(번성했던)	had thrived(번성했었다)

(c) 이가 없으면 잇몸

위의 피부이론을 다르게 말하면 영어는 이가 없어서 잇몸으로 사는 언어라고 말해도 된다. 동사가 죽어서 준동사로 사는 영어기 때문이다.

k) 과거분사 변천사

(a) en-pp와 ed-pp는 다르다.

en-pp는 단독으로 존재하지만 ed-pp는 언제나 have + ed-pp, had + ed-pp로 존재해야 한다. ed-pp가 독립하여 인공과거시제로 쓰이는 것은 잘못된 것이다. 따라서 have + ed-pp만 가능하고 have + en-pp는 안 되는 것이 원칙이다.

(b) den ⟶ de ⟶ ed

한국어 과거분사 조사 '던 = den'이 윤회해서 과거시제조사 'ed = 었'으로 변한 것이다. 준동사-동사 전환 과정이다.

l) 영어 형용사격은 탈영격

준보어와 준동사는 형용사격인데 다음과 같이 쓰이니 준동사가 고장난 증거들이다.

(a) 부정사 3용법

명사적 용법, 형용사적 용법, 부사적 용법

(b) 분사 구문

형용사인 분사가 부사로도 쓰인다.

m) 국어 문장조사 '다': that, do

(a) 관계사 that

영국어에서 that는 한국어의 문장조사 '다'에 해당한다. 그래서 영어에서 동사와 준동사절을 구별할 수 있는 유일한 도구는 that 유무로 동사절과 준동사절이다.

동사절: This is the man that I love.
          이이가 내가 사랑한다는 남자다.
준동사절: This is the man (whom) I love.
          이이가 내가 사랑하는 남자다.

(b) 보동격조사 do

강조의 조동사 do가 아니고 보동격조사 do가 정명이다. 국어 '다'에 해당한다. have는 '하다'에 해당한다.

I do know that he is honest.
나는 그가 정직하다는 것을 안다.
I have a think that he is honest.
나는 그가 정직하다고 생각을 한다.

4. 상과 격에 따라 다른 시제: 2, 3, 4시제

이상을 요약하면 다음과 같다. 영어로는 이런 설명이 안 되니 한국어로 한다.

한국어는 생어(SOV)
영국어는 사어(SVO)

1) 생각심은 언제나 2시제

  a) 형용사격(준보어, 준동사) 2시제

    (a) 보부정사 2시제

      미완료 보부정사: 친절할

      완료 보부정사: 친절했을

    (b) 동부정사 2시제

      미완료 동부정사: 번성할

      완료 동부정사: 번성했을

  b) 보어격 2시제

시제	가능	불능
미완료 보어:	친절할 것이다	친절할 것인데
완료 보어:	친절했을 것이다	친절했을 것인데

  c) 동사격 2시제

시제	가능	불능
미완료 동사:	번성할 것이다	번성할 것인데
완료 동사:	번성했을 것이다	번성했을 것인데

  d) 기타

    (a) 진행형 2시제

시제	가능	불능
미완료 진행형:	번성하고 있을 것이다	번성하고 있을 것인데
완료 진행형:	번성하고 있었을 것이다	번성하고 있었을 것인데

    (b) 수동태 2시제

시제	가능	불능
미완료 수동태:	번성될 것이다	번성될 것인데
완료 수동태:	번성되었을 것이다	번성되었을 것인데

2) 사실심은 격 따라 2, 3, 4시제

  a) 형용사격(보분사, 동분사, 보명사, 동명사) 2시제

    (a) 보분사 2시제

      미완료 보분사: 친절한

      완료 보분사: 친절하던, 친절했던

      (완료 보분사 2개지만 시제 차이는 없다.)

    (b) 동분사 2시제

      미완료 동분사: 번성하는

      완료 동분사: 번성한, 번성하던, 번성했던

      (완료 동분사 3개지만 시제 차이는 없다.)

(c) 보명사 2시제

　　미완료 보명사: 친절함

　　완료 보명사: 친절했음

(d) 동명사 2시제

　　미완료 동명사: 번성함

　　완료 동명사: 번성했음

b) 보어격 3시제

　　미완료 보어: 친절하다

　　완료 보어: 친절했다

　　대완료 보어: 친절했었다

c) 동사격 4시제

원형-미완료 동사:	그 나라는 번성하다.
미완료 동사:	그 나라는 번성한다.
완료 동사:	그 나라는 번성했다.
대완료 동사:	그 나라는 번성했었다.

3) 상 따라 2, 3, 4시제

a) 생각심 2시제

b) 진행형 3시제

미완료 진행형:	그 나라는 번성하고 있다.
완료 진행형:	그 나라는 번성하고 있었다.
대완료 진행형:	그 나라는 번성하고 있었었다.

c) 수동태 4시제

원형-미완료 수동태:	그 나라는 번성이 되다.
미완료 수동태:	그 나라는 번성이 된다.
완료 수동태:	그 나라는 번성이 되었다.
대완료 수동태:	그 나라는 번성이 되었었다.

5. 시제 결론: 시제도 없는 영어

1) 마음 6시제

시간 3시제가 아니고 마음 6시제다.

2) 시간과 시제는 무관

따라서 과거 역사소설에도 마음 6시제가 다 있고, 미래 공상소설에도 마음 6시제가 다 있다.

3) 시제일치는 없다.

마음 6시제라서 시간과 시제는 관계가 없으니 영문법에서 소위 시제일치라는 것은 없어야 한다. Be동사와 조동사는 2시제가 아니고 2능어인데 이것도 시제일치하니 영어는 시제도 없는 언어다.

한국어는 생어(SOV)
영국어는 사어(SVO)

He said, "I will go to Seoul."

⟶ He said that he would go to Seoul.

She said, "I am happy"

⟶ She said that she was happy.

4) 무한대 과거시제는 무한대 전생

'었'자만 되풀이하면 무한대의 과거시제를 표현할 수 있는 것이 우리 국어의 시제다. 이것이 바로 불교의 윤회론이 맞다는 증거다. 미래시제는 없고 현재시제는 하나고 과거시제는 무한대인 것이 국어의 시제기 때문이다. 현생이 내생을 만들어 간다는 것이 불교의 윤회론이기 때문이다. 현재시제가 미래시제를 겸하는 것도 증거다.

I go to Seoul now. 나는 지금 서울 간다.

I go to Seoul tomorrow. 나는 내일 서울 간다.

6. 종합 결론: 격도 상도 시제도 없는 영어

병아리가 알을 깨고 나오듯이 문법도 그래야 자연문법, 보편문법, 6행문법, 격문법이 나온다. 6격 6상 6시제가 문법의 핵심이기 때문이다. 영어는 격도 상도 시제도 없는 언어라는 것을 우리는 알았다. 구석구석 썩은 언어다. 한국어는 생어고 영국어는 사어다.

1) 8품사 ⟶ 6격

8품사 문법은 6격문법으로 가야 격문법 시대를 연다.

2) 3완료 ⟶ 6상

3완료상(현재완료, 과거완료, 미래완료)은 상이 아니고 시제다. 3완료 시제로 돌리고 6상(심 능 료 역 형 태)을 새로 정립해야 한다.

3) 3시제 ⟶ 6시제

시간 3시제가 아니고 마음 6시제다. 사실심 4시제와 생각심 2시제로 가야 한다.

제3장

공자 정명사상(오명 영문법)

제3장 공자 정명사상(오명 영문법)

사물의 이름을 정명으로 불러야 정의사회고, 아니면 부패한 사회라는 공자의 정명사상이 있다. 영어학 용어들에 오명이 많은 것은 영어가 부패했다는 증거들이다. 다음에서 화살표 방향으로 가야 정명이다. 100% 거짓말 영문법이라서 100% 오명 영문법이다. 다 고칠 수는 없고 중요한 것 몇 개만 고치기로 한다. 용어의 혼란을 피하기 위하여 기존 용어를 그대로 쓰기로 한다.

1. 3음, 3어

1) 3음(자음 + 모음 = 음절)

a) 한국어 24자 ⟶ 3음, 6줄, 48문자

b) 자음 + 모음 = 음절 ⟶ 모음 + 부음 = 여성자음(여성명사가 아니고 여성음절)

모음 + 부음 + 모음 = 남성자음(남성명사가 아니고 남성음절)

구식(자음 + 모음 = 음절)은 '아들 + 어머니'니까 근친상간의 욕설이 된다. 음양을 모르고 만들었기 때문이다. 그래서 다음과 같이 용어가 변경된다.

(a) 자음 ⟶ 모음

(b) 모음 ⟶ 부음

(c) 음절 ⟶ 자음

2) 3어(뜻어 + 기능어 = 격어)

a) 영국어 8품사 ⟶ 3어, 6격, 108문법

b) 명사, 대명사 ⟶ 뜻어

c) 전치사, 접속사 ⟶ 기능어

d) 동사, 형용사, 부사 ⟶ 격어

e) 감탄사 ⟶ 원시 감탄문

3) 언어 ⟶ 음어

3음 3어를 살리기 위해서다. 다음 여러 가지의 기준이 되기 때문에 대단히 중요하다. 따라서 어학은 크게 문자론과 문법론으로 나눈다. 문자론이 소위 음성학이다. 문자론 = 음성학을 살려야 어학이 바로 선다. 아니면 절름발이 어학이 된다.

문자론	문법론
음	어
글	말
한글	한말
3음	3어
6줄	6격

48문자　　　　　　　　108문법
맞춤법 기준　　　　　　띄어쓰기 기준

2. 6상

1) 법 ──▶ 심(사실심과 생각심)

a) 직설법 ──▶ 사실심

b) 가정법 ──▶ 생각심

c) 명령법 ──▶ 명령문

명령법은 법이 아니고 명령문이다.

2) 2시제 ──▶ 2능(가능과 불능)

Be동사와 조동사는 2시제가 아니고 2능이다.

a) 사실심 2능

가능	불능
am	had (You had better go there)
are	were
is	was

b) 생각심 2능

가능	불능
must	ought to
may	might
will	would
shall	should
can	could

3) 시제 ──▶ 료(완료와 미완료)

a) 사실심 4료: 미완료 2가지 + 완료 2가지

원형(thrive 번성하다) ──▶ 원형, 또는 원형미완료
현재(thriven 번성한다) ──▶ 미완료
과거(have thrived 번성했다) ──▶ 완료
대과거(had thrived 번성했었다) ──▶ 대완료

b) 생각심 2료

미래(will thrive 번성할 것이다) ──▶ 생각심 가능 미완료
과거미래(would thrive 번성할 것인데) ──▶ 생각심 불능 미완료

한국어는 생어(SOV)
영국어는 사어(SVO)

미래완료(will have thrived 번성했을 것이다) ——➤ 생각심 가능 완료

과거 미래 완료(would have thrived 번성했을 것인데) ——➤ 생각심 불능 완료

4) 역(자역동사와 사역동사)

a) 자동사와 타동사로 나누지 말고 자역동사와 사역동사로 나눠야 정명이다.

She married her daughter to a rich man.

그녀는 딸을 부자에게 결혼시켰다.

b) 6상에 자역동사와 사역동사만 있고, 자동사와 타동사는 없다.

c) 자동사와 타동사는 구식과거(She is married)를 수동태로 하는 인공영문법에서 나온 커다란 실수다. 자동사도 수동태가 된다.

생각을 하다(능동태)

생각이 되다(수동태)

5) 형(정지형과 진행형)

a) 만물이 음양이다. 정지형이라는 것이 있어야 진행형이 있다.

b) 진행형 = be동사 + 미완료분사(현재분사)는 구식현재(She is marrying)를 가지고 만든 인공 진행형이라서 엉터리다.

c) 동작동사만 진행형이 되고 상태동사는 진행형이 안 된다는 거짓말도 있다. 한국어는 상태동사도 진행형이 된다.

I am knowing that he is honest. 나는 그가 정직하다는 것을 알고 있다.

I am thinking that he is honest. 나는 그가 정직하다고 생각하고 있다.

6) 태(능동태와 수동태)

a) 용어 변경은 없지만 내용에 문제가 많다.

b) 수동태 착각 = 2능어(be동사) + 완료분사(과거분사)

(a) 인공 수동태(She is married)에서 과거분사는 수동의 의미라는 오해가 발생하였다.

(b) 인공 진행형(She is marrying)에서 현재분사는 진행의 의미가 있는 것으로 오해가 발생하였다.

She is marrying. 그녀는 결혼한다.

She is married. 그녀는 결혼했다.

(c) 현재분사는 미완료분사, 과거분사는 완료분사가 정명이다.

(d) 자동사도 수동이 된다. 동사 내에서 능동이 수동으로 바뀐다.

나는 그가 정직하다고 생각을 한다. (I think that he is honest.)

나는 그가 정직하다고 생각이 된다. (He is thought to be honest.)

c) 다시 말해 미완료분사와 완료분사는 분사의 2시제다. 현재분사에 진행의 의미, 과거분사에 수동의 의미는 없다. 따라서 진행형, 수동태와 무관하다. 한국어에는 진행형과 수동태에 현재분사와 과거분사가 없는 것이 증거다.

3. 3완료 정명

다음 소위 가정법 공식에서 3완료를 정명으로 고친다.

	사실심(직설법)	생각심(가정법)

(원형 미완료) If he work(s) hard, I will employ him. (가능 미완료)

그가 열심히 일하면, 나는 그를 채용할 것이다.

(미완료) If he worked hard, I would employ him. (불능 미완료)

그가 열심히 일한다면, 나는 그를 채용할 것인데.

(완료) If he have worked hard, I will have employed him. (가능 완료)

그가 열심히 일했다면, 나는 그를 채용했을 것이다.

(대완료) If he had worked hard, I would have employed him. (불능 완료)

그가 열심히 일했었다면, 나는 그를 채용했을 것인데.

1) 현재완료(have + pp) ──→ 사실심 완료

a) 자연 사실심 완료 시제다. 위에서 '한다' 현재시제 자리에 온 worked는 가짜 과거다. have worked가 진짜 과거다. 영어에 과거시제가 두 개라는 것을 각별히 유의해야 한다. 현재완료는 현재시제가 아니다.

b) 소위 4용법(완료, 계속, 경험, 결과)은 없다.

2) 관거완료(had + pp) ──→ 사실심 대완료

a) 자연 사실심 대완료 시제다.

b) 소위 5용법(완료, 계속, 경험, 결과, 대과거)은 없다.

3) 미래완료(will have + pp) ──→ 생각심 가능 완료

a) 자연 생각심 가능 완료시제다.

b) 소위 3용법(완료, 경험, 계속)은 없다.

c) would have pp와 가능과 불능의 짝이다.

4. 준보어

준보어와 준동사는 음양이다. 준보어가 사망한 영어다. 보어와 준보어는 교잡 be동사로 망한 격이라서 다음 도표에서 be를 제거하고 영어 준동사 모양으로 만들었다. 합해서 준보어 6료[보부정사 2료(2개) + 보분사 2료(3개) + 보명사 2료(2개)]다.

시제	보부정사	보분사	보명사
미완료	친절할 to kind	친절한 kinden	친절함 kinding
완료	친절했을 to have kinded	친절하던 having kinded 친절했던 *hading kinded	친절했음 having kinded

1) 보부정사

   a) 단순 보부정사 ⟶ 생각심 미완료 보부정사
                          (친절할 to kind)

   b) 완료 보부정사 ⟶ 생각심 완료 보부정사
                          (친절했을 to have kinded)

2) 보분사

   a) 현재 보분사 ⟶ 사실심 미완료 보분사
                        [친절한(kinden)]

   b) 과거 보분사 ⟶ 사실심 완료 보분사
                        [친절하던(having kinded), 친절했던(hading kinded)]

3) 보명사

   a) 단순 보명사 ⟶ 사실심 미완료 보명사
                        (친절함 kinding)

   b) 완료 보명사 ⟶ 사실심 완료 보명사
                        (친절했음 having kinded)

4) 준보어-보어 전환 실패

   교잡 be동사가 준보어와 보어격을 쑥대밭으로 만들고 있기 때문이다. 설상가상으로 영국어는 주어와 동사의 일치고 한국어는 뜻어와 기능어의 일치라는 것을 다음에서 볼 수 있다. 괄호 안은 신식이다.

English(인공영어)	Korean	Konglish(자연영어)
주동 일치	뜻기 일치	뜻기 일치
I am a boy.	나는 소년이다.	I are(let) boy.
I am happy.	나는 행복하다.	I am(have) happy.
I am here.	나는 여기 있다.	I is(be) here.

5. 준동사

   준동사 6료: 동부정사 2료(2개) + 동분사 2료(4개) + 동명사 2료(2개)

시제	동부정사	동분사	동명사
미완료	번성할 to thrive	번성하는 thriving	번성함 thriving
완료	번성했을 to have thrived	번성한 thriven 번성하던 having thrived 번성했던 hading thrived	번성했음 having thrived

1) 동부정사

a) 단순 동부정사 ⟶ 생각심 미완료 동부정사 (번성할 to thrive)

b) 완료 동부정사 ⟶ 생각심 완료 동부정사 (번성했을 to have thrived)

2) 동분사

a) 현재 동분사 ⟶ 사실심 미완료 동분사

[번성하는(thriving)]

b) 과거 동분사 ⟶ 사실심 완료 동분사

[번성한(thriven), 번성하던(having thrived), 번성했던(hading thrived)]

3) 동명사

a) 단순 동명사 ⟶ 사실심 미완료 동명사 (번성함 thriving)

b) 완료 동명사 ⟶ 사실심 완료 동명사 (번성했음 having thrived)

4) 준동사–동사전환 성공

어순이 SOV에서 SVO로 윤회하면서 동사가 사망하고 준동사가 동사로 쓰이는 영어다. 따라서 준동사가 두 개다.

a) to부정사와 조동사-부정사

to부정사가 준동사로 남고, 조동사-부정사가 동사로 갔다. 부정사에 가능만 있고 불능은 없다.

to work = will work(생각심 가능 미완료시제)

to have worked = will have worked(생각심 가능 완료시제)

b) ing-분사와 원형분사

(a) 4분사가 4시제로 쓰인다.

ing-분사	원형분사
working	work (현재)
worked	worked (과거)
having worked	have worked (현재완료)
hading worked	had worked (과거완료)

(b) ing-분사가 준동사로 남고, 원형분사가 동사로 갔다. 따라서 원형부정사라는 것은 원형분사가 정명이다.

원형분사(work) = 현재시제(work)

과거분사(worked) = 과거시제(worked)

5) 부정사〉분사〉동명사

a) 부정사가 가장 많이 쓰이고 분사가 다음이고 동명사는 사망했다.

b) 가정법 준동사인 부정사가 직설법 준동사인 분사와 동명사까지 겸한다. to부정사의 to는 do에

해당하기 때문이다. 다음에서 영어와 국어를 비교해 보면 부정사와 분사의 구별이 없는 영어와 3개어 구별이 뚜렷한 한국어를 볼 수 있다. 따라서 국어는 생어고 영어는 사어다.

> To see is to believe.
> 볼 것이 믿을 것이다.(부정사)
> = Seeing is believing.
> 보는 것이 믿는 것이다.(분사)
> 봄이 믿음이다.(동명사)

6. 절은 형용사절과 부사절뿐이다

1) 형용사절

a) 관계대명사절 ──▶ 형용사절

  (a) 대명사절이 아니고 형용사절이다.

  (b) 선행사를 포함한 관계대명사라는 다음 Whom은 그냥 의존명사다. 한국어 '자'에 해당한다. 이런 방식으로 의문사가 관계대명사로 등장하게 된다.

> Whom the gods love die young. (신들이 사랑하는 자는 일찍 죽는다.)
> = Those whom the gods love die young.

  (c) 걸레 의문사: 의문사가 관계대명사와 관계부사로 쓰이니 걸레다. 정명이 아니다. 뜻어가 기능어로 쓰이기 때문이다,

b) 관계부사절 ──▶ 형용사절

> This is the house where I was born.

  (a) 부사절이 아니고 선행사를 수식하는 형용사절이다.

  (b) and, but, if, as(because), though 접속사절이 부사절이다.

  (c) 관계사절과 접속사절에서 의문사가 죽어야 의문사가 정명이 된다. 의문사는 의문사로만 쓰여야 정명이다.

  (d) 형용사절인 관계부사를 부사에서 다루니 엉터리다.

c) 동격절 ──▶ 형용사절

  (a) 선행사와 관계사절이 동격의 관계다. 선행사가 생략되면 명사절이라 착각한다.

> I know (the fact) that he is honest.
> 그가 정직하다(는 사실을) 나는 안다.

  (b) 동격절이 형용사절인 줄 모르고 특수구문에서 다루니 엉터리다.

d) 명사절 ──▶ 형용사절

> I know that he is honest.
> 그가 정직하다(는 것을) 나는 안다.

  (a) 명사절이 아니고 형용사절이다.

  (b) 의존명사가 없어졌기 때문에 명사절로 착각하고 있다.

(c) 명사절이라고 명사에서 다루니 엉터리다.

e) 선행사가 부사인 형용사절

　　(a) 선행사 + 기능어 = 격어 원리다.

　　　　When (At the time) it is wet, the floor is slippery.
　　　　젖었을 때 바닥이 미끄럽다.

　　(b) 선행사가 부사인 형용사절은 부사절이 아니고 형용사절이다.

　　　　Where(At the place) there is a will, there is a way.
　　　　뜻이 있는 곳에 길이 있다.

　　(c) 선행사가 3어의 원리로 부사라서 부사절로 착각되고 있으니 각별히 유의해야 한다.

2) 부사절

접속사(고and, 나but, 면if, 서as, 도though)에 해당하는 절만 부사절이다.

7. 소유격, 여격

1) 소유격 ⟶ 명명격, 사이시옷격

a) 소유격은 형용사격의 일종이다.

b) 편협한 이름이라서 명명격으로 고친다. 명사와 명사가 만나서 새로운 명사를 만드는 격이기 때문이다. 사이시옷격이라고 해도 된다.

c) 사이시옷도 자유재량이다. 등굣길 등교 길, 하굣길 하교 길, 우윳값, 우유 값

2) 여격 ⟶ 부사격

a) 여격은 부사격의 일종이다. Onions 5문형에서 간접 목적어라고도 하는데 아주 잘못된 이름이다.

b) 소위 간접목적어는 전치사 + 명사 = 전치사격에 해당하는 부사격어다.

　　He gave me a book. = He gave a book to me.

8. 영문법은 정신병자(insaint)들의 작품

성인과 비성인은 다음과 같이 완전히 다르다.

　　　성인(saint): 제정신인 자. 정신 건강자
　　　비성인(insaint): 제정신이 아닌 자. 정신병자

영문법에는 정명이 아닌 오명이 하도 많아서 영문법 전체가 정신병자들의 작품이라고 말할 정도다. 다음이 제정신이 아닌 대표적인 증거들이다. 터무니없이 황당하고 새빨간 거짓말들이다.

1) a/an과 -s

단수와 복수가 아니고 격조사다. a/an은 one이 아니고 한국어 주격조사 '은/는'이다. -s는 인공 복수고 the (poor)가 자연 복수다.

한국어는 생어(SOV)
영국어는 사어(SVO)

2) will, shall

미래조동사가 아니고 가정법 기능동사다. can may must와 마찬가지다. 조동사 유무로 생각심과 사실심이다.

3) 로마자(oabc)

3음으로 분리수거 안 된 쓰레기장이다. 한국어의 이응(ㅇ)에 해당하는 공이 없으니 3음이 안 된다. 3음 6줄 48문자로 가야 정상인데 26개의 로마자로는 불가능하다.

4) 8품사

3어로 분리수거 안 된 쓰레기장이다. 3어 6격 108문법으로 가야 정상이다.

5) 준보어와 준동사는 형용사다.

준보어와 준동사는 보어도 동사도 아니고 명사를 수식하는 형용사다. 부정사 3용법과 분사 3용법은 의존명사 '것'자가 죽어서 준보어와 준동사가 사망한 증거들이다. 형용사가 6격에 사용되고 있기 때문이다. 동사적 용법을 추가하면 6격 용법이 된다.

6) Be동사와 조동사

2시제가 아니고 2능어다. 지금 영문법은 2시제로 하고 있으니 영어는 시제도 없는 언어다.

7) am are is 원형이 be라니 제정신인가?

완전히 다르다. 서로 별개다. am are is와 was were는 2시제가 아니고 2능어다. be(있다)는 have been(있었다), had been(있었었다)으로 3시제다.

8) 글영어(Written English)는 100% 인공어 = 전통 영문법은 100% 정신병자들의 작품

18세기까지 철자도 문법도 없던 영어가 19세기에 철자도 문법도 있는 언어가 된 것은 18세기에 영문법 학자들이 라틴문법을 모방하여 우리가 전통 영문법이라고 하는 엉터리 영문법을 만들었기 때문이다. 그래서 100% 인공문법이고 주먹구구 문법이다. 자연문법이 아니고 인공문법이다. 격문법 (6행 문법)을 몰랐기 때문이다. 죽은 사람을 살릴 수 없듯이 죽은 언어도 살릴 수 없기는 마찬가지다. 3음이 안 되는 엉터리 철자로 고정하고, 3어가 안 되는 엉터리 문법으로 고정한 영어라서 영어는 지금도 철자도 문법도 없는 언어다. 미국 대학생들이 철자도 문법도 없는 영어 작문을 하는 것도 증거다. 우리나라 유학생들이 그들의 작문을 고쳐준다.

9. 불규칙 동사표 ⟶ 불규칙 분사표

영어가 SOV에서 SVO로 어순이 윤회할 때 준동사-동사전환이라는 준동사가 동사로 쓰이는 현상이 발생하였다. 따라서 불규칙 동사표는 불규칙 분사표가 정명이다. 과거분사가 대표적인 증거다. 다음이 모두 준동사-동사 전환 증거들이다. 우리 국어에는 없는 현상이다. 따라서 영어는 동사에 분사가 많다.

> 원형분사 = 원형시제, 현재시제 thrive 번성하다, 번성한다
> 과거분사 = 과거시제 thrived 번성했다 (가짜 과거시제)

have + pp = 현재완료 have thrived 번성했다 (진짜 과거시제)

had + pp = 과거완료 had thrived 번성했었다

be + 현재분사 = 진행형 She is marrying to Tom. 구식 현재시제

be + 과거분사 = 수동태 She is married to Tom. 구식 과거시제

따라서 불규칙 동사표는 불규칙 분사표가 정명이다. 준동사-동사전환으로 4분사가 4시제로 쓰이는 영어다. 영어의 동사는 죽었다.

10. 인구어 ⟶ 몽구어

1) 빙하기

25000년 전 빙하기에 북극 에스키모 한 쌍이 살아남아 그 후손들이 몽고로 내려와 여러 민족(말갈족 = 동아시아족, 돌궐족 = 투르크족, 흉노족 = 훈족, 거란족 = 게르만족)이 되어 전 세계로 흘러내려갔다.

2) 몽골어 3형제

우랄알타이어
중국어
인구어

3) 인구어 ⟶ 몽구어

인구어 조상들이 모여 살던 중앙아시아는 몽골이라서 인구어를 몽구어로 확대하면 지구촌 언어의 조상도 몽골어 하나라는 것을 알게 된다. 따라서 한국어가 윤회한 송장이 영국어라는 것도 안다.

11. 영어 발달사 ⟶ 영어 멸망사

지금 영문과 학생들이 배우는 영어 발달사는 영어 멸망사가 정명이다. 한국어가 윤회한 송장이 영국어기 때문이다. 영문법은 100% 가짜지만 그중에 큰 것만 몇 개 고르라면 다음이다.

	가짜 = 인공	진짜 = 자연
1) 과거시제	worked	have worked
2) 가정법	If 가정법	조동사 가정법
3) 복수조사	-s	the (poor)
4) will shall	미래조동사	가정법기능동사
5) 일치	주어와 동사의 일치	뜻어와 기능어의 일치
6) be동사와 조동사	2시제	2능어
7) 진행형	교잡be + 현재분사	(--하고 있다) be
8) 수동태	교잡be + 과거분사	let get become(이다 지다 되다)
9) 문법	수문법	격문법
10) 문자	로마자(oabc)	한글(ㅇㄱㄴㄷ)

한국어는 생어(SOV)
영국어는 사어(SVO)

12. 음성학 ──▶ 문자론

문법에 일치가 있듯이 문자에도 일치가 있다. 소리 나는 대로 쓰면 문자일치가 자연스럽게 된다.

> 동해물과 백두산이 [백뚜사니] 마르고 닳도록 [달토록]
> 하느님이 [하느니미] 보우하사 우리나라 만세
> 무궁화 삼천리 [삼철니] 화려강산
> 대한사람 대한으로 [대하느로] 길이 [기리] 보전하세

지금 음성학이라는 과목은 문자론으로 바꿔야 문자론과 문법론이 합해서 음어학이 되어 균형을 이룬다.

13. 6격 별명

100% 죽은 영어라서 다음과 같이 6격 별명을 붙이면 이해가 빠르다. 별명이 정명이다. 그 성격을 잘 나타내기 때문이다.

1) 주목격 = 단복격

a) 명사가 주어 보어 목적어가 된다. 따라서 단수와 복수를 따져서 주어와 동사의 일치를 시켜야 하니 단복격이라는 별명을 붙인다.

Horse is useful.	말 유용하다.
The horse is useful.	말도 유용하다.
A horse is useful.	말은 유용하다.
Horses are useful.	말이 유용하다.

b) 영어는 격도 없는 언어

불가산 명사가 주어나 목적어로 오면 한국어는 4개의 주격이 되는데 영국어는 외통수 문장이 된다. 6행의 주격조사가 살아 있는 한국어와 죽은 영국어의 차이다.

> Time is money.
> 시간 돈이다.
> 시간이 돈이다.
> 시간은 돈이다.
> 시간도 돈이다.

목적격조사 6행도 마찬가지다.

Tom	loves	Mary.
톰	사랑한다	매리
톰이	사랑한다	매리를
톰은	사랑한다	매리는
톰도	사랑한다	매리도

2) 보동격 = 불통격

6행의 보동격조사(다do, 이다let, 하다have, 있다be, 지다get, 되다become)는 보어격과 동사격에 공통으로 쓰이면서 묘한 소통을 하는데 영어는 이게 안 되니 불통격이란 별명을 붙인다.

보어격(3시제)	동사격(4시제)
그는 선생님이다(이었다, 이었었다)	그는 선생님을 하다(한다, 했다, 했었다)
그는 친절하다(했다, 했었다)	그는 친절하게 하다(한다, 했다, 했었다)
나는 그가 좋다(좋았다, 좋았었다)	나는 그를 좋아하다(한다, 했다, 했었다)

3) 형용사격 = 탈영격

a) 명명격(소유격)이 6격에 쓰이는 영어다. 사이시옷(-s)이 복수라는 이름으로 6격에 있다.

b) 형용사절이 명사절이라는 이름으로 6격에 쓰이는 영어다.

c) 준동사가 6격에 쓰이는 영어다. 부정사 6격 용법, 분사 6격 용법 등이 예다.

d) 마찬가지로 준보어도 6격에 쓰이는 영어다.

e) 뜻어(명사)가 기능어도 없이 6격이 되는 영어다.

　(a) 명주목보: 명사가 기능어도 없이 주어 목적어 보어가 된다.

　(b) 명동형부: 명사가 기능어도 없이 동사 형용사 부사가 된다.

따라서 명사가 동사 형용사 부사로 쓰이니 주어 보어 목적어로 쓰일 파생명사가 나와서 격어보다 긴 뜻어가 되니 3어(뜻어 + 기능어 = 격어)가 사망한 영어다.

4) 부사격 = 지옥격

a) 기본부사 고장

kindly는 부사지만 lovely, friendly는 형용사라서 접미사 -ly가 고장이다.

성품명사가 -ly도 없이 부사로 쓰이기도 하니 역시 엉터리 영어다.

　He arrived safe. 그는 안전하게 도착했다.

　He died young. 그는 어려서 죽었다.

b) 부사절 고장

등위접속사(and, but)와 종속접속사(if, because, though)로 양분되는 것이 고장의 증거다.

　He is rich but lives frugally.

　그는 부유하지만 검소하게 산다.

and와 but는 접속사 '고', '나'로 쓰이기도 하지만 '그리고', '그러나'라는 지시부사로 쓰이는 경우가 더 많아서 애매할 때가 많다.

　He is Chinese and(but) his wife is American.

c) 전치사 고장

　(a) on위, in안 등 위치를 나타내는 말들은 전치사가 아니고 명사들이다. 위치를 나타내는 뜻어다. 명사가 기능어도 없이 부사로 쓰이는 경우다. 다음에서 the는 소유격조사 '의'에 해당한다.

There is a book on the table.

He is in the room.

(b) 장소의 크기 따라 at, in 일치는 인공일치라서 엉터리다. 국어는 '에(at)' 하나면 된다.

He arrived at Seoul Station.

He arrived in Seoul.

(c) 시간도 크기 따라 at on in 일치는 인공일치라서 엉터리다. 역시 국어는 '에(at)' 하나면 된다.

I met him at nine.

I met him on Sunday.

I met him in April in 2020.

d) 관사는 이중인격자

a/an은 부정관사면서 동시에 단수조사니 기능이 두 개다.

the는 정관사면서 지시사를 겸하니 역시 이중 기능을 하니 엉터리다. 관사는 이중인격자라는 별명이 필요하다.

e) 기능어 고장

8기능어(관사, be동사, 조동사, 관계사, 접속사, 전치사, 접두사, 접미사)들이 모두 고장이다. 격조사라는 이름이 하나도 없는 것도 고장난 증거다. 기능어는 부사격의 일종이라서 부사격에 지옥격이라는 최악의 별명을 붙인다. 뜻어 + 기능어 = 격어에서 기능어가 생명이기 때문이다.

f) 불규칙 기능어

국어는 규칙적으로 3어가 되는데 영어는 불규칙하다. 기능어가 뜻어 앞으로 윤회한 것도 있고 안 한 것도 있다.

A love has loved the lovely loves lovingly.

사랑은 사랑스런 사랑을 사랑스럽게 사랑했다.

14. 인공 글과 자연 말 비교표

정도의 차이는 있지만 나라마다 글과 말이 다르다. 생음 생어는 조금 다르고 사음 사어는 많이 다르다. 글과 말이 다를 때는 말이 맞다. 인공 글과 자연 말이기 때문이다.

1) 인공 글, 자연 말

	오명(오답)	정명(정답)	
a)	인공 글	자연 말	
b)	랑그(langue)	빠롤(parole)	소쉬르 문법
c)	수(number)문법	격(case)문법	
	고급(classical)	저급(vulgar)	라틴어
	인공(unnatural)	자연(natural)	
	학교(school)문법	어머니(mother)문법	
	규범(normative)문법	비규범(abnormative)문법	
	문법적(grammatical)	비문법적(ungrammatical)	

d) 글(written)   말(spoken)   영어

    뜻문자(철자)   소리문자(발음기호)

    수문법(주어와 동사 일치) 격문법(뜻어와 기능어 일치)

  e) 글국어   말국어   한국어

    철자   발음기호

    닳도록   [달토록]

    격문법   격문법

a) 인공 글과 자연 말

글과 말이 다를 때는 말이 맞다. 본질적으로 말은 자연어고 글은 인공어라서 차이가 난다. 한글도 맞춤법을 안 고치면 발음기호가 생기게 된다.

   글국어   말국어

   닳도록   [달토록]

b) 랑그와 빠롤

최초로 일반언어학을 연구한 구조주의 언어학자 소쉬르가 한 말이다. 글과 말이 다르다는 소리다. 생어 3개(몽골어, 한국어, 일본어)를 제외하고 모두 사어라서 글과 말이 100% 다르다.

c) 고급 라틴어와 저급 라틴어

로마 상류층이 쓰는 고급 라틴어는 성 수 인칭이 있는 인공 라틴어고, 성 수 인칭이 없는 저급 라틴어는 하류층이 쓰는 자연 라틴어다. 고급과 저급 용어에 현혹되지 말아야 한다. 그래서 다음은 같은 소리다. 이것은 영국어와 한국어뿐만 아니라 세계 모든 나라 말에 적용된다.

   오명(오답)   정명(정답)

   인공 글   자연 말

   수(number)문법 라틴어   격(case)문법 라틴어

   고급(classical) 라틴어   저급(vulgar) 라틴어

   인공(unnatural) 라틴어   자연(natural) 라틴어

   학교(school)문법 라틴어   어머니(mother)문법 라틴어

   규범(normative)문법 라틴어 비규범(abnormative)문법 라틴어

   수(number)문법 영국어   격(case)문법 영국어

   고급(classical) 영국어   저급(vulgar) 영국어

   인공(unnatural) 영국어   자연(natural) 영국어

   학교(school)문법 영국어   어머니(mother)문법 영국어

   규범(normative)문법 영국어 비규범(abnormative)문법 영국어

   뜻문자(닳도록) 한국어   소리문자(달토록) 한국어

   고급(classical) 한국어   저급(vulgar) 한국어

   인공(unnatural) 한국어   자연(natural) 한국어

   학교(school)문법 한국어   어머니(mother)문법 한국어

   규범(normative)문법 한국어 비규범(abnormative)문법 한국어

한국어는 생어(SOV)

영국어는 사어(SVO)

d) 글영어와 말영어

    (a) 글영어 문자는 철자고, 말영어 문자는 발음기호다.

    (b) 글영어 문법은 수문법이고, 말영어 문법은 격문법이다.

e) 한국어도 글과 말이 30% 정도 다르다. 맞춤법과 띄어쓰기를 고정했기 때문이다. 따라서 3음 3어의 원칙＋자유재량으로 소리 나는 대로 쓰고 띄고 싶은 대로 띄기하면 글과 말이 100% 같은 한국어가 된다.

2) 글로써 말 배우지 못한다.

글과 말이 다르니 글로써 말 배우지 못하는 것은 당연한 소리다. 이러니 본토인은 장님 영어라서 문맹률이 높고, 외국인은 벙어리 영어라서 문농률이 높다.

3) 한문학자 벙어리 중국어, 영문학자 벙어리 영국어

옛날에 한문학자가 중국에 사신으로 갈 때 역관들을 데리고 간 것은 글 중국어만 되지 말 중국어는 안 되기 때문이다. 지금 세계 각국 대통령들도 영어를 중고등학교와 대학에서 10년 이상 배웠지만 통역 없이 정상회담이 안 되는 것도 같은 처지다. 더 나아가서 영어를 평생 한 영어 선생님들도 말영어가 안 되는 것도 같은 처지다.

4) 링컨 영문법 실력 고2 수준

미국 대통령들 중에서 영문법 실력이 가장 좋은 링컨의 영문법 실력이 고2 수준이라는 것은 고3이 최고 수준이라는 기준으로 하는 말이다. 링컨도 이러니 다른 대통령들은 초등학교나 중학교 실력이라는 소리다. 글영어는 본토인들도 평생을 해도 안 된다는 증거다.

5) 미국 대입자격시험(구식 SAT) 성적

이 시험에서 필수과목으로 다음 3가지가 있는데 점수 배열을 보면 미국 학생들이 말영어가 아니고 글영어를 수학 배로 어려워한다는 것을 알 수 있다. 이것도 글영어는 본토인들 역시 평생 해도 안 된다는 증거다.

읽기(Reading)	800점
쓰기(Writing)	800점
수학	800점

신식 SAT에서는 쓰기 800점을 뺐다. 이것은 영문법을 많이 아는 한국 학생들에게 불리하게 하기 위함이다.

15. 용어 정리

우리는 용어의 혼란에 빠져 있다. 그래서 다음과 같이 용어 정리를 되풀이해서 다시 하면 이런 혼란에서 벗어나고 문법을 정확하게 이해한다. 인공 글과 자연 말이 대원칙이다. 때문에 좌측은 모두 인공이고 우측은 모두 자연이다. 그러나 단조로움을 피하기 위하여 화살표 방향으로 용어를 변경했다.

인공 글	자연 말
1) 랑그(Langue) ⟶ 글	빠롤(Parole) ⟶ 말
2) 고급(Classical) 라틴어 ⟶ 글 라틴어	저급(Vulgar) 라틴어 ⟶ 말 라틴어

3) 글(Written)영어 ⟶ 인공 영어　　말(Spoken)영어 ⟶ 자연 영어
4) 규범(Normative)문법 ⟶ 거짓말 문법　비규범(Abnormative)문법 ⟶ 참말 문법
5) 학교(School)문법 ⟶ 인공문법　　비학교(Out-school)문법 ⟶ 어머니문법
6) 비자연(Unnatural)문법 ⟶ 인공문법　자연(Natural)문법 ⟶ 정답문법
7) 수(Numeral)문법 ⟶ 인공문법　　격(Case)문법 ⟶ 자연문법

1) 랑그(Langue) ⟶ 글　　　빠롤(Parole) ⟶ 말

글과 말이 다르다는 것을 처음으로 지적한 구조주의 언어학자 소쉬르의 말이다. 우리 국어도 30%나 다르다.

　　　동해물과 백두산이 [백뚜사니] 마르고 닳도록 [달토록]
　　　하느님이 [하느니미] 보우하사 우리나라 만세
　　　무궁화 삼천리 [삼철니] 화려강산
　　　대한사람 대한으로 [대하느로] 길이 [기리] 보전하세

이러니 영어와 같은 사어(SVO)들은 글과 말이 100% 달라서 문맹률이 50% 이상이나 된다.

2) 고급(Classical) 라틴어 ⟶ 글 라틴어　　저급(Vulgar) 라틴어 ⟶ 말 라틴어

고급 라틴어는 글자 그대로 좋은 라틴어고 저급 라틴어는 나쁜 라틴어로 알면 큰 착각이다. 반대로 알아야 착각에서 벗어난다. 고급 라틴어가 성 수 인칭이 있는 수문법으로 만든 인공라틴어고 나쁜 라틴어다. 저급 라틴어는 성 수 인칭이 없는 격문법으로 만든 자연 라틴어고 좋은 라틴어다.

유럽 각국들이 수문법 라틴어를 모방하여 모두 글과 말이 다른 언어들 천지가 되었다. 이래서 유럽 각국의 문맹률도 미국과 캐나다의 문맹률처럼 50% 이상이다.

3) 글(Written)영어 ⟶ 인공 영어　　　말(Spoken)영어 ⟶ 자연 영어

문답문(Q&A)을 말영어로 착각하지 말고 비문법적인 저급한(Vulgar) 영어를 말영어로 알아야 착각에서 벗어난다. 글과 말이 다른 영어라는 것을 알게 된다. 다시 말해 수문법 영어가 글영어고 격문법 영어가 말영어다. 글과 말이 100% 다르다.

4) 규범(Normative)문법 ⟶ 거짓말 문법　　비규범(Ab-normative)문법 ⟶ 참말 문법

규범문법은 좋은 문법이고 비규범문법은 나쁜 문법으로 생각하면 오해다. 규범문법이 수문법으로 나쁜 문법이고 비규범문법이 격문법으로 좋은 문법이다. 이것을 확실히 하기 위하여 규범문법을 거짓말 문법이라고 하고 비규범문법을 참말 문법이라고 명명하였다.

5) 학교(School)문법 ⟶ 인공문법　　　비학교(Out-school)문법 ⟶ 어머니문법

학교문법이라면 학교에서 가르치는 문법이라서 좋은 문법으로 알고, 비학교문법이라면 학교문법과 반대말이니까 나쁜 문법으로 알기 쉬운데 이것도 반대다. 학교문법이 수문법으로 나쁜 문법이고 비학교문법은 격문법으로 좋은 문법이다. 이것을 확실히 하기 위하여 학교문법은 인공문법으로 개명하고, 비학교문법은 어머니문법으로 개명하였다. 어머니문법이 우리가 태어나기 전에 어머니 배 안에서 배우고 태어난 자연문법이고 격문법이다.

6) 비자연(Unnatural)문법 ⟶ 인공문법　　자연(Natural)문법 ⟶ 정답문법

수문법이 비자연문법이라서 인공문법이고 나쁜 문법이다. 격문법이 자연문법이고 정답문법이다.

한국어는 생어(SOV)
영국어는 사어(SVO)

7) 수(Numeral)문법 ⟶ 인공문법   격(Case)문법 ⟶ 자연문법

영문법에서 격조사 a/an과 -s를 단수와 복수로 만들어 이런 대혼란이 일어나고 있다. 격문법의 영어가 수문법의 영어가 되어 글과 말이 100% 다른 영어가 되어 있기 때문이다. 영문법 유무로 글영어와 말영어다. 따라서 본토인들도 글영어를 수학보다 어려워한다. 우리나라는 초등학교를 다니지 못한 사람이 문맹자인데 미국은 대학 나온 사람도 문맹자가 많다. 우리는 초등학교를 못 다닌 무학문맹자, 미국은 대학을 졸업한 유학문맹자의 차이를 각별히 유념해야 한다.

16. 글과 말 용어 정리

다음도 매우 혼동되는 용어다.

1) Alphabet   Grammar

   a) 한글(Korean Alphabet)   한말(Korean Grammar)
      국문자   국문법

   b) 영글(English Alphabet)   영말(English Grammar)
      영문자   영문법

2) Written   Spoken
   Langue   Parole
   Classical   Vulgar
   글국어(Written Korean)   말국어(Spoken Korean)
   닳도록   달토록
   글영어(Written English)   말영어(Spoken English)
   He is not   He ain't
   He is going to   He gonna
   He wants to   He wanna

17. 기능어와 뜻어가 다르다.

on Sunday 일요일은 (기능어, 전치사)
on the table 테이블 위에 (뜻어, 명사)

18. 숙어 = 관용구

영어는 암기과목이라는 또 하나의 증거다.
at dawn 새벽에
at noon 정오에
at night 밤에
in the morning 오전에
in the afternoon 오후에
in the evening 저녁에

제4장

3어 6격 108문법
(생어 한국어, 사어 영국어)

제4장 3어 6격 108문법(생어 한국어, 사어 영국어)

영어로 3음 6줄 48문자가 안 되듯이 영어로 3어 6격 108문법도 안 된다. 구석구석 썩은 영어기 때문이다. 따라서 여기서도 국어는 생어, 영어는 사어라는 것을 재확인하는 방향으로 간단하게 다룬다. 인생 잠깐이다. 정답 연구할 시간도 부족하다. 오답 연구는 인생낭비.

6행도 음양이 있다. 공 유무로 남성6행과 여성6행이다. 이것을 아래에서 관찰할 수 있다. 예를 들면 보어격과 동사격은 남성6행이고 기타 4격은 여성6행이다. 공 유무로 여성6행과 남성6행이다.

$$5 + 0 = 여성6행$$
$$5 + 1 = 남성6행$$

1. 6격과 36격조사 = 42행

	형용사격	주격	목적격	보어격	동사격	부사격
1)	공	공	공	다	다	공
2)	소유격	이	을	이다	이다	기본부사
3)	관계사	가	를	있다	있다	접속사
4)	준보어	은	은	하다	하다	전치사
5)	준동사	는	는	지다	지다	관사
6)	뜻어	도	도	되다	되다	기능어

2. 6뜻어 = 6행

1) 비명사
2) 성품명사
3) 비성품명사
4) 지명사
5) 각명사
6) 뜻기능어

3. 6뜻기능어 = 6행

1) 의문사
2) 지시사
3) 의존명사
4) 부정명사
5) 뜻기능동사
6) 수사

4. 6순수 기능어 = 6행

1) 공조사
2) 격조사
3) 상조사
4) 시제조사
5) 비교조사
6) 문장조사

5. 6상과 12상 조사 = 18행

1) 심(사실심과 생각심)
2) 능(가능과 불능)
3) 료(완료와 미완료)
4) 역(자역동사와 사역동사)
5) 형(정지형과 진행형)
6) 태(능동태와 수동태)

6. 6료와 24료 조사 = 30행

1) 준보어 6료
2) 준동사 6료
3) 보어격 6료
4) 동사격 6료

UN세계국을 만들면
종말의 시계가 멈춘다

1. 6격

1) 국어 6격

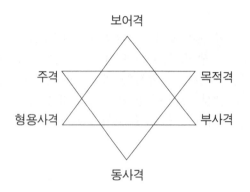

2) 8품사는 3어로 분리 수거 안 된 쓰레기장

8품사가 죽어야 격문법이 살아난다.

3) 성 수 인칭: 고장난 격조사 고정

성 수 인칭은 고장난 격조사(관사, be동사, 사이시옷)를 고정하기 위해 만든 인공문법이다. 백해무익한 담배와 같은 존재다. 성 수 인칭 때문에 영어는 격문법이 아니고 수문법이다. 성 수 인칭에서 성(Gender)이 가장 근거 있는 소리고, 다음이 수(Number)고, 인칭(Person)이 가장 근거 없는 소리다.

4) 어순 구두점 대문자: 사망한 문장조사 대용

사망하여 없어진 문장조사 대용으로 만든 인공문법이다. 하지만 문장조사 기능을 제대로 못한다. 국어는 문장조사가 있는 생어라서 이런 것들이 필요 없다.

2. 주목격 = 단복격

1) 국어 주격과 목적격조사

a) 주격조사 6행

한국어는 생어(SOV)
영국어는 사어(SVO)

2) 목적격조사 6행

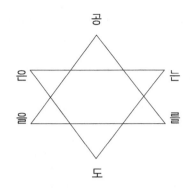

3) 주격과 목적격 = 주목격

주격과 목적격은 성격이 매우 비슷하기 때문에 주목격이라는 하나의 이름으로 묶어서 다루기로 한다.

4) 단복격 별명

주어와 목적어로 오는 명사는 정관사를 붙이든지 아니면 단수나 복수로 해야 하기 때문에 단복격이라는 별명을 붙인다. 따라서 영문법은 격문법이 아니고 수문법이다. 국어의 주격조사 4개를 대표단수와 대표복수라고 하고 있으니 엉터리다.

Horse is useful.	말 유용하다.
A horse is useful.	말은 유용하다.
The horse is useful.	말도 유용하다.
Horses are useful.	말이 유용하다.

5) 관사는 주격과 목적격조사다.

정관사와 부정관사로 하니 주목격조사가 없는 영어다. 국어가 윤회한 송장이 영어다.

부정관사 a/an = 은/는
정관사 the = 도

6) a/an과 -s는 단수 복수가 아니고 격조사다.

a/an은 국어 '은/는'이고, -s는 국어 사이시옷이다.

oxen ⟶ an ox
sports car

7) 수문법 ⟶ 격문법

수문법에서 격문법으로 돌아가야 영어가 자연으로 돌아가서 사는 길이다. 그러나 불가능하다. 죽은 사람을 살릴 수 없듯이 죽은 언어도 살릴 수 없기 때문이다. 윤회한 어순을 되돌릴 수 없기 때문이다.

8) 자연성과 문법성은 다르다.

고추(남근) 유무로 자연 남성과 여성이고, 받침 유무로 문법 남성과 여성이다. 남성명사와 여성명사가 아니고 남성음절과 여성음절이다. 주목격조사가 다음과 같이 다르다. '말, 사슴, 선생님이 남성이고 '소, 사자, 교사'가 여성이다. 이래서 성 수 인칭에서 성이 가장 근거 있는 소리다.

남성	여성	남성	여성	남성	여성
말이	소가	사슴이	사자가	선생님이	교사가
말은	소는	사슴은	사자는	선생님은	교사는
말을	소를	사슴을	사자를	선생님을	교사를

9) 국어 목적격조사 을/를 화석

a) 서반아어 정관사: el nino(엘리뇨), la nina(라니나)

b) 불어 정관사: le, la
이래서 영어, 서반아어, 불어 정관사가 서로 다르다. 서반아어 el이 철자 윤회하여 불어 le가 된다.

c) 영어 을/를 화석은 다음 것으로 추정된다. 수류탄 파편처럼 여러 가지로 흩어졌다.
  - (a) 소유격조사: your her our their
  - (b) 비교: -er
  - (c) 행위자(의존명사): worker, doctor, beggar
  - (d) 형용사 어미: festival, gloval
  - (e) 명사 어미: personal, personnel

10) the 용법

a) 정관사 = 정지시사 '그' 의미로 쓰인다.

> this book 이 책
> that book 저 책
> the book 그 책

b) 주격과 목적격조사
한국어 '도'에 해당한다.

> The horse is useful. 말도 유용하다.

c) 소유격조사
불어 소유격조사 de에서 유래한 것으로 추정된다.

> on the table 테이블의 위

d) 복수조사

소위 총칭의 the, 국어 '들'에 해당한다.

의존명사 사망으로 the poor처럼 the + 형용사 = 복수 보통명사가 된다. 다음도 같은 화석이다.

the + he = they, the + you = thou

e) 비교조사: 국어 비교조사 '더'에 해당한다.

The sooner, the better

11) a/an 용법

a) 부정관사 = 부정 지시사 any(아무) 의미로 쓰인다.

everything 모든 것
something 어떤 것
anything 아무 것 Give me a(any) book.

b) 주격과 목적격조사로
국어 은/는에 해당

Oxen are useful. 소는 유용하다.
An ox is useful. 는소 유용하다.

c) 부정관사는 부사 only 의미로, 정관사는 부사 even의미로

Only I know it. (나는 그것을 안다.)
Even I know it. (나도 그것을 안다.)

d) 하나(one) 단수 의미로: an ox

e) 소유격조사 of 의미로

on a(the) table 테이블의 위

f) 전치사가 아니고 관사: on = a, in = an

I go to church on(= a) Sunday. (일요일은 나는 교회에 간다.)
It is warm in(= an) April. (4월은 날씨가 따뜻하다.)

12) 국어 주격조사 이/가 화석

가장 찾기 어려운 화석이다. 북한의 국어학자 류렬(김일성대 교수)의 저서 '조선말역사'에 따르면 이/가는 16세기경에 국어에 생긴 것이라서 서양어에는 본래 없는 것으로 추정된다.

3. 보동격 = 불통격

1) 국어 보동격조사 6행

국어와 영어 비교다. 괄호 안은 구식으로 2능어 화석이다.

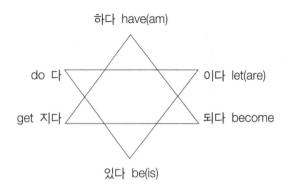

하다 have(am)

do 다

이다 let(are)

get 지다

되다 become

있다 be(is)

2) 영어 보동격 별명

한국어는 보어격과 동사격은 다음과 같이 소통하는데 영어는 이게 안 되니 불통격이라는 별명을 붙이기로 한다. 다음은 보어가 동사가 되는 경우들이다. 한국어는 보어격 3시제와 동사격 4시제로 분명하게 차이가 난다.

a) 이다 ——▶ 하다
   보어가 목적어로 바뀌어 동사가 된다.

   그는 선생님이다(이었다, 이었었다) ——▶ 그는 선생님을 하다(한다 했다 했었다)

b) 하다 ——▶ 하게 하다
   보어가 소위 사역동사로 변하여 동사로 간다.

   그는 친절하다(했다, 했었다) ——▶ 그는 친절하게 하다(한다, 했다, 했었다)

c) 좋다 ——▶ 좋아하다
   국어는 보어격에도 목적어가 오는데 영어에서는 이런 경우가 모두 사망했다.

   나는 그가 좋다(좋았다, 좋았었다) ——▶ 나는 그를 좋아하다(한다, 했다, 했었다)

d) 격조사 '이'는 6격에 모두 쓰이는 동음이기능어 극치다. 다음에서 이/아가 중요한 모음 기능어라는 것도 알 수 있다.

   주격: 이/가
       사슴이, 사자가
   목적격: 보어 문장에서는 '이/가'가 목적격조사가 된다.
       (보어격 문장) 나는 말이 좋다, 나는 소가 좋다.
       (동사격 문장) 나는 말을 좋아한다. 나는 소를 좋아한다.
   보어격: 이다/하다
       선생님이다, 친절하다
   동사격: 이다/하다
       보이다, 사랑하다
   형용사격: 소유격에서 으/이/어/에
       나(으 이 어 에) 조국
   부사격: 이/히게
       친절이, 친절하게

한국어는 생어(SOV)
영국어는 사어(SVO)

3) 시제-능 전환

a) be동사와 조동사는 본래 보동격 2시제 조사였다가 2능어로 변하였다.

(a) be동사

had 자리에 was는 무리다.

현재	과거
am 하다	had 했다
are 이다	were 이었다
is 있다	was 있었다

(b) 조동사

현재	과거
must 할 테다	ought to 했을 테다
may 일 테다	might 이었을 테다
shall 할 것이다	should 했을 것이다
will 일 것이다	would 이었을 것이다
can 할 수 있다	could 했을 수 있다

b) 지금은 be동사와 조동사가 2능어

(a) be동사

가능	불능
am 하다	had 한데
are 이다	were 인데
is 있다	was 있는데

(b) 조동사

가능	불능
must 할 테다	ought to 할 텐데
may 일 테다	might 일 텐데
shall 할 것이다	should 할 것인데
will 일 것이다	would 일 것인데
can 할 수 있다	could 할 수 있는데

4) 조동사 분석

a) 구성요소 6행

'사랑할 것입니다'를 예를 들어 설명하면 다음과 같이 6가지 요소가 조동사를 구성하고 있다는 것을 알 수 있다.

사랑: 뜻어
할(하는): 부정사(분사)
것: 의존명사

임: 보명사

니: 보동격조사(be동사)

다: 문장조사

b) SOV가 SVO로 윤회할 때 '것임니다' 사망으로 준동사가 동사로 쓰이는 영어다.

c) 두 가지 조동사

영어는 사실심 조동사가 죽었다.

생각심 조동사	사실심 조동사
부정사 조동사	분사 조동사
할 테다(do about to)	하는 터이다(do about -ing)
할 것이다(let going to)	하는 것이다(let going -ing)
할 수 있다(be able to)	하는 수 있다(be able -ing)

5) 보어가 가장 망한 격

a) 보어는 품사도 아니고 격도 아니다. 교잡 be동사로 인칭에 따라 달라지는 주어와 동사의 일치를 하고 있기 때문이다.

b) 준보어라는 용어도 없다. 보부정사, 보분사, 보명사라는 용어도 새로 만들어야 한다.

4. 형용사격 = 탈영격

1) 국어 형용사격 6행

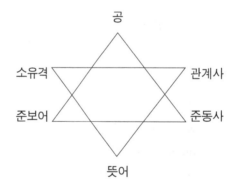

2) 영어 형용사격 별명: 탈영격

형용사격어들이 6격에 쓰이니 붙인 별명이 탈영격이다. 부정사 3용법과 분사 3용법이 대표적인 증거다. 동사적 용법만 추가하면 6격 용법이 된다. 따라서 준동사가 동사로 쓰이는 영어니까 이가 없어서 잇몸으로 사는 영어다. 영어는 이빨(동사) 빠진 호랑이다. 영국어 사전 뒤에는 불규칙 동사표가 있는데 한국어 사전 뒤에는 불규칙 동사표가 없다. 이것도 영국어는 사어, 한국어는 생어 증거이다.

3) 소유격 = 명명격 = 사이시옷격

a) 소유격은 편협한 이름이라서 명명격으로 고친다. 명사 + 명사로 이루어지기 때문이다. 사이시옷 격이라고 해도 된다.

b) 국어 소유격조사 6행

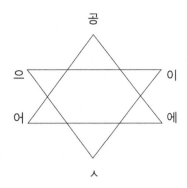

c) 영어는 소유격조사 -s가 6격에 쓰인다.

(a) 주목격에서 복수조사로 쓰인다.

Horses are useful.

I love horses.

(b) 보동격조사로 쓰인다.

Thanks, Congratulations, Cheers, methinks, meseems

(c) 직설법 3인칭 단수 현재동사의 어미에 –s로 쓰인다.

he is

he has

he works

(d) 부사격조사로도 쓰인다.

perhaps, downstairs, always

d) 명명격조사 화석들

(a) 사이시옷 화석들

(ㄱ) -se, -ese

who's ⟶ whose

국명 형용사 China's ⟶ Chinese, Japan's ⟶ Japanese

(ㄴ) -ce

poli's ⟶ police

명사 advice(충고), 동사 advise(충고하다)

(ㄷ) -th

서수: four's ⟶ forth, five's ⟶ fifth

소위 추상명사 weal's ⟶ wealth, heal's ⟶ health

(b) -ve

명명격조사 'of = 의'에 해당하는 화석

act of sentence ⟶ active sentence

pass of sentence ⟶ passive sentence

4) 준보어와 준동사는 형용사

a) 준보어 6료: 보부정사 2료(2개) + 보분사 2료(3개) + 보명사 2료(2개)

교잡 be동사 to be와 being으로 망했다.

시제	보부정사	보분사	보명사
미완료	친절할 to be kind	친절한 being kind	친절함 being kind
완료	친절했을 to have been kind	친절하던 having been kind 친절했던 *hading been kind	친절했음 having been kind

b) 준동사 6료: 동부정사 2료(2개) + 동분사 2료(4개) + 동명사 2료(2개)

동분사 = 동명사라서 구별이 안 되니 고장이다.

시제	동부정사	동분사	동명사
미완료	번성할 to thrive	번성하는 thriving	번성함 thriving
완료	번성했을 to have thrived	번성한 thriven 번성하던 having thrived 번성했던 hading thrived	번성했음 having thrived

5) 형용사격이 탈영격 증거

의존명사 '것'의 사망으로 형용사격이 명사가 되어 6격에 쓰이니 탈영격이 된다. 아래 한국어 해석을 보면 안다.

> To see is to believe.
> 볼 것이 믿을 것이다.(부정사)
> = Seeing is believing.
> 보는 것이 믿는 것이다.(분사)
> 봄이 믿음이다.(동명사)

a) 부정사 4용법 ⟶ 부정사 6격 용법
명사적 용법: 주어 목적어 보어가 된다.
형용사적 용법: 본래의 용법이다.
부사적 용법: 부정사구문이 증거다.
동사적 용법: 조동사-부정사가 동사로 쓰이는 영어다. 조동사 유무로 생각심과 사실심이다.

b) 분사 4용법 ⟶ 분사 6격 용법
명사적 용법: 주어 목적어 보어로 쓰인다.
형용사적 용법: 본래의 용법이다.
부사적 용법: 분사구문이 증거다.
동사적 용법: 원형분사 4개가 사실심 4시제 동사로 쓰인다.

6) 관계사와 접속사는 다르다.

a) 절은 형용사절과 부사절뿐이다.

b) 관계사 '는'자는 형용사절을 만드는 조사고, 접속사 '고나면서도'는 부사절을 만드는 조사라서
   완전히 다르다.

c) 형용사절은 문법책에서 다음과 같이 이름이 5가지나 되고 다루는 장소도 다르니 학생들 정신병
   에 걸리게 한다.
   (a) 관계대명사절은 대명사에서 다루고
   (b) 관계부사절은 부사에서 다루고
   (c) 명사절은 명사에서 다루고
   (d) 동격절은 다룰 곳이 없어서 특수구문에서 다루고
   (e) 선행사가 부사인 형용사절은 부사에서 다룬다. 다음은 부사절이 아니고 형용사절이다.
       Where와 After는 부사로 쓰이는 선행사기 때문이다.

       Where there is a will, there is a way.
       뜻이 있는 곳에 길이 있다.
       After I came home, it began to rain.
       내가 집에 온 후에 비가 내리기 시작했다.

   이상 5개의 절을 모두 모아서 형용사절에서 다뤄야 한다.

7) 뜻어는 형용사격의 1행이다.

다음 두 가지 이유 때문이다.

a) 소유격은 새로운 뜻어를 만드는 격이다.

b) 보명사, 동명사도 명사지만 준동사라서 형용사격에 속 한다.

8) 소유격어가 새로운 명사(뜻어)

한국어에도 소유격어가 뜻어로 존재할 때가 있다. 이래서 영어 형용사격어도 6격에 쓰이는 탈영격
인지도 모른다. 다음은 뜻어 + 소유격조사 '이'가 결합한 소유격어다.
        나 + 이 = 내
        너 + 이 = 네
        그 + 이 = 긔

5. 부사격 = 지옥격

1) 국어 부사격조사 6행

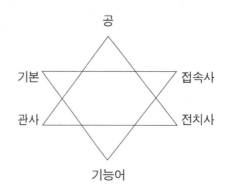

2) 영어 부사격 별명: 지옥격

형용사격이 뜻어격이라면 부사격은 기능어격에 해당한다. 서로 음양의 관계다. 영어는 기능어가 완전히 고장난 언어라서 부사격을 지옥격이라고 별명을 붙였다.

3) 기능어는 부사격의 일종 증거: only = 은/는, even = 도

영어는 주격과 목적격조사가 고장이라서 부사로 격조사 기능을 대신하니 기능어격이 부사격의 일종이라는 증거가 된다.

> Only I know it. 나는 그것을 안다.
> Even I know it. 나도 그것을 안다.

4) 기본부사격

a) 국어는 6행의 격조사가 살아 있다.

    (a) 성품명사 3행: 다정히, 다정하게, 다정스럽게

    (b) 비성품명사 3행: 선생님처럼, 선생님답게, 선생님같이

b) 영어는 고장이다.

    (a) kindly(친절히)는 부사고, friendly(친구 같은)는 보분사로 형용사다.

    (b) 기본부사격조사: 이/하게

    국어는 다정이 = 다정하게 = 다정스럽게 3가지로 되는데 영어는 -ly 하나니까 이것도 고장이다.

c) 성품명사가 기능어도 없이 부사로도 쓰인다.

> He is safe. 그는 안전하다.(명사)
> He arrived safe. 그는 안전하게 도착했다.(부사)

5) 다음은 부사절이 아니고 형용사절이다.

형용사절의 선행사가 격조사도 없이 부사로 쓰이니 우리는 형용사절을 부사절로 착각한다.

a) 선행사 + 기능어 = 부사격어

의문사는 접속사가 될 수 없다. 기능어도 없이 선행사 Where가 부사가 되는 영어다.

> Where(At the place) there is a will, there is a way.
> 뜻이 있는 곳에 길이 있다.

다음도 기능어도 없이 선행사 When이 부사격어로 쓰이는 경우다.

> When(By the time) I arrived home, it began to rain.

After, Before, Since 등도 마찬가지로 형용사절의 선행사가 기능어도 없이 부사로 쓰이는 것들이다.

b) 접속사는 5개(고 나 면 서 도)뿐이다.

c) 선행사 유무로 형용사절과 부사절이다.

6) 기능어인 전치사에 뜻어가 존재하니 엉터리다.

a) 소위 위치를 나타내는 전치사는 전치사가 아니고 뜻어 즉 명사다.

> under(아래) the table, on(위) the table

b) 후치사 ⟶ 전치사

크기에 따라 다른 전치사를 쓰는데 엉터리다. 장소는 at in, 시간은 at on in으로 다르다. 하지만 한국어에서는 이런 구별이 없다. at(에) 하나로 다 되는 국어가 맞다. 국어의 후치사가 윤회하여 영어의 전치사가 된다는 것도 알 수 있다.

> We arrived at Seoul station. 우리는 서울역에 도착했다.
> We arrived in Seoul. 우리는 서울에 도착했다.

> I met him at seven. 나는 그를 7시에 만났다.
> I met him on Sunday. 나는 그를 일요일에 만났다.
> I met him in April. 나는 그를 4월 달에 만났다.

7) 고장난 관사: on/in = a/an = 은/는

a) at on in: on과 in은 관사다.

> I go to church on Sunday. 나는 일요일은 교회에 간다.
> It is warm in April. 4월은 날씨가 따뜻하다.

b) on(위), in(안): 위치명사다.

> on the table, in the room

6. 뜻어 6행

1) 명사의 종류

a) 격문법에서 명사의 종류

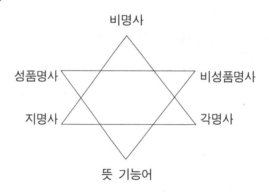

(a) 비명사(회전의자)

명사가 아닌 것도 뜻어 자리에 온다. 기능어, 격어, 문장, 문장의 일부 등 모든 것이 뜻어 자리에 오는 것이 가능하다. 이래서 비명사라고 호칭하기로 한다. 앉으면 주인이라는 노래의 가사처럼 회전의자라는 별명을 붙인다.

'An' is an article.
'He ain't kind' is vulgar English.

(b) 성품명사

kind, poor, rich 같은 소위 성품형용사라는 것들이 형용사가 아니고 성품명사다.

Riches have wings.
부는 날개가 있다.

(c) 비성품명사

teacher, love, hate 같은 성품명사에 해당하지 않는 명사는 모두 비성품명사다.

(d) 지명사

소위 지각동사라는 말에서 '지'에 해당하는 명사들이 지명사다.

know, see, hear. smell, taste, feel

직설법 = 사실심에 해당하는 동사다.

I know that he is honest.
= He is honest.

(e) 각명사

소위 지각동사에서 '각'에 해당하는 명사들이다.

think, suppose, guess

가정법 = 생각심에 해당하는 동사들이다.

I think that he is honest.
= He may be honest.

위와 같이 지각동사는 직설법과 가정법의 차이를 나타내는 기준이 되기도 하고 다음과 같이 어순이 다르기도 하다.

> Do you know who he is?
>
> Who do you think he is?

(f) 뜻 기능어

뜻어지만 기능어 역할을 하기 때문에 붙인 이름이다. 이것은 다음 뜻 기능어 항에서 설명하기로 한다.

b) 영어 수문법에서 명사 종류

다음과 같이 나누지만 예외가 많다. 수문법이 인공문법이기 때문이다.

(a) 보통명사, 고유명사, 물질명사, 추상명사의 예외들

> Horse is useful.
>
> A Mr. Kim came to see you.
>
> There are furnishings in the house.
>
> He is an ambitious youth.

(b) 집합명사와 군집명사의 구별도 애매

> The audience was a large one.(집합명사)
>
> His family is a large one.
>
> The audience were all deeply moved.(군집명사)
>
> His faimily are all well.

(c) 가산명사와 불가산 명사의 구별도 없다.

> Still waters run deep.
>
> London fogs are killing me.

2) 3어가 고장난 영어

뜻어 고장, 기능어 고장, 격어 고장의 영어다. 3어(뜻어 + 기능어 = 격어)가 모두 고장난 영어라서 명사가 격조사도 없이 6격에 쓰인다.

a) 명주목보

명사가 주어 목적어 보어가 된다는 소리다. 이것은 이미 우리가 안다.

b) 명동형부

명사가 동사 형용사 부사가 된다는 소리다. 이것은 우리가 잘 모르고 있다. 동사 형용사 부사는 선천적인 것으로 착각하고 있기 때문이다. 주격 목적격 보어격처럼 동사격 형용사격 부사격도 3어(뜻어 + 기능어 = 격어)로 후천적으로 만들어진다는 것을 각별히 유의해야 한다.

(a) 명사가 격조사도 없이 바로 동사로 쓰인다.

> I (have a) think that he is honest.
>
> They (have a) fight.

(b) 명사가 격조사도 없이 형용사(보분사)로 쓰인다.

kind man 친절한 사람

safe arrival 안전한 도착

(c) 명사가 격조사도 없이 부사로 쓰이는 경우

He arrived safe. 그는 안전하게 도착했다.

c) 파생명사

(a) 이상과 같이 명사가 동사 형용사 부사로 쓰이니까 새로운 명사가 생기는데 이걸 우리는 파생 명사라고 한다. 알고 보면 파생명사가 아니고 분사-의존명사가 정명이다.

(b) 분사-의존명사

kindness(친절한 것), safeness(안전한 것), transportation(운송하는 것), loving(사랑하는 것) 들은 분사-의존명사라는 것을 한국어가 말해준다.

(c) 격어보다 긴 파생명사

이렇게 파생명사가 격어(동사 형용사 부사)보다 길이가 기니까 영어는 3어가 고장난 죽은 언어다.

7. 뜻 기능어 6행

1) 국어의 뜻 기능어 6행

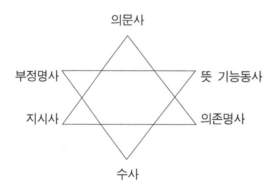

2) 의문사 6행

a) 6행의 의문사

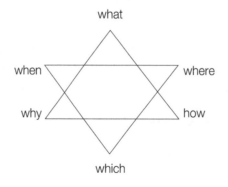

한국어는 생어(SOV)
영국어는 사어(SVO)

b) 6하의 의문사

who는 인본주의 의문사라서 위 6행의 의문사에 들어가지 않는다. 신문기자들이 사건 기사를 작성할 때 쓰는 6하의 의문사는 별도다. 언제(when) 어디서(where) 누가(who) 무엇을(what) 어떻게(how) 왜(why)에 따라 사건을 기록한다.

c) 걸레 의문사

영어는 의문사가 관계대명사, 관계부사로도 쓰이고 접속사로도 쓰이니 걸레 의문사라는 별명을 붙인다. 의문사가 의문사로만 쓰여야 공자의 정명사상에 해당한다.

3) 지시사 6행

a) which는 정관사가 나오는 정지시사의 원천이고, what은 부정관사가 나오는 부정지시사의 원천이다. 영문법에서 관계형용사라고 한다.

which book 어느 책, what book 무슨 책

b) 여기서 나온 것들이 다음과 같다.

어느 which	무슨 what
이 this book	모든 every(thing)
저 that book	어떤 some(thing)
그 the book	아무 any(thing)

다음이 지시사 6행 도표다.

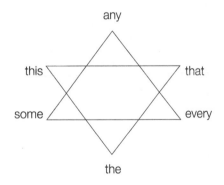

c) 의존명사-지시사 전환

hereby(이래서), thereby(저래서), whereby(그래서)와 같은 화석들에서 영어의 지시사가 사망했다는 것을 알 수 있다. 따라서 지금의 지시사는 의존명사에서 온 것들이라서 의존명사-지시사 전환이라는 용어를 만들었다. 소위 반복대명사가 의존명사다. 우리말 '것'에 해당하는 다음 that와 it이 증거다.

The climate of Korea is like that of France.
한국의 기후는 프랑스의 것과 다르다.
I think it natural that he should get angry.
나는 그가 화를 낸다는 것은 당연하다고 생각한다.

4) 의존명사 6행

영어는 의문사가 의존명사로 쓰인다.

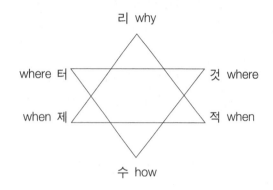

a) 터 것 수: 조동사를 만드는 기본 요소들 중의 하나다.

할 테다 (do about to)
할 것이다 (let going to)
할 수 있다 (be able to)

b) 의존명사 사망으로 형용사절이 명사절로 착각되고 있다.

I know (it = the fact) that he is honest.
나는 그가 정직하다(는 것을) 안다.

5) 부정명사 6행

a) 긍정과 부정

다음과 같이 한국어는 6개의 부정명사가 존재하는데 영국어는 not 하나뿐이니까 지독하게 고장 난 영어다.

긍정	부정
있다	없다
상식이 있다	몰상식하다
이다	아니다
하다	못하다
하다	말다
알다	모르다

b) 부정명사 6행 도표

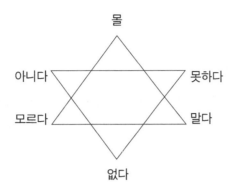

c) malnutrition에서 mal이 한국어 '몰상식'에서 '몰'에 해당한다.

d) 다음 두 문장의 차이가 나는 것은 '안다, 모른다' 차이 때문이다.

> I think not. (나는 아니라고 생각한다.)
> I know not. (나는 모른다.) 구식 표현이다.

지금은 I don't know로 쓰인다.

6) 뜻 기능동사 6행

다음과 같이 6개가 존재한다. 괄호 안에 있는 것들은 한국어 순수 기능동사에 해당되는 것들이다.

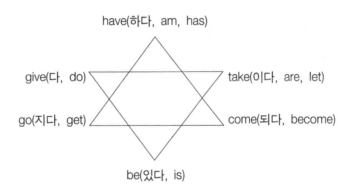

이것을 불교식으로 해석해 보면 '소유(have)하면서 주(give)고 받(take)고 하다가 가(go)고 오(come)는 존재(be)가 인간(human being)이다'라는 불교의 윤회론이 들어 있다. 이래서 빈천해탈 무소유 불교다. 무소유면 주고받을 것도 없어서 해탈로 가기 때문이다.

7) 수사 6행

다양한 6행이 존재한다.

a) 두 주먹 합해서 10진법 6행

   (a) 오른 손가락 6행

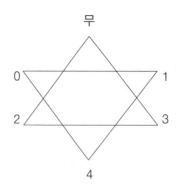

   (b) 왼 손가락 6행

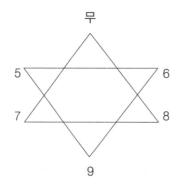

두 개의 6행이 모여 10진법: 두 개의 주먹이다. 다섯 손가락 사이의 빈 공간은 '무'에 해당한다. 다음과 같이 짝수와 홀수의 집합도 10진법이다.

   짝수(여성 수): 무02468
   홀수(남성 수): 무13579

b) 숫자를 하나의 품사로 수사라고 하는데 이것은 어학과 수학이 밀접한 관계가 있다는 것을 말해 준다. 따라서 수학에도 6행의 진리가 흐른다.

c) 서수는 소유격어다.

forth fifth의 th는 한국어 사이시옷으로 영어 소유격조사 's에 해당한다.

d) 한국어에는 단수조사는 없고 복수조사 '들'만 있다. 이 복수조사는 '둘(two)'에서 나온 것으로 추정된다. 매우 닮았기 때문이고 복수라는 점도 일치하기 때문이다. 다음 -try가 한국어 복수조사 + 소유격조사 = '들이'에 해당하는 것으로 추정된다.

   poultry farm = fowl's farm 닭들의 농장, 양계장
   gentry class, peasantry club

e) 영어에서 a/an은 단수조사가 아니고 한국어 주목격조사 은/는에 해당하는 것이고, 복수조사 '-s'는 '사이시옷'에 해당한다. 이런 것을 단수 복수라니 제정신(sane)이 아니다. 이래서 영문법은 정신병자(insaint)들의 작품이다.

한국어는 생어(SOV)
영국어는 사어(SVO)

8. 순수 기능어 6행

1) 격조사

6격 6상 6시제 논문 참조

2) 상조사

6격 6상 6시제 논문 참조

3) 시제조사

6격 6상 6시제 논문 참조

4) 문장조사

a) 6행의 문장조사

평서문: 사랑하다. You love her.
의문문: 사랑하냐. Do you love her?
명령문: 사랑하라. Love her.
기원문: 사랑하소서. May the king love the queen.
감탄문: 사랑하는구나. How really you love her!
청유문: 사랑하자. Let's love her.

b) 어순 구두점 대문자가 문장조사 대용
영어는 위와 같이해도 문장조사 대용이 안 되니까 어순 구두점 대문자로 문장조사를 대신한다.
국어는 문장조사가 있어서 어순 구두점 대문자가 없어도 된다.

5) 비교조사

a) 6행의 비교조사
공비교

She is beautiful.

동급비교

She is as beautiful as her sister.

동질비교

She is beautiful rather than pretty.

우등비교

She is more beautiful than her sister.

열등비교

She is less beautiful than her sister.

최상급 비교

She is the most beautiful girl in the class.

b) 불규칙 비교는 비교조사 고장 증거다. 다음은 의미가 바뀐 경우다.

    well worse worst ⟶ bad worse worst

    bad better best ⟶ well better best

c) -er, -est 비교냐 more most 비교냐 가리는 것은 매우 성가신 일이다. 영어사전에서 확인해야 하기 때문이다, 열등비교가 없는 -er, -est가 없어져야 정상이다. 다음은 두 가지 다 된다.

    She is brighter than her husband.

    She is more bright than her husband.

6) 공 조사

a) 공 = 생략

공 관사(zero-article)가 대표적이다.

    Horse is useful.

    God is love.

    Bread is life.

b) 다음은 모두 같은 공이다.

    수자 영: 0123

    한글 이응: ㅇㄱㄴㄷ

    불교 공: 공즉시색

    6대 공: 지수화풍공식

    6근 구멍: 안 이 비 설 신 의

한국어는 생어(SOV)
영국어는 사어(SVO)

제**5**장

구석구석 썩은 영어

제5장 구석구석 썩은 영어

앞에서 우리는 영어가 3음 3어가 안 되는 사음 사어라는 것을 많이 보았다. 이 장에서도 마찬가지로 그런 것들을 되풀이 강조한다.

1. 정신병자 영문법

1) 영문법 = 성경(Bible)

a) 성인(Saint)이 아닌 우리 보통 사람들은 정신병자(Insaint)라는 증거가 영어다. 영문법이 100% 거짓말이기 때문이다. 하지만 사람들은 영문법을 성경(Bible)처럼 굳게 믿고 있으니 설득하기가 매우 어려워서 같은 소리를 되풀이하고 있다. 다음은 한국어와 영국어의 문법을 비교한 것이다.

> 한국어: 격문법 = 비규범 문법 = 비학교 문법 = 참말 문법 = 성인 문법
> 영국어: 수문법 = 규범 문법 = 학교 문법 = 거짓말 문법 = 정신병자 문법

b) 성경에 나오는 창세기 기적, 모세 기적, 예수 기적들은 모두 자연법칙 위반이라서 성경도 거짓말 책에서 영문법 책과 닮은 꼴이다.

2) 두 개의 쓰레기장

a) abc는 3음으로 분리수거되지 않은 쓰레기장이다. 우리는 abc에 사기당하고 있다. abc는 소리문자가 아니고 뜻문자다. 발음기호 유무로 뜻문자와 소리문자다. 뜻문자는 인공문자고 소리문자는 자연문자다.

b) 8품사는 3어로 분리수거되지 않은 쓰레기장이다. 우리는 8품사 영문법에 사기당하고 있다. 품사 문법은 인공문법이고 격문법이 자연문법이다.

3) 교잡 be동사

a) am are is의 원형이 be라는 것은 정신병자들의 작품이다.

b) 불규칙 be동사
다음은 2시제가 아니고 2능어다. am과 had가 짝이다.

가능	불능
am하다	had한데
are이다	were인데
is있다	was있는데

2. 철자도 문법도 없는 영어

1) 18세기까지 영어는 철자도 문법도 없는 언어

18세기(1700~1800)에 문법가들이 라틴어를 모방하여 철자와 문법을 만들어 유동적인 영어를 고정하였다. 하지만 그들은 라틴어의 문자와 문법이 엉터리라는 것을 모르고 마구잡이로 모방하여 지금

한국어는 생어(SOV)
영국어는 사어(SVO)

도 영어는 철자도 문법도 없는 영어다. 다음이 모두 같은 말이다.

영어	국어
철자도 문법도 없는 영어	철자도 문법도 있는 국어
= 3음 3어도 안 되는 영어	= 3음 3어가 되는 국어
= 맞춤법과 띄어쓰기도 없는 영어	= 맞춤법과 띄어쓰기가 있는 국어
= 음절과 격어도 없는 영어	= 음절과 격어가 있는 국어
= 참새 똥 영어	= 토끼똥 국어

2) 사무엘 존슨(Samuel Johnson) 영어

1755년 영어 대사전을 만든 것이 철자와 문법을 고정하는 계기가 되었지만 자연영어가 아니고 인공영어라서 전 세계가 영어로 소통이 안 되는 불통세계다.

3) 최현배 국어

사무엘 존슨 영어와 비슷한 처지가 최초로 맞춤법을 고정한 최현배 국어다. 1933년 한글 맞춤법을 주도한 사람이 최현배기 때문이다. 인공영어가 문제듯이 인공국어도 문제다. 자연국어가 아니기 때문이다. 27개 받침들 중에서 8개(ㄱㄴㄹㅁㅂㅅㅇㅆ)만 맞고 나머지 19개는 엉터리다. 이 19개 엉터리 받침 때문에 대한민국 사람들이 받침 울렁증에 걸려 있다. 어린이들이 받아쓰기를 할 때 잘 틀리는 것도 이 19개 엉터리 받침들이다.

3. 두 개의 핵심

1) a/an과 -s는 단수와 복수가 아니고 격조사다.

a) 수문법이 아니고 격문법이 보편문법이다.

b) 국어와 비교

a/an = 은/는, -s = 사이시옷(ㅅ)

기능어는 만국 공통이라서 국어와 영어의 기능어가 같다. 따라서 찾아보면 화석이 있게 마련이다.

2) will, shall은 미래조동사가 아니고 생각심 기능동사다.

다음이 3가지 조동사들의 화석이다.

must(할 테다)	ought to(할 텐데)
may(일 테다)	might(일 텐데)
shall(할 것이다)	should(할 것인데)
will(일 것이다)	would(일 것인데)
can(할 수 있다)	could(할 수 있는데)

4. abc는 3음으로 분리수거 안 된 쓰레기장

1) 공이 없다.

공이 없으니 abc는 3음(자음 + 모음 = 음절)이 안 된다. 공이 없으니 모음이 자음도 없이 음절이 되기도 한다. 반대로 모음도 없이 자음이 음절이 되기도 한다. abc는 모음 '으' 등이 없기 때문이다. 다음이 예다. 한글로 봐야 이것을 알 수가 있다. 음절이 안 되니 철자도 없는 영어다.

> egg[eg ㅔㄱ]
> apple[aepl ㅐ프ㄹ]

2) 모음 태부족

7개(a e i o u w y) 모음으로 어림없다. 한글은 모음이 20개인데 영어는 7개에 불과하니 턱없이 부족하다. '어'가 없는 것도 하나의 예다. eo = '어'로 쓰지만 엉터리라서 다음과 같이 발음이 제대로 안 나온다. 외국인들한테 읽어보라면 다음과 같이 엉터리로 읽는다.

> Seoul 서울 ──→ 세울, Geochang 거창 ──→ 지오창

3) 모아쓰기 국어, 풀어쓰기 영어

영어는 국어처럼 모아쓰기(받침글, 3성글)가 아니고 풀어쓰기라서 음절과 음절의 구별도 어렵고 읽기도 불편하다. 국어 '방송국'으로 예를 들면 다음과 같다.

> 방송국 (국어) = ㅂ ㅏ ㅇ ㅅ ㅗ ㅇ ㄱ ㅜ ㄱ (영어)

4) 약자도 다르다.

국어는 음절(syllable) 약자, 영어는 음소(phoneme) 약자다. 다음을 '이엉 시옷 디귿'으로 읽어야 하니 더 길어졌다.

> 우송대학교 = 우송대 (국어식 약자) = ㅇ ㅅ ㄷ (영어식 약자)

5. 기능어 = 생명

1) 잡종교배라는 말을 줄여서 교잡 be동사라는 별명을 붙인다.

영어는 2능어에 '있다' be동사의 3시제를 잡종 교배했다.

	가능	불능		
	am	had		
be	are	were	have been	had been
있다	is	was	있었다	있었었다

am had 관계는 다음이 예다. 시제 모양은 과거라도 뜻은 현재불능이다.

> You had better go there. (너는 거기에 가는 것이 더 좋은데)

2) 기능어 = 생명

a) 기능어는 언어의 생명이다. 기능어가 고장난 영어는 죽은 언어다. 영어는 8기능어(관사, be동사, 조동사, 관계사, 전치사, 접속사, 접두사, 접미사)에 격조사라는 용어가 없을 정도로 격조사가

모두 사망한 언어다. 기능어가 뜻어 앞으로 윤회하면 본래의 기능을 상실하기 마련이다.

b) 중국어도 사어(SVO)라서 기능어가 죽었다.

순(하는)천(을)자(는)흥(하고) 역(하는)천(을)자(는)망(한다)

6. Be동사와 조동사는 2능어

1) 2시제로 착각 마라

2시제가 아니고 2능어다. be동사는 사실심 2능어고 조동사는 생각심 2능어다. 다음은 두 가시를 다 말해준다. 소위 말하는 be to용법이다.

are to = 할 테다,	할 것이다,	할 수 있다
may	will	can
were to = 할 텐데,	할 것인데,	할 수 있는데
might	would	could

2) 교잡 be동사가 망치는 것들

a) 보어격 사망: 주어와 동사의 'am are is' 일치로 보어격이 사망했다.

b) 준보어 사망: to be와 being으로 준보어가 사망했다.

c) 진행형 사망: 2능 be동사 + 현재분사로 진행형이 사망했다.

d) 수동태 사망: 2능 be동사 + 과거분사로 수동태가 사망했다.

e) 조동사 사망: 2능 be동사로 조동사 3개가 사망했다.

	자연 조동사	인공 조동사
할 테다	do about to	are about to
할 것이다	let going to	are going to
할 수 있다	be able to	are able to

f) 2능 be동사를 2시제 be동사로 하니까 시제가 사망했다. 시간 3시제의 착각에서 벗어나지 못하고 있다.

I am happy. 나는 행복하다.
I was happy. 나는 행복했다.
I will be happy. 나는 행복할 것이다.

7. 준보어와 준동사는 형용사

1) 분사구문은 고장난 영어 증거

형용사인 분사가 부사로 쓰이기 때문이다.

2) 부정사 3용법도 고장난 영어 증거

형용사인 부정사가 6격에 쓰이기 때문이다.

3) 6격 용법

a) 부정사 6격 용법

b) 분사 6격 용법

부정사 3용법과 분사 3용법에 동사적 용법만 추가하면 위와 같이 된다.

c) 동명사는 사망한 영어다. 준동사 기능어 3개[부정사(L), 동명사(M), 분사(N)]에서 보면 swim, dream 등 소위 동족목적어라는 것들이 동명사(M) 화석들이다.

8. 부사절이 아니고 형용사절

1) 형용사절을 부사절로 착각

다음 종속절들은 부사절이 아니고 형용사절이다. 한국어로 봐야 이것을 안다.

> Where there is a will, there is a way.
> 뜻이 있는 곳에 길이 있다.
> After I came home, it began to rain.
> 내가 집에 온 후에 비가 내리기 시작했다.

Where와 After는 뒤에 오는 형용사절의 선행사들인데 기능어도 없이 부사로 쓰이는 부사격어들이라서 부사절로 착각되고 있다. 선행사 + 기능어 = 격어의 원리다.

2) 접속사: 그리고(나면서도)

이 5개만이 부사절 접속사들이다. 윤회 안 한 것은 등위접속사라고 하고 윤회한 것은 종속접속사라고 부르니 호칭 자체도 고장난 접속사라는 증거다.

a) 등위접속사

> 고: and
> 나: but

b) 종속접속사

> 면: if
> 서: as, because
> 도: though

3) 접속사와 지시굴절부사는 다르다.

a) and 앞에 콤마 유무로 지시부사와 접속사

(a) and: 지시굴절부사(이러고 저러고 그러고)

> He is Chinese, and his wife is American.
> 그는 중국사람이다, 그리고 그의 아내는 미국사람이다.

(b) and: 접속사(고)

> He is Chinese and his wife is American.
> 그는 중국사람이고 그의 아내는 미국사람이다.

한국어는 생어(SOV)
영국어는 사어(SVO)

b) but 앞에 콤마 유무로 지시굴절부사와 접속사

   (a) but: 지시굴절부사(이러나 저러나 그러나)

   He is Chinese, but his wife is American.
   그는 중국사람이다, 그러나 그의 아내는 미국사람이다.

   (b) but: 접속사(나)

   He is Chinese but his wife is American.
   그는 중국사람이나 그의 아내는 미국사람이다.

9. 형용사절 5가지

1) 관계대명사절

a) 선행사가 의존명사로 쓰이는 의문사인 경우에 선행사를 포함하는 관계대명사라고 착각한다.

   Whom the gods love die young. 신들이 사랑하는 자들은 어려서 죽는다.

b) 선행사가 의문사가 아니고 선행사가 따로 있는 경우다. 이렇게 의문사가 관계대명사가 된다.

   Those whom the gods love die young.

c) 관계보어? 소위 관계대명사 계속적 용법은 지시사(it)에 해당하니 관계대명사가 아니고 지시대명사다.

   He is smart, which I am not.
   그는 영리한데 나는 그것이 아니다.
   He said that he saw me there, which is a lie.
   그는 거기서 나를 보았다고 말했는데 그것은 거짓말이다.

2) 관계부사절

소위 전치사 + 관계대명사 = 관계부사라는 말이 있는데 지독한 거짓말문법이다. 관계대명사는 기능어기 때문이다. 기능어 앞에 전치사는 코미디 영문법이다.

   This is the village where(in which) I was born.

다음 두 문장을 하나의 문장으로 만드는 것을 관계대명사절이라고 착각하고 있다.

   This is the village. I was born in it.

3) 동격절

   I know the fact that he is a liar

4) 명사절

   I know that he is a liar.

5) 선행사가 부사인 형용사절

> Where there is a will, there is a way.

이상과 같이 5종류를 모르고 관계대명사는 대명사에서 다루고, 관계부사는 부사에서 다루고, 동격절은 특수구문에서 다루고, 명사절은 명사에서 다루고, 선행사가 부사인 형용사절도 부사에서 다루니, 형용사절이 갈기갈기 찢어져서 본 모습을 알 수가 없으니 학생들이 정신을 차릴 수가 없다. 정신병자 영문법이 학생들을 정신병 걸리게 한다. 영어 배우다가 머리가 나빠지기도 하고 정신병 걸리기도 한다는 것은 심각한 문제다.

10. do be have 3파전

1) do

다른 조동사가 없는 경우에 의문문과 부정문을 독점하여 만든다.

2) be

교잡 be동사는 보어, 준보어, 진행형, 수동태, 조동사를 독점하여 만들고 있다.

3) have

독점하여 사실심 과거시제와 대과거시제를 만들고 생각심 과거시제도 만든다.

> She has posted the letter yesterday. 편지를 부쳤다.
> She had posted the letter yesterday. 편지를 부쳤었다.
> She will have posted the letter yesterday. 편지를 부쳤을 것이다.

4) let, get, become

이것도 모두 합해서 6행의 보동격조사들인데 모르고 있다. 수동태 기능동사들이다. 한국어로 예를 들면 이해가 빠르다.

> --을 보다 ⟶ --이 보이다 (let)
> --을 좋아하다 ⟶ --이 좋아지다 (get)
> 생각을 하다 ⟶ 생각이 되다 (become)

이러니 2능 be동사(am are is) + 과거분사로 되는 영어 수동태는 모두 정신병자의 작품이다.

11. 오니온스(Onions)가 만든 5문형은 정신병자의 작품

1) am are is의 원형이 be가 아니다.

am are is는 2능어고, be는 have been, had been과 더불어 '있다' 3시제로 별개다.

2) am had가 짝이다.

> am had
> are were
> is was

죽은 영어라서 am had처럼 짝을 잃은 것들이 많다.

a) must의 불능형 ought to

b) 2인칭 복수 thou thy thee thine

c) 가정법 would have pp의 가능형 will have pp

d) 불규칙 인칭대명사: I my me

e) 불규칙 동사: go went gone

f) 불규칙 비교: bad better best, well worse worst

g) 불규칙 복수: oxen = an ox

3) 여격 = 간접목적어는 목적격어가 아니고 부사격어

따라서 간접목적어가 주어로 되어 수동태를 만드는 것은 엉터리다.

> He gave me a book. ——→ He gave a book to me.
> I was given a book by him. 이 문장이 버젓이 수동으로 쓰이고 있다.

4) 목적보어라는 것은 보어가 아니라 부사다.

우리말로 해석해 보면 안다.

> We call him Tom. 우리는 그를 톰이라고 부른다.

5) 완전동사, 불완전동사는 없다.

보어 유무로 불완전동사와 완전동사로 나누는 것도 엉터리다. 다음이 Onions의 5문형 동사 분류표다. 완전타동사가 두 개라서 하나를 수여동사라고 부르기도 하니 엉터리다.

> 1형식 완전 자동사: There is a book on the table.
> 2형식 불완전 자동사: I am happy.
> 3형식 완전 타동사: He killed a rat.
> 4형식 완전 타동사(수여동사): He showed me the way to the station.
> 5형식 불완전 타동사: We call him Tom.

6) 자동사도 수동태가 된다.

a) 이것은 한국어로 설명하면 간단하다. 다음 두 문장은 동사에서 능동태와 수동태로 변화를 한다. 자동사도 수동태가 된다.

> 나는 그가 정직하다고 생각을 한다.
> 나는 그가 정직하다고 생각이 된다.

b) 자역동사와 사역동사로 나누는 것이 맞다. 자역동사와 사역동사는 기능동사가 다른데 영어는 이것도 고장이다. 다음에서 '결혼하다'와 '결혼하게 하다'는 동사의 어미가 다르다는 것을 우리는 알 수 있다.

A rich man married her.
부자가 그녀와 결혼했다. (자역동사)
She married her daughter to a rich man.
그녀는 그녀의 딸을 부자와 결혼하게 했다. (사역동사)

c) 자동사와 타동사도 고장난 영어

He was graduated from Havard. 그는 하버드를 졸업했다.
Cows supply us with milk. 소는 우리에게 우유를 공급한다.
He married Alice. 그는 앨리스와 결혼했다.

7) 문법가들마다 새로운 문형을 만든다.

하지만 아직까지 성공한 사례는 없다.

8) 있다 이다 하다로 만든 새로운 6행문형

가급적 기존문형과 비슷하게 만들었다. 국어로 설명하면 이해가 더 빠르다. 이 문형이 꼭 맞다는 보장은 없다. Onions의 5문형보다는 낫다는 말이다.

a) 공형식: 소위 생략 문형 내지 한 단어 문형이다.

예(Yes), 아니요(No), Thanks

b) 1형식: 있다 문형

There is a book on the table.

'-하고 있다'라는 진행형문형도 여기에 속한다.

He is studying English. 그는 영어를 공부하고 있다.

c) 2형식: 이다, 하다 문형, 보어격 문형

He is professor. 그는 선생님이다.
He is kind. 그는 친절하다.

d) 3형식: 하다 문형, 자역동사 문형

Tom married Alice.
톰은 앨리스와 결혼했다.

e) 4형식: 이다, 하게 하다 문형, 사역동사 문형
She married her daughter to a rich man.
그녀는 그녀의 딸을 부자와 결혼하게 했다.

Money makes the mare (to) go.
돈은 말도 가게 한다.

f) 5형식: 이다 문형, 수동태 문형

I see a bird. 나는 새를 본다.

한국어는 생어(SOV)
영국어는 사어(SVO)

A bird is seen. (나는) 새가 보인다.

He had a doctor. 그는 의사를 했다.

He became a doctor. 그는 의사가 되었다.

12. 4동 8망

다음 4가지가 한국어는 다른데 영어는 같으니 8개가 모두 망한 영어라서 4동8망이라는 별명을 붙였다.

1) 동사원형(사랑하다) = 현재(사랑한다) = love

2) 과거분사(사랑한) = 과거(사랑했다) = loved

3) 현재분사(사랑하는) = 동명사(사랑함) = loving

4) 소유격(매리의) = 소유대명사(매리의 것) = Mary's

13. 목형명격단

이렇게(목적격 ⟶ 형용사격 ⟶ 명사 ⟶ 격어 ⟶ 단어) 전환했다는 제목이다. 이것도 영어가 3어가 안 되는 사어라는 증거이다.

1) 목형 전환

a) 목적격어가 소유격어로 전환: she her her

b) 을/를 목적격어가 소유격어로 된 것: her, our, your, their

c) 목적격어가 형용사격어로 전환

personnel management

personal computer

2) 형명 전환

형용사격어가 명사(뜻어)로 전환하여 6격에 쓰인다.

a) 의존명사 사망으로 부정사 6격 용법, 분사 6격 용법 등이 예다.

b) 사이시옷 -s가 붙은 소유격어가 6격에 쓰인다. 주어 목적어 보어에 복수로 쓰이고, 동사격의 직설법 3인칭 단수 현재 동사의 어미에 -s로 쓰이고, 보어격에 is로 쓰이고, 부사격에도 always, perhaps, downstairs 등에서 쓰인다.

3) 명격 전환

명사가 기능어도 없이 격어로 쓰이는 고장난 영어다.

a) 명주목보: 명사가 주어 목적어 보어로 쓰인다.

b) 명동형부: 명사가 동사 형용사 부사로 쓰인다.

따라서 동사 형용사 부사에서 파생명사가 나온다. 명사가 동형부로 쓰이니 명사가 없기 때문이다.

kindness, safeness
transportation, temptation
conclusion, division
knowing, thinking

4) 격단 전환

격어가 단어로 전환하여 영어사전에 올라 있다. 명사(oxen), 동사(satisfy), 형용사(lovely), 부사(lovelily) 등은 모두 격어들이다. 격어가 단어로 영어사전에 오르니 영어 단어가 많아 보인다. 한국어도 이렇다면 한국어 사전은 몇 배로 늘어날 것이다.

14. 한국어가 윤회한 송장이 영국어

1) 어순의 윤회

a) 뜻어 + 기능어 ——▶ 기능어 + 뜻어
   8기능어들(관사 Be동사 조동사 관계사 접속사 전치사 접두사 접미사) 중에서 7기능어가 모두 뜻어 앞으로 윤회한 기능어들이다.

b) 후행사(형용사 + 명사) ——▶ 선행사(명사 + 형용사)

   Thames river ——▶ river of Thames
   Lake Michigan, Mt. Everest, Mr. Kim
   Those whom the gods love die young.
   That will have been Mary who phoned.

영어는 선행사지만 한국어는 후행사다. 선행사 뒤에는 기능어를 붙이기 불편하지만 후행사 뒤에는 불편하지 않다.

c) 영어는 전치사, 국어는 후치사

   He arrived at Seoul station.
   그는 서울역에 도착했다.

d) SCV(주어 + 보어 + 보어격조사) ——▶ SVC(주어 + 보어격조사 + 보어)
보어격조사로 be동사를 하고 있으니 엉터리다. 성품명사인 경우에 다음과 같이 has를 해야 자연영어다.

   그는 친절하다 ——▶ 그는 하다 친절
   He kind has.   He has kind.

e) SOV(주격 + 목적격 + 동사격) ——▶ SVO(주격 + 동사격 + 목적격)
   I hair have done.
   ——▶ I have hair done. 나는 머리했다.
   ——▶ I have done hair.

f) 철자 윤회
   영어 so ——▶ as

> He is diligent so he is rich.
> As he is diligent, he is rich.

　서반아어 정관사 el ⟶ 불어 le에 해당한다.

> el nino(엘리뇨), la nina(라니나)

2) 몽골어 3형제

　몽골족이 현생 인류의 민족조상이니 몽골어가 현생 인류의 어족 조상이라서 다음을 몽골어 3형제라고 부른다. 몽골어가 전 세계로 흘러내려가면서 어순이 SOV에서 SVO로 윤회하여 사망하였다.

a) 우랄알타이어(몽골어, 한국어, 일본어)는 SOV 어순을 가진 생어들이다. 성 수 인칭이 없어서 자연어들이다.

b) 중국어는 SVO 어순이라서 사어지만 성 수 인칭이 없어서 인구어보다는 자연어다.

c) 인구어(인도어, 아랍어, 유럽어)들은 모두 SVO 어순이라서 사어들이다. 성 수 인칭도 있어서 중국어보다도 열등하다.

15. 고장난 8기능어

1) 관사는 지시사가 아니고 주격과 목적격조사

　따라서 정관사와 부정관사는 정명이 아니고 오명이다.

a) 정관사(the) = 정 지시사: this book, that book, the book

b) 부정관사(a/an = any) = 부정 지시사: everybody, somebody, anybody

2) be동사는 사실심 보동격 2능어

a) 본래는 보동격 2시제

am 하다	had 했다
are 이다	were 이었다
is 있다	was 있었다

b) 지금은 사실심 2능어

am 하다	had 한데
are 이다	were 인데
is 있다	was 있는데

c) 종속절에 2능어 없다.
　국어는 종속절에 2능어가 없는데 영어는 있으니 엉터리다.

> If the sun should(were to) rise in the west,
> I wouldn't change my mind.

3) 조동사는 생각심 보동격 2능어

a) 본래는 생각심 보동격 2시제

    (a) must 할 테다   ought to 했을 테다

        may 일 테다   might 이었을 테다

    (b) shall 할 것이다   should 했을 것이다

        will 일 것이다   would 이었을 것이다

    (c) can 할 수 있다   could 할 수 있었을 것이다

b) 지금은 생각심 2능어

    (a) must 할 테다   ought to 할 텐데

        may 일 테다   might 일 텐데

    (b) shall 할 것이다   should 할 것인데

        will 일 것이다   would 일 것인데

    (c) can 할 수 있다   could 할 수 있는데

c) 신식 조동사

be to 조동사가 다음과 같이 새로운 조동사로 진화했다. 하지만 교잡 be동사로 be about to, be going to가 되니 역시 고장이다. 화살표 방향으로 고쳐야 정답이 된다. 교잡 be동사로는 절대 안 된다. 한국어 잣대로 영어를 보면 100% 고장난 영어를 안다.

        be about to ⟶ do about to 할 테다

        be going to ⟶ let going to 할 것이다

        be able to ⟶ be able to 할 수 있다

d) 고장난 2능어

다음과 같아야 정상인데 교잡 be동사는 2시제로 쓰이니 고장난 2능어다.

        will be able to 할 수 있을 것이다

        would be able to 할 수 있을 것인데

        are be able to 할 수 있다 (are able to 할 수 있다)

        were be able to 할 수 있는데 (were able to 할 수 있었다)

실제로 위 괄호 안과 같이 쓰이니 엉터리다. have been able to가 '할 수 있었다'로 쓰여야 정상이다.

4) 관계사는 형용사절 조사

a) 절은 형용사절과 부사절뿐이다.

b) 다음은 이름만 다르지 모두 형용사절이다.

        관계대명사절

        관계부사절

        동격절

        명사절

        선행사가 부사인 형용사절

한국어는 생어(SOV)
영국어는 사어(SVO)

c) 관계사 who whose whom 3격은 엉터리다. 기능어에 격이 있으니 어불성설이다. 국어는 '는' 하나다.

d) 관계사는 that 하나로 충분하다.

(a) 관계사 일치 잘 모르겠으면 that 하나로 하면 된다.

(b) that = 다

that 유무로 동사절과 준동사절

This is the man that I love.

이 사람이 내가 사랑한다는 사람이다.

This is the man (whom) I love.

이 사람이 내가 사랑하는 사람이다.

5) 접속사는 부사절 조사

a) 부사절 조사

우리는 윤회한 if as though를 종속접속사라 부르고 윤회 안 한 and but은 등위접속사라고 부르니 정명이 아니다. 부사절이 고장난 증거다.

(a) 등위접속사

고 and

나 but

(b) 종속접속사

면 if

서 as

도 though

b) where, when 의문사는 부사절 조사가 아니다. 형용사절의 선행사로 명사부사다. 부사격조사도 없이 부사로 쓰이는 명사(뜻어)다.

Where there is a will, there is a way.

When I went to Seoul, I met him.

선행사 + 기능어 = 격어의 원리다. 다음 where절은 부사절이 아니고 의존명사로 관계대명사절의 선행사 where가 목적어로 쓰이는 경우다. 영어에서 의문사는 기능어도 없이 6격에 쓰이니 걸레의문사라는 별명이 가능하다.

I don't know where I am. 내가 있는 곳

I don't know where Tom lives. 톰이 사는 곳

I don't know where there is a will. 뜻이 있는 곳

c) Before, After도 부사절 조사가 아니고 형용사절 선행사로 기능어도 없이 부사로 쓰이는 부사격어들이다.

6) 전치사는 부사격조사

a) 종류

서 from
로 to
와 and
나 or
에 at

(a) 다음 and는 등위접속사 and가 아니고 전치사 and다.

A and B are fighting. A와 B가 싸우고 있다.

(b) and가 윤회하여 with가 된다.

B is fighting with A. B가 A와 싸우고 있다.

(c) 주어와 동사의 일치 엉터리

and는 복수 are를 취하고, or는 단수 is를 취하는데 이것도 아무런 근거도 없다. 동사에 무슨 단수와 복수가 있나?

A and B are fighting. (A와 B가 싸우고 있다.)
A or B is fighting. (A나 B가 싸우고 있다.)

b) 위치 전치사는 전치사가 아니고 명사(뜻어)다.

on 위: on the table
in 안: in the room

7) 접두사는 기능어가 윤회하여 어두에 붙은 경우다.

사역동사 조사로 쓰이는 'en'이 예다. 소위 수여동사는 사역동사에 속한다.

enrich, 부유하게 하다
empower 권능을 주다, encourage 용기를 주다

8) 접미사는 윤회 안 한 격조사

a) 사이시옷(ㅅ = s)

(a) 명명격(소유격) 조사

Thames river = river of Thames
Today's weather = the weather of Today
girls' high school.
sports car

(b) 복수 조사

Riches have wings. 부는 날개가 있다.

(c) 보동격조사

Congratulations, Cheers, Thanks,

meseems, methinks

(d) 부사격조사

always, perhaps, downstairs

b) 현재분사 -ing

다음은 분사-의존명사들이다. 소위 파생명사 어미들(-ing, -tion, -sion, -ment)이 붙었다.

thinking, transportation, conclusion, settlement

c) 과거분사 -ed

-en과거분사와 -ed과거분사는 다르다.

thrive 번성하는
thriven 번성한
have thrived 번성하던
had thrived 번성했던

d) 동음 이기능어 -ly

(a) 부사격조사

성품명사 + ly, kindly

(b) 형용사격조사

비성품명사 + ly, friendly dog

e) 보어가 동사로 가는 사역동사 조사

realize, widen

16. 만능 접속사 and와 that

1) 지시부사 사망

지시부사(그리고 그러나 그러면 그래서 그래도)가 모두 사망하여 and가 대신하고 있다.

He is Chinese, and his wife is American. 그리고
He is rich, and lives frugally. 그러나
Work hard, and you will succeed. 그러면
He is diligent, and he is rich. 그래서
He is poor, and he is honest. 그래도

2) that = 국어 '다'

a) 형용사절 기능어, 관계사 that

(a) 명사절인 경우에 '는 것을' 떨어져 나가고 문장조사 '다 = that'만 남았다.

I know that he is honest.
나는 그가 정직하다(는 것을) 안다.

여기서 '는'은 관계대명사, '것'은 의존명사, '을'은 목적격조사다.

　(b) that 유무로 동사절과 준동사절

　　　He is the man that I love.

　　　그는 내가 사랑한다는 사람이다.

　　　He is the man I love.

　　　그는 내가 사랑하는 사람이다.

　b) 부사절 기능어, 접속사 that

　　　I think that he is honest.

　　　나는 그가 정직하다(고) 생각한다.

여기서 '고'는 부사절의 접속사다. 영어는 이 '고'를 상실하여 형용사절과 부사절의 구별이 안 된다.

17. 생어(SOV)와 사어(SVO)

1) 한국어가 윤회한 송장이 영국어

한국어	영국어
SOV	SVO
생어	사어
자연어	인공어
소리문자(생음)	뜻문자(사음)
격문법(생어)	수문법(사어)

2) 문장조사 = 통조림 뚜껑

　문장조사 유무로 생어와 사어다. 문장조사의 정위치는 문미다. 따라서 SVO어순의 언어는 문장조사가 없다. 통조림 뚜껑이 없으면 내용물이 모두 썩듯이 문장조사가 없으면 문장 내에 있는 모든 것들(6격 6상 6시제)이 썩는다. 따라서 구석구석 썩은 영어다.

18. 나라마다 글과 말이 다르다

1) 글과 말

a) 인공 글	자연 말	
b) 랑그(langue)	빠롤(parole)	소쉬르 문법
c) 고급(classical)	저급(vulgar)	라틴어
인공(unnatural)	자연(natural)	
학교(school)문법	어머니(mother)문법	
수(number)문법	격(case)문법	
규범(normative)문법	비규범(abnormative)문법	
문법적(grammatical)	비문법적(ungrammatical)	

한국어는 생어(SOV)
영국어는 사어(SVO)

d) 글(written)　　　　　　　　말(spoken)　　　　　　　　영어

　　뜻문자(철자)　　　　　　　소리문자(발음기호)

　　수문법(주어와 동사의 일치)　격문법(주동일치 불필요)

　　he is not　　　　　　　　he ain't

　　he is going to　　　　　　he gonna

　　he wants to　　　　　　　he wanna

e) 글국어(문어)　　　　　　　말국어(구어)　　　　　　　한국어

　　닳도록　　　　　　　　　[달토록]

　　27종성　　　　　　　　　8종성

　　한글 24문자　　　　　　　3음 6줄 48문자

　　9품사 문법　　　　　　　3어 6격 108문법

　　맞띄 고정　　　　　　　　맞띄 자유

(a) 인공 글과 자연 말

　　글과 말이 다를 때는 말이 맞다. 본질적으로 말은 자연어고 글은 인공어라서 차이가 난다.

　　　글　　　　　　말
　　　닳도록　　　　[달토록]

(b) 랑그와 빠롤

　　스위스 구조주의 문법학자 소쉬르가 처음으로 쓴 용어로 글과 말이라는 소리다. 글과 말이
　　다르다는 것을 처음으로 간파한 사람이라서 유명한 철학자의 반열에 오른 사람이다.

(c) 고급 라틴어와 저급 라틴어

　　상류층이 쓰는 고급 라틴어는 성 수 인칭이 있는 인공 라틴어고, 성 수 인칭이 없는 저급
　　라틴어는 서민들이 쓰는 자연 라틴어다. 고급과 저급 용어에 현혹되지 말아야 한다. 그래서
　　다음과 같이 영국어와 한국어에도 적용해야 한다. 이것을 고급 영국어와 저급 영국어로, 고
　　급 한국어와 저급 한국어로 확대하면 세계 각국들이 글과 말이 다른 언어를 쓰고 있다는
　　것을 간파할 수가 있다.

　　　고급(classical)　　　　　　저급(vulgar)　　　　　　영국어

　　　인공(unnatural)　　　　　자연(natural)

　　　학교(school)문법　　　　어머니(mother)문법

　　　수문법(a, -s 단수 복수)　　격문법(a, -s 격조사)

　　　규범(normative)문법　　　비규범(abnormative)문법

　　　문법적(grammatical)　　　비문법적(ungrammatical)

　　　he is not　　　　　　　he ain't

　　　he is going to　　　　　he gonna

　　　he wants to　　　　　　he wanna

　　　고급(classical)　　　　　　저급(vulgar)　　　　　　한국어

　　　인공(unnatural)　　　　　자연(natural)

학교(school)문법	어머니(mother)문법
규범(normative)문법	비규범(abnormative)문법
문법적(grammatical)	비문법적(ungrammatical)
닳도록	[달토록]
27종성	8종성(ㄱㄴㄹㅁㅂㅅㅇㅆ)
한글 24자	3음 6줄 48문자
9품사 문법	3어 6격 108문법
맞띄 고정	맞띄 자유

(d) 한국어도 글과 말이 15% 정도 다르다. 맞춤법과 띄어쓰기를 고정했기 때문이다. 따라서 맞춤법과 띄어쓰기를 자유로 하면 글과 말이 100% 같아진다. 한국어는 생어라서 고칠 수 있으니 구제가능어고, 영국어는 사어라서 고칠 수가 없으니 구제 불능언어다. 따라서 영어권 국가들은 한국어 사용이 불가피하다.

2) 글로써 말 배우지 못한다.

글과 말이 다르니 글로써 말 배우지 못하는 것은 당연한 소리다. 이러니 본토인은 장님 영어라서 문맹률이 높고, 외국인은 벙어리 영어라서 문농률이 높다.

3) 한문학자 벙어리 중국어, 영문학자 벙어리 영국어

옛날에 한문학자가 중국에 사신으로 갈 때 역관을 데리고 간 것은 글 중국어만 되지 말 중국어는 안 되기 때문이다. 지금 각국 대통령들도 영어를 10년 이상 배웠지만 통역 없이 정상회담이 안 되는 것도 같은 처지다. 더 나아가서 영어를 평생 한 영어 선생님들도 글영어로 강의가 안 되니 글과 말이 다른 영어요 평생 해도 안 되는 영어요 구제불능 영어라는 증거다.

4) 링컨 영문법 실력 고2 수준

미국 대통령들 중에서 링컨이 고2 수준이라는 것은 고3이 최고 수준이라는 기준으로 하는 말이다. 링컨도 이러니 다른 대통령들은 초등학교나 중학교 실력이라는 소리다. 글영어는 본토인들도 평생 해도 안 된다는 증거다.

5) 미국 대입자격시험(구식 SAT) 성적

미국 대입자격시험(SAT)에서 필수과목으로 다음 3가지가 있는데 점수 배열을 보면 미국 학생들이 말영어가 아니고 글영어를 수학 배로 어려워한다는 것을 알 수 있다.

읽기(Reading)	800점
쓰기(Writing)	800점
수학	800점

이것도 역시 글영어와 말영어가 다르다는 증거요 글영어는 본토인들도 평생 해도 안 된다는 증거다. 신식 SAT에서 쓰기(writing)를 뺀 것은 미국학생들에게 유리하고 한국 학생들에게 불리하게 하기 위함이다. 한국 학생들은 글영어만 배워서 말영어는 못해도 글영어는 미국 학생들보다 잘하기 때문이다. 따라서 철자도 문법도 없는 미국 대학생들의 작문을 한국 유학생들이 고쳐준다.

19. 콩글리시(Konglish)가 말영어

Konglish = Vulgar English = Natural English = Spoken English

글영어는 100% 인공어고 글국어는 85% 자연어다. 글국어는 맞춤법과 띄어쓰기 고정을 자유로 하면 100% 자연어로 돌아갈 수 있지만 영어는 고칠 수도 없어서 폐기처분하고 한국어를 수입하여 서당개 3년 수고를 하는 길밖에 없다. 다음은 Konglish가 Spoken English고 동시에 영어가 고칠 수도 없는 구제불능언어라는 몇 가지 증거들이다.

1) 보동격조사 고장

국어와 영어의 보동격조사 6행이 일치한다.

do(다) be(있다) let(이다)
have(하다) get(지다) become(되다)

기능어가 사망하고 뜻만 남아 있는 영어다.

I have a think that he is honest.
I think that he is honest.
The couple has a fight.
The couple <u>had a fight.</u>
= fought

2) 보어격 3시제 고장

교잡 be동사로 보어격이 망한 영어다. 다음 Konglish로 해야 정상으로 간다. 'ed'가 국어의 '었'자에 해당한다.

English	Korean	Konglish
I am kind.	나는 친절하다.	I have kind.
I was kind.	나는 친절했다.	I had kind.
I had been kind.	나는 친절했었다.	I ed had kind.

3) 동사격 4시제 고장

영어는 '한다'라는 현재시제가 없다. thriven을 넣으면 국어처럼 4시제를 만들 수 있다.

English	Korean	Konglish
The country thrives.	국가가 번성하다.	The country have thrive.
The country thriven.	국가가 번성한다.	The country han thrive.
The country has thrived.	국가가 번성했다.	The country had thrive.
The country had thrived.	국가가 번성했었다.	The country ed had thrive.

4) en-pp와 ed-pp는 다르다.

다음 driven 자리에 drived가 맞다.

I have drived for ten years.

5) 가정법 과거

현재시제 자리를 인공과거가 차지하고 있다. 아래에 번역한 한국어가 증거다. 더 알기 쉽게 말하면 영어는 '한다' 현재시제가 없어서 현재시제 자리에 과거시제가 온 것을 가정법 과거라고 하고 있으니 엉터리 영어 가정법이다. 말영어에서는 괄호 안과 같이 현재시제로 써도 아무 문제가 없다.

> If he worked(work) hard, I would employ him.
> 그가 열심히 일한다면 나는 그를 고용할 것인데.
> I wish I worked(work) in Seoul.
> 나는 서울에서 일하는 것을 원한다.
> It's time you went(go) to bed.
> 네가 잠자리에 가는 시간이다.
> He talks as if he knew(know) everything.
> 마치 그가 모든 것을 아는 것처럼 그는 말한다.

6) 관계대명사의 엉터리 격일치

> Whom(Who) the gods love(loving) die young.

Who 자리를 Whom이 차지하고 있다. 관계대명사의 격을 주절이 아니고 종속절에 일치시키는 것은 정신병자들의 작품이다. 선행사 + 기능어 = 격어 원리를 따라야 한다. 그리고 준동사 loving 자리를 동사 love가 차지하고 있다. 준동사와 동사가 같은 영어니 역시 엉터리이기는 마찬가지다.

소유격 관계대명사는 더 코미디(comedy) 영문법이다.

> The mountain whose top is covered with snow is Kilimanjaro.
> The mountain of which the top is covered with snow is Kilimanjaro.
> The mountain the top of which is covered with snow is Kilimanjaro.

따라서 말영어에서는 다음과 같이 해도 아무 문제가 없다.

> The mountain (that) its top is covered with snow is Kilimanjaro.

7) 전치사 일치

국어는 장소가 크고 작고를 가리지 않고 모두 'at(에)'를 쓴다. 국어가 맞다.

English	Konglish
We arrived at Seoul Station.	We arrived at Seoul Station.
We arrived in Seoul.	We arrived at Seoul.

8) 비문법적 문장 = 콩글리쉬

비영문법 문장은 모두 콩글리쉬다. 영문법 유무로 English와 Konglish다. 몇 가지 예를 더 든다.

a) 교잡 be동사

저속한 영어(Vulgar English) ain't는 am not의 준말이다.

Vulgar English	구식 Konglish	신식 Konglish
I ain't kind.	I am not kind.	I have not kind.
You ain't kind.	You am not kind.	You have not kind.
He ain't kind.	He am not kind.	He have not kind.

한국어는 생어(SOV)
영국어는 사어(SVO)

b) be동사 없는 문장

교잡 be동사는 엉터리라서 이것이 없는 다음 문장이 오히려 자연 말영어다.

>Floor slippery when wet. (Spoken English)
>
>Floor is slippery when it is wet. (Written English)

c) 성품명사를 부사로 착각

>He arrived safe = He arrived safely.

d) 다음은 미래완료가 아니고 생각심 가능 완료다.

>She will have posted the letter yesterday.
>
>그녀는 어제 그 편지를 부쳤을 것이다.

e) 다음은 현재완료가 아니고 자연과거 문장이다.

>She has posted the letter yesterday.
>
>그녀는 어제 그 편지를 부쳤다.

f) 긍부일치 문장도 인공일치로 엉터리다. 부정 의문문일 때가 문제다. 다음 Konglish가 자연법칙이다. 뒤에 I am not a communist를 붙여주면 오해가 풀린다.

다음은 English

>Aren't you a communist? No, I am not.
>
>너 빨갱이 아니지?　　　아니요, 아닙니다.

다음은 Konglish

>Aren't you a communist? Yes, It is. I am not a communist.
>
>너 빨갱이 아니지?　　　예, 그렇습니다. 나는 빨갱이 아닙니다.

g) 무관사(zero article) 문장도 말영어에서는 정문이다.

>Horse is useful.
>
>I am boy.

9) 글영어 문장은 100% 비문

I am a boy도 엉터리 문장이다. 'a'가 없는 것이 맞다. 그리고 주어와 동사가 일치하기 때문에 엉터리 문장이다. 'I'는 춘향전의 이도령이고 'am'은 열녀 춘향이처럼 따라다니니 코미디 영문법이다. 영문법 유무로 글영어와 말영어다. 따라서 영어 교과서에 있는 모든 문장이 자연문법에서 보면 비문(엉터리 문장)이다. 글영어 문장들은 100% 비문이라는 말이다. 결론적으로 전통문법과 촘스키의 생성문법은 같은 문법이다. 전통문법(인공문법)의 정문이 생성문법(인공문법)의 정문이기 때문이다. 하지만 생성소멸문법 = 윤회문법(자연문법)에서는 모두 비문이니 생성문법과 생성소멸문법은 완전히 반대다.

>전통문법 = 인공문법 = 수문법 I am a boy 정문
>
>생성문법 = 인공문법 = 수문법 I am a boy 정문
>
>윤회문법 = 자연문법 = 격문법 I am a boy 비문

20. 영어 문답문(Q&A)은 글영어

영어는 인공 문답문이고 한국어는 자연 문답문이라서 한국어 문답문이 맞다. 영어는 글과 말이 다르고 국어는 글과 말이 같기 때문이다. 영어 문답문은 말영어(Spoken English)가 아니고 글영어 (Written English)라는 것을 각별히 유념해야 한다.

1) 자연(natural)과 인공(unnatural)

a) 자연 = 정답 〉인공 = 오답
  자연법칙은 정답이고 인공법칙은 오답이다.

b) 자연 = 자유 〉인공 = 고정
  자연법칙에는 자유재량이 있는데 인공법칙에는 없다.

c) 자연 말 〉인공 글
  말과 글이 다를 때는 말이 맞다.

d) 자연 국어 〉인공 영어
  국어와 영어가 다를 때는 국어가 맞다.

e) 자연문자(소리문자) 〉인공문자(뜻문자)

f) 자연문법(격문법) 〉인공문법(품사문법, 수문법)

2) English와 Konglish 비교

English	Konglish
Do you love him?	You love him?
너는 그를 사랑하냐	너는 그를 사랑하냐
Yes, (I do).	Yes, (it is).
예, (그렇습니다.)	예, (그렇습니다.)
No, (I don't).	No, (it isn't).
아니요, (그렇지 않습니다.)	아니요, (그렇지 않습니다.)
Does she love you?	She loves you?
그녀는 너를 사랑하냐	그녀는 너를 사랑하냐
Yes, (she does.)	Yes, (it is.)
예, (그렇습니다.)	예, (그렇습니다.)
No, (she doesn't.)	No, (it isn't.)
아니요, (그렇지 않습니다.)	아니요, (그렇지 않습니다.)

a) 어순으로 평서문과 의문문을 구별하는 것은 인공 영문법이다. 억양(intonation)으로 의문문이 가능하기 때문이다. 영어는 어순 구두점 대문자로 사망한 문장조사를 대신한다. 따라서 문장조사가 살아 있는 국어에서는 이런 것들이 불필요하다.

b) 국어에서 주어와 동사의 일치는 Yes, it is와 No, it isn't로 통일한다. 영어는 지시사 고장으로 '이렇다 저렇다 그렇다'라는 보어문장이 안 되니까 주어와 동사의 일치로 이렇게 복잡하게 만든

것이다. 100% 정신병자 문답문 일치다.

c) 다음 3개는 같은 의미라서 3개 중 하나만 해도 대답이 충분하다.

> Do you love me?
>
> Yes = it is (true) = (you are) right
>
> 예 = 그렇습니다. = (당신 말이) 맞습니다.
>
> No = it isn't (true) = (you are) not right = (you are) wrong
>
> 아니요 = 그렇지 않습니다 = (당신 말이) 옳지 않습니다 = (당신 말이) 틀렸습니다

d) 따라서 Yes와 No 뒤에 주어와 동사는 필요 없는 것이다.

e) Yes와 No도 필요 없다. You are right 또는 You are wrong만 해도 되니까. 줄여서 Right 또는 Wrong만 해도 된다.

f) 긍정이면 고개를 끄덕끄덕해도 되고 부정이면 고개를 저으면 되니까 Yes와 No도 필요 없다. Yes-No Question이라고 반드시 Yes와 No가 의무적인 것이 아니다.

g) 문답문 일치 엉터리

의문문 조동사를 되풀이로 답하는 것도 엉터리다.

	긍정	부정
Can you help me?	Yes, I can.	No, I can't.
Will you help me?	Yes, I will.	No, I won't.
Would you help me?	Yes, I would.	No, I wouldn't.

위와 같이 대답하면 매우 어색하다. 긍정이면 Sure나 Of course라고 하고 부정이면 Sorry나 Excuse me라고 하면 자연스럽다.

h) do, be, have 일치로 대답할 필요 없는 한국어다.

> Have you finished the work?, No, it isn't.

i) 동사문장도 대답은 보어문장으로 답하면 된다.

> Do you love her? Yes, it is.

j) 시제일치도 불필요하다.

> Did she love you? Yes, (it is).

이상을 한마디로 요약하면 말영어에서는 Konglish 문답문 방식으로 대답해도 아무 문제가 없다는 내용이다. 영국어의 문답문 일치는 인공일치고 한국어 문답문 일치는 자연일치다.

3) 부가의문문(Tag Question) 긍부일치

이것도 영어에서만 필요한 일치다. 국어에서는 필요 없는 일치다.

	English	(Konglish)
This is beautiful,	isn't this?	is it?
이것은 아름답다,	그렇지 않니	그렇지

That is beautiful,	isn't that?	is it?
이것은 아름답다,	그렇지 않니	그렇지
It is beautiful,	isn't it?	is it?
이것은 아름답다,	그렇지 않니	그렇지
You love her,	don't you?	is it?
너는 그녀를 사랑한다.	그렇지 않니	그렇지
She loves you,	doesn't she?	is it?
그녀는 너를 사랑한다.	그렇지 않니	그렇지

a) 부가의문문에서도 위 인공 English와 자연 Konglish의 비교에 준한다.

b) 부가의문문에서도 복잡한 주어와 동사의 일치를 Konglish는 is it? isn't it?으로 간소화한다.

c) Konglish는 긍정과 부정 구별없이 되는데 영어는 본문이 긍정이면 꼬리는 부정문으로 하고 본문이 부정문이면 꼬리는 긍정문으로 고정하여서 긍부일치가 한국어와 매우 다르지만 두 개 다 되는 한국어가 맞다.

4) 긍부일치

다시 한 번 강조한다.

English	Konglish
Are you a communist?	You are a communist?
너는 빨갱이냐	너는 빨갱이냐
No, I am not.	No, it isn't.
아니요, 그렇지 않습니다.	아니요, 그렇지 않습니다.
Aren't you a communist?	You are not a communist?
너는 빨갱이 아니냐	너는 빨갱이 아니냐
No, I am not.	Yes, it is. I am not a communist.
아니요, 그렇지 않습니다.	예, 그렇습니다. 나는 빨갱이가 아닙니다.

a) 영어는 긍정의문문과 부정의문문의 차이가 없이 긍정이면 무조건 Yes, 부정이면 무조건 No라고 하는 엉터리 긍부일치를 정하여 한국인들에게 매우 성가신 것이 된다. 이럴 경우 Yes도 it is도 생략하고 I am not a communist라고만 되풀이하면 위기를 모면한다.

b) 긍부일치는 주동일치나 시제일치처럼 인공일치라서 본토인들도 우리처럼 잘 틀린다.

5) 벙어리 영어 원인

a) 영문법에 있는 여러 가지 인공 일치들이 우리를 벙어리 영어로 만드는 원인들이다. 걸핏하면 틀리니 사람들이 입을 열지 않으려 하기 때문이다.

b) 따라서 한국인들은 말영어를 할 때는 Konglish로 해도 큰 문제가 없다는 것을 알아야 한다.

c) 간단하게 말해 영문법 유무로 인공 문답문과 자연 문답문이다. 말영어를 할 때는 영문법을 잊어

버리고 Konglish로 해도 큰 문제가 없다. 한국어가 세계 최우수 자연어기 때문이다.

6) 엉터리 일치들

영국어 인공 문답문에 성 수 인칭의 일치도 엉터리다. 어순 구두점 대문자의 일치도 엉터리다. 한국어에는 이런 것이 없는 것이 증거다. 한국어는 격문법이라서 성 수 인칭의 일치가 없다. 문장조사가 있어서 어순 구두점 대문자의 일치도 없다. 따라서 영문법의 모든 일치는 엉터리다.

7) Konglish = Vulgar English = Spoken English

영어 인공 문답문은 역시 Written English에 불과하다. 진짜 Spoken English는 비문법적인 Vulgar English다. 주어와 동사의 일치가 없는 ain't, gonna, wanna 같은 것이 쓰이는 영어가 진짜 Spoken English다.

> He ain't kind. 그는 친절 안 하다.
> He gonna live in Korea. 그는 한국에 살 것이다.
> He wanna live in Korea. 그는 한국에 살기를 원한다.

21. Konglish = Vulgar English = Spoken English

1) 인공일치

영문법에 있는 모든 일치들은 인공일치라서 모두 엉터리들이다. 영문법은 격문법이 아니고 수문법이라서 무명과 전도몽상에 빠진 장님들의 작품이요 정신병자들의 작품이다.

a) 다음을 보면 영어는 주어와 동사의 일치고, 국어는 뜻어와 기능어의 일치로 서로 일치도 다르다. 국어가 맞다는 것을 금방 알 수가 있다. 따라서 Konglish가 Vulgar English고 Natural English고 Spoken English라는 것도 안다. 영문법에서 최악의 일치가 주동일치라는 것도 알고 한국어가 생어라는 것도 안다.

English	Korean	Konglish
주어와 동사 일치	뜻어와 기능어 일치	뜻어와 기능어 일치
I am a boy.	나는 소년이다.	I let boy.
I am happy.	나는 행복하다.	I have happy.
I am here.	나는 여기에 있다.	I be here.
You are a boy.	너는 소년이다.	You let boy.
You are happy.	너는 행복하다.	You have happy.
You are here.	너는 여기에 있다.	You be here.
He is a boy.	그는 소년이다.	He let boy.
He is happy.	그는 행복하다.	He have happy.
He is here.	그는 여기에 있다.	He be here.

b) 영문법에 있는 모든 일치들이 한국어에는 없다는 것이 영문법이 엉터리라는 증거들이다.

c) 영어의 보어격 3시제 복원

English	Korean	Konglish
I am a boy.	나는 소년이다.	I let boy.
I was a boy.	나는 소년이었다.	I have let boy.
I had been a boy.	나는 소년이었었다.	I had let boy.
I am happy.	나는 행복하다.	I have happy.
I was happy.	나는 행복했다.	I have had happy.
I had been happy.	나는 행복했었다.	I had had happy.
I am here.	나는 여기 있다.	I be here.
I was here.	나는 여기 있었다.	I have been here.
I had been here.	나는 여기 있었었다.	I had been here.

2) 인공 종류

영문법에 있는 모든 종류들도 인공 종류라서 엉터리들이다. 두 가지만 예를 든다.

a) 명사의 5종류(고유명사 보통명사 물질명사 추상명사 집합명사)도 엉터리고, 가산, 불가산 명사도 엉터리다. 수문법 명사의 종류들이기 때문이다. 격문법의 뜻어 6행(비명사, 성품명사, 비성품명사, 지명사, 각명사, 뜻기능어)이 진짜 명사의 종류다.

b) 동사의 종류를 Onions의 5문형 따라 완전동사와 불완전동사로, 자동사와 타동사로 나누는 것도 엉터리다. 자역동사와 사역동사로 나눠야 맞다.

22. 구석구석 썩은 영어

1) 말영어 + 수문법 = 글영어

18세기, 영어는 라틴문법에 맞지 않는다는 많은 문법가들의 반대에도 불구하고 영어를 라틴문법(수문법)에 강제로 맞춘 것이 잘못이다. 그래서 지금도 영어는 3음 3어가 안 되는 철자도 문법도 없는 언어다. 18세기까지 철자도 문법도 없는 죽은 영어가 인공으로 철자와 문법을 고정했다고 19세기에 부활할 수 없는 것은 당연한 것이다. 간단하게 말해 죽은 말영어를 수문법으로 고정한 것이 글영어니까 수문법 유무로 글영어와 말영어가 100% 다른 것은 당연한 것이다. 따라서 구석구석 썩은 영어다.

2) 한국어 일치: 자연일치

a) 영어는 주어와 동사가 일치하지만 국어는 뜻어와 기능어가 일치한다. 국어와 영어가 다를 때는 생어니까 국어가 맞다. 다음 격조사 6행도 예다. 영어에는 이런 것이 없기 때문이다.

주격조사 6행

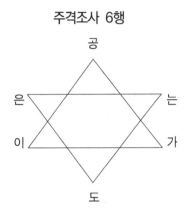

목적격조사 6행

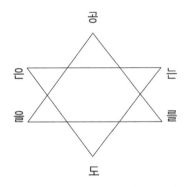

b) 영어는 격조사가 고장난 언어다. 다음 불규칙 인칭대명사들도 좋은 예다. 국어는 규칙적인데 영어는 불규칙하다.

수 격인칭	단수			복수		
	주격	소유격	목적격	주격	소유격	목적격
1인칭	I 나는	my 나의	me 나를	we 우리는	our 우리의	us 우리를
2인칭	you 너는	your 너의	you 너를	thou 너희들은	thy 너희들의	thee 너희들을
3인칭	he 그는	his 그의	him 그를	they 그들은	their 그들의	them 그들을
	she 그녀는	her 그녀의	her 그녀를	they 그녀들은	their 그녀들의	them 그녀들을
	it 그것은	its 그것의	it 그것을	they 그것들은	their 그것들의	them 그것들을

(ㄱ) 물칭대명사를 인칭대명사의 3인칭에 넣는 것은 무리다.

(ㄴ) 가분수 3인칭: 무인칭도 모두 3인칭으로 하니 가분수 3인칭이다. 지시사(이, 저, 그)에서 3인칭이 나오는 것을 모르고 있다. 따라서 지시사가 없는 것은 무인칭이라는 용어가 필요하다.

(ㄷ) 성 수 인칭에서 인칭이 가장 엉터리다. 국어에 없기 때문이다.

c) 6각수 마시면 몸에 좋고, 6각어 사용하면 마음에 좋다. 고로 언어가 IQ를 결정한다. 한국의 IQ가 세계 1위라는 것은 한국어가 세계 1위라는 증거이다.

3) 엉터리 일치들

다음은 영문법의 중요일치들을 큰 것만 모아놓은 것이다. 모든 영문법의 일치(agreement, 궁합)는 자연일치가 아니다. 18세기에 죽은 영어를 살리기 위한 인공일치들이라서 한국어에 없는 일치들이다. 이런다고 죽은 영어가 살아날 리 없다. 영어는 지금도 3음 3어가 안 되니 철자도 문법도 없는 죽은 언어다.

a) 8품사 일치
b) 8기능어 일치
c) 성, 수, 인칭 일치
d) 어순, 구두점, 대문자 일치
e) 6특수 일치

　(ㄱ) 주동일치
　(ㄴ) 시제일치
　(ㄷ) 긍부일치(긍정과 부정일치): Yes-No 대답에서, 부가 의문문에서
　(ㄹ) 기능동사 일치: do be have 일치, 주어와 동사의 일치

기능동사에서 do로 물으면 do로 답하고, be동사로 물으면 be동사로 답하고 have동사로 물으면 have로 답하는 것은 엉터리다.

　　Do you love her? Yes, I do.
　　Have you finished the work? Yes, I have.
　　Are you a communist? No, I am not.

　(ㅁ) 동목일치(동사와 목적어 일치): 부정사만을 목적어로 취하는 동사와 소위 동명사만을 목적어로 취하는 동사가 예다. 한국어는 이런 구별이 없다.

　　He is considering going(to go) to America.
　　그는 미국에 가는(갈) 것을 고려하고 있다.
　　I wish to work(working) in Seoul.
　　나는 서울에서 일할(하는) 것을 바란다.

　(ㅂ) 동접일치(동사와 접속사의 일치): 동사의 수 - 1 = 접속사의 수

문장이 길어서 해석하기 어려운 경우에 동사의 수를 헤아리고 그 수에서 하나를 뺀 접속사가 있을 것이니 접속사를 찾아서 표시하면 독해가 다 된 것이나 마찬가지가 된다. 생략된 접속사도 찾을 수 있기 때문이다. 간단한 예가 다음이다.

　　Whom the gods love(loving) die young.

동사가 love와 die로 두 개니까 접속사가 하나 있을 것이다. 바로 whom이다. 이것도 인공일치라서 엉터리다. love는 동사가 아니고 준동사기 때문이다.

f) 6격 6상 6시제 일치
　대표적인 것이 진행형(be + 현재분사)과 수동태(be + 과거분사)의 일치다.

한국어는 생어(SOV)
영국어는 사어(SVO)

4) 주동일치가 최악 일치

영어 어순이 사어(SVO)에서 생어(SOV)로 가는 것을 방해하고 있으니 영문법의 일치들 중에서도 최악일치다. 인공일치라서 미국 대통령도 주어와 동사의 일치(I am, you are, he is)를 틀린다. 영어도 한국어처럼 다음과 같이해야 맞다. 괄호 안은 신식이다. 한국어가 증거다.

> He am(have) kind. 그는 친절하다.
> He are(let) professor. 그는 선생님이다.
> He is(be) in the room. 그는 방 안에 있다.

5) 어순의 자유

한국어는 시나 노래에서 아래와 같은 도치가 자주 일어나도 아무 문제가 없다.

> '떴다 보아라 저 종달새'
> '보아라 저 종달새가 떴다'

6) 인공어와 자연어 차이

영국어 작문은 영문법(수문법)을 모르면 안 되지만, 한국어 작문은 국문법(격문법)을 몰라도 된다. 격문법은 태어나기 전에 어머니 배 안에서 배우고 태어나기 때문이다. 따라서 한국어는 소리 나는 대로 쓰면 작문이 된다. 영어는 글과 말이 달라서 소리 나는 대로 작문하면 안 되고 수문법에 맞게 작문해야 한다.

7) 두 식민지에서 해방

지금 우리는 다음 두 가지 식민지에서 벗어나야 소리 한글로 가고, 일본 영문법에서 벗어난다.

a) 중국 한자 식민지: 중국 한자처럼 한글 맞춤법을 복잡하게 고정하니 뜻글이다.

b) 일본 영문법 식민지: 일본 소야 영문법을 모방하여 송성문이 쓴 성문종합영어가 예다. 성문종합 영어는 약이 아니고 독이다. 지식의 구름이라서 진리의 태양이 안 보이게 만들기 때문이다.

8) 주먹구구 문법들

a) 주먹구구 영문법: 26자, 8품사

b) 주먹구구 국문법: 24자, 9품사

이상 모두 3음 6줄 48문자로 가야 보편문자요, 3어 6격 108문법으로 가야 보편문법이다. 국어는 갈 수 있지만 영어는 갈 수 없으니 구제가능 국어요 구제불능 영어다. 죽은 사람을 살릴 수 없듯이 죽은 언어도 살릴 수 없기 때문이다.

9) 6격 6상 6시제 고장

영문법의 백두대간 6격 6상 6시제의 고장은 영문법이 구석구석 썩었다는 단적인 증거다. 격도 상도 시제도 없는 영어기 때문이다.

10) 구석구석 썩은 영어

구석구석 썩은 영문자(뜻문자, 사이비 소리문자)
구석구석 썩은 영문법(품사문법, 수문법)

11) 3음 3어 고장

a) 자음 고장: 자음 부족
모음 고장: 모음 부족
음절 고장: 음소가 음절

b) 뜻어 고장: 파생명사, 불규칙복수
기능어 고장: 기능어 윤회=사망
격어 고장: 명주목보, 명동형부

한국어는 생어(SOV)
영국어는 사어(SVO)

제3부 필수품

제3부는 다음 사항들이 영어를 연구하는 데도 필수품이고 UN세계국가를 건설하는 데도 필수품들이라서 제목을 필수품이라고 하였다.

신본주의 ───▶ 인본주의 ───▶ 자연주의
6행 몰라서 장님, 6행 알면 부처

만물6행, 만학6행

정답 탐지기: 공과 6행				
오답(구제불능)			**정답(구제가능)**	
1) 수학: 로마숫자(X I II III)			인도숫자(0123)	
2) 어학: 영어(oabc. 사어)			국어(ㅇㄱㄴㄷ. 생어)	
3) 종교: 유대3교(창세기)			마음불교(공즉시색)	
오답	**정답**	**오답**	**정답**	**불교철학 = 서양철학**
미신종교〈마음종교		노후대책〈내생대책		유대교 + 불교 = 예수교
유멸영혼〈불멸영혼		부귀영화〈빈천해탈		예수교 + 불교 = 회교
1회사망〈윤회환생		이승지옥〈저승극락		불교사상 = 서양문학
4) 만학: 중국5행(목화토금수)			불교6대(지수화풍공식)	
5) 생물: 사람(자연파괴)			동식물(자연보호)	
6) 역사: 중국한족(몽골족)			몽골족(에스키모족)	
7) 지구: 개별국가(전쟁)			UN세계국가(평화)	

한국어는 생어(SOV)
영국어는 사어(SVO)

제**1**장

로마숫자와 인도숫자

제1장 로마숫자와 인도숫자

1. 로마숫자(X I II III)와 인도숫자(0123)

1) 정명

0123은 아라비아 숫자가 아니고 인도숫자가 정명이다.

2) 공 유무로 정답과 오답

가장 간단하게 정답과 오답을 가리는 방법이다.

3) 6행 유무로 정답과 오답

복잡하지만 가장 완벽하게 정답과 오답을 탐지하는 방법이다. 국어와 불교는 정답 탐지기 공은 통과하지만 6행은 통과하지 못하여 6행 국어와 6행 불교로 다시 태어나야 한다. 이래서 본문 150쪽 표의 오답 옆에 구제불능, 정답 옆에 구제가능의 표시가 있다.

2. 공 발견

1) 종교 공

기원전 6세기 인도 석가모니가 발견한 '공즉시색'이다.

2) 숫자 공

7세기(서기 620년) 인도 수학자(브라마 굽타)가 공을 발견하여 숫자에 넣으면서 수학은 크게 발전하기 시작하였다. 예를 들면 3-3 = 0과 같은 등식이 성립되기 때문이다.

3) 문자 공

세종대왕이 문자의 공을 발견하여 한글 48자가 정답 문자로 탄생한다. 한글에 이응(○)이 없으면 3음(자음 + 모음 = 음절)이 안 된다. 따라서 3음이 되는 유일한 문자가 한글이다. 로마자도 한글의 이응(○)과 같은 문자가 없어서 3음이 안 되니 엉터리 문자다.

4) 문법 공

영문법에서 공관사(zero-article)는 문법에도 공이 있다는 증거다. 문법에서 모든 생략은 공이다.

> Horse is useful.
> Bread is life.

5) 숫자 공과 문자 공은 성격이 닮았다.

숫자 공	문자 공
무 공: 생략되는 공 200 + 30 + 1 = 231	생략되는 무종성 공: 솅종엉졩(세종어제)
색 공: 점점 커지는 공 1000	소리 나는 종성 공: 종
공 공: 점점 작아지는 공 0,001	소리 안 나는 초성 공: 어

6) 인체 공: 6근＝6공(안 이 비 설 신 의)

모든 구멍이 공이다. 6근이 6공이다. 눈 구멍, 귀 구멍, 코 구멍, 입 구멍, 성기 구멍, 마음 구멍

7) 10진법

주먹 두 개가 모여 손가락 열 개가 되는 원리가 10진법이다. 손가락 사이의 빈 공간을 1행으로 계산하면 하나의 주먹이 6행이 된다. 6행 두 개가 합해서 10진법이 된다. 그리고 공이 들어가는 짝수가 여성 수가 된다. 여자는 자궁이 비었기 때문이다.

> 짝수(여성 수): 무02468
> 홀수(남성 수): 무13579

3. 교주보다 학자가 무겁다

교주와 학자를 비교해 보면 무게의 중심이 교주보다는 학자 쪽으로 기울어진다.

1) 국내

> 소태산(원불교 교주) 〈 이율곡(학자)
> 강증산(증산교 교주) 〈 이퇴계(학자)
> 문선명(통일교 교주) 〈 정다산(학자)

2) 국외

> 예수(목수) 〈 소크라테스(학자)
> 무함마드(상인) 〈 플라톤(학자)

4. 인도 경시 풍조

1) 인도숫자 ⟶ 아라비아 숫자

인도숫자를 아라비아 상인들이 사용하였기 때문에 아라비아 숫자라고 부른다.

2) 인도 문법 ⟶ 라틴 문법

인도 사람 파니니가 만든 품사와 성 수 인칭으로 시작하는 문법을 유럽에서 모방하여 라틴문법이라 칭하고 있다.

3) 인도 철학 ⟶ 서양 철학

a) 그리스 철학

그리스와 인도는 알렉산더 대왕이 인도원정을 할 정도로 가까운 거리다. 따라서 그리스의 소크라테스와 플라톤도 불교철학의 영향을 받은 사람들이다. 소크라테스가 한 말 'Know thyself(너 자신을 알라)'라는 말이 바로 '무명과 전도몽상에 빠진 자기 자신을 알라'라는 불교의 소리고, 플라톤의 동굴비유도 같은 소리기 때문이다. 동굴 안에 사는 사람들은 무명과 전도몽상에 빠진 장님들이고 동굴 밖에 사는 사람들은 성불한 부처들이기 때문이다. 두 사람 모두 불교의 윤회론을 믿는 사람들이다. 소크라테스는 참선이 습관이 된 사람이고, 플라톤은 소크라테스 사후에

12년 동안의 해외여행에서 인도까지 갔다는 설이 있는데 이 말이 맞다고 생각한다. 플라톤이 좌탈입망으로 앉아서 열반하는 모습도 불교승을 많이 닮았다.

b) 서양 철학

데카르트, 스피노자 등 근대 유럽 철학자들도 불교철학(마음철학) 일색이다. 유럽 부처들이다. 미국 초월주의자들 소로우와 휘트만도 부처고, 미국 비트 세대(Beat Generation) 작가들도 부처들이다. 잭 케루악과 앨런 긴즈버그는 불교대학을 세울 정도로 독실한 불교작가들이기 때문이다.

4) 인도 불교 ⟶ 예수교, 무함마드교

인도 불교가 히말라야라는 장애물을 넘어 중국과 우리나라까지 전파되었는데 이런 장애물이 없는 서양으로 전파되지 않은 것은 불교가 예수교와 무함마드교로 변질되었기 때문이다.

a) 예수교

예수가 인도에서 불교승이었다는 주장은 이미 나온 말이다. 한양대 민희식 교수의 '법화경과 신약성서' 등 6권의 책들이 증거다. 성경의 산상수훈에 나오는 '마음'에 관한 소리는 예수교가 마음종교 불교에서 나온 종교라는 강력한 증거들이다. 신부와 수녀가 결혼을 안 하는 것도 불교의 비구와 비구니를 많이 닮았다.

b) 무함마드교

무함마드는 문맹자고 상인이라는 것은 이미 알려진 사실이다. 문맹자고 목수인 예수와 많이 닮은 사람이다. 그리고 무함마드도 예수처럼 젊은 시절이 없어서 우리는 그도 인도에서 불교승을 했을 것이라고 추론하는 것은 어렵지 않다.

5. 정의가 이긴다

1) 로마 것들 하나 쓸 것 없다.

a) 로마숫자: X I II III

이집트 숫자가 로마숫자로 발전하였다. 공이 없어서 엉터리 숫자다.

b) 로마문자: oabc

이집트 상형문자에서 로마문자가 나온다. 중국 한자에서 일본 '히라가나' 문자가 나오는 것과 비슷한 원리다. 로마문자에는 공이 없다. oabc에서 공은 한글 '오우'라는 2음절 모음이다. 한글 초성 이응(ㅇ)에 해당하는 공이 아니다.

c) 로마문법: 라틴문법

품사와 성 수 인칭을 처음으로 도입한 인도 파니니 문법이 아랍과 그리스를 거쳐 로마로 간 것이 라틴문법이다. 파니니 문법도 엉터리다. 품사 문법과 수문법을 버리고 격문법으로 가야 인공문법이 자연문법 = 보편문법으로 가게 된다.

d) 로마 종교: 예수교

4세기에 로마 국교가 된 예수교다. 불교에 유대교를 보탠 것이 예수교다. 인도에서 불교승려였던 예수가 귀향하여 불교를 펴기 어려우니 불교에 유대교를 접목시킨 것으로 추정된다. 불교의 맹점은 마음 종교요 무신론 종교라서 의지할 신이 없기 때문에 예수는 유대교의 신을 빌린 것이다.

2) 4대 종주국

4대 문명발상지(중국 인도 아랍 이집트)보다 다음 4대 종주국이 진짜 4대 문명발상지다.

a) 종교 종주국 네팔: 마음 불교

b) 숫자 종주국 인도: 0123

c) 문자와 문법 종주국 대한민국: 3음 문자 한글과 3어 문법 한말

d) 민족과 어족 종주국 몽골족과 몽골어: 빙하기 이후 몽골족이 현생인류의 조상이기 때문이다.

3) 정의가 이긴다.

공이 없으면 수학이 안 되듯이 공이 없으면 어학, 종교, 기타 모든 학문이 안 된다. 인도숫자가 로마숫자를 이기는 것은 정의가 이긴다는 증거이다. 언어라고 다 같은 언어가 아니고 하나의 정답이 있다. 그게 공과 6행이 있는 한국어요, 종교도 공과 6행이 있는 불교다. 종교라고 다 같은 종교가 아니다. 종교도 정답은 하나다. 6행 불교 하나다. 지금 한국어와 불교는 6행이 고장이라서 6행으로 모두 고쳐야 완전한 정답이 된다.

제2장

영국어와 한국어

제2장 영국어와 한국어

1. 영국어와 한국어 비교

품목	영국어	한국어
1) 어순	SVO 사어 인공어	SOV 생어 자연어
2) 발음기호	유	무
3) 글	눈(eye)글=뜻글, 사이비 소리글	귀(ear)글=소리글
4) 문맹률	50%	0%
5) IQ	?	세계 1위
6) 서당개 3년	글도 안 되고 말도 안 된다.	글도 되고 말도 된다.
7) 초중고 모국어 교육시간	인공 영국어라서 필요	자연한국어라서 불필요
8) 성, 수, 인칭	유	무
9) 문장조사	무	유
10) 어순, 구두점, 대문자	필요	불필요
11) 불교 공=문자 공	무(oabc)	유(ㅇㄱㄴㄷ)
12) 3음 6줄 48문자	불규칙, 고장, 사음	규칙, 건강, 생음
13) 3어 6격 108문법	불규칙, 고장, 사어	규칙, 건강, 생어
14) a/an과 -s	단수와 복수조사(수문법)	격조사(격문법)
15) will, shall	미래조동사	가정법 기능동사
16) 문법	8품사	6격(주목보동형부)
17) 상	3완료상	6상(심능료역형태)
18) 시제	시간 3시제	마음 6시제(직4＋가2)
19) 자격	각국어(개별어)	세계어(보편어)
20) 쓰기	풀어쓰기	모아쓰기(3성글)
21) 글과 말	100% 다르다	15% 다르다
22) 사전	필요(발음기호 유)	불필요(바름기호 무)
23) 문법 책	필요(수문법이라서)	불필요(격문법이라서)

1) 생어와 사어

어순이 생어와 사어를 가리는 가장 간단한 증거다. 한국어는 생어(SOV)니까 자연어고, 영국어는 사어(SVO)니까 인공어다.

2) 발음기호

발음기호 유무로 뜻글과 소리글이다. abc는 중국한자의 획이고, 영어 단어 하나하나가 중국한자 하나하나다. 영어 단어가 10만 개라면 한자가 10만 개의 영어니까 무한대의 암기를 요하는 문자가 영어다. 영어 abc는 발음기호가 없는 고유명사(인명과 지명)를 읽을 수가 없어서 출석도 못 부르는 문자다. 지구촌 인구를 80억 명으로 잡으면 80억 개의 고유명사가 있는 셈이다. 명사들 중에 고유명사가 가장 많다는 의미다. 이렇게 많은 고유명사를 읽을 수 없는 abc니까 문자도 아니다. 가짜 소리문자다.

3) 글

발음기호 유무로 뜻글과 소리글이다. 영국어는 발음기호가 있어서 뜻글이고 한국어는 발음기호가 없어서 소리글이다. 한국어도 맞춤법을 잘못 고정하여 발음기호가 필요하지만 맞춤법을 고치면 되니까 문제가 안 된다. 소리글(한글) 〉 뜻글(한자) 〉 사이비 소리글(로마자)

4~7) 1석4조 한국어 사용 혜택

문맹률 0%, IQ 1위, 서당개 3년이면 글도 되고 말도 되고, 초중고에서 국어시간이 불필요하니 이 시간을 과학에 주면 과학 강국이 되는 1석4조의 한국어. 이런 한국어는 세계 각국이 누릴 수 있는 1석4조의 혜택을 주는 구세주(Savior)와 같은 존재다. 세계 각국은 50% 이상의 문맹률로 죽은 언어들의 암흑시대에 살고 있고, 낮은 IQ를 가지고 있으며, 서당개 3년 해도 배워지지 않는 언어로 시간과 노력과 돈을 낭비하고 있다. 이런 것을 단 한 번에 해결할 수 있는 언어가 유일하게 3음 3어가 되는 6행 한국어다. 따라서 한국어를 배우면 머리가 좋아지고 영국어를 배우면 머리가 나빠진다. 언어가 IQ를 결정하기 때문에 자연어 배우면 머리가 좋아지고 인공어 배우면 머리가 나빠지는 것은 당연한 자연법칙이다. 6각수는 육체에 좋고 6각어는 정신에 좋은 원리다.

8) 성 수 인칭

a) 영어의 성 수 인칭은 고장난 격조사를 고정하기 위한 나사못과 같은 기능을 하는 것이다. 한국어는 격조사가 건강하여 이런 것들이 필요 없다. oxen이 윤회한 것이 an ox다.

> An ox is useful.
> Oxen are useful.

b) 3가지 언어

> 생어: 우랄알타이어(SOV)
> 사어: 중국어(SVO)
> 사어: 인구어(SVO)

c) 성 수 인칭은 백해무익한 담배와 같은 문법이다.
인구어는 성 수 인칭이 있어서 중국어보다 열등하다.

9) 문장조사

문장조사 유무로 생어와 사어다. 문장조사는 통조림 뚜껑과 같은 기능을 한다. 통조림 뚜껑이 없어지면 내용물이 모두 썩듯이 문장조사가 없으면 문장이 구석구석 썩는다. 따라서 영어는 구석구석 썩은 언어다. 6격 6상 6시제가 모두 고장이다.

10) 어순 구두점 대문자

영어의 어순 구두점 대문자는 사망한 문장조사 대용이다.
한국어는 문장조사가 있어서 이런 것들이 필요 없다.

11) 불교 공 = 문자 공

영국어의 공은 한국어의 '오우'에 해당하는 모음으로 한국어의 초성 이응(ㅇ)과 다른 것이다. 때문에 영어는 3음(자음 + 모음 = 음절)이 안 된다. 영어 모음(a e i o u w y) 7개는 자음 공이 없어서 음소가 음절이 되니까 3음 위반이다. 예를 들면 egg는 국어 [ㅔㄱ]에 해당한다. 영국어는 '으' 모음도 없다는 것도 알 수 있다. 구석구석 썩은 영문자다. 기타 abc 결점들을 되풀이 강조하면 다음과 같다.

a) 영어 abc는 3음(자음 + 모음 = 음절)으로 분리수거 안 된 쓰레기장
   공이 없으니 자음 없이 모음이 음절로 쓰인다. y, w는 자음인지 모음인지 구별이 안 된다. y는 쌍모음 만드는 모음이고, w는 겹모음 만드는 모음이라고 해야 자음과 모음이 선명해진다. 이렇게 되면 영어는 모음이 7개(a e i o u w y)가 된다.

b) 규칙 ㄱㄴㄷ, 불규칙 abc
   발음기호 유무로 영국어와 한국어가 뜻문자와 소리문자로 차이가 난다. 영어 abc는 한자의 획에 해당한다. 그래서 영어 단어 하나하나가 하나의 한자에 해당한다고 보면 정확하다. 따라서 영어 단어의 철자를 모두 암기하는 것은 본토인들도 불가능하다. 따라서 영어권 국가들에는 대졸 문맹자들이 많다.

c) 영어는 발음기호를 철자로 하라.
   철자 26개, 발음기호 36개로 서로 개수가 다르다. 불규칙 철자, 규칙 발음기호라서 철자를 버리고 발음기호를 철자로 하면 영어가 뜻글에서 소리글로 가까이 간다. 하지만 완전한 소리글은 안 된다. 발음기호도 3음이 안 되기 때문이다.

d) 철자 c j q x y는 발음기호에 없다. 쌍둥이들이 많기 때문이다.

e) 다음도 쌍둥이다. 각각 하나인 한국어가 맞다.
   r = l = ㄹ
   v = b = ㅂ
   f = p = ㅍ

f) sh, ch, th와 같은 겹자음은 자연법칙이 아니다. 한국어 겹자음 받침 11개와 같은 것들이니 모두 엉터리다.

g) 모음 7개(a e i o u w y)로는 터무니없이 부족하다. 한글은 자음과 모음이 각각 20:20으로 정확하게 음양이 일치한다. 8종성을 보태면 48자가 된다는 것은 한글이 정확한 6행 문자라는 증거다.

12~13) 3음, 3어가 되는 한국어, 안 되는 영국어

3음(자음 + 모음 = 음절)은 문자론(음성학)의 기초고, 3어(뜻어 + 기능어 = 격어)는 문법론의 기초라서 대단히 중요하다. 더 나아가서 3음과 3어는 문자와 문법의 정답탐지기라서 영국어는 문자도 문법도 고장난 100% 사음 사어고, 한국어는 문자도 문법도 싱싱한 100% 생음 생어라는 것을 증명하니 매우 중요하다.

14) a/an과 -s

단수와 복수가 아니고 격조사다. 따라서 영어는 인공 수문법이고 국어는 자연 격문법이다.

15) will, shall

미래조동사가 아니고 가정법 기능동사다. 결과적으로 영어는 시간 3시제로 하고, 국어는 마음 6시

제(직설법 4시제와 가정법 2시제)로 하니 시제가 다르다. 6행 시제라서 국어가 맞다. 소위 가정법 공식이 증거다. if절은 직설법 4시제고, 주절은 가정법 2능 2시제다.

16) 문법

8품사는 3어로 분리수거 안 된 쓰레기장이다. 한국어는 3어 6격문법이 잘 되는데 9품사 문법을 하고 있으니 답답하다. 영문법을 모방한 것이 잘못이다.

17) 상

3완료상은 상이 아니고 시제라서 시제로 돌리고 6상(심, 능, 료, 역, 형, 태)을 새로 만들어야 한다.

18) 시제

시간 3시제가 아니고 마음 6시제가 6행의 자연법칙이다. 미래시제라는 것은 가정법 시제. 조동사 유무로 생각심과 사실심이다. 용어변경이 필요하다.

> I go to Seoul tomorrow. 나는 내일 서울에 간다. (직설법 ──→ 사실심)
> I will go to Seoul tomorrow. 나는 내일 서울에 갈 것이다. (가정법 ──→ 생각심)

19) 자격

영국어는 사음 사어라서 세계어의 자격이 없다. 한국어는 생음 생어라서 세계어로 나가는 것은 불우이웃돕기다. 세계 각국이 1석4조의 한국어 사용 혜택을 누리게 해주는 구세주와 같은 존재가 한국어다. 한국어가 세계어가 되는 것은 시간문제다.

20) 쓰기

3음도 안 되는 영국어는 풀어쓰기라서 음절과 음절의 구별도 안 되니 설상가상의 문자 abc다. 지구촌에서 초성 중성 종성으로 모아쓰기(3성글)가 되는 문자는 한글 하나다. 그래서 신이 내린 문자라는 칭찬을 받을 만하다.

21) 글과 말이 다르다.

인공 글과 자연 말이라서 나라마다 글과 말이 다르다. 정도의 차이가 있을 뿐이다. 한국어도 19개 엉터리 받침으로 약간 다르니 다른 나라들은 달라도 너무 다르다. 한국어는 15%, 몽골어와 일본어는 50%, 중국어는 80%, 영국어는 100% 글과 말이 다르다.

22) 사전

영국어는 글과 말이 달라서 영어작문을 할 때 영어사전이 필요하지만 한국어는 글과 말이 같아서 국어사전이 필요 없다.

23) 문법 책

영국어의 수문법은 인공문법이라서 작문할 때 문법책이 필요하지만, 한국어의 격문법은 태어나기 전에 어머니 배 안에서 배우고 태어나는 자연문법이라서 작문할 때 문법책이 필요 없다.

2. 6행 보편음어 지도

한국어만이 유일하게 6행어다. 3음 + 3어도 증거고 6격 6상 6시제도 증거다. 6행어가 자연어다. 다음 6행 음어 지도도 한국어가 6행어라는 가장 강력한 증거다. 되풀이해서 다시 한 번 일목요연하게 핵심을 정리해 본다.

1) 6행 보편문자 지도: 3음 6줄 48문자: 맞춤법 기준(자음 + 모음 = 음절)

a) 자음 20자 + 8종성(ㄱㄴㄹㅁㅂㅅㅆㅇ) = 28자

무성자음(6자)	홑자음(9자)	쌍자음(5자)	겹자음(11자)
ㅋ	ㄱ	ㄲ	(ㄱㅅ) 몫[목]
	ㄴ		(ㄴㅈ) 앉다[안따]
ㅌ	ㄷ	ㄸ	(ㄴㅎ) 않다[안타]
	ㄹ		(ㄹㄱ) 읽다[익따]
	ㅁ		(ㄹㅁ) 삶[삼]
ㅍ	ㅂ	ㅃ	(ㄹㅂ) 밟다[밥따]
ㅅ		ㅆ	(ㄹㅅ) 돐[돌]
ㅇ	ㅇ		(ㄹㅌ) 훑다[훌따]
ㅊ	ㅈ	ㅉ	(ㄹㅍ) 읊다[읍따]
	ㅎ		(ㄹㅎ) 앓다[알타]
			(ㅂㅅ) 없다[업따]

(ㄱ) 겹자음(11자) 줄은 없어져야 자음3줄 + 모음3줄 = 6행 줄이 된다.

(ㄴ) 문장조사 3개(다, 타, 따)를 살려야 11자 겹자음을 대청소할 수 있다.

(ㄷ) 공은 초성공과 종성공 2개지만 하나로 쓰인다. 무종성 공까지 계산하면 3개로 계산된다.

(ㄹ) 북한의 김일성대학 교수인 류렬의 '조선말역사'에 따르면 16세기 학자 최세진의 저서 '훈몽자회'에 8종성 위주로 한글 순서를 정했다고 한다. ㄱㄴㄷㄹㅁㅂㅅㅇ만 종성이 되는 8자고 나머지 ㅈㅊㅋㅌㅍㅎ은 초성만 된다는 논리다. 이 말이 맞다. 하나 틀린 것은 디귿(ㄷ) 대신 쌍시옷(ㅆ)을 넣어 8종성이다.

b) 모음 20자

무성모음 (없다)	홑모음(6자)	쌍모음(5자)	겹모음(9자)	
	ㅏ	ㅑ	ㅐ	ㅒ
	ㅓ	ㅕ	ㅔ	ㅖ
	ㅗ	ㅛ	ㅚ ㅘ	ㅙ
	ㅜ	ㅠ	ㅟ ㅝ	(ㅞ)
	ㅡ	[ㅍ]	(ㅢ)	
	ㅣ			

(ㄱ) (웨)와 (의)는 없어지고 (ㅍ)는 새로 만들어야 6행 한글이 된다.

(ㄴ) 무성모음이 없는 대신 겹모음이 있다.

(ㄷ) 영어는 'y'로 쌍모음을 만들고, 'w'로 겹모음을 만든다.

2) 6행 보편문법 지도: 3어 6격 108문법: 띄어쓰기 기준(뜻어 + 기능어 = 격어)

영국어는 죽은 언어라서 인공어다. abc로 48문자를 만들 수가 없듯이 108문법도 영국어로 만들 수가 없어서 6행 음어지도를 주로 한국어로 만든다. 다음도 되풀이 강조하는 간단한 설명이다.

a) 6격과 36격조사

형용사격	주격	목적격	보어격	동사격	부사격
공 = 생략	공	공	다(do)	다	공
소유격(of)	이(?)	을(-el)	있다(be)	있다	기본(-이, -하게)
관계사(that)	가(?)	를(-al)	이다(let)	이다	접속사(고나면서도)
준보어(LMN)	은(a)	은	하다(has)	하다	전치사(서로와나에)
준동사(LMN)	는(an)	는	지다(get)	지다	관사(은/는 on/in)
뜻어(noun)	도(the)	도	되다(become)	되다	기능어

(ㄱ) 격조사 공은 격조사 생략을 의미한다.

(ㄴ) 소유격은 편협한 이름이라서 명명격이라고 개명한다. 명사와 명사가 만나서 새로운 명사를 만들기 때문이다. 동해 + 물 = 동해물

(ㄷ) 관계사는 모든 형용사절의 조사를 총칭하는 말이다. 국어의 '는'자리에 영어는 의문사들이 등장하여 매우 복잡하다. that 하나로 통일해도 된다. that 유무로 동사절과 준동사절이 된다.

(ㄹ) 국어는 LMN(ㄹㅁㄴ)이 준보어 3개(보부정사, 보명사, 보분사)의 격조사인데 영어는 to와 ing라서 고장이다.

(ㅁ) 국어는 LMN(ㄹㅁㄴ)이 준동사 3개(동부정사, 동명사, 동분사)의 격조사인데 영어는 to와 ing라서 고장이다.

(ㅂ) 뜻어는 다음 b) 6뜻어에서 설명하기로 한다.

(ㅅ) 주격조사 6행에서 이/가의 화석은 없다. 16세기에 생겼기 때문이다.

(ㅇ) a/an은 국어의 '은/는'에 해당하고, the는 '도'에 해당하는 화석이다.

(ㅈ) 목적격조사 을/를의 화석이 불어는 le la, 서반아어는 el la지만 영어는 찾기가 어렵다. personnel, personal의 어미에 있는 -el, -al로 추정될 뿐이다.

(ㅊ) 6개의 보어격조사는 동사격조사로도 쓰이니 보동격조사라고 불러도 된다. am are is의 신형이 have let be다.

(ㅋ) 기본부사로 '친절이' '친절하게'가 예다. '친절히' 할 필요가 없다.

(ㅌ) 접속사(고 나 면 서 도)만 부사절 조사다. 형용사절조사인 관계사와 다르다. 절은 형용사절과 부사절 두 가지밖에 없다.

(ㅍ) 국어의 후치사인 영어의 전치사(서 로 와 나 에)에 영어 and와 or도 있는 것을 유의해야 한다. 다음의 and와 or는 접속사가 아니고 부사격어를 만드는 전치사다.

A and B are fighting.　= B is fighting with A

A와 B가 싸우고 있다.　B가 A와 싸우고 있다.

위의 and는 복수, 다음 or는 단수로 하는 영어의 주동일치는 엉터리라는 것도 알 수 있다.

A or B is fighting.

A나 B가 싸우고 있다.

한국어는 생어(SOV)
영국어는 사어(SVO)

(ㅎ) 관사는 주목격조사로도 쓰이고 부사격조사로도 쓰인다. on Sunday, in April에서 on과 in이
국어의 주목격조사 은/는에 해당한다.

b) 6뜻어	c) 6순수기능어
비명사(회전의자)	공 조사(모든 생략)
성품명사(safe, kind)	격조사(6격조사)
비성품명사(love, hate)	상 조사(6상조사)
지명사(know, see)	시제 조사(6시제조사)
각명사(think, quess)	비교 조사(더, 덜)
뜻 기능어	문장 조사(어 구 대)

(ㄱ) 비명사 자리에는 문장, 기능어, 격어 등 모든 것이 올 수 있어서 회전의자라는 별명을 붙였다.
'I ain't happy' is a vulgar English sentence.

(ㄴ) 성품명사를 형용사로 착각하니 파생명사가 나온다.

(ㄷ) 비성품명사가 기능어도 없이 동사로 쓰이니 역시 파생명사가 나온다.

(ㄹ) 지명사와 각명사를 지각동사로 착각하고 있으니 knowing, thinking 등으로 파생명사를 만
들어야 주어 보어 목적어로 쓰인다.

(ㅁ) 뜻기능어는 다음 d) 6뜻기능어 항에서 설명하기로 한다.

(ㅂ) 6순수 기능어의 공 조사는 모든 생략들의 총집합장소다.

(ㅅ) 6격조사들은 6격 6상 6시제 논문을 참조하라.

(ㅇ) 6상조사도 6격 6상 6시제 논문을 참조하라.

(ㅈ) 6시제조사도 6격 6상 6시제 논문을 참조하라.

(ㅊ) 국어는 '더'와 '덜'로 우열비교가 핵심인데 영어는 이게 고장이 나서 more, less로 되니 불편
하다. more냐 -er이냐를 가리는 것도 매우 성가시다.

(ㅋ) 영어는 문장조사가 없어서 어순 구두점 대문자를 사용한다.

d) 6뜻기능어	e) 6상과 12상
의문사(what which where when why how)	심(사실심과 생각심)
의존명사(터 것 적 제 리 수)	능(가능과 불능)
지시사(this that the, every some any)	료(완료와 미완료)
부정명사(6행의 부정어)	역(자역 동사와 사역 동사)
뜻 기능동사(6개)	형(정지형과 진행형)
수사(만 단위)	태(능동태와 수동태)

(ㄱ) 6행의 의문사에 who가 없다. 인본주의 어학이라서 who가 존재할 뿐이다.

(ㄴ) 3개의 조동사(할 터이다, 할 것이다, 할 수 있다)를 만드는 3개(터, 것, 수)의 의존명사가
핵심이다.

(ㄷ) 정관사와 부정관사는 지시사라는 의미라서 정명이 아니다. 따라서 이런 지시사(this that
the, every some any)들이 오면 무관사가 되는 영어다.

(ㄹ) 국어는 부정어가 6개나 되는데 영어는 not 하나뿐이니 엉터리다. 따라서 '그녀는 시집을
못 간 것이 아니고 안 간 것이다.'와 같은 국어 표현을 영어로는 불가능하다. 이래서 영어의
표현력은 한국어의 표현력의 6분의 1에 불과하다는 증거가 된다.

(ㅁ) 순수 기능동사가 고장이 난 영어라서 뜻 기능동사의 have와 be가 순수 기능동사로 쓰이는 영어다.

(ㅂ) 천 단위가 아니고 만 단위가 6행이다.

(ㅅ) 조동사 유무로 생각심과 사실심이다.

(ㅇ) be동사와 조동사는 2시제가 아니고 2능어다.

(ㅈ) 시제는 완료와 미완료가 주축이다. 시간 3시제가 아니다.

(ㅊ) 동사의 종류는 자동사와 타동사가 아니고 자역동사와 사역동사다.

(ㅋ) 구식 현재시제(She is marrying)를 진행형으로 하고 구식 과거시제(She is married)를 수동태로 하니 모두 엉터리다.

f) 6료와 24료
동사격 6료(직4 + 가2)
준동사 6료(2 + 2 + 2)
보어격 6료(원형 = 현재)
준보어 6료(2 + 2 + 2)

(ㄱ) 6격 6상 6시제 논문을 참조하라. '료'는 시제라는 말이다.

(ㄴ) 소위 가정법 공식에서 If절이 사실심 4시제고, 주절이 생각심 2능 2시제다.

(ㄷ) 준동사는 부정사 2료, 분사 2료, 동명사 2료를 합해서 6시제다.

(ㄹ) 국어는 보어가 원형 = 현재시제인데 영어는 동사가 원형 = 현재시제라서 반대니까 매우 엉터리다.

(ㅁ) 교잡 be동사가 보어격(I am, you are, he is 주동일치로), 동사격(진행형과 수동태), 형용사격(준보어)을 망치고 있다.

(ㅂ) 준보어도 준동사와 닮았다. 분사에서 약간 차이가 날 뿐이다.

3. 부패한 국어

앞의 6행 보편음어 지도를 근거로 부패한 국어의 증거들을 다시 한 번 나열하면 다음과 같다.

1) 한글은 24자가 아니고 48자다.

초성과 종성은 발음에 근소한 차이가 있어서 따로 계산해야 한다.

자음 20 + 모음 20 + 종성 8(종성 공 제외) = 48자

초성 19 + 중성 20 + 종성 9(무 종성 포함) = 48자

2) 9품사가 아니고 108문법이다.

9품사를 깨고 나와야 3어 6격 108문법이 되고 6행 보편문법이 나온다. 품사라는 용어를 없애고 문법이라고 해야 한다.

3) 6행 몰라서 장님

자음 3줄 + 모음 3줄 = 6행 줄이다. 이 지도에 근거하면 다음과 같은 잘못들을 안다. 우리는 6행을 몰라서 장님이다.

한국어는 생어(SOV)
영국어는 사어(SVO)

a) 소리 나는 8종성(ㄱㄴㄹㅁㅂㅅㅇㅆ)만이 자연법칙

소리 나는 것은 8종성뿐인데 지금 27종성이나 되니 무려 19개가 엉터리다.

b) 꼭지 유무로 초성 이응과 종성 이응으로 하자.

c) 8종성 뒤에 오는 음

　(a) ㄱㅂㅅㅆ 뒤에는 항상 쌍모음이 온다.

　　국싸, 합께, 잇따, 있따

　(b) ㄴㄹㅁㅇ 뒤에는 불규칙하다.

　　문법[문뻡], 문자[문짜], 한자[한짜]
　　멸종[멸쫑], 암퇘지[암뙈지]

d) 가장 잘못 만든 문자: 의

[으 + 이]로 소리나는 2음절 모음이다. 이음동철어는 자연법칙이 아니다. 더구나 소유격조사 6행 (으 이 어 에 ㅅ 공)을 하나로 고정하니 '의'는 최악의 문자다.

e) 잘못 만든 문자: 웨

'외'와 '웨'는 동음이철어다. 동음이철어는 자연법칙이 아니다. 중국 한자는 이런 동음이철어가 전부라서 엉터리 문자다. 한글 500자에 한자 50000자가 다 들어가니 1:100 한글과 한자다. 이래 서 한국과 중국의 문맹률 차이가 크게 난다.

f) 새로 만들어야 할 문자: ㅍ

모음 '으'의 쌍음 'ㅍ'자를 새로 만들어야 한다. 활자가 없어서 'ㅍ' 모양으로 임시로 표현했다. 모음 'ㅐ'를 아래로 내려놓은 모양이 'ㅍ'다.

4) 겹자음 11개는 즉결처분해야 한다.

이유 여하를 막론하고 당장 즉결처분해야 한다. 겹자음은 없고 겹모음은 있다. 무성자음 있어도 무성모음은 없다. 이것이 6행 원리다.

5) 맞띄(맞춤법과 띄어쓰기)고정이 안 망하면 한국어가 망한다.

고인 물은 썩고 흐르는 물은 정화되는 것이 자연법칙이다. 맞춤법과 띄어쓰기도 마찬가지다. 고정 하면 썩고 자유재량으로 하면 정화된다. 맞띄고정이 국어가 가지고 있는 최악의 결점이다. 맞띄고정 이 세계 최우수 한국어가 세계어로 나가지 못하게 하는 장애물이기 때문이다.

6) 소리 나는 대로 써야 소리글이다.

소리 나는 대로 안 쓰면 뜻글이다. 이대로 나가면 한글도 발음기호가 생겨야 한다.

　　몇월[며뒬] 며칠, 얽히[얼키]고설킨
　　같이[가치] 갑시다, 같은[가튼] 사람
　　국어[구거], 닳도록[달토록], 북한[부칸], 못하다[모타다]

7) 주격조사와 목적격조사 변경

　　은/는 ⟶ 언/넌
　　을/를 ⟶ 얼/럴

a) 기능어 만국 공통

영어 'a/an[어/언]'이 국어 '은/는'이다.

b) 서반아어 el nino[엘니뇨], la nina[라니나]에서 el과 la가 한국어 목적격조사 '을/를'에 해당한다. 불어는 le[러], la[라]다.

c) '으'보다는 '어'가 자연스럽다.

X	O	X	O
나는	나넌	나를	나럴
너는	너넌	너를	너럴
그는	그넌	그를	그럴

8) 궁합 = 일치(agreement)

문법에 궁합 = 일치가 있듯이 문자에도 궁합 = 일치(agreement)가 있다. '분별심을 버려라.'는 불교의 말이 맞다. 무생물도 생물이다. 문자는 무생물이지만 생물처럼 주위 환경에 따라 변한다. 예를 들면 다음과 같은 것들이다.

a) 공 메우기: 공즉시색 원리다.

말이[마리], 말은[마른], 말을[마를]

b) ㄴㄹ ── 다 ㄹㄴ

신라[실나], 완료[왈뇨]

c) 이응(ㅇ)화 현상

다음은 모두 이응화 현상이다.

ㄱㄴ: 독립문[동닙문], 국립[궁닙], 국론[궁논], 국란[궁난]
ㄴㄱ: 친구[칭구], 천국[청국], 한국[항국], 만국[망국], 신교[싱교], 신격[싱격]
ㄱㅁ: 국민[궁민], 학문[항문], 국문법[궁문법], 핵무기[행무기], 격문법[경문법]

d) ㄹㄹ ── 다 ㄹㄴ: 열리다[열니다]

e) ㅅㅎ ── 다 ㅌ: 못한다[모탄다]

f) 니은(ㄴ)으로 공메우기

여자 부녀자, 율법 법뉼, 금이빨[금니빨]

g) ㄱㅎ ── 다 ㅋ

얽히[얼키]고설킨, 아늑한[아느칸],
북한[부칸], 신격화[싱겨콰], 학회[하쾨]

h) ㅂㅎ ── 다 ㅍ

합해서[하패서], 곱하기[고파기]

i) 문자 변화 6행

생물처럼 무생물인 문자도 주위환경 따라 변한다. '국' 변화를 예를 들면 6가지 6행이다.

한국어는 생어(SOV)
영국어는 사어(SVO)

국토, 궁민, 구거, 각꾹, 각꿍민, 각꾸거

j) 최악 받침: 히읗(ㅎ)

좋다[조타], 좋아하다[조아하다], 많이[마니]

k) 기타 자세한 거선 각자가 소리 나는 대로 적어 보면 안다.

9) 초성 공 메우기: 종성을 고정하지 말고 움직이게 해야 자연법칙이다.

기능어에 공이 있는 것은 종성이 움직이라는 자연법칙이다. 주격과 목적격조사로 예를 들면 다음과 같다. 이게 격조사 6행이다. 한국어는 종성 유무로 남성 음절과 여성 음절이다. 서양어에서 남성명사와 여성명사는 매우 잘못된 이름이다.

주격		목적격		주격	목적격
말	소	말	소	공	공
마리	소가	마를	소를	이/가	을/를
마른	소는	마른	소는	은/는	은/는
말도	소도	말도	소도	도	도

사슴	사자	사슴	사자
사스미	사자가	사스믈	사자를
사스믄	사자는	사스믄	사자는
사슴도	사자도	사슴도	사자도

10) 불규칙 맞춤법 고정

맞춤법을 불규칙하게 고정하였다. 소리 한글도 있고 뜻 한글도 있다.

몇월[며뒬] 며칠
얽히고[얼키고]설킨

11) 영국어 모방이 잘못

a) 영국어 맞띄는 구제불능이다. 철자와 발음기호가 다르고 기능어가 뜻어 앞으로 윤회하여 독립했기 때문이다.

(a) 영어 맞춤법 엉터리는 한글로 보면 안다. 3음이 안 된다. 음소와 음절의 구별이 없다. 철자도 엉터리고 발음기호도 엉터리다.

에그 egg[eg] ㅔㄱㄱ[ㅔㄱ]
나이트 night[nait] 나ㅣㄱㅎㅌ [나ㅣㅌ]

(b) 영어 띄어쓰기가 엉터리라는 것도 국어와 비교해 보면 안다. 3어가 안 된다. 뜻어 + 기능어 = 격어의 구별이 없다. 단수 복수가 엉터리라는 것도 안다.

Oxen are animals. (소는 동물이다.) 국어는 1번, 영어는 2번 띄어쓰기
An ox is an animal. (소는 동물이다.) 국어는 1번, 영어는 4번 띄어쓰기

b) 1933년 맞춤법과 띄어쓰기가 고정되기 이전에는 맞춤법과 띄어쓰기도 자유였지만 재미있게 춘향전과 홍길동전을 읽었다. 영국어를 모방한 것이 큰 잘못이다. 다음과 같이 한국어도 고쳐야 6행 한국어가 된다. 영국어는 고칠 수도 없으니 구제불능이다.

	영국어(구제불능)	한국어(구제가능)
문자	26자	24자 ⟶ 3음 6줄 48문자
문법	8품사	9품사 ⟶ 3어 6격 108문법
맞춤법	고정	고정 ⟶ 3음 원칙 + 자유재량
띄어쓰기	고정	고정 ⟶ 3어 원칙 + 자유재량

12) 동음이의어 공포증

동음이의어는 자연법칙이고 동음이철어는 자연법칙이 아니다. 한글과 같은 소리 글은 동음이의어가 많아도 좋은 문자요, 중국 한자와 같은 뜻 글은 동음이철어가 많아서 엉터리 문자다. 우리 한글은 동음이의어를 안 만들기 위해 19엉터리 종성을 만든 것이 큰 실수다. 동음이의어를 겁낼 필요가 없다. 다음 5개 받침은 사이시옷(ㅅ) 하나로 가야 맞다. 동음이의어는 상황과 문맥이 해결한다.

      낟낱낮낯낳 ⟶ 낫

      곡식 낟알[낫알]
      낱말[낫말]의 뜻
      낮[낫]과 밤
      낯[낫] 뜨거운 사건
      애를 낳다[나타, 낫는다, 나았다]

13) 중국 한자음 고수하다가 한글 망친다.

한글은 중국 한자와 결별해야 한글이 소리글로 간다. 소리 나는 대로 써야 소리글이기 때문이다.

      국어[구거], 신라[실나], 북한[부칸]

14) 절름발이 음어학

소리 나는 대로 적어야 진짜 음성학, 자연음성학이 나온다. 소리 나는 대로 안 적으면 음성학 황무지다. 음성학과 문자론은 같은 말이다. 문자론과 문법론이 언어학 두 다리다. 지금 어학은 문자론(음성학)이 없으니 절름발이 음어학이다.

15) 맞춤법도 자유재량

다음이 맞춤법 자유 증거들이다.

a) 복수 표준어

      자장면 = 짜장면

b) 방언
지방마다 다른 부추 이름

      부추 = 정구지 = 소풀

c) 소유격조사 6행

　홍길동 책, 홍길동으 책, 홍길동이 책, 홍길동어 책, 홍길동에 책, *홍길동ㅅ 책

d) 현재 30% 엉터리 한글 맞춤법

　애국가 일절이 증거다.

　　　동해물과 백두산이 [백뚜사니] 마르고 닳도록 [달토록]
　　　하느님이 [하느니미] 보우하사 우리나라 만세
　　　무궁화 삼천리 [삼철니] 화려강산
　　　대한사람 대한으로 [대하느로] 길이 [기리] 보전하세

e) 맞띄 고정은 독재주의, 맞띄 자유는 민주주의

　따라서 맞띄 자유해도 아무 문제없다.

f) 자연 말 〉 인공 글

　말과 글이 다를 때는 말이 맞다.

16) 띄어쓰기도 자유재량

a) 중국어와 일본어에 띄어쓰기 없다.

b) 한글도 옛날에는 띄어쓰기 없어도 잘 읽었다.

c) 영어 띄어쓰기는 아주 엉터리다. 기능어가 윤회하여 독립한 것이 예다.

　　　oxen ——▶ an ox
　　　소는　　　 는 소

영어는 4번 띄어쓰기하는데 국어는 1번 한다.

　　　An ox is an animal.
　　　소는 동물이다.

d) 녹음기

　녹음기로 녹음하면 한 문장이 하나의 단어처럼 붙어 있다. 따라서 붙여 말하기가 자유인 것처럼 붙여쓰기도 자유다. 다음 광고가 예다.

　　　공주시장애인체육대회
　　　서울시어머니합창단

　이 광고를 공주시장 애인 체육대회로, 서울 시어머니 합창단으로 잘못 읽는 사람은 없다.

e) 지금 한글은 맞춤법보다 띄어쓰기가 더 어렵다. 방송국마다 다르다.

　　　동해 물 KBS
　　　동해물 EBS

f) 띄어쓰기는 권장 사항이다.

　격과 격을 띄어쓰면 읽기가 편하고 이해가 빠르기 때문이다. 권장사항이고 의무사항은 아니니 띄어쓰기 틀려도 아무 문제없다. 위 '동해 물'도 맞고 '동해물'도 맞다.

UN세계국을 만들면
종말의 시계가 멈춘다

17) 통하면 말리고 통하면 글이다.

맞춤법과 띄어쓰기가 틀려도 의미가 통하면 언어로서 임무를 다한 것이다. 그래서 방언도 쓰인다.

> 국수 먹자 = 국씨 묵짜

18) 맞띄 원칙: 3음 3어 원칙 + 자유재량

> 이래야 내국인도 살고 외국인도 산다.

a) 소리 나는 대로 쓰기
복수 표준어가 많아진다.

> 자장면 = 짜장면, 율법 = 율뻡, 마음속 = 마음쏙, 신부감 = 신부깜
> 맞춤법과 띄어쓰기 = 마춤법과 떼어쓰기

b) 띄고 싶은 대로 띄기
(a) 격과 격을 띄어 쓰는 것은 원칙이지만 의무사항은 아니다.

> 남산 위에[남사뉘에]
> 남산 아래[남사나래]

(b) 문자변화 안 하는 표시로 띄어쓰기를 이용하기도 한다.

> 핵 전쟁 = 핵쩐쟁
> 핵 무기 = 행무기

19) 말과 글은 상황과 문맥

문맥으로 '배'라는 동음이의어가 해결된다.

> 배가 아프다.
> 배가 떠있다.
> 배가 먹고 싶다.
> 배로 복수하겠다.
> 배가 내 성이다.

20) 용어 부족

국문법은 시작 단계라서 용어도 부족하다. 영문법에 있는 용어가 국문법에 없는 것이 많다. 하나의 예를 들면 국문법에 동명사는 있지만 부정사와 분사는 없다.

21) 기능어는 생명

어순이 윤회한 SVO언어들은 기능어가 윤회하여 사망했기 때문에 모두 사어(죽은 언어)들이다.

4. 세계 최우수 한국어

언어도 정답이 있다. 정답은 여러 개가 아니고 하나다. 공과 6행이 있는 한국어가 정답이다. 다음도 증거들이다.

한국어는 생어(SOV)
영국어는 사어(SVO)

1) 1석4조

a) 문맹률 0%: 세계 각국의 문맹률이 50% 이상인데 한국만 0%다.

b) IQ 1위: 언어가 IQ를 결정하니까 한국 IQ가 1위는 한국어가 세계 최우수언어라는 증거다.

c) 서당개 3년: 한국어만 글도 되고 말도 된다. 중국어는 글만 되고 말은 안 되지만 영국어는 글도 안 되고 말도 안 되니 영국어가 중국어보다도 열등하다.

d) 시간 절약: 국어는 3음 3어로 생음 생어라서 초중고에서 국어시간이 불필요하다. 이 시간을 과학에 주면 과학 강국이 된다. 지금 우리나라에서 국어와 국사는 애국과목이다. 시대에 역행하는 교과과정이다. 국어의 장점을 살리지 못하고 있다. 다음과 같이 미국의 영어교육을 모방한 우리나라의 국어교육은 잘못된 것이다. 한국어는 생어라서 문맹률이 0%고, 영국어는 사어라서 문맹률이 50%라는 것을 간과한 교육행정이기 때문이다.

(ㄱ) 미국이 초중고에서 영어교육을 하니까 우리나라도 초중고에서 국어교육을 한다.

(ㄴ) 미국이 대학에서 교양국어를 가르치니까 우리나라도 대학에서 교양국어를 가르친다.

(ㄷ) 미국이 대입수능(SAT)에서 영어와 수학을 필수로 하니까 우리나라도 대입수능에서 국어와 수학을 필수로 한다.

(ㄹ) 미국이 대학입시에서 작문(Essay)시험을 보니까 우리나라도 대학입시에서 논술(Editorial)시험을 본다.

2) 어순

한국어가 윤회한 송장이 영국어다.

SOV ⟶ SVO

생어　　 사어

3) 공

생어 3개(몽골어, 한국어, 일본어) 중에서 한국어만 공이 있는 문자를 쓰니 세계 최우수 한국어다.

0123　ㅇㄱㄴㄷ

4) 6행

한국어만 다음과 같이 6행어다. 몽골어 일본어도 6행어가 아니다.

3음 + 3어 = 6행어

3음 6줄 48문자

3어 6격 108문법

5) 격문법(한국어)과 수문법(영국어)

a/an, -s는 단수 복수가 아니고 격조사다.

a/an = 은/는

-s = 사이시옷(ㅅ)

6) 규범(normative) 영문법 = 학교(school) 영문법 = 거짓말 영문법

18세기까지 영어는 철자도 문법도 없는 언어였다. 1755년 영어 대사전을 만든 사무엘 존슨을 위시하여 18세기 문법 학자들이 지금의 규범 영문법을 만들었다. 규범 영문법이 학교 영문법이요 거짓말 영문법이다. 수문법이기 때문이다.

7) 인공 글과 자연 말

나라마다 글과 말이 다른 언어를 사용하고 있다. 한국어도 맞춤법 고정으로 15% 글과 말이 다르니 다른 나라들은 더 많이 다르다. 철자와 발음기호가 다른 영어가 대표적인 예다. 이래서 영어는 철자를 버리고 발음기호를 철자로 해야 글과 말이 같은 영어로 가고, 한국어도 맞춤법을 고정하지 말고 자유재량으로 소리 나는 대로 써야 글과 말이 같은 한국어가 된다. 영어는 문법도 수문법과 격문법으로 글과 말이 다르니 100% 글과 말이 다르다. 국어는 글도 격문법이고 말도 격문법이라서 문법에는 아무 문제가 없다. 맞춤법을 잘못 고정한 문자만 문제다.

5. 평생 글영어

글영어는 수문법 영어라서 본토인도 평생 해도 안 된다. 다음도 증거다.

1) 미국 대입자격시험(SAT) 성적

미국 학생들은 수학보다 글영어를 더 어려워한다. 다음 SAT 성적이 증거다. 영어가 1600점이고 수학이 800점이다. 여기에 말영어 듣기(Hearing)와 말하기(Speaking)는 없다.

- a) 영어 읽기(Reading) 800점
- b) 영어 쓰기(Writing) 800점
- c) 수학 800점

2) 링컨 영문법 실력 고2 수준

미국 대통령들 중에서 영문법 실력이 가장 좋은 사람이 링컨인데 고2 정도밖에 안 되니 다른 대통령들은 초등학교나 중학교 학생 정도의 실력이란 소리다. 심지어 아들 부시 대통령은 기자들로부터 문맹자라는 놀림을 당했고 작가 헤밍웨이도 비평가들로부터 역시 문맹자란 놀림을 당했다. 글(인공 영어)과 말(자연 영어)이 다른 영어기 때문이다.

3) 미국은 대졸 문맹자

한국어는 글과 말이 85% 같아서 무학문맹자지만, 미국은 글(written)과 말(spoken)이 100% 달라서 대졸 문맹자다. 한국어는 글국어(Written Korean)와 말국어(Spoken Korean)라는 용어가 없을 정도로 글과 말이 85% 같다.

4) 인터넷상에서 영국 사람들이 가장 비문법적인 영어를 쓴다.

이런 말이 있는 것은 글과 말이 다른 영어라는 또 하나의 증거다. 말영어로 대화를 하니 비문법적인 영어를 가장 많이 쓰는 영국 사람들이다.

5) 문농자와 문맹자

한국 유학생들이 미국학생들의 철자도 문법도 없는 영어작문에서 철자도 고쳐주고 문법도 고쳐준

한국어는 생어(SOV)
영국어는 사어(SVO)

다. 한국학생들은 문농자, 미국학생들은 문맹자라고 보면 된다.

6) 글영어로 강의 불가능

대한민국 영문과 교수들 중에서 글영어로 강의가 가능한 교수가 없다는 것은 글영어는 평생 해도 안 되는 언어라는 단적인 증거이다.

6. 3음 3어의 중요성

1) 정답 탐지기

a) 3음은 문자 정답 탐지기
   한글만이 3음이 된다.

b) 3어는 문법 정답 탐지기
   3개국(몽골 한국 일본)어만이 3어가 된다.

2) 2개의 쓰레기장

a) abc는 3음으로 분리수거 안 되는 쓰레기장

b) 8품사는 3어로 분리수거 안 되는 쓰레기장

3) 맞띄 기초

맞춤법과 띄어쓰기는 3음 3어의 원칙 아래 자유재량이다. 소리 나는 대로 쓰고 띄고 싶은 대로 띄기다.

4) 6행 한국어가 정답

a) 한국어만이 3음 3어가 되니 세계 최우수 한국어다.

b) 3음 6줄 48문자로 고치고 세계문자로 나가야 한글이 보편문자로 세계문자가 된다. 아니면 abc처럼 나라마다 다른 ㄱㄴㄷ이 된다.

c) 3어 6격 108문법이 보편문법 시대를 연다. 품사문법과 수문법 시대는 간다.

5) 6행 불교가 정답

a) 3음 + 3어가 합해서 6행이 불교의 3먁3보리 6행에 해당한다.

b) 6행 한국어가 정답이듯이, 6행불교도 정답이다.

c) 불교에 있는 공과 6행이 정답 탐지기다.

6) 언어를 음어로 개명

어학은 문자론과 문법론 증거가 3음 3어라서 언어학 대신 음어학으로 개명해야 한다.

7) 촘스키 문법은 엉터리

어학은 2론(문자론과 문법론)인데 그는 3론(통사론 의미론 음운론)으로 하니 첫 단추를 잘못 잠근 것이다. 생어인 한국어로만 보편문법 = 자연문법 = 격문법 = 6행문법 = 참말문법을 연구할 수 있다. 촘스키는 사어인 영어로 보편문법을 연구하니 평생 수정에 수정을 되풀이하면서 횡설수설하고 있다.

7. 한국어가 세계어

1) 서당개 3년 차이

한국어: 자연문자(소리글), 자연문법(격문법): 글도 되고 말도 된다.
중국어: 인공문자(뜻글), 자연문법(격문법): 글만 되고 말은 안 된다.
영국어: 인공문자(뜻글), 인공문법(수문법): 글도 안 되고 말도 안 된다.

2) 글과 말

a) 글과 말이 다른 영어

주어와 동사의 일치가 없는 ain't, gonna, wanna 등이 자연영어의 예다. 영문법 필요 유무로 글영어와 말영어다.

> He ain't happy. 그는 행복하지 않다.
> He gonna live in Korea. 그는 한국에 살 것이다.
> He wanna live in Korea. 그는 한국에 살기를 원한다.

철자와 발음기호가 다른 것도 증거요, 말은 격문법, 글은 수문법도 예다.

음어＼영어	글영어	말영어
문자	철자	발음기호
문법	수문법	격문법

b) 글과 말이 같은 국어

지금 15% 다른 것은 맞춤법만 고치면 된다.

음어＼국어	글국어	말국어
문자	철자(닳도록)	발음기호(달토록)
문법	격문법	격문법

3) 한국어 배우면 머리 좋아진다.

언어가 IQ를 결정하기 때문이다. 한국의 IQ 1위가 한국어가 세계 1위라는 증거다. 한국어만이 6행 한글과 6행 한말이라서 완벽한 자연 문자와 자연 문법이다. 우리나라 여자들이 남자들보다 머리가 좋은 것은 조선시대에 여자들은 아녀자 글이라는 한글을 배우고 남자들은 한자를 배웠기 때문이다.

4) 영어 배우면 머리 나빠진다.

한국어와 반대로 영국어는 문자도 문법도 3음 3어가 안 되니 모두 6행이 아니라서 배우면 머리 나빠지는 것은 당연한 소리다. 영어가 중국어보다 못하기 때문에 영어가 안 망하면 미국이 중국에 망한다. 이래서 앞으로 몇 년 이내에 중국이 미국을 따라잡는다는 말이 나오고 있다.

한국어는 생어(SOV)
영국어는 사어(SVO)

5) 국어와 국사는 애국 과목

a) 한자와 한글

중국 한자는 하루에 한 자 내지 두 자씩 1000일 배워야 1000 내지 2000자를 배우지만 우리 한글은 하루에 570자를 다 배워 버리기 때문에 초등학교 입학하기 전에 이미 한글을 다 배운다. 그래서 초 중 고에서 국어시간이 불필요하다. 지금의 국어시간은 외국어인 영어를 하면서 모국어인 국어를 안 할 수 없다는 애국심에서 하니 애국 과목이다.

b) 국어(ㅇㄱㄴㄷ)는 소리글, 영어(oabc)는 뜻글

영어는 알파벳 26자를 배워도 영어를 읽을 수가 없다. 발음기호가 따로 있기 때문이다. 하지만 국어는 알파벳 24자를 배우면 한글을 읽을 수가 있다. 이래서 국어는 소리글이고 영어는 뜻글이라는 얘기다.

c) 15년 국어 교육

우리나라 초등학교를 입학하는 학생은 이미 유치원 2년 동안 한글을 배워 읽고 쓸 수 있는데 또 국어시간을 만들어 초등 6년, 중고등 6년, 대학 교양국어 1년까지 합해서 총 15년 동안 국어를 배우고 있으니 엄청난 시간 낭비다.

d) 또 다른 말로 하면 한국어는 자연어(격문법)라서 안 배워도 알고 영국어는 인공어(수문법)라서 배워도 모르는데, 학교에서 가르치는 시간 수는 국어가 더 많다. 일주일에 영어를 5시간 배우니까 국어는 모국어라서 애국 과목 체면 때문에 국문법 1시간 더 보태서 6시간 가르치고 있다.

e) 문법 춘추전국시대다. 품사문법이 엉터리라는 것은 다 안다. 보편문법이 뭔지 몰라서 찾아 헤매고 있다. 격문법이 보편문법이라는 것을 모르고 있다. 때문에 미국과 우리나라에 영문법 교과서가 없다. 읽기(Reading) 교과서만 있고 쓰기(Writing) 교과서는 없다는 말이다. 학생들이 학원에 가서 100% 거짓말 영문법(수문법)을 배운다. 이래서 학교가 영문법 교육의 주도권을 학원에 빼앗기고 있다.

f) 세계화 시대에 국사도 필수라는 것도 말이 안 된다. 국사는 세계사의 일부로 가볍게 다루어야 한다. 국사가 애국 과목이듯이 국어도 애국 과목이다. 우리나라 대입수능시험에 한국사가 필수 과목이다. 미국 수능(SAT)에서 미국 국사는 필수과목이 아니다.

g) 다른 나라도 한국어를 모국어로 쓰면 우리처럼 1석4조의 혜택을 그들도 누릴 수가 있다.

6) 국어 영어 수학을 선택 과목으로

한국어는 안 배워도 알고, 영국어는 배워도 모르고, 수학은 배워도 쓸데가 없다. 따라서 3과목 모두 선택 과목으로 해야 즐거운 학교생활이 된다. 3개 중에 1개를 선택하게 하면 수포자(수학을 포기하는 자) 같은 소리가 사라진다. 자기가 좋아하는 과목만 선택하여 들을 수 있기 때문이다. 수학을 한다고 머리가 좋아지는 것도 아니다. 수학선생님들의 IQ가 가장 높은 것도 아니다. '언어가 IQ를 결정한다'는 말은 있어도. '수학이 IQ를 결정한다'는 말은 없기 때문이다.

지금 국영수를 필수과목으로 하니 어려운 국영수가 되었다. 국영수 중에 하나를 선택하라고 하면 쉬운 국영수가 된다.

7) 생어(SOV)만이 세계어 자격이 있다.

생어 3개(몽골어, 한국어, 일본어) 중에서도 한글이 3음 6줄 48문자인 순수 6행 소리글이라서 한국

어만이 세계어 감이다.

> 한국어: 유일하게 순수 6행 소리글이다.
> 몽골어: 러시아 abc를 쓰니까 소리글이 아니고 뜻글이다.
> 일본어: 중국 한자를 쓰니까 뜻글이다.

8) 불우이웃돕기

지금 세계 각국이 죽은 언어의 암흑시대에서 살고 있기 때문에 문맹률이 50% 이상이다. 죽은 사람을 살릴 수 없듯이 죽은 언어도 살릴 수 없다. 그들은 죽은 그들의 모국어를 빨리 버리고 한국어를 수입해서 써야 1석4조의 한국어 사용 혜택을 누릴 수 있다. 빠르면 빠를수록 더 좋다. 따라서 한국어 세계화는 불우이웃돕기다.

8. 등잔 밑 진리: 무명과 전도몽상

진리는 멀리 있는 것이 아니고 가까이 있다. 너무 가까이 있어서 잘 보이지 않으니 등잔 밑 진리라는 별명을 붙인다. 따라서 우리 보통 사람들은 무명(무지)과 전도몽상(착각)에 빠져 있는 장님과 정신병자들이다. 낫 놓고 기역자도 모른다는 소리도 같은 말이다. 다음이 등잔 밑 진리들이다.

1) 생어(SOV)와 사어(SVO)

어순을 보고도 한국어는 생어, 영국어는 사어라는 것을 모른다.

2) 한국어가 윤회한 송장이 영국어

이렇게 보면 영문법의 모든 문제가 다 풀어진다.

3) 3음 3어의 중요성을 모른다.

a) 보편문자 3음: 맞춤법 기준, abc는 3음으로 분리수거 안 되는 쓰레기장

b) 보편문법 3어: 띄어쓰기 기준, 8품사는 3어로 분리수거 안 되는 쓰레기장

4) 5개의 잣대

다음은 영어를 연구하는 데 사용한 5개의 잣대들이다.

a) 한국어: 3음 3어가 되는 6행 자연어

b) 공과 6행: 정답 탐지기

c) 불교: 어순의 윤회 설명, 공과 6행의 증거가 불교

d) 자연과 인공: 자연 말과 인공 글, 자연 한국어와 인공 영국어

e) 몽골어가 지구촌 어족 조상. 따라서 우랄알타이어(몽골어, 한국어, 일본어)만이 SOV생어다.

5) 맞춤법 자유 핵심

a) 소리 한글: 소리 나는 대로 써야 소리글이고 안 나는 대로 쓰면 뜻글이다.

b) 문자 변화: 문자변화 유무로 소리글과 뜻글이다.

한국어는 생어(SOV)
영국어는 사어(SVO)

6) 선생님들의 능력 아니다.

우리나라 국어 선생님들은 국어를 잘 가르쳐서 문맹률이 0%고, 미국 영어 선생님들은 영어를 잘못 가르쳐서 문맹률이 50%나 되는 것이 아니다. 국어는 3음 3어가 되는 생음 생어라서 글과 말이 같고, 영어는 3음 3어가 안 되는 사음 사어라서 글과 말이 다르기 때문이다. 문자와 문법이 문맹률을 결정한다.

7) 헛 영어선생, 헛 인생

a) 영문법이 100% 거짓말인 줄 모르고 가르쳤으니 평생 헛 영어 선생을 했다.

b) 인생의 목표가 빈천해탈인 줄 모르고 살았으니 평생 헛 인생을 살았다.

제3장

유대 3교와 불교

제3장 유대 3교와 불교

유대교에서 예수교와 회교가 나와서 합해서 유대 3교라고 부르기로 한다. 유대 3교(유대교, 예수교, 회교)는 성경 창세기에서 하나다. 3종교 중에서 세계 제1종교인 예수교를 선택하여 불교와 비교하기로 한다.

1. 미신 유대 3교

1) 하느님도 미신

다음은 이름만 다르고 모두 종교마다 다른 하느님들이다.

제우스(그리스 신화)   주피터(로마 신화)
야훼(예수교)   알라(회교)
브라마(브라만교)   범천(불교)
인드라(힌두교)   제석천(불교)

2) 지동설

천동설이 아니고 지동설이 맞다.

3) 진화론

창조론이 아니고 진화론이 맞다.

4) 대폭발(Big Bang)

5000년 전 창조론이 아니고 136억 년 전 대폭발로 우주 만물이 탄생하기 시작했다. 불교의 창세기 공즉시색이 대폭발이다.

5) 5000년 전 우주 창조?

지구의 역사만 해도 46억 년 전이다. 1억 년 전 공룡은 누가 창조했나?

6) 성경 = 영문법

자연법칙 유무로 진리와 기적이다. 성경은 창세기 기적, 모세 기적, 예수 기적 등으로 이루어진 거짓말 책이다. 100% 거짓말 책인 영문법과 닮은 꼴이다.

7) 인간은 미신병 환자

토템신앙이 종교로 발전한다. 육 해 공님(땅님, 바다님, 하느님) 모두 원시신앙이다. 외부 자연물을 숭배하는 원시신앙은 구시대 유물이다. 내부 마음 세계로 들어가는 마음불교가 현대과학 불교다. 따라서 아인슈타인이 진짜 과학의 아버지는 석가모니라고 격찬했다.

8) 하느님은 하늘(Sky)님? 하나(One)님?

이것을 분명히 해야 한다. 두 개 모두로 애매하게 쓰이니 문제다.

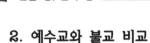

2. 예수교와 불교 비교

예수교로 불교를 치는 것은 계란으로 바위치기라고 한다.

품목	예수교(계란)	불교(바위)
1) 성격	미신 종교(유신론)	마음 종교(무신론)
2) 교주	예수(신)	석가(사람)
3) 출생	성령으로 처녀잉태	부부관계로 잉태
4) 자세	예수를 믿어라	부처가 되어라
5) 자유 의지	무(타력종교)	유(자력종교)
6) 행, 불행	예수 마음대로	자기 마음대로
7) 천지 창조	창세기	공즉시색(Big Bang)
8) 창조주	예수(삼위일체)	마음(일체유심조)
9) 사면권	유	무(인연과보)
10) 관계	주종(예수의 노예)	평등(중생 = 부처)
11) 천상천하유아독존	예수(나 = 길 = 진리 = 생명)	중생(Everybody)
12) 생	2생(현생 내생)	3생(전생 현생 내생)
13) 인생 목적	부활승천(Rapture)	빈천해탈(Nirvana)
14) 사망 후	천국에 살기	안 태어나기
15) 사랑과 미움	사랑	중도
16) 자연	정복(역천자망)	조화(순천자흥)
17) 종교전쟁	유(십자군, 중동)	무
18) 살생	허용	금지
19) 동식물 영혼	무	유
20) 식사	육식	채식
21) 우주만물의 진리	지수화풍(4원소)	지수화풍공식(6대)
22) 순교자	성인으로 추대	중요시하지 않는다.
23) 죽은 자	살린다.	못 살린다.
24) 기적	중요시한다.	중요시하지 않는다.

3. 불교 핵심 사상

불교가 정답이라서 다음도 정답이다.

　　오답　　　정답
1) 미신종교〈마음종교

야훼와 알라도 미신이다.

2) 유멸영혼〈불멸영혼

불멸영혼이니까 윤회한다. 우리는 무명과 전도몽상에 빠져 있어서 이것을 모른다.

3) 일회사망〈윤회환생

일회용 인생이 아니고 윤회론 인생이다. 따라서 선인선과 악인악과의 인연과보가 중요하다. '나는

한국어는 생어(SOV)
영국어는 사어(SVO)

내일 지구의 종말이 와도 오늘 사과나무를 심겠다.'는 종교개혁가 루터의 말도 선인선과의 불교 소리다. 이 말은 네덜란드의 철학자 스피노자가 한 말로 우리나라에 잘못 알려져 있다.

4) 노후대책〈내생대책

노후대책도 중요하지만 내생대책이 더 중요하다. 전생의 업이 현생이고 현생의 업이 내생이 되기 때문이다.

5) 부귀영화〈빈천해탈

인생의 목적은 부귀영화가 아니고 빈천해탈이다. 다시 말해 정신병자(insaint)가 정신 건강자(saint)가 되어 다시 안 태어나는 것이 인생의 목적이다. 이승이 고해니까.

6) 이승 〈 저승

고해   낙해
지옥   극락
삶   죽음

a) 저승이 이승보다 좋다. 이승이 고해면 저승이 낙해가 되는 것이 음양의 원리기 때문이다. 고해가 지옥이고 낙해가 극락이다.

b) 죽음이 삶보다 좋다. 사람이 죽을 때는 고통이 따르기 마련인데 죽음이 고통을 해결하니 죽음이 진통제요 수면제다.

c) 사람이 죽으면 어머니 자연으로 돌아가니 저승은 극락이다.

d) 장자는 자기의 아내 장례식에서 아내는 좋은 곳으로 갔다고 좋아서 노래하고 춤춘다. 이승보다는 저승이 더 좋다고 본다.

e) 몸 유무로 이승과 저승이고, 삶과 죽음이니 지옥과 극락의 차이다.
    인간은 몸이 있어서 괴롭다. 죽어서 몸이 없어지면 모든 괴로움도 사라지기 때문이다. 의 식 주 걱정이 없으니 저승이 극락이다.

f) 세종대왕은 이 세상에 태어나는 생일날은 불행한 날이라고 자기의 생일잔치를 못하게 했다.

g) 무덤 안에 들어가는 시체는 헌 옷이다. 새 옷 갈아 입고 다시 태어나는 것이 환생이다.

h) 불교 아미타극락경에 죽으면 누구나 극락에 간다고 쓰여 있다. 죽기 전에 나무아미타불 몇 번만 외면 극락에 간다고 쓰여 있기 때문이다.

i) 로마 교황도 저승에 지옥은 없다고 가까운 친구에게 사적으로 말했다고 신문에 보도된 적이 있다. 불교 참중들도 저승에 지옥은 없다고 말한다. 종교에서 저승에 지옥을 만든 것은 두려움을 주기 위한 것이다. 새로 태어나서가 문제다. 전생의 인연과보를 받아야 하기 때문이다.

j) 일사부재리원칙: 살인한 자는 내생에 살인당한다. 죽은 후에 지옥에 가서 처벌받고 다시 태어나서 또 처벌받는 일은 없다. 같은 일로 두 번씩 처벌받는 것은 일사부재리원칙의 위반이기 때문이다.

k) 장례식장은 살아 있는 사람은 죽은 사람이 불쌍하다고 울고, 죽은 사람은 살아 있는 사람이 불쌍하다고 우는 장소라는 말이 있다. 죽은 영혼이 자기 장례식을 보고 있다는 소리다.

UN세계국을 만들면
종말의 시계가 멈춘다

l) 미국 부처 소로우의 임종 시에 '멋진 여행을 할 수 있겠군' 소리는 해외 관광 떠나는 사람과 비슷하다.

m) 그리스-로마 신화에 이런 이야기가 있다. 신에게 죽지 않게 해달라고 부탁해서 죽지 않게 된 사람이 나중에 거미만 하게 작아지게 되어도 정말 죽지 않으니까 다시 신에게 죽게 해달라고 매달리는 이야기가 있는데 이것도 죽음이 좋은 것이라는 내용이다.

n) 인생목표 빈천해탈: 이승으로 안 태어나려는 해탈도 저승이 이승보다 좋다는 증거다. 저승이 얼마나 좋으면 이승으로 안 태어나려고 노력하겠는가.

o) 깊은 참선 3매는 저승 체험이다. 석가모니는 참선 3매를 통해 저승에 가서 죽은 어머니도 만나고 저승 사람들에게 설법도 한다.

p) 불교가 정답이니 불교의 소리들은 믿어도 된다. 우리가 무명과 전도몽상에 빠져 있어서 불교의 소리들이 정답이라는 것을 모른다.

7) 불교 모르면 문학이 안 된다.

이런 말이 있는데 불교 모르면 어학도 안 된다는 것도 우리는 알았다. 철학도 안 된다. 따라서 불교 모르면 모든 학문이 안 된다고 말해도 된다. 불교가 정답 종교기 때문이다. 불교에 정답 탐지기 공과 6행이 모두 들어 있기 때문이다. 인간의 사고가 가장 깊게 들어간 종교가 불교라서 타 종교의 추종을 불허한다.

4. 성인도 우열

1) 6대 성인

6대 성인들 중에 공자만 빼고 나머지 4명은 석가모니의 영향을 받은 사람들이다.

2) 학자〉교주

교주보다는 학자가 무겁다. 공자를 제외한 4대 성인은 석가모니의 영향을 받은 사람들이라서 다음과 같이 도표를 그렸다.

     석가모니   공자
     소크라테스〉예수
     플라톤〉무함마드

3) 장님 코끼리 만지는 소리

석가모니에 비하면 나머지 5대 성인도 장님들이다. 석가모니처럼 공즉시색, 3먁3보리로 공과 6행을 분명이 말하는 성인은 없기 때문이다. 나머지 5명의 성인들은 장님이 코끼리 만지는 소리 즉 진리의 일부분만 말하고 진리 전부를 말하지는 못한다. 기타 유럽 철학자들도 마찬가지다. 빙산의 일각만 보고 전체는 보지 못한다. 이래서 미국 부처 소로우도 신(진리)의 옷자락을 조금 열어보았을 뿐이라고 자기 자신을 과소평가한다.

4) 불교 모르면 모든 학문이 안 된다.

불교 모르면 문학이 안 된다는 말이 있다. 불교 모르면 어학도 안 된다는 것을 우리는 알았다. 불교에 정답 탐지기 공과 6행이 모두 들어 있기 때문이다. 따라서 불교 잣대로 철학과 종교뿐만 아니라

한국어는 생어(SOV)
영국어는 사어(SVO)

모든 학문을 보면 정답과 오답을 가리는 기준이 되니 매우 편리하다.

5. 동양은 사상, 서양은 물질

이 소리는 일반론이다. 인도 불교 사상이 서양으로 갔지만 인도 경시 풍조로 잘 모르고 있다. 다시 말해 인도 것을 인도 것이라 말하지 않는다. 15세기까지는 인도가 지금의 미국과 같이 세계 최선진국 이었다는 사실을 잘 모르고 있다. 콜럼버스가 인도로 가는 항로를 찾다가 미 대륙을 발견한 사실도 하나의 증거다. 다음과 같이 인도 사상이 전 세계로 퍼졌다.

1) 인도숫자 ──▶ 아라비아 숫자

인도숫자가 아라비아 숫자로 세상에 잘못 알려져 있는 것은 다 아는 사실이다. 아라비아 상인들이 인도숫자를 썼기 때문에 생긴 오해다.

2) 인도 문법 ──▶ 라틴 문법

인도 파니니 문법이 그리스 문법을 거쳐 로마로 가서 라틴 문법이라고 잘못 알려져 있다. 품사라는 용어와 성 수 인칭이라는 용어는 인도 파니니 문법에서 처음 등장한다. 따라서 인구어 문법은 모두 품사와 성 수 인칭이 있다.

3) 인도 불교철학 ──▶ 서양 철학

서양 철학자들이 대부분 불교 사상을 가진 철학자라는 주장은 대한 불교 조계종 강청화스님 (1923-2003)의 법문집 '마음의 고향 1-5권'에서 이미 말했다. 서양 사람이 쓴 '철학이야기' 책도 비슷한 얘기를 한다. 두 사람 말을 종합해서 설명하면 다음과 같다.

a) 그리스 철학자들
  (a) 소크라테스
   '너 자신을 알라(Know thyself.)'는 그의 말은 불교핵심 사상이다. 그는 참선 3매가 습관이 된 사람이다. 그가 길을 가다가 참선 3매에 들면 사람들이 그가 언제 깨어나나 보기 위하여 이불을 가지고 와서 주위에 모여 밤을 새웠다고 한다. 그가 서양 철학의 아버지라면 석가모 니는 동서양 철학의 아버지다. 석가모니가 소크라테스보다 100년 가까이 먼저 태어난 사람 이다. 그리스와 인도 사이는 알렉산더 대왕이 인도를 원정할 정도로 가까운 거리다. 그래서 인도 불교사상이 그리스 철학자들에게 영향을 미친 것은 당연하다. 그래서 그는 신을 모독 한 죄와 '세계의 시민'이라는 소리로 젊은이들을 타락시킨 죄로 인민재판에 회부되어 사형선 고를 받았다.
  (b) 플라톤
   그는 스승 소크라테스가 사형당한 후 28세 되던 해에 시작하여 12년간 해외 여행을 했는데 그중에 인도의 갠지스 강까지 가서 힌두교를 접했다는 설도 있다. 힌두교가 아니고 불교승 려가 되어 불교를 배운 사람이라고 해야 정확하다. 그가 소크라테스로부터 배운 불교사상을 더 배우기 위하여 인도로 간 것이기 때문이다. 플라톤은 불교승처럼 독신으로 살다가 임종 시에 좌탈입망(앉아서 열반에 듦)할 정도로 소크라테스처럼 참선 3매가 습관이 된 사람이었 다. 두 사람 모두 불교의 윤회론을 믿는 사람들이었다.

b) 유럽 철학자들: 독신자, 마음 연구자, 반 예수교인

다음 서양 철학자들은 모두 불교승려처럼 청빈하게 인생을 산 독신자들이고 마음(이성, 감성, 오성) 연구자들이고 반 예수교인들이다.

(a) 데카르트(1596~1650)

이성주의자다. "나는 생각한다. 고로 나는 존재한다." 이것만 알고 다른 것은 모른다는 소리다. 자아를 탐구하는 소리다. 불교의 무명과 전도몽상을 나타내는 말이다. 소크라테스의 '너 자신을 알라'는 물음에 대한 대답이기도 하고 플라톤 철학이기도 하다. 이래서 근세 유럽 철학은 플라톤 철학의 각주에 불과하다는 케임브리지대학 교수인 화이트 헤드(White Head)의 말이 맞아 보인다.

(b) 스피노자(1632~1677)

합리주의자요 범신론자다. 자연을 신(God)으로 본다. 때문에 유대교회에서 파문당했다. 다음은 철학이야기 책에서 인용한 것이다. "어떤 사람은 그를 지금까지 지구상에 살았던 무신론자 중 가장 불경한 자"라고 평했다. 다음은 어떻게 그렇게 당당하냐고 묻는 젊은 청년에게 하는 스피노자의 대답이다. "군은 이 땅에서, 인도에서 온, 세상에서 가르치고 있는 모든 종교를 검토하였는가? 군이 충분히 그것을 검토하였다 하더라도 어떻게 군은 최상의 종교를 선택할 줄 아는가?" 이것은 스피노자가 인도의 불교를 칭찬하는 말이다. 다음도 스피노자의 말이다.

"나도 명예나 부에서 많은 이익을 얻을 수 있다는 것을 알고 있었지만, 만일 진지하게 새로운 사물을 연구하려면 이 두 가지를 얻는 것은 그만두어야 한다는 것도 알고 있었다.… 마음은 알면 알수록 자기의 힘과 자연의 질서를 더욱 잘 이해하고, 더욱 자기를 잘 지도하고 명령할 수 있을 것이다."

(c) 칸트(1724~1804)

(ㄱ) '순수이성비판은 인간의 마음 탐구다. 칸트는 아침부터 저녁까지 종교에 젖어 있었기 때문에 장성한 후로는 그 반동으로 교회에 나가지 않기로 하였다.'

(ㄴ) 쇼펜하우어는 칸트철학과 플라톤철학을 불교철학이라고 말했다.

(ㄷ) '칸트도 니체처럼 결혼은 진리의 성실한 추구를 방해한다고 생각한 모양이다.'

(ㄹ) 칸트의 '영구평화론'사상으로 국제연맹, 국제연합이 만들어졌지만 세계 1차-2차 대전을 막지는 못했다. 따라서 소크라테스의 세계시민 철학인 UN세계국가라야 한다.

(d) 쇼펜하우어(1788~1860)

서양 그리스도교 사회에서 불교를 공개적으로 칭찬한 용감한 사람이다. 책상 위에 부처상을 모실 정도로 독실한 불교인이다. 문학자로서는 '싯다르타'를 쓴 헤르만 헤세와 닮은 사람이다. '불교는 그리스도교보다 심원하다. 불교는 의지(욕망)를 끊어버리는 것이야말로 종교 그 자체라 하고, 열반(Nirvana)이야말로 현실을 발전시키는 목표라고 설파하기 때문이다.'

'모든 덕과 지복을 확신하고 해탈의 외줄기 길을 걷고 있는 것이다. 그러므로 궁극적 지혜는 열반, 즉 자기의 욕망이나 의지를 최소한으로 줄이는 일이다.'

쇼펜하우어도 플라톤처럼 좌탈입망(앉아서 열반에 듦)한 사람이다. 그는 플라톤 철학과 칸트 철학은 불교철학이라는 말도 했다. 이 말은 그리스철학과 유럽철학이 모두 불교철학이라는 소리다.

한국어는 생어(SOV)
영국어는 사어(SVO)

(e) 니체(1844~1900)

"신은 죽었다." 아버지가 목사인 니체(Nietzsche)가 한 말이다. 불교의 윤회론을 믿은 그는 누이동생에게 말했다. '내가 죽거든 친구들만 관 주위에 서도록 해줘. 쓸데없는 사람들은 안 돼. 이미 무저항 상태가 되어 있을 때 관 옆에서 목사니 뭐니 하는 것들이 거짓말을 짓거리게 두지 말고 나를 한 사람의 정직한 이교도로서 무덤에 들어가게 해다오.'

c) 불교와 서양철학 관계 논문들이 우리나라에도 많다. '니체와 불교' '원효와 하이데거 비교 연구' (서울대 박찬국 교수) 등이 예다.

4) 유대교 + 불교 = 예수교

예수가 인도에서 불교승려였다는 것은 한양대 민희식 교수의 저서 '법화경과 신약성서'를 비롯하여 책이 5권이나 된다.

5) 예수교 + 불교 = 회교

예수교와 무함마드교의 교주도 닮은 꼴이다. 문맹자면서 목수인 예수처럼 문맹자면서 상인인 무함마드다. 젊은 시절이 없는 것도 닮았다. 무함마드도 젊은 시절에 예수처럼 인도에 가서 불교승려였을 가능성이 높다.

6) 불교사상 ⟶ 서양 문학

인도 불교는 히말라야 산맥이라는 장애물을 넘어서 중국과 한국까지 전파되었는데 이런 장애물이 없는 서양으로는 전파되지 않은 것은 바로 예수교나 무함마드교라는 이름으로 전파되었기 때문이다. 특히 서양 문학작품에서 불교사상을 두드러지게 볼 수 있다. 간단하게 나열하면 다음과 같다.

a) 낭만주의 문학
  (a) 셰익스피어는 불교의 핵심사상인 인간의 욕망(돈, 사랑, 명예)을 그렸다. 베니스의 상인, 로미오와 줄리엣, 햄릿, 맥베스 등이 예다. 이래서 그의 문학은 모두 현대문학에 속한다. 따라서 셰익스피어 작품에 불교사상이 들어 있다는 것은 일반론이다. 낭만주의(Romanticism)는 영문 표현대로 '로마주의'가 정명이다. 기독교 이전의 로마시대로 돌아가자는 반기독교주의가 본래의 뜻인데 지금은 '청춘의 낭만' 등으로 이런 뜻이 아니게 쓰이고 있으므로 문제다. 따라서 낭만주의는 인도주의(Indianism) 또는 불교주의(Buddhism)로 고쳐야 정명이 된다. 인도의 불교가 유럽의 중세 낭만주의를 일으킨 원동력이었기 때문이다.
  (b) 영국 낭만주의 시인 워즈워스(Wordsworth)의 시에 나오는 'Child is Father of Man(아이는 어른의 아버지다)'은 불교 윤회론 사상이다. 유럽 낭만주의 문학이 불교문학이라는 증거다.

b) 자연주의 문학
  유전과 환경이 운명을 결정한다는 것이 자연주의 문학의 핵심이다. 이게 바로 업에 따라 윤회하는 불교의 인연과보 사상이다.
  (a) 헤르만 헤세는 '싯다르타'라는 작품을 써서 공개적으로 불교를 격찬한 서양 작가다.
  (b) 토마스 하디가 쓴 테스(Tess)라는 소설도 윤회론이다. 테스가 전생에 장군이었을 때 성폭행을 했기 때문에 금생에 인연과보로 성폭행을 당한다는 내용이다.
  (c) 그레이엄 그린이 쓴 소설 '권력과 영광(The Power and the Glory)'도 불교승려처럼 사는 호세

신부가 조연이 아니고 주연이다.

(d) 미국 초월주의 작가들

소로우의 월든(Walden), 월트 휘트먼의 풀잎(Leaves of Grass) 등은 모두 자연을 친미하는 불교 소설이고 불교 시집이다.

(e) 솔 벨로(Saul Bellow)

유대인이면서 노벨상 수상 작가인 그가 쓴 '때를 잡아라(Seize the Day)'는 소설은 '현재에 깨어 있어라(Here and now Seize the Day)'라는 불교의 진리를 다룬 작품이다.

(f) 비트 세대(Beat Generation) 작가들

잭 케루악, 앨런 긴즈버그 등은 불교대학을 세울 정도로 완전히 불교 작가들이다.

c) 아인슈타인(공사상 등 불교교리에 심취했던 천재 물리학자)

'나를 현대과학의 아버지라고 하지만, 과학의 진짜 아버지는 석가모니 부처님이다. 내가 아는 한 진짜 허공을 본 사람은 석가모니밖에 없다.' (2021년 11월 13일 매일경제 신문기사)

7) 불교가 두 르네상스 원인

a) 중세르네상스: 신본주의 ⟶ 인본주의

중세 예수교 신본주의 암흑시대를 인본주의 광명시대로 이끌 수 있는 종교는 불교뿐이다. 불교가 그리스철학이 되어 예수교로 흘러 들어가서 중세르네상스 원동력이 된다.

(ㄱ) 교부철학(3~8세기)

아우구스티누스(354~430)를 대표로 하는 교부철학은 플라톤의 철학을 기독교철학으로 도입하였다.

(ㄴ) 스콜라철학(9~14세기)

토마스 아퀴나스(1225~1274)를 대표로 하는 스콜라철학은 아리스토텔레스의 철학을 기독교철학으로 도입하였다.

b) 현대르네상스: 인본주의 ⟶ 자연주의

자연을 파괴하는 인본주의 시대를 자연주의시대로 이끌 수 있는 종교도 불살생 불교뿐이다. 나아가서 불교는 정답 탐지기 공과 6행이 들어 있어서 현대르네상스(6행르네상스) 시대를 열 것이다.

c) 루터의 종교개혁도 불교영향이 큰 것으로 보인다. '나는 내일 지구의 종말이 와도 오늘 사과나무를 심겠다.'는 말을 한 사람이 스피노자가 아니고 루터기 때문이다. 이 말은 불교의 윤회론인 내생대책에 해당하는 소리다.

6. 부패한 불교

불교는 정답이지만 석가모니 이후에 교단이 나누어지면서 많이 타락하였다. 부패한 불교의 증거들을 몇 개만 나열하면 다음과 같다.

1) 천수경은 불경이 아니다.

이 경이 힌두교에서 왔다는 민희식 교수의 말이 맞아 보인다. 석가모니 부처가 이런 경을 말했을 이유가 없기 때문이다. 예불 시간에 천수경을 외고 있으니 석가모니 불교가 아니고 관자재보살 불교 내지 힌두교 불교로 변질되었다.

한국어는 생어(SOV)
영국어는 사어(SVO)

2) 반야경의 관자재보살은 석가모니불로 바꿔야 맞다.

금강반야바라밀경은 석가모니 부처가 제자 수보리에게 말하는 것이고, 마하반야바라밀경은 관자재보살이 제자 사리자에게 말하는 경이지만 다 같은 반야경인데 말하는 사람과 듣는 사람이 달라서 혼동된다. 예불시간에 필수인 반야경은 불교의 핵심이니 석가모니불이 말하는 금강반야경이 맞다. 그래서 관자재보살(일명 관세음보살)을 석가모니불로 바꿔야 석가모니 불교로 간다.

3) 6행 불교 = 과학 불교

불교 최상의 진리 3먁3보리는 6행으로 해석해야 6행 불교라는 것을 알게 되고 기복 불교에서 벗어나서 과학 불교로 간다.

4) 색즉시공의 공은 다양하다.

a) 숫자 공(0123)과 문자 공(ㅇㄱㄴㄷ)으로도 공을 설명해야 그 중요성을 안다.

불교 공	한글 공	숫자 공
(a) 무 공	무 종성	200 + 30 + 1 = 200301 = 231 생략 공
(b) 공 공	초성 공	0,001 점점 작아지는 공
(c) 색 공	종성 공	1000 점점 커지는 공

b) 6근 혼탁 = 6공 혼탁 = 6가지 장애자

6근(눈 귀 코 입 성기 마음)이 모두 구멍이라서 6공 혼탁이라면 이해가 빠르다.

c) 생략 = 공

영문법에서 공 관사(zero-article)도 생략 공이다.

> Horse is useful.
> Floor is slippery.

d) 6대(지수화풍공식)에서 공은 하늘이다. 하늘과 땅이 음양이다.

e) 사람 마음도 공이라서 불멸영혼이다. 공에는 생사가 없기 때문이다.

5) 49재나 영가 천도재는 기복 불교다. 석가불교가 아니다.

a) 석가모니가 영가 천도재를 지냈다는 기록은 없다. 불교에서 제사를 지내는 것은 유교가 결합된 중국 불교다.

b) 7일 일주일은 유대교 창세기에서 나온 날짜다. 따라서 7주의 49일 숫자는 불교의 숫자가 아니다.

6) 인과불교 = 과학 불교

석가모니는 아버지의 나라가 망해도 인연과보라서 구제할 수 없다고 했다. 기복 불교의 반대말은 인과불교다. 인간의 운명은 선인선과 악인악과에 따라 결정된다. 따라서 불교에는 사면권이 없다.

7) 부처님 진신사리가 너무 많다.

부처님 사리가 석섬 서말? 우리나라의 많은 절에 부처님의 진신사리가 있다는데 진위가 의심스럽다. 인도 박물관에 부처님의 진신사리가 모두 있기 때문이다. 부처님 진신사리가 인도 밖으로 나간 경우가 없는 것으로 알고 있다. 우리나라에 오는 부처님 진신사리라는 것들은 모두 엉터리다. 사리불교도 기복 불교다. 마음불교로 가야 한다.

8) 6도 윤회에서 아수라와 축생의 자리를 바꿔야 맞다.

아수라가 3선도에 있고 축생(동식물)은 3악도에 있다는 것은 부처인 동식물을 무시하는 처사다. 사람은 귀하고 동식물은 천하다는 잘못된 사상이다.

천, 인, 아수라, 아귀, 축생, 지옥 ⟶ 천, 인, 축생, 아귀, 아수라, 지옥

이렇게 바꿔야 자연을 보호하는 동식물을 천사의 위치에 올려 놓는다. 여기서 '인'은 보통 사람이 아니고 성인(saint)이다.

9) 참중 500에 하나

스님들 사이에서 이런 소리가 나와서는 안 된다.

10) 정체 불명의 보살들

a) 불교의 많은 보살들(지장, 보현, 문수, 대세지, 약사)도 관세음보살처럼 정체불명이다. 역사적 인물이 아니다.

b) 산신각, 칠성각
  산신각, 칠성각이 정화의 대상이듯이 관음전, 지장전, 약사전도 정화의 대상이다.

c) 남방불교는 부처만 중요시하고 보살들은 중요시하지 않는다.

11) 공자의 정명사상

사물의 이름을 바르게 불러야 정의사회다. 아니면 부패사회다. 이것은 불교의 용어에서도 마찬가지다. 대승기신론을 쓴 마명보살 같은 성불한 스님을 보살이라 하는데 지금 우리나라는 여자 신도를 보살이라 부르니 정명이 아니다.

12) 불교는 귀신종합청사

기독교 목사가 불교를 비난하는 소리다. 새겨들어야 한다. 법당에 신들이 우글우글하다. 완전히 힌두 불교다. 힌두교 신들이 불교에 들어와서 불교가 힌두교처럼 미신불교가 되었다. 범천(브라마)과 제석천(인드라)이 대표적인 증거다.

13) 미신타파 선구자 석가모니

기원전 6세기 인도의 다신교 힌두 사회에서 석가모니는 미신타파를 외친 최초의 무신론자다. 미신타파 불교가 지금은 미신불교로 변했으니 부패한 불교다.

14) 미륵보살 안 온다.

유대교의 메시아, 예수교의 재림 예수, 불교의 미륵보살 등은 모두 오지 않는다. 2050년에 온다는 제6멸종은 인재라서 사람들이 막아야 한다.

한국어는 생어(SOV)
영국어는 사어(SVO)

15) 부귀영화 불교

빈천해탈 불교다. 부귀영화 불교가 아니다.

	빈천해탈	부귀영화
의:	누더기 옷	비단 장삼
식:	탁발	공양주 식사
주:	나무 아래 잠	기와집에서 잠

16) 큰 스님이 너무 많다.

큰 절 짓고, 큰 불상 조성한다고 큰 스님 아니다. 성불해야 큰 스님이다.

17) 성불한 자 808080명

석가모니 부처만 성불한 것으로 해서는 안 된다. 성불한 사람들이 많기 때문이다. 미국 헨리 데이비드 소로우가 쓴 월든(Walden)에 따르면 현 시대에도 성불한 사람들이 많다. 지구촌 인구 80억을 기준으로 계산하면 대략 다음과 같다. 영어로 poet, philosopher, worker는 소로우가 쓴 용어다. 부처도 등급이 있다.

아라한(부처): 태어나지 않아서 이 세상에 없다.
아나함(불환과): 다음 생에는 태어나지 않는 사람(poet). 1억 명에 1명, 80명
사다함(일래과): 한 번 더 태어나야 하는 사람(philosopher). 1백만 명에 1명, 8000명
수다원(예류과): 성인의 경지에 입문한 사람(worker). 1만 명에 1명 80,0000명

18) 의사 진단서와 석가 진단서가 다르다.

6근(안 이 비 설 신 의)이 의사 진단서에는 정상이지만 석가 진단서에는 비정상으로 서로 다르다. 성인은 6근이 청정하지만 성인이 아닌 보통사람은 6근이 혼탁하다는 불교의 소리다.

a) 안(장님): 사물을 바로 보지 못한다.

b) 이(귀머거리): 소리를 바로 듣지 못한다.

c) 비(코머거리): 냄새를 바로 맡지 못한다.

d) 설(입머거리): 음식의 맛을 바로 알지 못한다.

e) 신(성타락한 자): 바른 성생활을 못한다.

f) 의(정신병자): 바른 생각을 못한다.

성인이 아닌 우리 보통사람은 이상과 같은 장애인들이니까 6근 청정 수행이 인생의 목표가 된다.

7. 직무유기

부패한 인간만사다. 사람이 손만 대면 다 망가진다. 대학의 다음 각 학과들은 횡설수설하지 말고 정답을 발표해야 직무유기가 아니다.

1) 부패한 종교

서울대의 종교학과는 석가모니 불교가 정답이라고 선포해야 한다.

2) 부패한 철학

각 대학의 철학과들은 불교철학을 정답이라고 선포해야 한다.

3) 부패한 세계사

각 대학의 사학과들은 몽골족을 현생인류의 조상으로 세계사를 다시 써야 한다.

4) 부패한 어학사

각 대학의 언어학과들은 몽골어를 현생 인류의 어족 조상으로 언어사를 다시 써야 하고, 한국어가 정답이라고 선포해야 한다.

5) 부패한 모든 학문

6행 몰라서 장님들이다. 대학의 모든 학과들은 그들의 전공학문을 6행으로 다시 연구하여 만물6행이니 만학6행임을 증명해야 한다.

한국어는 생어(SOV)
영국어는 사어(SVO)

제4장

중국5행과 불교6대

제4장 중국5행과 불교6대

1. 유교5행(목화토금수)과 불교6대(지수화풍공식)

1) 음양5행이 엉터리 증거

a) 공이 없다.

b) 목과 금도 맞지 않는다.

c) 위성 이름

목화토금수는 '수성 금성 (지구) 화성 목성 토성'의 이름이다.

따라서 아무런 의미도 없다.

d) 만물5행, 만학5행

음양5행으로 연구하는 학문이 있어야 하는데 하나도 없다.

e) 만물6행, 만학6행

앞으로 모든 학문은 음양6행으로 다시 연구하는 6행 르네상스시대가 온다.

6행 국어, 6행 불교가 6행시대를 여는 쌍두마차가 될 것이다.

2) 중세 르네상스(신본주의 ⟶ 인본주의); 6행 르네상스(인본주의 ⟶ 자연주의)

a) 신(하느님)본주의에서 인본(과학)주의로 가는 중세 르네상스와 인본주의에서 자연(동식물)주의로 가는 6행 르네상스(자연 르네상스)를 합해서 두 개의 르네상스다. 신본주의가 하느님(야훼, 알라)주의고, 인본주의가 과학주의고, 자연주의가 동식물주의다.

b) 야훼, 알라도 미신이다.

c) 인본주의도 문제가 많다. 인간은 과학으로 자연을 파괴하기 때문이다.

d) 인류는 과학과 종교로 망한다. 종교전쟁이 핵 전쟁된다. 야훼와 알라 싸움에 새우(인간) 등 터진다.

e) 자연주의 = 6행주의 = 동식물주의 = 현대 르네상스는 모두 같은 소리다.

f) 루소의 말 "자연으로 돌아가자"=6행으로 돌아가자.

3) 6행 몰라서 장님

인간은 정답 탐지기 6행을 모르니 정답과 오답을 가리지 못한다. 6행 동의어들이 많다. 6대, 3먁3보리, 자연, 보편, 진리, 정의, 중도, 중용, 이데아(Idea), 로고스(Logos) 등이다. 인간은 6행 몰라서 장님이니 6행 알면 눈 뜬 사람 즉 부처가 된다. 부처가 되면 학자들은 자기 전공을 6행으로 훤하게 알게 된다.

2. 6행 증거 무한대

만물이 6행이고 만학이 6행이니 6행 증거는 무한대로 많다.

1) 어학(한국어)

a) 6행 보편음어 지도: 3음, 6줄, 48문자

　　　　　　　　　　　　3어, 6격, 108문법

한국어는 생어(SOV)

영국어는 사어(SVO)

b) 3음 + 3어 = 6행 음어학

어학은 문자론과 문법론 두 가지로 나눈다. 언어라는 용어는 음어로 바꿔야 정명이다.

c) 6행으로 창제해서 완벽한 한글

   (a) 아설순치후(비): 한글 창제 원리 음양5행은 사실상 음양6행이다. 비음(ㄴ, ㅁ, ㅇ)도 창제했기 때문이다.

   (b) 기하학 6행: 무(흰 종이), 점(.), 선(ㅡ, ㅣ), 3각형(ㅅ), 4각형(ㅁ), 원(ㅇ)

d) 6격 6상 6시제 논문

       8품사 ──→ 6격(주격 목적격 보어격 동사격 형용사격 부사격)

       3완료 ──→ 6상(심 능 료 역 형 태)

       3시제 ──→ 6시제(사실심 4시제 + 생각심 2시제)

2) 불교

불교에 6이 들어가는 수가 많다.

a) 아뇩다라3먁3보리(3 + 3 = 6): 무상정등각, 최상의 깨달음

b) 6대: 지 수 화 풍 공 식

c) 6근: 안 이 비 설 신 의

d) 6식: 안식 이식 비식 설식 신식 의식

e) 6경: 색 성 향 미 촉 법

f) 6바라밀: 보시 지계 인욕 정진 선정 지혜

g) 6도 윤회: 천 인 아수라 아귀 축생 지옥

h) 6치유: 3독(탐진치) + 3학(계정혜)

i) 6번뇌: 3독(탐진치) + 3욕(돈 사랑 명예)

j) 108번뇌: 6으로 나누어지는 숫자

k) 84000번뇌: 6으로 나누어지는 숫자

3) 단군교

       천부경: 천23 지23 인23 대3합6

81자 천부경에서 가장 가운데 숫자가 위 6이다.

4) 수학

a) 대수: 6이 완전 수

   1 + 2 + 3 = 6, 1 × 2 × 3 = 6이라서 완전 수다.

b) 기하: 6각형이 완전 각

c) 기하학 6행: 종이(무), 점(.), 선(ㅡ, ㅣ), 3각형(ㅅ), 4각형(ㅁ), 원(ㅇ)

   여기서 무와 3각형, 점과 원, 선과 4각형이 서로 음양의 대칭관계다.

d) 직각 90도, 삼각형의 내각 180도, 4각형의 내각 360도, 모두 6으로 나누어지는 6행수들이다.

e) 아르키메데스의 비석 도형: 부피가 원뿔(1), 구(2), 원기둥(3)으로 합치면 6행이 된다. 그도 6행을 발견한 사람이다.

f) 피타고라스 재평가: 숫자가 신이라는 그의 말이 맞다. 6행이 유일진리니까 유일신이다. 그는 자기의 전생들을 기억하는 숙명통을 한 철학자로도 유명하다.

g) 이신론(Deism): 진리가 신이다. 따라서 6행이 유일신이다.

5) 물리

a) 6각형 벌집

b) 6각 수, 6각 설, 6각 빙

c) 6쪽 마늘

d) 6각형 산호초 화석

6) 화학

a) 벌집모양의 6각형 화학 기호

b) 카메라에 포착된 여섯 갈래로 뻗어 나오는 별빛도 6행이다. 따라서 5각형의 별이 아니고 이스라엘의 국기와 같은 6각형의 별을 그려야 맞다.

7) 생물

a) 6각형 세포

b) 인체 6행

   (a) 6근 6식

   (b) 인체 내부 6행: 5장6부 아니고 뇌를 넣어 6장6부가 맞다.

   (c) 인체 외부 6행: 머리1, 팔2, 다리2, 성기1

   (d) 발성기관 6행: 아 설 순 치 후 비

c) 거북이 등에 그려진 6각형 무늬

8) 무생물

a) 화산으로 생긴 주상절리 6각형 기둥

b) 6각형 소금

9) 3개어 잣대: 6행 한국어, 우주만물의 진리 6행, 6행 불교

영문법을 연구하는데 위 3개의 잣대를 가지고 연구하였기 때문에 영문법의 모든 문제점들이 다 풀어졌다.

10) 종교와 행

종교는 우주만물의 진리를 다루는 학문이라서 종교마다 행이 있다.

   3행: 도교(천지수)
   　　　단군교(천지인)

한국어는 생어(SOV)
영국어는 사어(SVO)

4행: 예수교(지수화풍), 서양의 4원소설

5행: 유교(목화토금수)

　　　무함마드교(메카를 향해 하루에 5번 기도하는 것이 5행 원리다. 4번 결혼하고 5번은 안 되는 것도 5행 원리 때문이다.)

6행: 불교6대(지수화풍공식)

7행: 유대교(창세기에서 일주일명 7개(일월화수목금토)가 나왔다.)

3. 5행시대와 6행시대 비교

간단하게 말하면 필수품의 오답들이 5행 암흑시대고, 정답들이 6행 광명시대다.

5행 암흑시대	6행 광명시대
1) 목화토금수(중국 5행)	지수화풍공식(불교 6대)
중세 르네상스	현대 르네상스
인본주의	자연주의
2) 영국어가 세계어	한국어가 세계어
개별문법(규범문법)	보편문법(6행문법)
인공문법(수문법)	자연문법(격문법)
개별문자(oabc)	보편문자(ㅇㄱㄴㄷ)
사음 사어	생음 생어
문맹률 50%	문맹률 0%
3) 예수교가 세계 종교	불교가 세계 종교
기복 종교	인과 종교
기적 종교	과학 종교
미신 종교	미신타파 종교
경쟁사회	무경쟁사회
살생	불살생
자연파괴	자연보호
4) 사람	자연(동식물)
인본주의	자연주의
인공오답	자연정답
5) 중국 한족도 몽골족	몽골족이 현생 인류의 조상
말갈족(동아시아)	투르크족(서아시아), 게르만족과 훈족(유럽)
6) 개별 국가	UN세계국가
전쟁	평화
불평등	평등
노예	자유
불의	정의
거짓	진리

UN세계국을 만들면
종말의 시계가 멈춘다

제5장

사람과 자연(동식물)

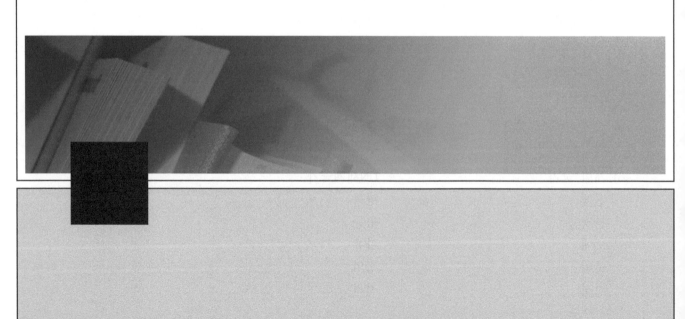

제5장 사람과 자연(동식물)

1. 사람〈자연 = 동식물 = 양, 개

1) 사람〈자연

사람은 학생이고 자연이 스승이라서 자연에서 배울 것이 많다.

2) 사람〈동식물

동식물은 자연이라서 사람보다 동식물이 더 귀하다. 사람은 동식물한테서 배울 것이 많다.

3) 사람〈개

양과 개도 자연이다. '양 같은 사람' 하면 칭찬이고 '개 같은 사람' 하면 욕이라서 개와 사람을 비교해 보면 사람보다 개가 귀하다는 것을 안다. 사람이 개한테서 배울 것이 많기 때문이다.

2. 사람(자연파괴)과 동식물(자연보호)

1) 자연파괴 유무로 사람이 마귀, 동식물이 천사

사람만이 자연을 파괴한다. 다른 동식물은 자연을 파괴 안 하고 보호한다. 사람이 마귀라서 손만 대면 다 망가진다. 다음은 모두 부패한 인간이 원인이다.

> 부패한 정치 경제 사회 문화
> 부패한 종교
> 부패한 지구(인류의 종말이 다가오고 있다.)
> 부패한 국어 영어 수학
> 부패한 모든 학문
> 부패한 인간만사

2) 자연과 사람

자연	사람
어머니	패륜아
스승	문제 학생
의사	문제 환자

3) 동식물 = 자연 = 부처

> 사람 빼고 중생이 모두 부처다.

a) 멧돼지 고라니가 무위자연의 노자와 장자다.

b) 4군자(수 석 송 죽)가 공자 맹자 퇴계 율곡 같은 학자들이다.

c) 양이 희생양 예수다.

d) 소가 6바라밀 잘 지키는 석가모니다.

4) 병든 지구, 사람이 병균

병든 지구에서 보면 사람이 병균이다. 사람이 지구를 떠나지 않으면 지구의 병은 낫지 않는다.

5) 성인과 비성인: 제정신인 사람과 제정신이 아닌 사람

영어로 풀이하면 sane(제정신인)한 사람이 Saint(제정신인 사람)다. 반대로 insane(제정신이 아닌)한 사람은 제정신이 아닌 사람(Insaint) 즉 정신병자라는 의미가 된다. 이래서 정신병자가 정신건강자가 되는 것이 인생의 목적이라서 마음 공부하는 수도승들이 인생을 제대로 사는 사람들이다.

6) 순자의 성악설

맹자의 성선설은 정답이 아니다. 순자의 성악설이 정답이다. 치안이 무너지면 약탈 방화하는 인간이기 때문이다.

7) 한비자의 법치주의

인간은 법으로 다스리지 않으면 안 된다. 동식물은 법이 없어도 사는데 사람은 법이 있어도 교묘하게 법망을 피해 범죄를 한다. 따라서 법치주의를 주장하는 순자의 제자 한비자를 공자 위에 놓는 사람도 있다.

8) 성악설 불교

a) 4상을 버려라.

    (a) 아상을 버리면 나와 남이 하나 된다. (나 = 남)

    (b) 인상을 버리면 사람과 동식물의 차이가 없어진다. (사람 = 동식물)

    (c) 중생상을 버리면 사람이 동식물보다 아래가 된다. 사람이 최하위 생물이라는 뜻이 된다. (사람〈동식물〉 이것이 불교의 성악설이다.

    (d) 수자상(오래살겠다는 생각)을 버리면 삶과 죽음의 구별이 없어진다. (불생불멸 = 윤회론)

b) 성악설 불교

이상을 종합하면 사람을 빼고 중생이 부처라는 말이다. 사람만이 불가촉천민이라는 의미다. 불교가 가장 인간을 폄하하는 종교다. 동식물은 이미 성불한 4과(아라한과, 아나함과, 사다함과, 수다원과) 어디에 속한다는 말이 된다. 따라서 사람만 성불하면 성불 끝이다. 동식물의 성불을 위해 불교사찰에서 새벽에 치는 4물(북, 범종, 목어, 운판) 소리는 낼 필요가 없는 것이다. 따라서 불교는 순자의 성악설에 가깝다.

9) 조물주의 실패작

에덴동산에서 사람만 추방되었다. 사람만 지옥에서 불행하게 살고 동식물들은 지금도 에덴(Eden)동산에서 행복하게 살고 있다. 이래서 사람은 조물주의 실패작이다. 때문에 성경에 노아의 홍수로 전멸시키기도 하고, 소돔과 고모라의 불종말과 같은 것으로 전멸시키기도 했다.

10) 지구에 불청객

사람이 지구의 동식물들을 멸종시키고 있기 때문에 사람이 지구를 떠나면 지구의 동식물들이 다 좋아한다. 사람은 지구에 불청객이다.

한국어는 생어(SOV)
영국어는 사어(SVO)

11) 동물농장(Animal Farm)

사람을 돼지와 개로 보는 부패한 인간 세계를 그린 소설이다.

12) 소크라테스: Know thyself

이 말에는 다음 3가지가 들어 있다.

a) 장님: 무명과 전도몽상에 빠진 장님 인간

다음이 소크라테스의 말이다.

All I know is that I know nothing.   내가 아무것도 모른다는 것이 내가 아는 전부다.

b) 불멸영혼: 일회용 인생이 아니고 윤회하는 인생이니 귀한 존재가 인간이다.

c) 성악설: 인간이 가장 나쁜 동물이라는 것을 자각해야 핵전쟁을 예방하고 지구에 평화가 온다. 소크라테스도 인민재판에서 사형선고를 받고 처형되었다.

13) 소로우 월든(Walden)

소로우는 이 책에서 문명인(미국 백인)이 야만인이고 야만인(미국 인디안)이 문명인이라고 말한다. 나아가서 그는 사람을 원숭이(monkey), 구더기(maggot), 개(prairie dog)라고 비난한다. 인간의 머리 안에는 구더기 같은 생각만 가득하다고 맹비난한다. 8만4천 번뇌를 8만4천 구더기로 표현하는 말이다.

14) 세상에 나쁜 개는 없다.

이 TV 프로는 세상에 나쁜 개는 없고 사람이 나쁘다는 소리다. 거리에 버리는 유기견도 증거다. "개가 훌륭하다"는 TV 프로도 있다.

15) 사람 IQ = 조조 IQ = 자연파괴 IQ = 마귀 IQ

사람이 마귀니 사람의 IQ도 마귀 IQ다. 제 꾀에 제가 넘어가는 조조 IQ라고 해도 된다. 사람이 발명한 발명품들이 모두 자연파괴 도구들이다. 자동차 배 비행기는 말할 것도 없고 심지어 농기구도 자연을 파괴하는 도구들이다.

16) 불 마귀

불을 사용하는 유일한 동물이라서 불 마귀라는 별명도 가능하다. 인간에게 불을 갖다준 프로메테우스는 처벌받아도 마땅하다. 다음 연료발달사를 보면 핵 종말이 가깝다는 것도 안다. 1947년에 과학자들이 만든 종말의 시계가 1분 30초(=9년) 전이다.

나무 ⟶ 석탄과 석유 ⟶ 핵

17) 인간범죄 뉴스

매일매일 뉴스에 나오는 사람이 저지르는 다양한 인간 범죄들이 사람이 최귀가 아니고 최천의 동물임을 말해 준다.

18) 질병 창조주

인간이 만들어 내는 질병의 종류는 부지기수다. 지금의 코로나19와 같은 전염병이 대표적인 예다. AI, 구제역 등은 사람이 만든 가축 전염병들이다. 농약이나 항생제 없이 농업과 축산업이 불가능한 시대다.

19) 진화가 아니고 퇴화

원숭이가 사람이 됨으로써 자연을 파괴한다. 따라서 원숭이가 사람으로 진화한 것이 아니고 퇴화한 것이다.

20) 무소유 불교는 사람이 야생동물처럼 살라는 종교

지구는 사람만 사는 곳이 아니고 동식물도 같이 살아야 하는 곳이다.

> 의: 분소의
> 식: 걸식
> 주: 나무 아래

3. 칠거지악

돈 필요 유무로 사람과 동식물이다. 사람이 살아가는데 돈이 가장 많이 들어가는 경우들을 요약하면 다음 7가지라서 남성 칠거지악이라는 별명을 붙인다. 결혼한 남성은 이 많은 돈을 벌어야 하기 때문이다. 끝에 유행이라는 것이 있어서 부부가 함께 벌어도 부족한 게 현실이다. 반면에 동식물들은 돈이 필요 없어서 행복하다.

	사람	개
1) 의	유	무
2) 식	유(유료)	유(무료)
3) 주	유	무
4) 교육	유	무
5) 결혼	유	무
6) 여행	유	무
7) 유행	유	무

4. 사람과 개 비교

사람과 동식물의 비교를 위하여 구체적인 동물로 개를 선택한 것이다. 양 같은 사람하면 칭찬이고 개 같은 사람 하면 욕설이기 때문이다. 양이나 개나 동물은 마찬가진데 이렇게 다른 의미로 쓰이는 것은 우리가 개에 대한 편견이 심하다는 것을 알 수 있다.

품목	사람	개
1) 자연파괴	유	무
2) 6근	혼탁	청정
3) 배신	유	무
4) 성교	수시	정시
5) 성매매	유	무
6) 성폭행	유	무
7) 에덴동산	추방 고해 불행	안 추방 낙해 행복
8) 불(과학) 사용	유	무
9) 털	무	유
10) 7거지악	유	무
11) 법	유	무

한국어는 생어(SOV)
영국어는 사어(SVO)

12) 종교	유	무
13) 국가	유	무
14) 돈	유	무
15) 직업(사농공상)	유	무
16) 생활	돈의 노예	자유
17) 욕심	무한	유한
18) 번뇌	무한	유한
19) 술, 담배, 마약	유	무
20) 자살	유	무
21) 소유	유	무

5. 성인과 비성인은 가는 길이 반대

성인(saint)	비성인(insaint)
sane	insane
제정신인 자	제정신이 아닌 자
1) 순천자흥(유교)	역천자망
2) 무위자연(도교)	유위자연
3) 빈천해탈(불교)	부귀영화
4) 내생대책	노후대책
5) 자연생활	문명생활
6) 미신타파종교	미신종교
7) 저승(극락)	이승(극락). 수자상. 개똥밭에 굴러도 이승이 좋다.
8) 윤회론	1회론
9) 내부관광(마음관광)	외부관광(경치관광)
10) 자유인	직장인
11) 진리의 태양	지식의 구름
12) 단단한 바다	허위의 늪
13) 백사장 모래	한 줌 모래
14) 유명(유식)	무명(무식)
15) 열반(정각)	전도몽상(착각)
16) 불살생	살생
17) 채식	육식
18) 무소유	유소유
19) 무결혼	유결혼
20) 무명예	유명예
21) 유한탐진치	무한탐진치
22) 무경쟁	경쟁
23) 마음 세수	몸 세수
24) 양심	비양심
25) 인생 낙해	인생 고해
26) 불멸 영혼	유멸 영혼
죽을 때	
27) 안 허무하고	허무하고
28) 안 슬프고	슬프고
29) 안 두렵다	두렵다

6. 인간만이 자연파괴: 병든 지구 사람이 병균

인간만이 자연과 조화를 이루지 못하는 동물이다. 인간의 모든 직업(사농공상)들이 자연파괴 하는 것들이다. 따라서 병든 지구 사람이 병균이라는 말이 나온다.

1) 농업

농업도 자연파괴다. 불교에서 '가두어 놓고 키우지 말라'는 소리는 식물도 마찬가지다. 식물 학대에 해당된다.

2) 목축업

동물들을 가두어 놓고 키우는 것은 동물 학대에 속한다.

3) 공업

공장의 매연은 지구 온난화로 기후종말의 원인이다.

4) 상업

지구를 쓰레기장으로 만든다.

5) 학자

사농공상이 모두 자연파괴를 한다. 사(학자)가 농공상이 자연파괴하는 기술을 공급하니 자연 파괴의 선봉장이 학자들이다. 구체적으로 농대 축산대 공대 경영대 교수들이다.

7. 부패한 국어 영어 수학!

1) 부패한 정치 경제 사회 문화

이런 것들은 이미 우리가 다 아는 사실들이다.

2) 부패한 종교

이것도 이미 우리가 다 아는 사실이다.

3) 부패한 지구

이것도 이미 우리가 다 아는 사실이다.

4) 부패한 국어 영어 수학

이것은 우리가 모르고 있다. 전공자가 자기 전공을 망치고 있다. 국어 학자가 국어를 망치고, 영어 학자가 영어를 망치고, 수학 학자가 수학을 망친다. 모두 6행을 모르기 때문이다.

5) 부패한 학문

따라서 모든 학문은 6행으로 다시 연구해야 한다.

6) 부패한 인간만사

사람이 손만 대면 다 망가뜨리니 사람이 마귀라는 것을 자각해야 한다. 종교에서 말하는 뿔 달린 마귀는 없다.

한국어는 생어(SOV)
영국어는 사어(SVO)

중국 한족과 몽골족

제6장 중국 한족과 몽골족

1. 빙하기

1) 상황

a) 빙하기는 갑자기 와서 느리게 간다. 25000년 전에 갑자기 와서 10000년 전에 끝났다.

b) 바닷물 수위가 130m 이상 하강할 정도로 내려가고 육지는 300m 이상의 얼음 층으로 뒤덮여서 생명체가 살 수 없는 상황이다. 남반부와 북반구가 동시에 빙하기에 접어드니 더욱 그러하다. 빙하기가 왜 오는지는 지금도 잘 모른다.

2) 몽골에는 빙하기가 없었다?

몽골 중고등학교 학생들이 배우는 몽골 사람이 쓴 몽골국사 교과서에 나와 있는 내용인데 믿기 어렵다. 몽골도 중국대륙 일부인데 중국에는 빙하기가 오고 몽골에는 빙하기가 오지 않았다는 주장은 설득력이 없기 때문이다.

3) 빙하기에는 북극 에스키모만이 생존 가능

에스키모는 불을 사용하지 않기 때문에 추위에 가장 강한 인종이라서 빙하기에 유일하게 살아남았을 것으로 추정되는 것은 어려운 일이 아니다. 그들은 얼음집에 살면서 날 음식을 먹고 사는 유일한 인종이었기 때문이다. 에스키모 인구가 증가하면서 몽골로 내려와 여러 민족(말갈, 돌궐, 거란, 흉노 등)들을 이루었지만 몽골족이라는 이름에서 하나다.

4) 호모사피엔스 = 에스키모 = 몽골족

네안데르탈인은 사라지고 호모사피엔스만 살아남은 것은 빙하기에 생존한 에스키모 한 쌍이 호모사피엔스였기 때문이다. 서로 전쟁을 하여 호모사피엔스가 승리한 것이 아니다.

2. 현생 인류 민족 조상: 몽골족

10개 이상의 몽골족이 있지만 설명의 편의상 다음 4개로 요약해서 설명하기로 한다. 다음과 같이 에스키모에서 유래한 몽골족들이 전 세계로 흘러 내려갔다.

1) 돌궐족 = 투르크족

히말라야 산맥을 중심으로 서아시아로는 돌궐족이 흘러 내려갔다. 그곳을 지배한 셀주크 투르크, 오스만 투르크가 돌궐족이라는 것은 일반론이다.

2) 흉노족 = 훈족

유럽 헝가리를 세운 훈족을 위시하여 유럽 전체에 퍼져 있는 훈족이 흉노족이라는 것도 일반론이다.

3) 거란족 = 게르만족

게르만(German)이라는 단어에서 게르(Ger)라는 소리는 몽골 유목민족의 천막을 의미하기 때문에

한국어는 생어(SOV)
영국어는 사어(SVO)

게르만족은 몽골족이라는 뜻이 된다. 따라서 거란족이 게르만족이라는 것도 쉽게 추론된다.

4) 몽골족 4형제

설명의 편의상 동아시아로 흘러 내려간 몽골족을 말갈족이라고 하면 다음과 같이 4형제가 된다. 말갈족 내에는 선비족 여진족 만주족 조선족 등이 포함된다. 히말라야 산맥이라는 거대한 장애물이 있기 때문에 동아시아로는 말갈족이 흘러 내려가고, 서아시아로는 돌궐족이 흘러 내려갔다. 말갈족의 '말'자는 말(horse)이라는 의미라서 말갈족도 몽골 기마민족을 의미한다. 위에서 대충 설명한 사실을 다시 한 번 더 강조하면 다음과 같다.

a) 말갈족: 동아시아로
몽골족이 남하하기 가장 좋은 통로가 동아시아기 때문에 이 지역의 인구밀도가 가장 높다. 중국으로 내려가서 인도지나반도를 휘돌아 인도로 가서 살게 된 최초의 인도 원주민 드라비다족도 말갈족이다.

b) 돌궐족(투르크족): 서아시아로
산악지대라서 몽골족이 남하하기 불편한 지역이 서아시아 길이다. 돌궐족은 티벳족과 위구르족도 포함하는 이름이다. 터키뿐만 아니라 카자흐스탄, 투르키스탄 등 '-스탄' 국가들은 모두 돌궐족이 만든 국가들이다. '-stan'이 영어 'state'에 해당하는 어원이다. '칭기즈칸'에서 '칸'은 영어 'king' 어원이다. 기원전 10세기경에 서아시아의 아리안족이 인도를 침략하여 4성 계급을 만들고 원주민 드라비다족을 불가촉천민으로 만드는데 이것은 돌궐족이 말갈족을 공격한 것이다. 몽골족들끼리의 싸움이다.

c) 거란족(게르만족): 유럽으로
기원전 수천 년 전에 북부 초원길을 따라 북유럽에 가서 살던 게르만족이 기원전 2세기경 흉노족의 침략을 받고 남하하기 시작했다. 이 거란족은 나중에 중국에서 거란국(요나라)을 세운 거란족과 다른 몽골족이라는 점에 유의해야 한다.

d) 흉노족(훈족): 유럽으로
진시황이 만리장성을 쌓아서 중국으로 남하하기가 불편한 흉노족들은 북유럽에 먼저 가서 살던 게르만족을 공격하여 남하시키니 서로마가 동로마보다 천 년 먼저 5세기경에 망하는 결과를 초래한다.

5) 6대문명 발상지

4대문명 발상지(중국, 인도, 아랍, 이집트)에 아메리카 대륙의 마야문명(멕시코)과 잉카문명(페루)을 합치면 6대문명 발상지가 된다. 여기서 중국 황하문명을 빼면 모두 열대지방이다. 이것도 다음과 같은 추론을 가능하게 한다.

a) 몽골 황하문명
중국 황하문명이 아니고 몽골 황하문명이다. 북극에서 내려온 에스키모들이 중국 황하강 유역에 몰려 살면서 이룬 문명이 황하문명이기 때문이다. 그래서 황하문명이 유일하게 추운 지방 문명이다. 양자강 문명이 있다면 진짜 중국 문명이라고 할 수 있는데 그런 문명은 없다. 미국에 인디안 문명이 없는 것도 추운 지방이기 때문이다. 마야문명과 잉카문명도 모두 중미 열대지방에 있다. 따라서 이렇게 추리해 보면 6대문명이 모두 몽골 문명들이다. 모두 몽골인들이 내려와서 만든 문명들이기 때문이다. 빙하기에 북극 에스키모가 북미대륙으로 바로 갔다는 추론도 가능하다. 몽골족이 북쪽으로 올라가서 북미로 간 것이 아니다.

3. 현생 인류의 어족 조상: 몽골어

1) 중앙아시아

영어발달사에 나오는 "인구어의 조상들이 모여 살던 중앙아시아"는 구체적으로 몽골이다. 몽골족이 현생 인류의 민족조상이고 몽골어가 현생 인류의 어족조상이라고 보면 정확하다.

2) 몽골어 3형제

다음을 보면 언어는 이동하면서 사망한다는 것도 알 수 있다.

우랄알타이어(몽골어, 한국어, 일본어): SOV(생어)

중국어: SVO(사어)

인구어: SVO(사어)

3) 우랄알타이 국가

우랄알타이 지역을 영토로 하는 국가가 세워져야 한다. 몽골, 한국, 일본은 하나의 국가로 가야 러시아와 중국으로부터 잃어버린 영토를 회복한다.

4. 중국 한족도 몽골족

1) 에스키모족 ⟶ 몽골족 ⟶ 중국 한족

25000년 전 빙하기에 살아남은 에스키모족이 몽골로 내려와 여기저기 흩어져서 살게 되니까 10가지 이상의 몽골족이 존재한다는 사실은 이미 알았다. 현재 지구촌에 6000개 이상의 소수민족이 존재하는데 모두 몽골족 후손들이다. 따라서 중국 한족도 몽골족의 일종이다. 성경의 창세기에 나오는 아담과 이브가 현생인류의 조상이 아니고 에스키모 한쌍이라는 사실도 각별히 유념해야 한다.

2) 엉터리 중화사상

따라서 중국 한족은 문화민족이고 몽골족은 오랑캐로 보는 중화사상은 잘못된 것이다. 현생 인류의 조상도 몽골족 하나고, 언어도 몽골어 하나다. 분별심을 버려야 한다. 세계가 하나의 국가로 가야 영구평화가 오고 핵 종말과 기후종말에서 벗어난다.

5. 언어와 민족

다시 한 번 위 사실을 강조하면 다음과 같다.

1) 6000개 언어

지금 지구촌에 6000개 이상의 언어가 존재하지만 모두 몽골어에서 나온 잔가지들이다.

2) 6000개 민족

언어가 다르면 민족이 다른 것으로 계산하기 때문에 6000개 이상의 민족이 있는 것으로 착각되고

한국어는 생어(SOV)
영국어는 사어(SVO)

있다. 하지만 모두 몽골족에서 나온 동족들이다.

3) 6000개 민족종교

민족마다 민족종교가 있으니 6000개 이상의 민족종교들이 지구상에 존재한다. 유대교와 우리의 단군교, 중국 3황5제 신화도 이런 것들 중의 하나에 불과하다.

개별국가와 UN세계국가

제7장 개별국가와 UN세계국가

뭉치면 살고 흩어지면 죽는다. 소크라테스의 세계시민 사상을 살려 지구촌은 하나의 국가로 가야 종말의 시계가 멈추고 불(핵, 기후)종말의 위험으로부터 벗어난다.

1. 개별국가(전쟁)와 UN세계국가(평화)

1) 제6대멸종(2050년)

공룡시대처럼 인류시대도 사라진다.

a) 2050년에 제6대멸종이 온다는 과학자들의 경고가 담긴 책이다. 금단의 열매가 아니고 불 사용이 원죄다.

b) 병든 지구에서 보면 사람이 병균이다. 사람만이 자연을 파괴한다. 6근혼탁 인간이라서 이성적 동물도 아니다. 두 차례 세계대전도 인간은 이성적 동물이 아니라는 증거다.

c) 종말의 시계가 1분 30초(9년) 전이라는 경고도 나온다. 대략 1년에 10초씩 간다.

d) 불교종말: 불멸 후 2500년인데 정확하게 계산하면 불기 2580년(서기 2036년)이다.

e) 인류는 과학과 종교로 망한다. 종교전쟁이 핵 전쟁된다. 세계3차 대전은 핵전쟁이다. 전쟁이 끝나면 살아남은 자가 죽은 자를 부러워한다. 방사능 때문에 살 수 없기 때문이다.

2) 촘스키의 책: 파멸 전야

핵 종말을 경고하는 책이다. 따라서 우리는 UN을 강화하여 세계국가를 만들어야 한다. 핵무기를 수거하여 폐기처분해야 핵 종말을 면할 수 있기 때문이다. 지금과 같은 개별국가로는 핵 종말을 피할 수가 없다. 군축회담, 세계 핵정상회의, 세계 기후정상회의 등은 무용지물이다.

3) 뭉치면 살고 흩어지면 죽는다.

UN세계국가를 만들면 살고 지금처럼 개별국가로 남아 있으면 불종말로 다 죽는다. 우리는 죽느냐 사느냐의 기로에 서 있다.

4) 칸트 영구평화론

국제연맹, 국제연합은 칸트의 영구평화론에서 나온 것이다. 그러나 세계 1차, 2차 대전을 막지 못했다. 그래서 UN세계국가와 같은 세계통일국가라야 세계3차대전을 막을 수가 있다는 얘기가 다음이다.

5) 플라톤의 책 '국가' ⟶ UN세계국

플라톤의 책 '국가'는 이상국가요 이데아국가요 부정부패가 없는 정의국가다. 성인이 통치하는 불교국가를 닮았다. 평화 평등 자유 국가다. UN세계국가는 이런 현대판 유토피아다.

6) 소크라테스: 세계시민 정신

이 정신이 UN세계국가를 만드는 데 핵심사상이다. UN세계국가를 만들면 종말의 시계가 멈춘다.

2. UN세계국가의 장점

지금 UN은 입법부(UN총회), 행정부(UN사무총장), 사법부(국제재판소) 형태를 취하고 있고 UN군도 가지고 있어서 미국 대통령 선거처럼 전 세계가 투표하여 UN대통령을 선출하여 UN사무총장 자리에 놓으면 된다. 따라서 UN세계국가를 만드는 것은 예상외로 쉽다. 우리나라 대통령이 이 안건을 UN총회에 상정하기만 하면 통과된다. 반대하는 국가가 있을 수 없다. 사람들은 다 핵 종말을 두려워하기 때문이다. 따라서 UN세계국가는 다음과 같은 시대를 연다.

1) 핵무기를 수거하여 폐기처분하니 핵무기 없는 시대

2) 기후종말을 효과적으로 대처하여 제6대멸종이 없는 시대

3) 각국 국방비가 복지비로 쓰이니 배고픈 사람이 없는 시대

4) 자연보호정책 실시로 오염된 자연이 없는 시대

5) 모든 전쟁(물질 전쟁, 민족 전쟁, 종교 전쟁)이 없는 시대

6) 몽골족 하나로 단일민족 국가니까 민족차별이 없는 시대

7) 지하자원을 전 세계가 공유하는 시대

8) 우리나라 독도 같은 국경 분쟁이 없는 시대

9) 대한민국도 통일되는 시대

10) 왕이나 독재자가 없는 시대

11) 지중해 난민과 같은 문제도 없는 시대

12) 한국어가 세계어로 세계 문맹률이 0% 시대

13) 불교가 세계종교로 자연주의 시대

14) 6행 르네상스 시대를 열어 정답이 오답을 구축하는 시대

15) 세계평화와 인류의 행복시대. 현대판 유토피아 시대

한국어는 생어(SOV)
영국어는 사어(SVO)

제**8**장

종교 현실화

제8장 종교 현실화

종교를 현대화 내지 현실화해야 불 종말을 예방할 수 있다.

1. 불교의 세계관: 동근동체, 동체대비

1) 동근동체, 동체대비

우주자연을 하나의 거대한 생명체로 본다. 따라서 자연이 스승이고 대아고 부처다. 이런 대아 세계관이 동근동체다. 여기서 동체대비의 자비심이 나온다.

2) 의상철학

19세기 영국 철학자 칼라일(Carlyle)의 '의상철학'은 우주를 하나의 거대한 생명체로 보고 동시에 우주는 신이 입고 있는 의상으로 보았다. 불교의 대아 세계관이다. 이것을 소아로 설명하면 몸은 의상, 마음은 영혼이다. 불교의 윤회론은 죽어서 헌몸(헌옷) 버리고 새몸(새옷) 갈아입고 태어나는 것이다. 매일 생명들이 죽고 태어나니 윤회론 증거들은 많다.

3) 대아와 소아, 가아와 진아

a) 우주는 대아, 우주 안에 있는 만물은 소아

b) 인체는 가아(가짜 나), 인체 안에 있는 영혼은 진아(진짜 나)

2. 우주만물의 진리: 음양5행이 아니고 음양6행

1) 3먁3보리

우주만물의 진리가 음양5행이 아니고 음양6행이다. 불교의 무상정등각이요 최상의 깨달음인 아뇩다라3먁3보리가 음양6행이다. 이것을 알면 부처가 된다는 진리다.

2) 6대(지수화풍공식)가 조물주

6대가 연기하여 다음과 같은 작용을 하면서 만물이 생성소멸하고 있다.

a) 식물: 탄소동화작용

b) 동물: 산소동화작용

3) 기타 불교 6행들

a) 6근 6식 6경

b) 6바라밀

c) 6도 윤회

d) 6신통

e) 6치유: 탐진치 + 계정혜

한국어는 생어(SOV)
영국어는 사어(SVO)

f) 6번뇌: 탐진치 + 물애명

108번뇌, 84000번뇌: 모두 6으로 나눠지는 6행 숫자들이다.

4) 만물6행, 만학6행

우주 만물은 다양한 6행이라서 모든 학문은 6행으로 다시 연구하면 어려운 학문의 시대는 가고 쉬운 학문의 시대가 온다. 구체적으로 말해 부패한 국어 영어 수학 시대는 가고 청정한 국어 영어 수학의 시대가 온다.

3. 유일신은 없고 유일 진리 6행은 있다

1) 유일신은 없다.

다음 신들의 이름은 다르지만 같은 하느님(Sky님)들이다. 제우스 주피터가 미신이듯이 나머지도 미신들이다.

제우스(그리스 신화)	주피터(로마 신화)
야훼(기독교)	알라(회교)
브라마(브라만교)	범천(불교)
인드라(힌두교)	제석천(불교)

2) 업 연기

a) 사람이 죽으면 업만 남는다고 한다. 업 연기가 영혼(마음) 연기다. 예를 들어 아무도 모르게 살인 죄를 범한 사람도 자기자신은 그것을 알기 때문에 내생에 살인을 당하게 된다. 그래서 인연과보는 한 치의 오차도 없이 정확하게 돌아간다고 한다. 따라서 육체는 업 따라 잠시 생긴 탄소 수소 산소 질소와 같은 원소 덩어리에 불과하다.

b) 유전과 환경이 운명을 결정한다는 자연주의문학도 인연과보의 윤회론 문학이다.

3) 범신론: 자연이 신(God)

자연이 부처라는 소리다. 생물뿐만 아니라 무생물까지 포함하여 모두 부처라는 소리다. 만물에 불성이 있다는 말이 그 말이다.

4) 미래사회

a) 사람만이 자연파괴

사람 IQ는 조조 IQ요 마귀 IQ라서 사람이 만든 모든 발명품들은 자연을 파괴하는 도구들이다. 자동차 배 비행기가 대표적인 예다. 농기구도 자연파괴하는 도구다. 따라서 인류는 과학으로 망한다.

b) 유심론 공산주의

불교는 유심론이라서 유물론은 인정하지 않는다. 마르크스 공산주의가 망한 것은 유물론이기 때문이다. 공산주의를 이겼다고 자본주의가 우수한 주의도 아니다. 대량생산과 대량소비로 대량 자연파괴주의다. 따라서 미래사회는 유심론 공산주의로 가야 자연도 보호하고 인류의 종말도 면한다. 알기 쉽게 말하면 불교사찰에서 승려들이 공동농장을 경영하는 방식이 유심론 공산주의 모델이다. 부귀영화가 아니고 빈천해탈이 그들의 인생목표다.

4. 유대교 창세기가 아니고 불교의 공즉시색(Big Bang)

1) 공즉시색이 불교의 창세기

공즉시색이 현대물리학의 대폭발(Big Bang)과 일치하니 과학이 발달할수록 맞아 들어가는 과학 불교다.

2) 숫자 공과 문자 공

불교의 공(공즉시색)이 숫자 공(0123)이요, 문자 공(ㅇㄱㄴㄷ)이다.

불교 공	숫자 공	문자 공
생략 공	200301(231)	무 종성(솅종엉졩)
공 공	000000001	초성 공(어)
색 공	100000000	종성 공(종)

3) 몽골족이 현생 인류의 조상

바닷물의 수위가 130m 이상 내려가고 육지에 300m 이상의 눈이 쌓여 얼음 층을 형성하던 25000년 전 빙하기에 살아남을 수 있는 인종은 얼음 집에 살고 날 고기를 먹으면서 불 사용을 모르던 북극 에스키모뿐이다. 아담과 이브처럼 에스키모 한 쌍이 살아남아 그 후손들이 대부분 몽고로 내려와서 전 세계로 흘러가서 황하문명, 인도문명, 아랍문명, 이집트문명을 만든다. 나중에 일부는 북극에서 바로 북미대륙으로 가서 마야문명과 잉카문명을 만든다. 다시 한 번 몽골족을 4개로 나누어 간단하게 설명하면 다음과 같다.

a) 말갈족 = 선비족, 중국한족, 여진족, 만주족, 조선족, 일본족: 동아시아로
중국을 거쳐 동아시아로 강물처럼 흘러 내려가서 인도지나반도를 휘돌아 인도로 흘러 들어 갔다.
추신: 2020년 동아일보에 실린 기사에 따르면 서울대 교수와 독일 대학 교수들이 공동 연구한 결과로 동아시아인들에게도 흉노족의 유전자가 흐르고 있다는 결론을 내렸다. 몽골족을 여러 가지 이름으로 부르지만 몽골족에서는 하나기 때문에 이런 결과가 나온다. 간단하게 말해 현생 인류의 조상이 창세기 아담과 이브가 아니고 몽골족이다.

b) 돌궐족 = 투르크족(터키), 티벳족, 위구르족: 서아시아로
히말라야 산맥이 장애물이라서 돌궐족은 서아시아로 내려가서 셈족은 유럽으로, 함족은 아프리 카로 갔다. 세계사에 나오는 셀주크 투르크, 오스만 투르크 제국이 모두 돌궐족이 세운 나라들 이다. 터키뿐만 아니라 지금 중앙아시아의 모든 국가들이 여기에 속한다.

c) 거란족 = 게르만족(독일): 유럽으로
게르만(German)의 게르(Ger)는 몽골 유목민들의 천막 '게르'를 의미하기 때문에 몽골족이라는 의미다. 몽골에서 유럽 흑해에 이르는 초원 길을 따라 선사시대에 이동한 게르만족과 몽골에 남아서 요나라를 세운 게르만족은 서로 다른 것으로 봐야 두 가지 거란족을 이해한다.

한국어는 생어(SOV)
영국어는 사어(SVO)

d) 흉노족 = 훈족(헝가리): 유럽으로

중국 진시황은 흉노족이 무서워서 만리장성을 쌓았기 때문에 흉노족은 중국으로 내려갈 수가 없었다. 그래서 흉노족은 유럽으로 가서 이미 와 있던 거란족(게르만족)을 공격하니 유럽에서 게르만족이 남하하여 서로마가 망하는 결과를 초래한다. 흉노족은 진시황이 만리장성을 쌓을 정도로 무서운 민족이요 중국 한나라가 200년간 조공을 바칠 정도로 무서운 민족이었다. 이래서 헤밍웨이 작품 '무기여 잘 있거라'에 독일 병정들 중에서도 훈족이 가장 용맹하다는 말도 나온다.

5. 인간의 원죄: 창세기 금단의 열매가 아니고 불 사용

1) 창세기 금단의 열매 내지 선악과는 아담의 불알

성교하지 말라는 하느님의 말씀을 어긴 죄로 낙원에서 추방된 아담과 이브. 뱀은 남자의 성기를 상징한다. 오늘날 신부와 수녀가 결혼 안 하는 것도 그 원인을 여기서 찾아야 한다. 부부생활하면서 수도하는 것은 불가능하기 때문이다. 따라서 개신교 목사와 불교의 대처승은 닮았다.

2) 불 사용이 원죄

사람은 불을 사용하면서 몸에 털이 빠지니 옷을 입어야 하고 집에서 잠을 자야 하게 되니 자연을 파괴하기 시작한다. 그리스-로마 신화에서 프로메테우스가 인간에게 불을 갖다준 죄로 처벌받는 것도 이 때문이라고 해석함이 옳다. 4대 산업혁명(증기기관, 전기, 컴퓨터, 인공지능)이 모두 불 혁명이다.

6. 자연파괴 유무로 사람이 마귀, 동식물이 천사

1) 개와 사람 비교

품목	개	사람
자연	보호	파괴
6근	청정	혼탁
몸	정시 성교	수시 성교
마음	충성	배신
성매매	무	유
욕심	유한	무한
자살	무	유
돈 필요	무	유
법 필요	무	유

2) 천사: 동식물(자연보호)

사람이 귀하고 동식물이 천하다는 생각은 무명이요 전도몽상이다. 반대로 사람이 천하고 동식물이 귀하다. 사람 〈 자연 = 동식물 = 양, 개

3) 마귀: 사람(자연파괴)

a) 불편한 진실: 지구의 불청객 인간

사람이 지구를 떠나면 만물이 다 좋아한다.

b) 백해무익 인간

c) 조물주의 실패작

d) 병든 지구, 사람이 병균

지구는 말기 암 환자고 사람이 암세포라고 가정하면 맞다. 사람이 지구를 떠나야 지구의 병이 낫는다.

e) 지구촌 인구가 매년 1억 2000만 명씩 증가하니 2050년에 지구촌 인구가 100억이 되어 지구가 감당하기 불가능하다. 기후변화로 생기는 가뭄과 홍수로 식량생산은 줄어드는데 인구는 기하급수적으로 늘어나니 식량난을 피하기 어렵다. 인구폭탄도 핵폭탄이나 마찬가지다.

4) 사람 비난

a) 맹자의 성선설이 아니고 순자의 성악설이 맞다. 윤리 도덕으로 안 된다. 법치주의가 증거다.

b) 석가모니가 중생이 부처라고 말한 것은 사람을 동식물과 마찬가지로 보는 소리다. 나아가서 중생상도 버리라는 소리는 사람이 동식물보다 못하다는 소리다.

c) 소로우는 사람을 원숭이, 구더기, 개라고 비난한다.

d) 소설 '동물농장(Animal Farm)'도 사람을 개와 돼지라고 비난하는 작품이다.

e) TV 프로 '세상에 나쁜 개는 없다.'도 사람이 나쁘다는 소리다.

f) 영화 '기생충'도 마찬가지다.

g) 속담
  (a) 짐승을 구하면 은혜를 갚는데 사람을 구하면 앙분한다.
  (b) 물에 빠진 사람을 구하면 내 보따리 한다.
  (c) 사촌 논 사면 배 아프다.
  (d) 눈만 감으면 코 베어가는 세상이다.

5) 중생이 부처

사람이 마귀, 동식물이 천사니까 동식물들이 부처들이다. 따라서 사람도 범부는 마귀지만 성인(기독교)은 부처(불교)요, 군자(유교)요, 도인(도교)이다.

a) 멧돼지와 고라니는 무위자연 노자·장자와 같은 도인들이다.

b) 유교 수석송죽 4군자는 공자와 맹자, 퇴계와 율곡과 같은 군자다.

c) 소는 6바라밀을 잘 행하는 석가와 같은 부처다.

d) 양은 희생양 예수와 같은 성인이다.

e) 사람들 잠 깨우기 위해서 새벽에 '꼬끼오' 하고 우는 닭은 월든(Walden) 저자 미국 헨리 데이비드 소로우와 같은 부처다.

f) 소크라테스, 플라톤, 데카르트, 스피노자, 칸트, 쇼펜하우어, 니체 같은 서양 철학자들도 모두 서양 부처들이다.

7. 불교 말세

1) 불 사용과 불종말은 인연과보

인류가 불을 사용하면서 불종말은 예견된 재앙이다.

2) 불종말은 다음 2가지 종말을 말한다.

a) 핵 종말: 원자탄 종말, 수소탄 종말, 핵발전소 사고 종말

b) 기후 종말: 기후변화 종말, 플라스틱 쓰레기 종말, 인구폭탄 종말, 질병 종말

3) 불기 2580년 불교 말세

석가모니는 3통(천안통 숙명통 누진통)을 한 성인이라서 2050년 제6멸종을 이미 예견하였다. 불교 승려들이 결혼 안 하고 살다가 가는 것도 불종말의 대안이다.

a) 불기와 서기 비교

> 불기 2500 - 2600
> 서기 1956 - 2056

b) 불기 2580년 = 서기 2036년
불멸 후 2500년은 부처 탄생 불기에서 80세에 열반한 부처님 나이 80을 보태면 된다.

8. 불교 일반상식

1) 나는 누구인가: 불멸영혼을 가진 귀한 존재다.

'Who am I?'에 대한 대답이 '나는 불멸영혼을 가진 귀한 존재'라는 말이다. 따라서 우리는 일회용 인생이 아니고 윤회론 인생을 살고 있다.

2) 인생이란 무엇인가: 윤회한다.

a) 겨울이 가고 나면 또다시 봄이 온다. 죽음은 끝이 아니다.

b) 셰익스피어가 '인생은 연극'이라고 말한 것도 같은 말이다. 연극도 되풀이된다. 이래서 셰익스피어 작품들에 불교사상이 들어 있다.

c) 다음 반야경의 불교 소리도 영혼과 육체의 윤회론 소리다.

(a) 불생불멸: 영혼불변의 법칙

(b) 부증불감: 질량불변의 법칙

3) 나는 어디서 와서 어디로 가는가: 전생에서 와서 내생으로 간다.

a) 저승에 지옥은 없다. 이승이 지옥이고 저승은 극락이기 때문이다.

b) 일사부재리 원칙
예를 들어 살인죄를 범한 사람은 지옥에 가서 벌을 받고 다시 태어나서 또 살인을 당한다면 일사부재리 원칙에 위반이기 때문이다. 그래서 저승은 극락이라서 지옥이 없다. 다시 태어나서

문제다. 살인한 자는 살인을 당해야 하니까.

4) 어떻게 살아야 하나: 내생대책 하라.

a) 내생대책

선인선과로 내생대책 해야 한다.

b) 빈천해탈하여 안 태어나는 것이 최고의 경지다. 저승 극락에서만 살기 때문이다. '나는 내일 지구의 종말이 와도 오늘 사과나무를 심겠다'는 종교개혁가 루터의 말도 내생대책을 하겠다는 불교의 소리다.

5) 어떻게 죽어야 하나.

석가처럼 빈천해탈로 안 태어나게 하고 죽어야 최상이다.

9. 불교정화: 기복 불교에서 해탈 불교로

1) 귀신 불교 ⟶ 마음 불교

a) '보살도 부처도 죽여라.'는 말이 맞다. 정체불명의 보살과 부처들이 너무 많다.

b) 마음이 부처다. 대웅전에 있는 부처는 부처가 아니고 조각품이다. 사람이 각자 가지고 있는 마음이 진짜 부처다.

2) 기복 불교 ⟶ 인과 불교 = 과학 불교 = 해탈 불교

석가모니는 아버지의 나라가 망해도 인연과보라서 구하지 못한다고 했다. 인연과보는 과학이다.

3) 3무 불교

a) 무소유

b) 무결혼

c) 무명예

4) 무소유 불교

a) 의: 분소의

b) 식: 탁발

c) 주: 나무 아래 잠

5) 천수경과 반야경

a) 천수경은 불경도 아닌데 예불시간에 외고 있다.

b) 반야경에서 관자재보살은 석가모니불로 바꿔야 보살불교에서 부처불교로 간다.

10. 불교 법문

다음과 같이 근기 따라 다르다.

한국어는 생어(SOV)
영국어는 사어(SVO)

1) 상근기

산도 6행이요 물도 6행이다. 만물이 3먁3보리로 6행이다.

2) 중근기

산도 공이요 물도 공이다. 만물이 공즉시색이다.

3) 하근기

산은 산이요 물은 물이다. 산과 물이 다르다.

11. 기타

1) 전생을 기억하는 사람들

a) 이런 사람들이 성철스님 책에 많다. 영국 BBC방송 2000명, 미국 Time지 2000명 등이다.

b) 수학자 피타고라스는 자기의 여러 전생들을 기억했다고 한다.

2) 학문 발달사

무속(무당) ───→ 종교(종교인) ───→ 과학(과학자)

a) 3집단이 서로 충돌한다. 무속과 종교의 충돌은 마녀사냥이 예다. 종교와 과학의 충돌은 지동설, 진화론, 대폭발 등이 예다.

b) 미신종교는 구시대 유물이다.

c) 불교는 종교가 아니고 과학이라서 과학이 발달할수록 맞아 들어간다. 불교가 과학을 이끌고 있다. 이래서 아인슈타인이 석가모니를 진짜 과학의 아버지라고 평한 것이다.

3) '종교'와 '철학'이란 용어는 없애고 '사상'으로 통일하자.

a) 종교는 구시대 유물이다. 종교도 학문이라서 과학으로 가야 한다. 공자사상, 석가사상, 예수사상, 무함마드사상으로 통일하면 기복종교가 발붙일 곳이 없어진다.

b) 개똥철학
  (a) 잘 모르면 철학이라고 한다.
    영문법 학자 예스뻴슨의 작품 '문법의 철학(The Philosophy of Grammar)'이 대표적인 예다. 소위 말하는 개똥철학이다. 6행 몰라서 하는 장님의 소리다. 6행문법이 격문법이요 보편문법이요 과학문법이다.
  (b) 점쟁이 집을 철학관이라고 하니 철학이라는 학문을 모독하는 이름이다.
  (c) 철학을 '사상'이란 학문으로 개명하면 '철학이 종교의 시녀'라는 건방진 소리도 사라진다.

4) 남성 칠거지악

이것은 저자가 만들어 본 소리다. 여성 칠거지악이 아니고 남성 칠거지악이다. 남자는 결혼하면 다음 7가지를 책임져야 하기 때문이다. 인생살이에 돈이 가장 많이 들어가는 곳을 나열하면 다음 7가지라는 말이다.

a) 의: 자동차와 신발도 포함

b) 식: 외식 포함

c) 주: 가전제품들 포함

d) 자녀 교육: 초중고 대학까지 16년간

e) 자녀 결혼비용

f) 여행: 국내외 관광비용

g) 유행: 위 6가지에 유행이 모두 있으니 무한대의 돈이 필요한 인생이다.

이래서 현대인은 부부가 돈을 벌어도 부족하여 평생 돈돈 하다가 죽는 순돈자들이다. 따라서 인생 목표는 부귀영화가 아니고 빈천해탈이라는 불교의 인생관이 맞다.

5) 인도문명 ⟶ 유럽문명

15세기까지 인도가 미국이었다. 인도가 가장 선진국이었다는 말이다. 따라서 인도 사상이 유럽으로 퍼져 나갔다는 것을 다시 한 번 강조해 본다. 인간은 표절(모방)의 동물이다. 이름만 달라졌다는 것을 알 수 있다.

인도   유럽
인도숫자 ⟶ 아라비아 숫자
인도문법 ⟶ 라틴문법
인도불교 ⟶ 예수교, 마니교, 회교
불교철학 ⟶ 그리스 철학, 서양 철학
불교문학 ⟶ 유럽 낭만주의 문학과 자연주의 문학, 미국 초월주의 문학과 비트세대 문학

a) 서양 철학의 아버지가 소크라테스라면 동서양 철학의 아버지는 석가모니다. 소크라테스 철학은 불교철학이기 때문이다. 그가 한 말 '너 자신을 알라(Know thyself)'가 불교의 '무명과 전도몽상에 빠진 자신을 알라'는 소리기 때문이다. 플라톤의 동굴비유도 같은 소리다. 동굴 안의 어두운 곳에는 비성인들이 살고 동굴 밖 밝은 곳에는 성인들이 산다.

b) 신학에는 철학이 없다. 그래서 예수교는 그리스 철학을 도입하였다. 4세기 아우구스티누스가 주도하는 교부철학은 플라톤철학을, 13세기 토마스 아퀴나스가 주도하는 스콜라철학은 아리스토텔레스철학을 예수교에 도입하였다. 이래서 철학이 종교의 시녀라는 건방진 말도 나왔다.

c) 낭만주의 문학
워즈워스의 시 'Child is father of man(아이는 어른의 아버지다)'은 불교 윤회론 소리다.

d) 자연주의 문학
유전과 환경이 운명을 결정한다는 것은 불교에서 전생이 현생을 결정한다는 윤회론이다.

e) 미국 19세기 초월주의 문학
소로우의 월든(Walden), 휘트만의 풀잎(Leaves of Grass) 등이 불교 작품이다. 초월주의(Transcendentalism)가 이성과 감성을 초월한 오성주의요 해탈주의다.

한국어는 생어(SOV)
영국어는 사어(SVO)

f) 미국 비트세대(Beat Generation) 문학

　잭 케루악, 앨런 긴즈버그 등을 중심으로 하는 작가들이다. 불교대학을 세우고 포교할 정도로 독실한 불교신자들이다.

6) 인간은 표절(모방)의 동물

　인간은 무명과 전도몽상의 동물이라서 표절의 동물이다. 학문을 모방하듯이 종교도 모방한다. 동서양 학문이 하나이듯이 종교도 하나다. 우리나라의 종교들도 표절의 증거들이다. 모두 불교가 들어 있다. 불교가 정답종교라서 새로운 종교를 만드는 데 약방의 감초다.

　a) 강증산, 증산도 = 중국 옥황상제교 + 유교 + 불교 + 예수교

　b) 소태산, 원불교 = 불교 + 유교

　c) 문선명, 통일교 = 예수교 + 불교

7) 기후종말 2029년

　우리나라의 인천에 기후변화 종말의 시계가 6년 3개월 남았다는 2023년 4월 24일자 동아일본 신문 보도가 있다.

제4부 되풀이 강조

제4부는 지금까지 논한 것을 되풀이 강조하기 때문에 되풀이 강조라는 제목을 붙였다.

제1장

붕어빵 언어들

제1장 붕어빵 언어들

1. 문법의 역사는 모방의 역사

1) 파니니 문법 붕어빵

문법의 조상인 인도의 파니니 문법을 모방한 인구어들이다. 품사와 성 수 인칭이라는 용어가 인도의 파니니 문법에서 유래하였기 때문이다. 인공어로 폴란드 의사가 만든 Esperanto를 쓰기로 한다. 인구어에 자연어(생어)는 없다. 모두 인공어(사어)로 거짓말 문법이고 막가파 문법이다.

파니니 문법 붕어빵 인도어 = 인도 인공어(Esperanto)
파니니 문법 붕어빵 아랍어 = 아랍 인공어(Esperanto)
파니니 문법 붕어빵 유럽어 = 유럽 인공어(Esperanto)

2) 라틴어 붕어빵

중세 때에는 라틴어가 세계에서 가장 좋은 언어로 착각되어 모든 유럽언어들이 라틴어 문자와 문법을 모방하였다. 따라서 라틴어 붕어빵이라는 별명이 가능하다. 모두 격문법이 아니고 수문법이다. 불문법을 1660년에 프랑스 수녀원의 교사들이 만든 것이 한 예이다.

라틴어문법 붕어빵 불어 = 프랑스 인공어(Esperanto)
라틴어문법 붕어빵 영어 = 영국 인공어(Esperanto)
라틴어문법 붕어빵 독어 = 독일 인공어(Esperanto)

3) 영어 붕어빵

영어를 모방한 전 세계 각국어들이다. 우리나라도 포함된다.

음어＼언어	영국어	한국어
문자	26자	24자
문법	8품사	9품사

2. 3음 3어는 언어학의 두 다리

1) 한국어만이 3음 3어가 된다.

a) 자음 + 모음 = 음절   뜻어 + 기능어 = 격어

b) 3음 6줄 48문자   3어 6격 108문법

c) 6행 문자   6행 문법

d) 문자론 기초   문법론 기초

e) 맞춤법 기초   띄어쓰기 기초

f) 소리문자   격문법

한국어는 생어(SOV)
영국어는 사어(SVO)

2) 3음 3어가 안 되는 영어

  a) 문자도 문법도 없는 영어

  b) 맞춤법도 띄어쓰기도 없는 영어

3. 기능어는 만국공통

1) 인간의 언어 능력은 하나다.

  a) 3동 1리

    3개는 같고 한 개만 다르다는 의미다.

    (a) 뜻어

        내모(성격) 동
        외모(모양) 리

    '그는 친절(kind)하다.'라는 문장에서 국어는 '친절'이고 영어는 'kind'라는 단어로 서로 모양은 다르지만 성품명사라는 점에서 성격은 동일하다.

    '그는 선생님(teacher)이다.' 문장에서 국어는 '선생님'이고 영어는 'teacher'로 모양은 다르지만 비성품명사라는 성격은 동일하다.

    (b) 기능어

        내모(성격) 동
        외모(모양) 동

    따라서 국어와 영어의 기능어가 서로 같아서 영어에서 국어의 기능어 화석을 찾을 수 있다. 생어라서 국어 기능어는 건강하고, 사어라서 영어 기능어는 고장이다. 자연국어와 인공영어라서 국어와 영어가 다를 때는 국어가 맞다.

  b) 기능어 화석들

    (a) 영어 부정관사 a/an은 국어의 주격과 목적격조사 은/는 화석이고, 영어 복수조사 -s는 국어 사이시옷(ㅅ) 화석이다. 따라서 단수와 복수가 아니고 격조사다.

    (b) 준동사 조사

              국어   영어
    부정사 L(ㄹ): 사랑할 shall love
    동명사 M(ㅁ): 사랑함 loving

              소위 동족목적어 swim, dream이 영어 동명사의 화석이다. 따라서 영어의 동명사는 죽었다.

    분사 N(ㄴ): 사랑하는 loving

              국어는 니은(ㄴ)인데 영어는 ing로 변했다.

    (c) 다음이 현재시제조사 en(ㄴ)과 과거시제조사 ed(ㅆ)의 화석들이다.

        번성한(thriven)다, 번성했(thrived)다

    영어는 불규칙동사라서 시제조사(ㄴㅆ) 불변의 법칙은 죽었다. 국어는 싱싱하게 살아 있다.

쌍시옷(ㅆ)을 살리기 위해 리을(ㄹ)이 동원되기도 한다.

사다(buy) 산다 샀다 샀었다

사다(live) 산다 살았다 살았었다

2) 몸(격)과 마음(시제)이 병든 영어

a) a/an과 -s는 단수 복수가 아니고 격조사다(중풍 걸린 6격)

b) will과 shall은 미래조동사가 아니고 가정법 2능어다(치매 걸린 마음 6시제)

3) 성(Gender)조사: 종성 유무로 남성과 여성

다음이 여성 격조사와 남성 격조사 6쌍이다.

a) 주목격조사: 이/가, 은/는, 을/를

다음이 이/가로 예를 든 것이다. 은/는, 을/를도 이것과 같다.

남성 음절(사슴) + 여성 격조사(이) = 사슴이[사스미]

여성 음절(사자) + 남성 격조사(가) = 사자가

b) 부사격조사: 으로/로, (노)

부산으로/ 대구로, 서울노

c) 소유격조사: 공으이어에/ㅅ

톰어 책/ 매리어 책, 매릿 책

d) 보동격조사: 다/이다

교사다/ 선생님이다

4) 영국어의 사이시옷 화석

영국어가 사어라서 사이시옷이 6격의 격조사로 쓰인다.

a) 소유격조사: -'s

b) 복수: -s

c) 직설법 3인칭 단수: 현재동사 어미 -s

d) 부사: -s가 부사격조사가 되기도 한다.

always, perhaps, downstairs, upstairs

4. 한국어가 윤회한 송장이 영국어

1) SOV(생어) ⟶ SVO(사어)

2) 어순의 윤회

한국어(생어)	영국어(사어)
뜻어 + 기능어(oxen)	기능어 + 뜻어(an ox)
주어 + 목적어 + 동사	주어 + 동사 + 목적어

한국어는 생어(SOV)
영국어는 사어(SVO)

다음은 여자들이 '나 머리했다.'라는 영어 표현으로 윤회의 과정을 살펴본 것이다.

    I hair have done. 현재 한국어 어순

    I have hair done. 현재 영국어 어순

    I have done hair. 미래 영국어 어순

3) 구식과 신식

a) be 동사

구식(2능어)	신식(비2능어)	한국어
am	have	하다
are	let	이다
is	be	있다

b) 조동사

구식(2능어)	신식(비2능어)	한국어
must(may)	do about to	할 테다
shall(will)	let going to	할 것이다
can	be able to	할 수 있다

4) 영어시제: 구식, 인공, 자연

a) 현재시제: 구식 현재시제는 진행형규범으로 갔다.

    She is marrying to Tom(구식) ⟶ 진행형 규범

    She marries Tom(인공)

    She has a marry Tom(자연)

b) 과거시제: 구식 과거는 수동태규범으로 갔다.

    She is married to Tom(구식) ⟶ 수동태 규범

    She married Tom(인공)

    She has married Tom(자연)

5) 부정사〉분사〉동명사

준동사 고장으로 부정사가 분사까지 겸한다. 동명사는 사망했고 의존명사 '것'도 사망했다는 것을 우리는 안다.

    To see is to believe. 볼 것이 믿을 것이다(부정사)

    = Seeing is believing. 보는 것이 믿는 것이다(분사)

        봄이 믿음이다.(동명사)

5. be동사와 조동사는 2능어

1) 기본 보동격조사(보어격조사 = 동사격조사) 6행

보어격조사가 동사격조사도 겸한다.

다(do), 이다(let), 있다(be).

하다(have), 지다(get), 되다(become)

2) be동사는 사실심 2능어

am(하다) had(한데)

are(이다) were(인데)

is(있다) was(있는데)

am had로 하면 다음문제가 해결된다. had는 과거지만 뜻은 현재 불능이다.

You had better go there. 너는 거기에 가는 것이 더 좋은데.

3) 2시제가 아니고 2능어다.

2능어를 2시제로 알고 있으니 영어는 시제도 없는 언어다. 다음과 같이 2시제를 2능어로 복원해야 한다.

She is marrying. 그녀는 결혼한다.(가능)

She was marrying. 그녀는 결혼하는데.(불능)

She is married. 그녀는 결혼했다.(가능)

She was married. 그녀는 결혼했는데.(불능)

4) 신식 생각심 조동사의 의존명사: 3개(터 것 수)

a) do about to(할 테다): 터

must(할 테다) ought to(할 텐데)

may(일 테다) might(일 텐데)

b) let going to(할 것이다): 것

shall(할 것이다) should(할 것인데)

will(일 것이다) would(일 것인데)

c) be able to(할 수 있다): 수

can(할 수 있다) could(할 수 있는데)

5) 구식 생각심 조동사

다음과 같이 3가지 조동사를 겸한다.

are to: 을(ㄹ) 테다, 을(ㄹ) 것이다, 을(ㄹ) 수 있다

were to: 을(ㄹ) 텐데, 을(ㄹ) 것인데, 을(ㄹ) 수 있는데

다음은 불필요한 조동사 2개(shall, must)를 제거하고 하나씩만 남긴 것이다. 동사 '먹(남성음절)다'와 '자(여성음절)다'를 중심으로 만든 조동사의 2능 예다. '먹을 수 있다' '잘 수 있다'가 남성과 여성음절이기 때문이다. 이렇게 해야 to 뒤에 6기능동사(do be have let get become)가 올 수 있다.

may = are to = are about to 을(ㄹ) 테다

might = were to = were about to 을(ㄹ) 텐데

will = are to = are going to 을(르) 것이다

would = were to = were going to 을(르) 것인데

can = are to = are able to 을(르) 수 있다

could = were to = were able to 을(르) 수 있는데

6) 사실심 조동사 2능어는 사망: to 대신 ‑ing가 와야 한다.

다음과 같은 경우는 찾아볼 수 없다. 음양의 고장이다.

‑‑하는 터이다: do about ‑ing

‑‑하는 것이다: let going ‑ing

‑‑하는 수 있다: be able ‑ing

7) 사실심 보어격 5시제(13211) be동사

‘있다’ 3시제와 2능어가 잡종 교배한 것이라서 서로 짝이 맞지 않는다. 국어 사실심 보어격은 3시제인데 영어는 5시제나 되니 엉터리다. 국어로 번역이 불가능하다.

원형시제 1개: be(있다)   He be in the room.

현재시제 3개: am are is, (가능)   He is in the room.

과거시제 2개: was were, (불능)   He was in the room.

자연과거시제 1개: have been(있었다),   He has been in the room.

대과거 1개: had been(있었었다)   He had been in the room.

8) need, dare

need와 dare는 조동사가 아니다. 명사동사 즉 일반 동사다. 일반 동사가 조동사처럼 쓰이니 엉터리 영어다.

9) do be have 3파전

a) do

be동사나 조동사가 없는 경우에 의문문과 부정문을 독점하여 영어를 망치고 있다. 6개(do be have let get become) 기능동사가 공평해야 한다. 따라서 예외도 많다.

(a) 부정문에 do가 필요 없는 경우

You need not have done it.

I know not. ⟶ I don't know.

(b) 의문문 예외

How dare you say such a thing to me?

너는 어떻게 감히 그런 소리를 나에게 하냐?

How came you to know that?

너는 그것을 어떻게 알게 되었니?

의문사가 주어인 경우는 do도 필요 없다.

Who broke the window?

동사 + 주어 어순이 문장조사가 아니라 부사절 접속사를 대신하는 경우도 있다.

Be it ever so humble, there is no place like home.

자연법칙이 아니라서 동사 + 주어 어순에 이런 예외가 있다.

b) be

6가지(보어, 준보어, 진행형, 수동태, 2능, 조동사)를 독점하여 영어를 쑥대밭으로 만들고 있다. 조동사를 망치는 경우는 다음과 같이 조동사를 인칭에 따라 am are is로 바꾸기 때문이다.

do about to ⟶ am(are, is) about to
let going to ⟶ am(are, is) going to
be able to ⟶ am(are, is) able to

이래서 am was, is was는 지우고 are were만 남긴다.

c) have

완료시제를 독점하여 다른 기능동사는 못 쓰게 만든다. 다시 말해 have + pp처럼 다음도 성립해야 정상이다.

do + pp
be + pp: Winter is gone. 겨울이 갔다.
let + pp
get + pp: I got my arm broken. 나는 팔이 부러졌다.
become + pp: How did you become acquainted with him?
그와는 어떻게 알게 되었느냐?

6. 준보어와 준동사는 형용사

1) 고장난 준보어와 준동사

부정사 3용법이 증거다. 의존명사가 사망하여 형용사인 부정사가 동사격을 포함하여 6격에 쓰이니 형용사격은 탈영격이다.

2) 망한 보어와 준보어

보어는 격도 품사도 아니니 가장 망한 격이다. 준보어는 더 망했다. 준보어라는 용어조차도 없기 때문이다.

3) 준동사와 준보어는 다르다.

a) 준동사는 동사가 형용사로 된 것이고, 준보어는 보어가 형용사로 된 것이다. 보부사, 보분사, 보명사라는 용어가 따로 필요하다.

b) 한국어는 직설법에서 보어는 3시제, 동사는 4시제인데 영국어는 보어가 5시제고, 동사가 3시제니까 시제가 완전히 죽은 영어다.

한국어는 생어(SOV)
영국어는 사어(SVO)

c) 한국어의 준보어와 준동사는 분사만 3개와 4개로 서로 다르고 부정사와 분사는 서로 같다. 영국어는 'hading pp(했던)'라는 것이 없다.

4) 기능어 만국 공통 = 기능어 불변의 법칙

a) 준보어와 준동사 조사: ㄹ(L), ㅁ(M), ㄴ(N)

국어는 생어라서 기능어가 건강한데 영어는 사어라서 기능어가 고장이다.

(ㄱ) 사랑할 to love(to부정사): shall love(조동사-부정사는 동사로 쓰인다)

(ㄴ) 사랑함 loving(동명사): 화석들 dream(꿈), swim(헤엄)이라는 동족목적어를 취하는 동사로 쓰인다.

(ㄷ) 사랑하는 loving(-ing분사): love(원형분사는 동사로 쓰인다)

b) 시제조사 불변의 법칙: ㄴ(미완료 시제), ㅆ(완료 시제)

국어는 생어라서 기능어가 건강한데 영어는 사어라서 기능어가 고장이다.

사다(buy) 산다(bought) 샀다(have bought) 샀었다(had bought)

사다(live) 산다(lived) 살았다(have lived) 살았었다(had lived)

한국어는 이게 되는데 영국어는 불규칙동사라서 이게 안 된다. 영국어는 과거시제가 두 개다. '한다' 현재시제 자리에 인공과거(bought, lived)가 오니까 가정법 과거라는 엉뚱한 소리가 나온다. 현재완료(have bought, have lived)를 자연과거라고 해야 정명이다. 기능동사 'have(하다)'가 있기 때문이다.

c) 불규칙 동사표 유무

영어의 불규칙 동사표는 영어의 동사와 준동사가 모두 사망했다는 증거다. 불규칙 동사표 유무로 사어와 생어다. 영어사전 뒤에는 불규칙 동사표가 있지만 국어사전 뒤에는 불규칙 동사표가 없는 것이 증거다.

d) 국어의 사이시옷(ㅅ)은 영어에서 다음과 같이 여러 가지 조사로 쓰인다.

소유격조사: Tom's book
복수조사: sports car
보어격조사: Thanks
동사격조사: Congratulations, meseems, methinks
부사격조사: downstairs, upstairs

5) 부정사(생각심 준동사) 3용법과 분사(사실심 준동사) 3용법은 음양이다.

부정사 3용법이 있듯이 분사 3용법도 있어야 정상이다. 다음은 분사 3용법이다.

a) 명사적 용법

주어 목적어 보어로 쓰이는 -ing는 동명사가 아니고 분사다. 의존명사 '것' 사망으로 주어 목적어 보어도 된다.

Seeing is believing.
보는 것이 믿는 것이다.

b) 형용사적 용법

형용사로 쓰이는 –ing는 당연히 형용사다.

dancing girl 춤추는 소녀

c) 부사적 용법: 분사구문

Turning to the left, you will find the building.
왼쪽으로 돌면, 너는 그 건물을 발견할 것이다.

6) 준동사–동사 전환: 준동사가 동사로 쓰이는 영어

a) 부정사 2개(shall 부정사, to-부정사), 분사 2개(원형분사, -ing분사)

b) 지금의 영문법에서 원형부정사라는 것은 원형분사가 정명이다. 따라서 불규칙 동사표는 불규칙 분사표가 맞다. 불규칙 동사표의 현재(work)는 원형 현재분사고 과거(worked)는 과거분사가 정명이다. 이래서 pp = p가 많은 영어다.

c) 원형분사는 사실심 동사의 원형과 현재시제로 쓰이고, 과거분사는 동사 과거시제로 쓰인다. have + pp, had + pp도 분사가 동사로 쓰이는 영어라는 증거다. 준동사가 동사로 쓰이니 동사가 죽은 영어다. 이(동사)가 없으니 잇몸(준동사)으로 살고 있는 고장난 영어의 신세다.

d) 구식 현재시제와 구식 과거시제도 준동사가 동사로 쓰이는 증거들이다.

She is marrying to Tom.
She is married to Tom.

e) 관계사절 동사는 준동사가 대부분이다.

Whom the gods love(loving) die young.
신들이 사랑하는 자는 일찍 죽는다.

7) 시제–능 전환

Be동사와 조동사는 본래 2시제였으나 지금은 2능어로 변했다. 다음은 준동사가 과도기를 거쳐 동사로 가는 진화의 과정이다.

준동사 = 과도기 = 동사
may = are to = are about to 을(ㄹ) 테다
might = were to = were about to 을(ㄹ) 텐데

will = are to = are going to 을(ㄹ) 것이다
would = were to = were going to 을(ㄹ) 것인데

can = are to = are able to 을(ㄹ) 수 있다
could = were to = were able to 을(ㄹ) 수 있는데

8) 부정사 2가지, 분사 2가지

a) 부정사 2가지

    (a) to-부정사는 준동사로 쓰인다.

       to는 do에 해당하기 때문에 인공 부정사다.

    (b) shall-부정사(조동사-부정사)는 동사로 쓰인다.

       will shall은 리을(ㄹ)음이 있어서 자연 부정사다.

b) 분사 2가지

    (a) ing분사는 준동사로 쓰인다.

    (b) 원형분사는 동사로 쓰인다.

9) 엉터리 불규칙 동사표

a) 4시제(원형, 현재, 과거, 대과거)가 아니고 3개항(현재, 과거, 과거분사)으로 만들어서 엉터리다.

b) 불규칙 동사표에 과거분사가 웬 말인가? 따라서 불규칙 분사표가 정명이다.

c) 유일하게 be동사만 원형이 있다. 이래서 교잡 be동사가 생긴다.

d) be동사와 조동사가 2능인 줄 모르고 2시제로 만들었다.

e) 불규칙 동사표 유무로 영어는 사어고 국어는 생어다.

7. 새로운 문형: 6형식

Onions가 만든 문의 5형식은 엉터리다. 문의 6형식으로 다시 만들어야 한다. 3개의 기능동사(있다, 이다, 하다)를 중심으로 새로운 6형식을 만들면 다음과 같다. 영어는 기능동사가 고장이라서 주로 한국어로 예를 든다. 괄호 안은 신식이다.

a) 공형식: 1핵문, 생략문

    Yes 예, No 아니요.

    Thanks. 감사하다.

    Congratulations. 축하한다.

b) 1형식: '있다' 문형, 진행형 문형

    테이블 위에 책이 있다. There is(be) a book on the table.

    그는 독서하고 있다. He is(be) reading.

c) 2형식: '이다, 하다' 문형, 보어문형

    그는 선생님이다. He are(let) teacher.

    그는 친절하다. He am(have) kind.

d) 3형식: '하다' 문형, 자역동사 문형

    I have a think. 나는 생각을 하다.

e) 4형식: '이다, 하게 하다' 문형, 사역동사 문형

>   She married her daughter to a rich man.
>   그녀는 그녀의 딸을 부자와 결혼하게 했다.

f) 5형식: '이다' 문형, 수동태 문형

>   보다   보이다
>   능동   수동
>   Clouds are seen(= let see) in the sky. 구름이 하늘에 보인다.
>   The book sells well. 그 책은 잘 팔린다.(능수동)
>   She looks pale. 그녀는 창백하게 보인다.(능수동)

다음과 같아야 자연수동태, 진짜 수동태가 되는데 영어는 안 되고 있다.

>   능동태   수동태
>   He had a teacher.   He became a teacher.
>   그는 선생님을 했다.   그는 선생님이 되었다.

8. 영어 문답문은 글영어

영문법에 맞는 영어 문답문(Q&A)은 말영어(Spoken English)가 아니고 글영어(Written English)다. 다음과 같은 여러 가지 인공일치가 문답문에 존재하기 때문이다.

a) 성 수 인칭의 일치

b) 어순 구두점 대문자의 일치

c) 긍부(긍정과 부정)의 일치: Yes와 No 일치, 부가의문문의 긍부일치

d) 주어와 동사의 일치

e) 시제일치

f) 기능동사(be do have)일치: 영어와 국어가 다른 때는 국어가 맞다.

	영어	국어
Are you Korean? Yes, I am.	예, 그렇습니다.	Yes, it is.
Do you love her? Yes, I do.	예, 그렇습니다.	Yes, it is.
Have you finished the work? Yes I have.	예, 그렇습니다.	Yes, it is.

9. 영국어는 4급 수(똥물)

1) 세계 최우수 한국어

a) 언어 우열

> 1급어: 한국어는 생어(SOV)이면서 3음 3어가 되는 생음 생어라서 세계 최우수 언어다.
>
> 2급어: 일본어는 생어(SOV)지만 3음은 안 되고 3어만 되니 사음 생어다.
>
> 3급어: 중국어는 사어(SVO)지만 성, 수, 인칭이 없어서 영국어보다 좋다.
>
> 4급어: 영국어는 사어(SVO)지만 수와 인칭만 있고 성이 없어서 프랑스어보다 좋다.

한국어는 생어(SOV)
영국어는 사어(SVO)

5급어: 프랑스어는 사어(SVO)이면서 성, 수, 인칭이 모두 있어서 최하위다.

b) 한국인은 외국어 음치: 한국어가 세계 최우수어기 때문이다. 1급수를 마시는 사람이 하급수(똥물)를 마실 수 없기 때문이다. 이게 벙어리 영어의 원인이다.

2) 평생 해도 안 되는 영어. 구토증 나는 영어

글영어로 말영어를 배우는 것은 연목구어다. 본토인도 글영어는 배우기 어려워 문맹률이 50% 이상이다. 미국 대학생들도 철자도 문법도 없는 작문을 한다. 이래서 한국 학생들이 미국 학생들의 작문을 고쳐준다. 인간의 언어능력은 격문법인데 글영어는 수문법이라서 아무리 배워도 안 배워진다. 이래서 구토증 나는 영어라는 표현이 적절하다. 4급수 똥물이 목에 안 넘어가는 원리다. 국어와 영어는 다음과 같이 반대다.

한국어는 생어(자연어)라서 안 배워도 배워지고
영국어는 사어(인공어)라서 배워도 안 배워진다.

3) 제 이름도 못 쓰는 미군들

우리나라에 있는 미군들 사이에는 자기의 이름도 쓰지 못하는 미군들이 많다는 것은 이미 알려진 사실이다. abc가 소리문자가 아니고 중국 한자의 획에 해당하는 뜻문자기 때문이다.

4) 4동 8망

다음 4개가 같다는 것은 8개가 모두 망한 영어라는 증거다.

a) thrive   동사원형(번성하다) = 동사현재(번성한다)

b) thrived   과거분사(번성한) = 동사과거(번성했다)

c) thriving   분사(번성하는) = 동명사(번성함)

d) Mary's   소유격(매리의) = 소유대명사(매리의 것)

5) 6행 문법

자연문법이고 보편문법이라서 한국어 문법이면서 동시에 세계 각국의 문법 교과서가 된다.

6) 미국에 영문법 교과서가 없다.

지금의 막가파 영문법은 100% 거짓말이라서 미국에 영문법 교과서도 없고 출제도 못한다. 6행 영문법은 자연문법이고 보편문법이라서 영어를 쉽게 가르치는 미국 영문법 교과서가 될 것이다. 미국 사람들이 영어가 죽은 언어라는 것을 알게 되면 당장 영어를 버리고 한국어를 수입해서 모국어로 쓸 것이다. 우리나라 중고등학교에도 영문법 교과서가 없는 것은 미국을 모방한 것이다.

10. 마음 6시제

1) 시간 3시제가 아니고 마음 6시제다.

다음 If절은 4분사가 만든 사실심 4시제다. 주절은 2개의 조동사-부정사가 만든 생각심 2능 2시제다. 따라서 영어는 준동사가 동사로 쓰이는 엉터리 언어다.

사실심 4시제   생각심 2능 2시제

If his business thrive, he will marry her.

그의 사업이 번성하면, 그는 그녀와 결혼할 것이다.

If his business thriven, he would marry her.

그의 사업이 번성한다면, 그는 그녀와 결혼할 것인데.

If his business have thrived, he will have married her.

그의 사업이 번성했다면, 그는 그녀와 결혼했을 것이다.

If his business had thrived, he would have married her.

그의 사업이 번성했었다면, 그는 그녀와 결혼했을 것인데.

원형분사 4개가 If절 동사의 4시제가 된 영어다. en-pp가 '한다' 현재시제로 가지 않아서 영어는 원형이 현재를 겸한다. 이 자리에 오는 ed-pp를 가정법 과거라고 착각하고 있다.

If his business thrived, he would marry her.

그의 사업이 번성한다면, 그는 그녀와 결혼할 것인데.

2) 조동사는 2시제가 아니고 2능어다.

will은 가능, would는 불능을 나타낸다.

3) 미래시제는 가정법 가능 현재시제가 정명이다.

가정법은 생각심이 정명이고 현재시제는 미완료가 정명이다.

4) 미래완료시제는 생각심 가능 과거시제가 정명이다.

과거시제는 완료시제가 정명이다. 시제의 명칭들이 오명들이다.

11. 영어가 안 망하면 미국이 망한다

'한자가 안 망하면 중국이 망한다.'는 중국의 문호 노신의 말처럼 우리는 '영어가 안 망하면 미국이 망한다.'고 말할 수 있다. 언어가 IQ를 결정하기 때문이다.

1) 글과 말이 다른 영어

음어＼글 말	인공 글영어	자연 말영어
문자	철자	발음기호
문법	수문법	격문법

2) 한국어와 영국어 비교

음어＼언어	자연(생어) 한국어	인공(사어) 영국어
3음 6줄 48문자	규칙(소리문자)	불규칙(사이비 소리문자)
3어 6격 108문법	규칙(격문법)	불규칙(수문법)

한국어는 생어(SOV)
영국어는 사어(SVO)

3) 사전과 문법책이 필요 없는 국어

국어는 생어, 영어는 사어라서 작문할 때 다음과 같은 차이를 낸다.

  a) 사전 필요 유무로 영어(뜻문자)와 국어(소리문자)

  b) 문법책 필요 유무로 영어(수문법)와 국어(격문법)

4) 영어는 중국어보다도 못하다.

  a) 서당개 3년 하면 중국어는 글은 되는데 영어는 글도 안 된다.

  b) 성 수 인칭 유무로 영어와 중국어라서 영어가 중국어보다 못하다.

  c) 학생들 출석도 못 부르는 로마자(abc)다. 중국의 한자는 학생들의 출석을 부르는 데 지장이 없다.

12. 생어(SOV)와 사어(SVO)

1) 한국어(SOV)는 자연어, 영국어(SVO)는 인공어

어순 보면 안다. 한국어가 윤회한 송장이 영국어라서 생어와 사어 차이다.

2) 사어(인공어)와 생어(자연어) 차이

  영국어는 영문법 모르면 작문이 안 되지만, 한국어는 국문법 몰라도 작문이 된다. 수문법은 규범문법이고 학교문법이라서 학교에서 배워야 알지만 격문법은 비규범문법이고 어머니문법이라서 어머니 배 안에서 이미 배워 가지고 태어났기 때문이다.

3) 윤회한 영어

  a) 기능어 윤회: oxen ⟶ an ox

  b) 격어 윤회: SOV ⟶ SVO

  c) 절 윤회: 종속절 + 주절 ⟶ 주절 + 종속절

> He is honest, I know. (한국어 어순)
> I know that he is honest. (영국어 어순)

  접속사 윤회: so ⟶ as

> He is diligent so he is rich.
> ⟶ As he is diligent, he is rich.

  d) 형명 윤회: 형용사 + 명사(후행사) ⟶ 명사(선행사) + 형용사

> Thames river ⟶ river of Thames
> That will have been Mary who phoned.
> 전화를 한 자는 매리였을 것이다.

  e) 철자 윤회: 서반아어 el nino, la nina에서 el은 프랑스어 le에 해당한다.

4) 인도, 필리핀

선진국이 되기 위해서가 아니라 여러 가지 방언을 통일하기 위해서 영어를 공용어로 채택하고 있다. 인도에서 영어를 모국어처럼 하는 자가 0.02%라는 것은 영어는 평생 해도 안 되는 언어라는 증거다.

5) 학문 춘추전국시대

영문법은 지금도 연구 중이라서 정론이 없다. 6행 몰라서 모든 학문이 이러하다. 문법 춘추전국시대가 모든 학문 춘추전국시대를 의미한다. 모든 학문을 6행으로 다시 연구해야 한다. 이래서 만물6행, 만학6행 소리가 나온다.

13. 음철 6행

1) 음과 철자의 관계에 존재하는 6행원리다.

동음이의어와 이음동의어는 자연법칙이고, 동음이철어와 이음동철어는 자연법칙이 아니다. 다음 음철 6행이 증거다.

> 동음동의어 O
> 이음이의어 O
> 동음이의어 O(배, 눈)
> 이음동의어 O(방언, 외국어)
> 동음동철어 O
> 이음이철어 O
> 동음이철어 ×(외 = 웨)
> 이음동철어 ×(으 + 이 = 의)

2) 동음이의어와 이음동의어 공포증으로 한국어에 19엉터리 종성이 존재한다.

a) 동음이의어를 안 만들기 위해 동음이철어를 만드는 실수를 했다.
'낫'의 시옷(ㅅ)음을 여러 개로 나눈 것이다.

> 낫 ⟶ 낟낱낫낮낳

b) 이음동의어를 안 만들기 위해 이음동철어를 만드는 실수를 했다.
다음은 두 개의 방언을 하나로 묶은 것이다.

> 달 + 닥 = 닭

문자변화로 이음동의어가 생기기도 한다.

> 국토 궁민 구거 각꾹 각꾸거 각꿍민

한글을 한자처럼 고정시키려는 의도가 맞춤법 고정이다. 이래서 19엉터리 종성이 존재한다. 동음이의어와 이음동의어는 자연법칙이라서 두려워할 필요가 없다.

3) 말은 상황, 글은 문맥

상황과 문맥은 동음이의어와 이음동의어를 해결하고 맞춤법과 띄어쓰기의 자유도 가능하게 한다. 중국어나 일본어처럼 한국어도 띄어쓰기 안 해도 된다. 상황과 문맥이 해결해 주기 때문이다.

> 공주시장애인체육대회
> 아버지가방에들어가신다.

4) 무적 한글

한자 사전에서 한글 500자에 한자 50000자가 모두 들어가니 1당 100으로 무적 한글이다.

5) 맞띄의 고정 = 고인 물, 맞띄의 자유 = 흐르는 물

맞띄의 고정은 고인물이라서 썩기 마련이고, 맞띄의 자유는 흐르는 물이라서 정화가 된다.

> 맞춤법: 닳도록[달토록]
> 띄어쓰기: 동해 물 = 동해물

6) 생물 = 무생물: 분별심을 버려라. 문자도 환경에 따라 변한다.

무생물도 생물로 보는 불교의 관점이다. 지수화풍의 무생물도 생명이 있다. 분별심을 버리라는 말도 같은 말이다. 나라 국자가 '국토 궁민 구거 각꾹 각꾸거 각꿍민'처럼 이음동의어로 문자도 환경에 따라 변해야 진짜 소리글이다.

7) 한글도 좋지만 한말은 더 좋다.

한글은 19엉터리 종성을 고쳐야 3음 6줄 48문자의 6행 문자가 되지만, 한말은 고칠 것도 없이 3어 6격 108문법의 6행 문법이 되기 때문이다.

8) 인공 글과 자연 말

이래서 글과 말이 다를 때는 말이 맞다. 우리는 문법용어의 무명과 전도몽상에 빠져 있다. 다시 한 번 되풀이 강조한다.

	인공 글	자연 말
영국어	고급(Classical)영어	저급(Vulgar)영어
	글(Written)영어	말(Spoken)영어
	철자	발음기호
	수문법	격문법
	규범(거짓말)문법	비규범(참말)문법
	학교문법	어머니문법
	am not	ain't
	be going to	gonna
	want to	wanna
한국어	고급(Classical)국어	저급(Vulgar)국어
	글(Written) 국어	말(Spoken) 국어

<table>
<tbody>
<tr><td>닳도록</td><td>[달토록]</td></tr>
<tr><td>규범(거짓말)문법</td><td>비규범(참말)문법</td></tr>
<tr><td>학교문법</td><td>어머니문법</td></tr>
<tr><td>27종성</td><td>8종성</td></tr>
<tr><td>24문자</td><td>3음 6줄 48문자</td></tr>
<tr><td>9품사 문법</td><td>3어 6격 108문법</td></tr>
</tbody>
</table>

9) 인공문법(규범문법 = 학교문법) 유무로 글(written)과 말(spoken)

주동일치가 없는 ain't, gonna, wanna 등이 진짜 말영어다. 따라서 영문법 유무로 글영어와 말영어라는 것을 각별히 유의해야 한다.

10) 귀글과 눈글

귀(ear)글은 소리글이고, 눈(eye)글은 뜻글이다. 이렇게 하면 소리글과 뜻글의 의미가 더 분명해진다.

11) 전 세계에 한국어(한글 + 한말) 반포

미국, 중국도 한국어를 쓰면 문맹률이 0% 된다. 세계 각국이 마찬가지다. 전 세계에 한국어를 반포하여 불우이웃(문맹국가들)을 도와야 한다. 세종대왕의 '어린 백성'에는 전 세계 문맹자도 포함된다.

12) 글과 말 용어 정리

a) Alphabet   Grammar

한글(Korean Alphabet)   한말(Korean Grammar)

국문자(ㅇㄱㄴㄷ)   국문법(건강한 격문법)

영글(English Alphabet)   영말(English Grammar)

영문자(oabc)   영문법(고장난 격문법)

b) Written   Spoken

Langue   Parole

Classical   Vulgar

글국어Written Korean)   말국어(Spoken Korean)

닳도록   [달토록]

글영어(Written English)   말영어(Spoken English)

He is not happy.   He ain't happy.

He is going to stay here.   He gonna stay here.

He wants to stay here.   He wanna stay here.

13) 일본어와 한국어

일본어는 받침이 너무 없어서 탈이고 한국어는 받침이 너무 많아서 탈이다. 따라서 48문자에서 나오는 8개의 받침이 중도요 중용이요 정답이다.

풍신수길 = 도요토미 히데요시

가등청정 = 가토 기요마사

14. 횡설수설 촘스키 문법

1) 첫 단추를 잘못 잠갔다.

언어학은 2론(문자론과 문법론)인데 그는 3론(통사론, 의미론, 음운론)으로 시작한 것이 큰 잘못이다.

2) 사어(SVO)로는 보편문법 연구가 불가능하다.

생어(SOV)요 6행(3음 + 3어)어인 한국어로만 보편문법(자연문법) 연구가 가능하다.

3) 한글로만 보편문자 연구가 가능하다.

한글만이 자음 + 모음 = 음절이 되는 순수 소리글 6행문자기 때문이다. 로마자나 기타문자로 보편문자 연구를 하는 것은 불가능하다.

4) 횡설수설 촘스키 문법

반세기 동안 수정에 수정을 거듭하고 있다. 격문법이 보편문법임을 모르고 있다. 더 정확하게 말하면 6행문법이 보편문법이고 6행문자가 보편문자다.

5) 촘스키 문법도 전통문법

전통문법의 정문이 촘스키의 생성문법에서도 정문이기 때문이다. 반대로 전통문법(수문법)의 정문은 생성소멸문법(격문법)에서는 100% 비문이다. 수문법은 격문법에서 보면 100% 거짓말이기 때문이다.

15. 횡설수설 만학

6행 몰라서 모든 학문들이 횡설수설하고 있다. 만물6행 만학6행으로 모두 다시 연구해야 한다.

1) 횡설수설 어학

a) 파니니 문법 = 품사문법, 성 수 인칭 문법

b) 아리스토텔레스가 시간 3시제를 만드는 실수를 했다.

c) 소쉬르는 랑그와 빠롤이 다르다는 것을 발견한 사람이지만 랑그를 심층구조로, 빠롤을 표층구조로 한 것은 오진이다. 인공 글과 자연 말로 두 개는 확 다른 것이다.

d) 예스뻴슨의 전통(Traditional)문법과 촘스키의 생성(Transformational)문법은 차이가 없다. 전통문법의 정문이 생성문법의 정문이기 때문이다. 생성소멸(Transmigrational)문법에서는 생성문법의 정문이 모두 비문이 되니까 생성소멸문법과 생성문법은 확 다르다. 예를 들면 I am a boy라는 문장은 전통문법이나 생성문법에는 정문이지만 생성소멸문법[영어로는 윤회(Transmigrational)문법]에서는 비문이다.

2) 횡설수설 철학

석가모니 불교철학에 비하면 동서양 철학자들의 목소리는 장님이 코끼리 만지는 소리에 불과하다. 석가모니에 비하면 모두 장님들이라는 말이다. 따라서 각 대학의 철학과들은 불교철학이 가장 완벽한 철학이라는 것을 선포해야 서민들이 방향감각을 바로잡을 수 있다.

3) 횡설수설 국어 영어 수학

6행으로 국어를 다시 연구하면 6행 문자와 6행 문법이 나온다. 영어는 사어라서 구제불능인 것도 안다. 수학도 6행으로 다시 연구하면 쉬운 수학이 나올 것이다. 천 단위(5행)가 아니고 만 단위(6행)가 예다. 지금 천 단위로 수를 계산하니 되게 어렵다. 만 단위로 하면 쉬운 것이 증거다. million을 '만'으로 billion을 '억'으로 만들어야 맞다.

1,000,000,000,000

조	10억	백만	천
trillion	billion	million	thousand

1,0000,0000,0000

조	억	만

16. 엉터리 불규칙 동사표

1) 엉터리 목차

목차에 사실심 4시제 원형(하다), 현재(한다), 과거(했다), 대과거(했었다)가 아니고 현재 과거 과거분사만 있다. 생각심 2능 2시제도 없다.

2) be동사 오진

a) am are is 원형을 be라고 착각하여 교잡 be동사를 만들었다.

b) 2능어 am are is와 was were를 2시제로 오진했다.

3) 조동사를 2시제로 착각

조동사는 2시제가 아니고 2능어다.

4) 짝 잃은 기러기

must, ought to가 짝인 줄도 모른다. must(할 테다)와 may(일 테다)가 짝인 줄도 모른다.

5) 불규칙 동사표 유무로 사어와 생어

영국어 사전 뒤에는 불규칙 동사표가 있는데 한국어 사전 뒤에는 불규칙 동사표가 없다는 사실을 예의주시하면 영국어는 사어고 한국어는 생어라는 것을 안다.

6) 불규칙 보어표가 없다.

불규칙 동사표가 있으면 불규칙 보어표도 있어야 하는데 없다. 보어와 동사의 구별을 못하고 있다.

7) 불규칙 분사표

과거분사의 존재는 불규칙 동사표가 아니라 분규칙 분사표의 증거다. 따라서 현재는 원형분사다. 과거시제는 인공과거다. pp = p로 과거분사가 대부분이다.

한국어는 생어(SOV)
영국어는 사어(SVO)

17. 영문법은 총체적 부실 공사

하나를 보면 열을 안다. 아래 공인 3대 불규칙을 보면 불규칙 + 모든 영문법 용어가 가능한 영어라는 것을 안다. 따라서 영문법은 총체적 부실공사요 구석구석 썩은 영어요 100% 거짓말 영문법이요 막가파 영문법이다. 한국어에는 영어에 있는 공인 3대 불규칙들(불규칙동사 불규칙 복수 불규칙 비교)이 없다. 이것이 한국어는 생어고, 영국어는 사어 증거들이다.

1) 공인 3대 불규칙 + 불규칙 인칭대명사

불규칙 동사, 불규칙 비교, 불규칙 복수명사에 불규칙 인칭대명사표를 추가하기로 한다.

인칭 \ 수격	단수 주격	단수 소유격	단수 목적격	복수 주격	복수 소유격	복수 목적격
1인칭	I 나는	my 나의	me 나를	we 우리는	our 우리의	us 우리를
2인칭	you 너는	your 너의	you 너를	thou 너희들은	thy 너희들의	thee 너희들을
3인칭	he 그는	his 그의	him 그를	they 그들은	their 그들의	them 그들을
3인칭	she 그녀는	her 그녀의	her 그녀를	they 그녀들은	their 그녀들의	them 그녀들을
3인칭	it 그것은	its 그것의	it 그것을	they 그것들은	their 그것들의	them 그것들을

a) 국어는 규칙적인데 영어는 불규칙하다. 격조사가 죽은 영어다. 국어는 주격조사가 6개, 소유격조사도 6개, 목적격조사도 6개가 있는데 영어는 이런 것들이 모두 고장이다.

b) 영어는 격어만 있고 뜻이 없다.
따라서 전치사의 목적어라는 소리가 있다. 전치사 뒤에는 목적격 인칭대명사를 쓰라니 말도 안 되는 소리다.

　　The rat was killed by him.

c) 2인칭 복수 따로 있다.

d) 3인칭 단수는 3갠데 복수는 하나다.

e) she her her는 영어의 목적격어 '을/를'이 소유격어로 갔다는 증거다.

f) 이상과 같은 4대 불규칙으로 아래와 같은 추론이 가능하다. 하나 보면 열을 알기 때문이다.

2) 불규칙 8품사

　　불규칙 동사
　　불규칙 형용사
　　불규칙 부사
　　불규칙 명사
　　불규칙 대명사
　　불규칙 전치사

불규칙 접속사

불규칙 감탄사

3) 불규칙 8기능어

불규칙 전치사

불규칙 접속사

불규칙 관사

불규칙 be동사

불규칙 조동사

불규칙 관계사

불규칙 접두사

불규칙 접미사

4) 불규칙 성 수 인칭

불규칙 성

불규칙 수

불규칙 인칭

5) 불규칙 어순 구두점 대문자

불규칙 어순

불규칙 구두점

불규칙 대문자

6) 불규칙 8대 일치

다음 8개를 몰아서 8대일치라고 명명하자.

a) 불규칙 주어와 동사의 일치

b) 불규칙 시제일치

c) 불규칙 긍부일치

d) 불규칙 do be have 일치

문답문(Q&A)에서 일어나는 일치다. do로 물으면 do로 답하고, be동사로 물으면 be동사로 답하고 have동사로 물으면 have동사로 답하는 것을 말한다.

Did you love her?

(영어) Yes, I did.

(국어) Yes, it is

Have you loved her?

(영어) Yes, I have.

(국어) Yes, it is.

한국어는 생어(SOV)

영국어는 사어(SVO)

Were you loving her?

(영어) Yes, I was.

(국어) Yes, it is.

e) 불규칙 동목일치

부정사만을 목적어로 취하는 동사, 분사만을 목적어로 취하는 동사의 경우를 동목일치라고 하자. 우리 국어에는 이런 것이 없다. 부정사와 분사는 음양이라서 모두 쓰이는 한국어. 영어도 한국어처럼 모두 쓰여야 정상이다.

I wish to work(working) in Seoul.

나는 서울에서 일할(일하는) 것을 소망한다.

I am considering going(to go) to America.

나는 미국에 가는(갈) 것을 고려하고 있다.

f) 불규칙 동접일치

Whom the gods love(= loving) die young.

Whom the gods love(= loving) die when they are young.

문장이 길 때 문장을 분석하는 기술인 '동사의 수 - 1 = 접속사의 수'를 동접일치라고 하자. 하나의 문장에 동사가 두 개 있으면 접속사가 하나 반드시 있다는 말이다. 동사가 3개 있으면 접속사가 두 개 반드시 있다는 말이다. 하지만 준동사도 동사로 계산하니 엉터리다.

g) 불규칙 진행형일치

상태동사는 영어로 진행형이 안 된다.

I have a pen. (정진행)

나는 펜을 가지고 있다.

I know him.

나는 그를 알고 있다.

h) 불규칙 수동태 일치

The book sells well. (능수동)

그 책은 잘 팔린다.

7) 언어사대주의

우리는 다음과 같은 거대한 착각에 빠져 있다.

영국어	한국어
세계어	약소국어
세계 최우수어	열등어
무결점어	유결점어
불규칙 동사	규칙 동사
불규칙 복수	규칙 복수
불규칙 비교	규칙 비교
불규칙 인칭대명사	규칙 인칭대명사

18. Konglish 찬미론

영어는 주어와 동사의 일치로 엉터리고, 국어는 뜻어와 기능어의 일치로 정답이라서 Konglish 찬미론을 펼칠 수 있다.

English 주어와 동사 일치	Korean 뜻어와 기능어 일치	Konglish 뜻어와 기능어 일치
I am a boy.	나는 소년이다.	I let boy.
I am happy.	나는 행복하다.	I have happy.
I am here.	나는 여기에 있다.	I be here.
You are a boy.	너는 소년이다.	You let boy.
You are happy.	너는 행복하다.	You have happy.
You are here.	너는 여기에 있다.	You be here.
He is a boy.	그는 소년이다.	He let boy.
He is happy.	그는 행복하다.	He have happy.
He is here.	그는 여기에 있다.	He be here.

1) 화석들

am are is는 국어의 하다 이다 있다의 화석들이다.

2) 라틴어 모방

3인칭(I you he)은 모래알같이 많은 주어들 중에 3개에 불과하다. 여기에 하다 이다 있다의 화석 am are is를 고정하는 것은 미친 짓이다. 라틴어의 주동일치를 모방한 붕어빵 영어다.

3) 동사에 단수 복수?

am과 is는 단수동사고 are는 복수동사라는 증거는 없다. You are a boy도 되기 때문이다. 동사에 단수와 복수가 있다는 논리도 정신병자들의 논리다.

4) 백해무익 주동일치

주어와 동사의 일치가 격문법의 기초인 뜻어와 기능어의 일치를 파괴하니 영문법의 대참사다. 따라서 주동일치의 모든 문장들은 수문법에서 보면 정문이지만 격문법에서 보면 비문들이다.

5) 하나 보면 열 안다.

엉터리 주동일치를 보면 영문법의 모든 일치가 다 엉터리라는 것을 안다.

6) 콩글리쉬 찬미론

콩글리쉬(Konglish)가 낯 뜨거운 영어(Vulgar English)로 알려져 있지만 자연 영어(natural English)요, 말영어(Spoken English)라는 것을 우리는 재확인한다.

19. 보어격 3시제 복원

1) 주어와 동사의 일치 폐기처분

a) 주어와 동사의 일치를 폐기처분하고, am are is 2시제를 2능어로 돌려야 보어격 3시제를 복원하는 것이 가능하다.

구식	신식
I am a boy.	I let boy. 나는 소년이다.
I was a boy.	I have let boy. 나는 소년이었다.
I had been a boy.	I had let boy. 나는 소년이었었다.
I am happy.	I have happy. 나는 행복하다.
I was happy.	I have had happy. 나는 행복했다.
I had been happy.	I had had happy. 나는 행복했었다.
I am here.	I be here. 나는 여기에 있다.
I was here.	I have been here. 나는 여기에 있었다.
I had been here.	I had been here. 나는 여기에 있었었다.

2) 구식 현재시제와 과거시제의 잔재

다음은 보어 문장도 아니고, 진행형과 수동태도 아니고, 구식 동사의 현재시제와 과거시제의 잔재들이다.

I am tiring. 나는 지친다.
I am tired. 나는 지쳤다.

I am exciting. 나는 흥분한다.
I am excited. 나는 흥분했다.

My friends are going. 나의 친구들은 간다.
My friends are gone. 나의 친구들은 갔다.

They are marrying. 그들은 결혼한다.
They are married. 그들은 결혼했다.

3) 진행형과 수동태 폐기처분

여기에 were를 쓰면 불능이 된다.

My friends are going. 나의 친구들은 간다.
My friends were going. 나의 친구들은 가는데.

My friends are gone. 나의 친구들은 갔다.
My friends were gone. 나의 친구들은 갔는데.

They are marrying. 그들은 결혼한다.
They were marrying. 그들은 결혼하는데.

They are married. 그들은 결혼했다.
They were married. 그들은 결혼했는데.

따라서 지금의 진행형과 수동태는 폐기처분하고 '--하고 있다'는 be(있다)로 되는 진행형을 찾아야 하고, let(이다), get(지다), become(되다)으로 되는 수동태를 찾아야 한다. 다음 한국어가 증거다.

정지형	진행형
한다	하고 있다

능동태	수동태
보다	보이다
좋아하다	좋아지다
생각을 하다	생각이 되다

20. 준보어 2시제 복원

to be와 being을 제거하고 준동사의 모양으로 준보어를 만들기다.

1) 보부정사

to be kind ⟶ to kind 친절할
to have been kind ⟶ to have kinded 친절했을

2) 보분사

being kind ⟶ kinden 친절한
having been kind ⟶ having kinded 친절하던
hading been kind ⟶ hading kinded 친절했던

3) 보명사

being kind ⟶ kinding 친절함
having been kind ⟶ having kinded 친절했음

21. 쌍둥이 영어

영어에 같은 것 즉 쌍둥이들이 많아서 이런 별명이 필요하다.

1) 문자 쌍둥이

a) c j q x y: 쌍둥이들이라서 철자에만 있고 발음기호에는 없어서 제거대상이다.

b) r v f는 l b p와 쌍둥이들이라서 역시 제거대상이다.

영어의 알파벳 26자에서 위 8개를 제거하면 18개만 남으니 영어는 문자가 엄청나게 부족한 언어다. 국어는 자음 20개, 모음 20개로 40개나 되기 때문이다.

한국어는 생어(SOV)
영국어는 사어(SVO)

2) 문법 쌍둥이

a) 2능어 쌍둥이

(ㄱ) am was와 is was 제거하고 are were만 남긴다.

(ㄴ) must ought to 제거하고 may might만 남긴다.

(ㄷ) shall should 제거하고 will would만 남긴다.

b) 쌍둥이 과거시제

지금의 영어는 현재시제는 없고 과거시제가 두 개나 되니 엉터리다. 과거분사(worked, thriven)는 현재시제로 보내고, have worked를 과거시제로 해야 쌍둥이 문제가 해결된다.

c) 쌍둥이 단수와 복수

a/an과 one은 격조사와 숫자로 서로 다르기 때문에 구별해야 한다. -s는 격조사 사이시옷(ㅅ)이다. 고로 -s는 가짜복수고 the (poor)가 진짜복수다. 인공복수와 자연복수라는 말이다. 이것을 바로잡아야 영어는 수문법에서 격문법으로 간다.

22. be동사와 조동사는 2능어 증거

1) are to와 were to

소위 be to 용법이라는 것이다. 조동사 3개를 모두 표현하는 용법이다.

are to 할 테다, 할 것이다, 할 수 있다
were to 할 텐데, 할 것인데, 할 수 있는데

2) 구식, 과도기, 신식

이것을 이용하여 다음과 같이 조동사를 구식, 과도기, 신식으로 정리할 수 있다. 이것으로 be동사와 조동사는 2시제가 아니고 2능어라는 것을 증명할 수가 있다.

구식 = 과도기 = 신식
may = are to = are about to 할 테다
might = were to = were about to 할 텐데

will = are to = are going to 할 것이다
would = were to = were going to 할 것인데

can = are to = are able to 할 수 있다
could = were to = were able to 할 수 있는데

23. 정답 탐지기들

다음도 영어를 연구하는 데 필요한 정답 탐지기들의 되풀이 강조다.

1) 자연 = 정답 〉 인공 = 오답

자연법칙과 인공법칙이 다를 때는 자연법칙이 맞다.

a) 자연 말〉인공 글

말과 글이 다를 때는 말이 맞다.

b) 자연 국어〉인공 영어

국어와 영어를 비교하여 서로 다를 때는 국어가 정답이다.

c) 자연에는 자유재량이 있으니 자유인데 인공에는 자유재량이 없으니 고정이다.

자연 = 자유 〉 인공 = 고정
맞띄 자유   맞띄 고정
문자 자유   문자 고정
문법 자유   문법 고정

2) 불교 진리

불교는 자연을 신(God)으로 보는 범신론의 자연종교라서 정답이다.

a) 윤회론

다음 문제를 해결한다.

국어	영어
SOV	SVO
뜻어 + 기능어	기능어 + 뜻어
형용사 + 명사	명사 + 형용사
후행사	선행사
후치사	전치사

b) 공즉시색

공이 없으면 수학이 안 되듯이 어학도 안 되고 종교도 안 된다. 공 유무로 정답과 오답이다.

c) 6행(6대, 3먁3보리)

3음 3어가 6행이라는 것을 알게 한다.

6행 보편음어지도를 그리게 한다.

d) 분별심을 버려라. 무생물도 생물이다. 문자도 무생물이지만 주위 환경에 따라 문자변화를 한다.

몇월[며둴] 며칠, 얽히[얼키]고설킨
여자 부녀자, 이빨 금니빨, 문맹률[문맹뉼]

3) 6행〉5행

불교가 3먁3보리의 유일 6행 종교
한국어가 3음 3어의 유일 6행 언어

4) 생음 생어〉사음 사어

a) 자음 + 모음 = 음절 유무로 생음과 사음

b) 뜻어 + 기능어 = 격어 유무로 생어와 사어

한국어는 생어(SOV)
영국어는 사어(SVO)

c) 문장조사 유무로 생어와 사어

d) 어순으로 생어(SOV)와 사어(SVO)

24. 100% 거짓말 영문법

다음에서 가짜는 인공과 오답을 의미하고 진짜는 자연과 정답을 의미한다. 영어는 사어라서 100% 거짓말 영문법으로 만들어진 언어다. 100% 오진이라는 말이다. 따라서 구제불능 언어다. 다음의 몇 가지 거짓말들이 100% 거짓말 영문법의 증거들이다.

종류	가짜 = 인공 = 오답 = 수문법 = 거짓말	진짜 = 자연 = 정답 = 격문법 = 참말
1) 과거시제	worked	have worked
2) 가정법	If 가정법	조동사 유무로 생각심과 사실심

　　If he work hard, I will employ him.
　　If he worked hard, I would employ him.
　　If he have worked hard, I will have employed him.
　　If he had worked hard, I would have employed him.

3) a/an	one(단수)	은/는(격조사)
4) 복수조사	-s	the (poor)

a/an과 -s는 단수와 복수가 아니고 격조사다. 따라서 글영어는 수문법이고 말영어는 격문법이다.

5) will shall	미래조동사	생각심기능동사

　　She will have posted the letter yesterday.

6) be동사와 조동사	2시제	2능어

　　are to = may　　will　　can
　　were to = might would could

7) be + 현재분사	진행형	구식 미완료
8) be + 과거분사	수동태	구식 완료

구식현재시제로 진행형을 만들고, 구식 과거시제로 수동태를 만들었으니 엉터리다.

　　She is marrying to Tom.
　　She is married to Tom.

9) 시제	시간 3시제	마음 6시제

위 가정법 공식이 시간 3시제가 아니고 마음 6시제라는 증거이다.

10) have + pp	현재완료	과거 = 완료

11) had + pp   과거완료   대완료

12) will have + pp   미래완료   생각심 가능 완료

시간 3시제로 만든 3완료 시제라서 모두 오명이다.

13) 문법   수문법   격문법

영어는 수문법이고 국어는 격문법이다.

14) 문자   로마자(oabc)   한글(ㅇㄱㄴㄷ)

로마자는 사이비 소리글이고, 한글은 진짜 소리글이다.

15) egg(3음)   ㅔㄱ   에그

영어는 3음(자음 + 모음 = 음절)이 안 되고 국어는 된다.

16) oxen(3어)   소들   소는

영어는 3어(뜻어 + 기능어 = 격어)가 안 되고 국어는 된다.

17) 일치   주어와 동사의 일치   뜻어와 기능어의 일치

English	Korean	Konglish
I am a boy.	나는 소년이다.	I let boy.
I am happy.	나는 행복하다.	I have happy.
I am here.	나는 여기에 있다.	I be here.

18) I am a boy   정문   비문

글영어는 인공영문법(수문법)이라서 모두 비문이다.

19) 어순   SVO   SOV

문장조사 유무로 생어(SOV)와 사어(SVO)다.

20) 성(Gender)   자연성   문법성

자연성은 남근 유무로 남성과 여성이고, 문법성은 받침 유무로 남성과 여성이라서 완전히 다르다. 다음은 문법성이다. 한국어는 6행의 주격조사가 살아 있는데, 영국어는 죽었다.

Horse is useful. 말 유용하다.   Ox is useful. 소 유용하다.
A horse is useful. 말은 유용하다.   An ox is useful. 소는 유용하다.
Horses are useful. 말이 유용하다.   Oxen are useful. 소가 유용하다.
The horse is useful. 말도 유용하다. The ox is useful. 소도 유용하다.

25. 기타

1) 중도 = 중용 = 정답 = 6행 = 보편 = 자연 = 이데아(Idea) = 로고스(Logos)

  a) 6행문자 = 보편문자 = 소리문자 = 3음 6줄 48문자

한국어는 생어(SOV)
영국어는 사어(SVO)

b) 6행문법 = 보편문법 = 격문법 = 3어 6격 108문법

2) in that = 는다

영어 관계대명사의 화석이다.

This is Tom (in) that I love. 이 사람이 내가 사랑한다(는) 톰이다.

지금은 in that가 숙어로 변해 있다.

> Men differ from animals in that they can think and speak.
> 사람들은 그들이 생각하고 말할 수 있다는 점에서 동물들과 다르다.

3) 맞춤법 잘못 고정 '함니다'와 '합시다'는 다르다.

a) '함니다'와 '합시다'의 차이

사랑함니다(평서문)

사랑합시다(청유문)

b) 비읍(ㅂ) 탈락은 안 된다.

(ㄱ) 동사격

정답	오답	정답
옷을 입다	옷을 깁다	옷을 깁다
옷을 입는다	옷을 깁는다	옷을 깁는다
옷을 입었다	옷을 기웠다	옷을 깁었다
옷을 입었었다	옷을 기웠었다	옷을 깁었었다

(ㄴ) 보어격

오답	정답	오답	정답
날이 덥다	날이 덥다	날이 춥다	날이 춥다
날이 더웠다	날이 덥었다	날이 추웠다	날이 춥었다
날이 더웠었다	날이 덥었었다	날이 추웠었다	날이 춥었었다

4) 숫자 10개, 문자 40개

숫자 10개를 만들기보다 문자 40개를 만들기가 개수로 봐도 4배 어렵다. 이걸 세종대왕이 해냈으니 정말 대단하다. 3음이 되는 유일한 문자가 한글이다. 따라서 한국어만이 3음 + 3어 = 6행어다.

5) 무적 한글

중국어는 한자라야 하고 영어는 로마자라야 하고, 한국어는 한글이라야 하는 것이 아니다. 중국어도 영국어도 한글로 가능하다. 반대로 한자나 로마자로 한국어 표기는 불가능하다. 한글이 정답이고 한자나 로마자는 정답이 아니기 때문이다.

6) 한글이 국제표준음성기호다.

a) 지금 abc로 만든 국제표준음성기호는 엉터리다. abc가 3음으로 분리수거 안 된 쓰레기장이기 때문이다.

b) 지금 문자가 없는 나라는 대부분 abc를 쓴다. 한글을 써야 하는데 이것을 모르고 있으니 답답하다.

c) 영국 독일 프랑스도 문자가 없는 나라다. 영국은 앵글로 색슨시대에 룬(Rune)문자를 쓰다가 로마가 영국을 정복한 후에 로마문자(abc)를 쓰기 시작했다.

7) 성 수 인칭은 고장난 격조사 고정용 나사못

a) 성은 주격과 목적격조사인 고장난 관사와 고장난 2능어 be동사(am are is)를 주어와 동사의 일치로 고정하는 나사못이다.

Horse is useful.
A horse is useful.
Horses are useful.
The horse is useful.

Ox is useful.
An ox is useful.
Oxen are useful.
The ox is useful.

b) 수는 한국어의 주목격조사인 '은/는'을 단수로, 소유격조사인 고장난 사이시옷을 복수로 고정하는 나사못이다.

A horse is useful.
An ox is useful.
Horses are useful.
sports car, Animals Farm

c) 인칭은 보어격과 동사격조사인 고장난 be동사(am are is)를 I am, you are, he is로 주어와 동사의 일치로 고정하는 나사못이다.

8) 어순 구두점 대문자는 문장조사 대용

a) 평서문: 하다
주어 + 동사의 어순이다.

He loves her.

b) 의문문: 하냐?
영어는 동사 + 주어 어순이 의문문 문장조사를 대신한다.

Does he love her? 그는 그녀를 사랑하냐?
How came you to know that?
How dare you say such a thing to me?
Need you money?

c) 감탄문: 하구나!

How beautiful a girl she is!
What a beautiful girl she is!

감탄문은 How나 What으로 시작하는 것으로만 착각하고 있다. 하지만 Great!, Amazing! 등 감탄문 천지다.

d) 명령문: 하라

영어는 주어가 생략된 것을 명령문 문장조사로 하니 엉터리다.

Go there.

e) 기원문: 하소서

영어는 동사 + 주어가 기원문 문장조사로도 쓰이니 의문문과 혼동된다.

May the king live long. 왕이여 만수무강하소서.

God bless you.

f) 청유문: 하자

영어는 사역동사 Let's가 청유문 문장조사니 역시 엉터리다.

Let's KT.

이상을 총평해 보면 다음과 같다.

(a) 두 개의 어순(주어 + 동사, 동사 + 주어)으로 6개의 문장조사를 대신하기는 불가능하다.

(b) 세 개어 구두점(마침표, 의문부호, 감탄부호)으로 6개의 문장조사를 대신하기는 불가능하다.

(c) 대문자는 고유명사용이라기보다는 문장조사용이라는 것이 더 정확하다. 문장의 첫 문자가 대문자가 아니면 어디서 문장이 끝나는지 구별하기 어려운 영어기 때문이다.

9) 동사 3대

a) 1세대: am 세대

I am a think.

b) 2세대: 동사격조사 사망 세대

I think.

c) 3세대: 새로운 동사격조사 have가 생기는 세대

I have a think.

10) 영어선생님들이 왜 영어화화(말영어)를 못할까?

a) 글영어만 알지 말영어는 모르기 때문이다.

b) 한문학자들이 말 중국어는 못하듯이 영문학자도 마찬가지다. 영어로 강의가 가능한 영문과 교수가 없는 것이 증거다.

c) 광대 줄타기

글영어(수문법 영어)로 말영어(격문법 영어)를 하기는 광대 줄타기처럼 어렵다. 걸핏하면 틀리기 때문이다.

d) 말영어에 영문법 불필요

영문법 필요 유무로 글영어와 말영어다. 글영어는 수문법이고 말영어는 격문법이라서 100% 다르다. 예를 들면 주어와 동사의 일치는 글영어에만 필요하고 말영어에는 불필요한 것이 예다. ain't, gonna, wanna가 말영어다.

11) 우리는 장님이라서 음양도 모른다.

　　다음이 모두 음양의 관계다.
　사실심과 생각심
　보어격과 동사격
　준보어와 준동사
　분사와 부정사
　be동사와 조동사
　가능과 불능
　완료시제와 미완료시제
　자역동사와 사역동사

　3음과 3어
　문자론과 문법론
　맞춤법과 띄어쓰기

　사어(SVO)와 생어(SOV)

12) 우리나라 영어마을 성공사례 없다.

죽은 영어요 인공영어기 때문이다.

13) 저자가 증인

영어는 평생 해도 안 되는 언어라는 가장 강력한 증인이 이 책의 저자 유영두다. 평생 영어 선생을 했는데도 영어신문도 제대로 못 읽는다. 미국 영화를 자막 없이 보지 못한다.

14) 글영어로 Hearing과 Speaking을 하는 것은 글영어로 Reading과 Writing을 하는 것보다 더 어렵다. 시간적인 여유가 없고 있는 차이 때문이다.

15)

국어	영어
소리문자	사이비 소리문자
격문법	수문법
자연어	인공어
생어	사어
규칙어	불규칙어
비암기과목	암기과목
서당개 3년어	평생어

16) 구식과거를 수동태로 착각하고 능동태로 고침이 금도를 넘었다.

I am interested in this book. → This book interests me.

I am surprised at his sudden death. → His sudden death surprises me.

She is married to Tom. → Tom marries her.

한국어는 생어(SOV)
영국어는 사어(SVO)

제2장

100% 거짓말 영문법

제2장 100% 거짓말 영문법

붕어빵 영어, 불어, 독어 등이, 쓰레기장 영어 불어 독어다. 확대하면 세계 각국어가 다 품사문법을 하는 붕어빵들이다. 격문법을 하는 나라가 없다. 지금은 언어의 암흑시대다. 지구촌은 사어(SVO)들의 공동묘지라고 해도 과언이 아닐 정도로 사어들뿐이라서 각국의 문맹률이 50% 이상이다. 우랄알타이어(몽골어, 한국어, 일본어)만이 3어가 되니까 생어다.

1. abc는 3음으로 분리수거 안 된 쓰레기장

1) 3음(자음 + 모음 = 음절)이 안 되는 영어

다음이 예다. 따라서 영어 abc는 생음이 아니고 사음이다. 소리문자가 아니고 뜻문자다. 우리는 다음에서 영어는 이응(ㅇ)도 없고 '으'도 없다는 것을 안다.

> egg[eg] 에그[ㅔㄱ]
> apple[aepl] 애플[ㅐㅍㄹ]

2) w와 y는 반모음이 아니고 완전 모음이 맞다.

한글로 보면 이 사실을 안다. 초성도 겹모음과 쌍모음을 만드는 모음이다.

> window[윈도우]
> young[양]

3) 한글(ㅇㄱㄴㄷ)은 소리글, 영어(oabc)는 뜻글

영어 철자는 뜻글, 발음기호는 소리글이다.

> Wednesday[wenzdei], indict[indait]

4) ㄱㄴㄷ은 귀(ear)글, abc는 눈(eye)글

ㄱㄴㄷ은 배우면 국어를 읽을 수가 있지만, abc는 배워도 영어를 읽을 수가 없다. 발음기호가 따로 있기 때문이다.

5) 48자가 안 되는 oabc

자음(consonant) 20 + 모음(vowel) 20 + 8종성(ㄱㄴㄹㅁㅂㅅㅇㅆ) = 48이 안 되는 26자 oabc라서 문자가 절대 부족하다. 없는 것들 천지다. 그중에 대표적인 것이 자음 이응(ㅇ)과 모음 '으'자요 쌍자음 5개(ㄲㄸㅃㅆㅉ)다.

6) 출석도 못 부르는 영어: 한글〉한자〉abc

미국 선생님들은 학생들 출석을 부를 수가 없다. 발음기호가 없는 고유명사는 읽을 수가 없기 때문이다. 따라서 학생들 본인에게 어떻게 발음하냐고 물어보고 출석을 부른다. 다음이 간단한 예다.

> Reagan 리건? 레이건?

한국어는 생어(SOV)
영국어는 사어(SVO)

Coleridge 코러리지? 코울리지?

Nietzsche 니체?

이러니 한자보다도 열등한 로마자(abc)다. 한자는 출석 부르는 데 지장이 없기 때문이다.

7) 나라마다 다른 abc

영어 26자, 스페인어 28자, 러시아어 33자

2. 8품사도 3어로 분리수거 안 된 쓰레기장

1) 3어 위반 8품사

8품사에 뜻어, 기능어·격어가 섞여 있다.

> 뜻어: 명사, 대명사
> 기능어: 전치사, 접속사
> 격어: 동사, 형용사, 부사
> 문장: 감탄사는 원시 감탄문장

2) 불규칙 인칭대명사

인칭 \ 수·격	단수			복수		
	주격	소유격	목적격	주격	소유격	목적격
1인칭	I 나는	my 나의	me 나를	we 우리는	our 우리의	us 우리를
2인칭	you 너는	your 너의	you 너를	thou 너희들은	thy 너희들의	thee 너희들을
3인칭	he 그는	his 그의	him 그를	they 그들은	their 그들의	them 그들을
	she 그녀는	her 그녀의	her 그녀를	they 그녀들은	their 그녀들의	them 그녀들을
	it 그것은	its 그것의	it 그것을	they 그것들은	their 그것들의	them 그것들을

a) 국어는 규칙적인데 영어는 불규칙하다. 3격의 격조사가 죽은 영어라는 증거들이다.

b) 영어는 격어만 있고 뜻어가 없다.
따라서 전치사의 목적어라는 소리가 있다. 전치사 뒤에는 목적격 인칭대명사를 쓰라는 말이니 어불성설이다.

> A rat was killed by him.

c) 2인칭 복수 따로 있다.

d) 3인칭 단수는 3갠데 복수는 하나다.

e) she her her는 영어의 목적격어가 소유격어로 갔다는 증거.

3) 하나 보면 열 안다.

불규칙동사를 보면 불규칙 8품사도 알고 불규칙 영문법도 안다.

4) 불규칙 + 영문법 용어: 불규칙 영문법

다음 공인 3대 불규칙도 증거다.

a) 불규칙 동사 보면 불규칙 8품사 안다.

b) 불규칙 복수 보면 불규칙 명사 안다.

c) 불규칙 비교 보면 불규칙 동사, 형용사, 부사 안다.

따라서 불규칙 + 모든 영문법 용어해도 될 정도로 100% 불규칙 영문법이다. 불규칙은 암기해야 하니 글영어는 암기과목이라서 미국 학생들도 수학보다 글영어를 어려워한다.

5) 사람은 거짓말쟁이

a) 100% 거짓말 영문법

영어는 어순이 윤회한 사어라서 100% 규범영문법으로 만든 인공어다. 규범문법이 수문법이니 격문법에서 보면 100% 거짓말이다.

b) 사람 = 거짓말쟁이(liar)

규범영문법은 인공문법이다.

인공문법은 거짓말들이다.

고로 사람은 거짓말쟁이다.

6) 성(Gender): 종성 유무로 남성과 여성

a) 자음(ㅅ) + 모음(ㅗ) = 소(여성음절), 여성명사가 아니고 여성음절이다.

b) 자음(ㅁ) + 모음(ㅏ) + 자음(ㄹ) = 말(남성음절), 남성명사가 아니고 남성음절이다.

c) 자음(ㄷ) + 모음(ㅏ) + 자음(ㄹ) + 자음(ㄱ) = 닭, 이런 음절은 없다. 이래서 한글의 겹자음 종성 11개는 모두 대청소해야 한다.

7) 자연성과 문법성은 다르다.

a) 자연 성: 남근 유무로 남성과 여성이다.

b) 문법 성: 마지막 음절의 종성 유무로 남성과 여성이다.

남성	여성
말	소
사슴	사자
선생님	교사

8) 자연 한국어, 인공 영국어

3음 3어가 되는 자연 한국어와 3음 3어가 안 되는 인공 영국어는 완전히 다르다. 간단하게 말해 생어와 사어다. 자연어가 생어요 인공어가 사어다.

한국어는 생어(SOV)
영국어는 사어(SVO)

a) 하루 한글

영어 abc는 하루 배워도 영어를 읽을 수가 없지만, 한글은 하루만 배우면 한국어를 읽을 수가 있다. 이래서 미국은 대졸 문맹자가 있고, 우리는 무학 문맹자가 있는 차이가 난다. 초등학교를 나오지 못한 무학 문맹자도 한글을 하루만 배우면 문맹에서 벗어나니 전 세계는 문맹률이 50% 이상인데 우리나라만 문맹률이 0%로 유일하다.

b) 서당개 3년

서당개 3년이면 중국어는 글만 되고 말은 안 된다. 영국어는 글도 안 되고 말도 안 된다. 그러나 한국어는 글도 되고 말도 된다. 자연어(격문법)는 복잡해도 배우기 쉽고 인공어(수문법)는 간단해도 배우기 어렵다. 인간의 언어능력은 격문법이기 때문이다. 영국어는 인공어라서 암기과목이고, 한국어는 자연어라서 비암기과목이다. 따라서 배우기 어렵고 쉬운 차이가 생긴다. 따라서 우리는 영어를 평생 배워도 안 되는데 외국인들은 한국어를 쉽게 배운다.

3. 인공 글, 자연 말

자연(Natural)은 정답을 의미하고 인공(Unnatural)은 오답을 의미한다. 사람이 손만 대면 다 망가지니 사람이 마귀요 동식물이 천사라는 증거도 된다. 사람만이 자연을 파괴한다. 동식물은 자연을 보호한다. 따라서 글과 말이 다를 때는 말이 정답이다.

1) 나라마다 글과 말이 다르다.

글과 말이 같아야 하는데 다음과 같이 나라마다 글과 말이 달라서 문맹률이 높다.

인공(Unnatural) 글	자연(Natural) 말
랑그(Langue) = 글	빠롤(Parole) = 말
고급(Classical)라틴어	저급(Vulgar)라틴어
글(Written = Classical)영어	말(Spoken = Vulgar)영어
규범(Normative)문법	비규범(Abnormative)문법
인공(Unnatural)문법	자연(Natural)문법
학교(School)문법	어머니(Mother)문법
수(Number)문법	격(Case)문법
철자(뜻문자)	발음기호(소리문자)
글(Classical)국어	말(Vulgar)국어
규범(Normative)문법	비규범(Abnormative)문법
인공(Unnatural)문법	자연(Natural)문법
학교(School)문법	어머니(Mother)문법
닳도록	[달토록]
뜻문자	소리문자
27종성	8종성
한글 24자	3음 6줄 48문자
9품사문법	3어 6격 108문법

a) 외국어들이 글과 말이 다르다는 것은 글과 말이 같은 우리나라 사람들은 이해하기가 매우 어려운 문제다.

b) 랑그와 빠롤은 구조주의 문법학자 소쉬르가 글과 말이 다르다고 지적한 말이다.

c) 고급 라틴어는 좋은 라틴어고 저급 라틴어는 나쁜 라틴어로 오해하지 말아야 한다. Classical이 Unnatural이고 Vulgar가 Natural에 해당하는 말임을 명심해야 한다.

d) 옛날 조선시대에 한문학자가 중국 사신으로 갈 때 통역관을 데리고 간 것은 말 중국어를 몰랐기 때문이다. 글과 말이 다른 중국어라서 이런 현상이 일어난다. 지금 우리나라 대통령과 장관도 중고대에서 10년씩 영어를 배웠지만 통역관이 없으면 회담이 안 되는 것도 같은 현상이다. 영어선생이 영어회화(말영어)를 못하는 것도 같은 현상이다. 글과 말이 다른 영어기 때문이다. 영문법 유무로 글영어와 말영어. 영문법이 글영어에만 필요하고 말영어에는 필요 없다는 뜻이다.

e) 영어는 다음과 같이 글과 말이 100% 다른 언어다.

음어 \ 영어	글영어	말영어
문자	철자(뜻문자)	발음기호(소리문자)
	인공문자	자연문자
문법	수문법	격문법
	인공문법	자연문법

f) 묻고 답하는 문답문(Q&A)을 말영어(Spoken English)로 착각하기 쉽다. 영어 문답문은 지독한 인공어라는 것을 잊어서는 안 된다. 영문법으로 만든 문답문은 말영어(Spoken English)가 아니고 글영어(Written English)라는 것을 알아야 오해가 풀린다. 다음은 긍정과 부정도 인공으로 고정시킨 영어 문답문의 예다. 한국어는 의문문이 긍정이냐 부정이냐에 따라 대답도 달라지는데 영어는 불변이니 엉터리다.

> Are you a communist? ⟶ No, I am not.
> 너는 빨갱이냐? 아니요, 그렇지 않습니다. (No, it isn't)
> Aren't you a communist? ⟶ No, I am not.
> 너는 빨갱이 아니냐? 예, 그렇습니다. (Yes, it is)

한국어는 부정의문문일 때는 이렇게 다른데 영어는 이때도 No, I am not으로 하라고 강요한다. 주어와 동사의 일치도 국어와 영어가 많이 다르다. 국어는 언제나 No, it isn't와 Yes, it is로 매우 간단하다.

다음 부가 의문문에서도 긍정과 부정을 고정하는 영어 문답문이다.

> She is beautiful, isn't she? 그녀는 아름답다, 그렇지 않니?
> She isn't beautiful, is she? 그녀는 아름답지 않다, 그렇지?

하지만 한국어는 긍부일치를 무시하고 다음과 같이 Konglish로 해도 아무 문제가 없다.

> She is beautiful, is it? 그녀는 아름답다, 그렇지?
> She isn't beautiful, isn't it? 그녀는 아름답지 않다, 그렇지 않니?

한국어는 생어(SOV)
영국어는 사어(SVO)

g) 진짜 말영어(Spoken English)는 주어와 동사의 일치가 없는 ain't, gonna, wanna 같은 비규범영어를 말한다. 저급 영어(Vulgar English) = 낯 뜨거운 영어가 진짜 말영어(Spoken English)다.

> He ain't happy.
> He gonna stay in Korea.
> He wanna stay in Korea.

h) 인공 글, 자연 말: 글과 말이 다른 영어
용어 혼란에 유의해야 한다. 다시 한 번 강조한다.

글(Written)영어	말(Spoken)영어
고급(Classical) 영어	저급(Vulgar) 영어
규범(Normativel)문법	비규범(Abnormative)문법
= 거짓말 문법	= 참말 문법
학교(School)문법	어머니(Mother)문법
인공(Unnatural)문법	자연(Natural)문법
철자(뜻문자)	발음기호(소리문자)
수(Number)문법	격(Case)문법

i) 우리나라에 와서 사는 외국인들이 우리나라 말은 잘 하지만 우리나라 글은 어려워하는 것도 한국어도 맞춤법을 잘못 고정하여 글과 말이 문자에서 약간 다르기 때문이다. 한국어는 글과 말이 15% 정도 다르지만 영어는 100% 다르다. 영문법 필요 유무로 글영어와 말영어기 때문이다. 다시 말해 글영어에서만 영문법이 필요하고 말영어에서는 영문법이 필요 없다.

2) 몽골어 3형제

다음 순서대로 글과 말의 거리가 가깝고 멀다. 몽골에서 멀수록 글과 말의 거리가 멀어진다. 다시 말해 생어가 사어로 변한다.

a) 우랄알타이어가 글과 말이 가장 가깝다.

b) 중국어가 다음이다.

c) 인구어가 가장 멀다.

3) 문맹자와 문농자

a) 영어는 글과 말이 100% 달라서 글로써 말 배우는 것은 불가능하다. 벙어리 영어의 원인이다.

b) 글과 말이 달라서 한문학자들이 벙어리 중국어듯이, 영문학자도 벙어리 영국어다. 따라서 영어 선생님들이 말영어를 못하는 것은 당연하다.

c) 글과 말이 다른 영어라서 미국 사람은 글영어 문맹자, 외국 사람은 말영어 문농자 차이가 난다.

4. 동음이의어는 자연법칙

1) 동음이기능어는 자연법칙

주격조사 '은/는' '도'가 목적격조사로도 쓰이는 것이 하나의 예다.

2) 동음이의어도 자연법칙

동음이기능어가 자연법칙이듯이 동음이의어도 자연법칙이다. 한글 한 자에 중국의 한자 100자가 해당되는 것이 동음이의어도 자연법칙이라는 좋은 증거다.

3) 동음이의어 공포증

동음이의어를 두려워하여 동음이철어를 쓴 것이 한국어의 19엉터리 종성들이다. 모두 동음동철어로 고쳐야 한다.

낟낱낮낯낳 ──→ 낫

4) 말은 상황, 글은 문맥

맞춤법과 띄어쓰기를 자유로 하면 문자변화로 동음이의어가 많이 생겨 어수선하겠지만 상황과 문맥으로 해결하여 의미를 파악하게 되니까 그런 걱정을 할 필요가 없다. 한국어 '배'가 증거다.

5. 준보어와 준동사 전환

1) 준보어-보어 전환 100% 실패

교잡 be동사로 모두 실패다. 아래에서 a)는 be가 들어가서 모두 엉터리다. 지금은 b)와 같이 하고 있는데 c)와 같아야 성공이다.

a) be로 만든 원형 보분사	b) 실패	c) 성공
친절한(be kind) ──→ 친절하다	He is kind.	He has kind.
친절하던(have been kind) ──→ 친절했다	He was kind.	He has kinded.
친절했던(had been kind) ──→ 친절했었다	He had been kind.	He had kinded.

2) 준동사-동사 전환 대체로 성공

en-과거분사가 현재시제로 가는 것만 실패하고 나머지는 성공이다. 이가 없으면 잇몸으로 산다는 말이 이것을 두고 하는 말인가 보다. 동사가 없으니 준동사가 동사로 쓰이는 영어기 때문이다.

원형 동분사	동사	성공
번성하는(thrive) ──→	번성하다	The country (has) thrive.
번성한(thriven) ──→	번성한다	The country thriven.
번성하던(has thrived) ──→	번성했다	The country has thrived.
번성했던(had thrived) ──→	번성했었다	The country had thrived.

6. 영어 연구 잣대

다음과 같은 여러 가지 잣대로 영어를 연구하였다.

1) 자연 국어〉인공 영어

국어와 영어가 다를 때는 국어가 맞다.

한국어는 생어(SOV)
영국어는 사어(SVO)

2) 불교

a) 윤회론으로 영어 어순의 윤회 설명

b) 3먁3보리로 6행 설명

c) 공즉시색으로 공 설명

  공 유무로 정답과 오답이다. 0123이 세계 숫자이듯이 ㅇㄱㄴㄷ이 세계문자다.

d) 생물 = 무생물로 문자변화 설명

e) 뜻기능동사 6행을 무소유의 빈천해탈 증거로 해석

f) 무한대의 과거시제가 무한대의 전생 증거로 해석

3) 6행: 3음 3어 = 3먁3보리

  가장 중요한 정답탐지기가 6행이다. 모든 종류는 6개라는 말이다. 우주만물의 저변에 지하수처럼 흐르는 진리가 6행이다. 국어와 영어가 다를 때는 국어가 맞는 것은 6행 국어기 때문이다. 이 6행은 불교 3먁3보리에 해당하고, 미국 초월주의자 소로우가 자연특허라는 잎(leaf)에 해당하고, 플라톤 철학의 이데아(Idea)에 해당한다. 지금 우리는 6행을 몰라서 장님이다. 6행 알면 장님이 눈을 뜨는 것이니 선승부처는 아니라도 학승부처는 되는 것이다. 자기 전공을 훤하게 알게 된다.

4) 인공 = 오답, 자연 = 정답

  사람만이 자연을 파괴한다. 사람이 손만 대면 다 망가진다. 따라서 인공 하면 오답을 의미하고 자연 하면 정답을 의미한다.

5) 몽골족 = 민족 조상, 몽골어 = 어족 조상

  25000년 전 빙하기에 북극에 살던 에스키모 한 쌍만 살아남아서 후손들이 몽고로 내려와 전 세계로 퍼져 나갔으니 이런 결과가 나온다. 따라서 국어와 영어가 동족인 것도 알고, 국어가 윤회한 송장이 영국어라는 것도 안다.

6) 한국어가 세계어

  세계가 하나의 국가로 가면 생어(SOV) 한국어가 세계어로 돼야 하고 사어(SVO) 영국어는 세계어의 자격이 없게 된다. 지금 영어가 세계어라서 세계 영어 문맹률이 100%다. 한국어가 세계어가 되면 세계 한국어 문맹률이 0%가 된다는 사실을 사람들은 잘 모르고 있다. 한국어의 세계어 시대는 통역자가 필요 없는 시대다.

7. 1석4조 한국어 혜택

  한국어를 세계 각국이 쓰면 한국이 누리는 다음과 같은 4가지 혜택을 그들도 누릴 수 있다.

1) 문맹률 0%

  세계 각국의 문맹률이 50% 이상인데 생음 생어인 세계 최우수 한국어 덕으로 한국만 문맹률이 0%로다. 그들도 한국어를 쓰면 우리처럼 문맹률 0%가 된다.

2) IQ 1위 한국

언어가 IQ를 결정한다는 것은 일반론이다. 한국어가 세계 최우수 언어라서 한국의 IQ가 세계 1위다. 따라서 한국어를 쓰면 그들도 IQ 1위를 누린다.

3) 서당개 3년

국어	어순	문자	문법	서당개 3년
중국어	SVO(사어)	뜻	격	말은 안 되고 글만 된다.
영국어	SVO(사어)	뜻	수	말도 안 되고 글도 안 된다.
한국어	SOV(생어)	소리	격	말도 되고 글도 된다.

자연문자와 자연문법의 한국어, 3음과 3어가 되는 생음 생어의 한국어라서 서당개 3년이면 글도 되고 말도 된다. 따라서 세계 각국은 한국어를 모국어로 만드는데 서당개 3년이면 되니까 시간이 많이 걸리지도 않는다. 중국어는 성 수 인칭이 없어서 영어보다 자연어기 때문에 격문법이라고 했다.

4) 과학 강국

한국은 무학문맹자고, 다른 나라는 대졸 문맹자다. 한국의 문맹자는 한글 하루 배우면 문맹에서 벗어나지만 다른 나라 문맹자는 대학 나와도 문맹에서 벗어나기 어렵다. 이러니 우리는 초중고에서 한국어 시간이 필요 없으니까 이 시간을 과학에 주면 과학 강국이 된다. 그들도 한국어를 모국어로 쓰면 이런 혜택을 누릴 수 있다.

8. 4대 종주국

다음과 같이 간단하게 요약된다. 진짜 4대 문명 발상지다.

1) 네팔

석가모니 출생지 룸비니 동산이 네팔이라서 불교는 엄격하게 말하면 인도 불교가 아니고 네팔 불교다. 네팔이 정답종교의 종주국이다.

2) 인도

아라비아 숫자 0123은 인도숫자다. 인도가 정답숫자의 종주국이다.

3) 몽골

  a) 민족 종주국
  b) 어족 종주국

4) 대한민국

  a) 문자 종주국: 6행 문자(3음 6줄 48문자)
  b) 문법 종주국: 6행 문법(3어 6격 108문법)

9. 인공어

자연 하면 정답이고 인공 하면 오답이다. 따라서 자연어 하면 정답이고 인공어 하면 오답이다.

한국어는 생어(SOV)
영국어는 사어(SVO)

인간이 거짓말쟁이(liar)라는 증거도 된다.

1) 사무엘 존슨 영어 = 인공 영어

18세기까지 철자도 문법도 없는 영어를 1755년 사무엘 존슨이 영어대사전을 만들어 19세기부터 영어가 철자도 문법도 있는 영어로 탄생하였다. 하지만 엉터리 철자(문자)요 엉터리 문법이다. 3음 3어도 안 되는 문자(철자)와 문법(수문법)이기 때문이다.

2) 최현배 국어 = 인공 국어

이극로, 이희승과 더불어 1933년에 국어 맞춤법 통일안을 만들어 맞춤법과 띄어쓰기를 고정하였다. 하지만 문제가 많은 맞춤법과 띄어쓰기다. 엉터리 19종성이 대표적인 증거다.

10. 문자와 문법이 문맹률을 결정한다

1) 문자가 문맹률을 결정한다.

영어문자 abc도 중국 한자처럼 뜻문자다. 따라서 두 나라 모두 자기 문자를 버리고 한글을 써야 문맹률이 0%가 될 수 있다. 지금 문자로는 아무리 모국어 교육시간을 늘려도 그들은 문맹률을 0%는 고사하고 50% 이하로 내릴 수도 없다.

2) 문법도 문맹률을 결정한다.

죽은 사람을 살릴 수 없듯이 죽은 문법도 살릴 수 없다. SVO 영어와 중국어는 빨리 SOV 한국어를 수입해서 써야 현명한 선택이다. 빠르면 빠를수록 더 좋다.

11. 정신병자(insaint) 영어

1) a/an이 단수, -s가 복수라니 제정신인가.

영어 a/an은 국어의 주격조사 '은/는'에 해당한다.
sports car에서 -s는 국어 사이시옷(ㅅ)이고 복수조사가 아니다.

2) 격조사를 단수와 복수로 하는 수문법이 제정신인가.

격문법이란 용어는 있어도 수문법이란 용어는 없다. 격문법이 촘스키가 찾고 있는 보편문법이다.

3) will shall이 미래 조동사라니 제정신인가.

생각심 기능동사다. 다음은 미래완료가 아니고 생각심 가능 완료시제다.

> She will have posted the letter yesterday.
> 그녀는 어제 편지를 부쳤을 것이다.

4) 3음으로 분리수거 안 된 쓰레기장 abc가 제정신인가.

자음 + 모음 = 음절이 되는 문자는 한글 하나다.

> 에그 egg[eg] = ㅔㄱㄱ[ㅔㄱ]
> 나이트 night[nait] = ㄴㅏㅣㄱㅎㅌ[ㄴㅏㅣㅌ]

5) 3어로 분리수거 안 된 쓰레기장 8품사가 제정신인가.

뜻어 + 기능어 = 격어가 되는 나라 말은 생어(SOV)인 3개국어(몽골어 한국어 일본어)뿐이다.

6) 잡종교배 be동사가 제정신인가.

am are is와 be는 별개다. be는 am are is의 원형이 아니다. am are is는 2능어라서 be동사의 3시제와는 별개다. be(있다), have been(있었다), had been(있었었다)

7) 구식 현재를 진행형이라니 제정신인가.

She is marrying to Tom 그녀는 톰과 결혼을 한다.

8) 구식 과거를 수동태라니 제정신인가.

She is married to Tom. 그녀는 톰과 결혼을 했다.

12. 인간의 언어능력 하나

1) 문자 능력 하나

소리문자다. 어머니 배 안에서 배우고 나온다. 사람의 입이 내는 음성 능력은 하나다. 더 정확하게 말하면 6행문자다. 3음 6줄 48문자다.

2) 문법 능력 하나

격문법이다. 어머니 배 안에서 배우고 나온다. 따라서 학교에서 안 배워도 안다. 더 정확하게 말하면 6행문법이다. 3어 6격 108문법이다.

13. 8기능어 일치 = 100% 인공일치 = 100% 거짓말 영문법

1) 관사

a) 주격과 목적격조사로 쓰이는 관사다. 국어는 어미에 종성 유무로 '은/는'인데 영어는 어두에 초성이 자음이냐 모음이냐에 따라 'a/an'이니 완전히 엉터리다.

b) 철자가 아니고 발음기호에 따라 a, an이 결정되니 더 엉터리다.

> half an hour[아워]
>
> He is an honest[안이스트] boy.

다음도 young(영)은 모음으로 시작하는데 an이 아니고 a니까 엉터리 a/an 증거다. 한글로 봐야 영어의 관사가 엉터리라는 것을 안다.

> He is an old[오울드] man.
>
> He is a young[영] man.
>
> This is a window[윈도우].

c) 따라서 정관사 the 발음도 자음 앞에 [더], 모음 앞에 [디]로 소리 나는 것도 엉터리 인공문법이다.

> He is the[디] old man.
>
> He is the[더] young man.

d) 관사는 오명

정관사는 정지시사, 부정관사는 부정지시사라는 이름이니 관사라는 이름 자체도 정명이 아니다. 주격과 목적격의 조사가 정명이다.

2) be동사(am are is)

a) 사실심 보동격(보어격과 동사격) 조사로 쓰이는 be동사다. 동사격에는 쓰이지도 않고 보어격에서는 보어와 be동사 일치가 아니고 주어와 be동사의 일치를 하니 바람 난 영어라고 별명을 붙인다. 주동일치 I am(나는 하다), you are(너는 이다), he is(그는 있다)는 완전히 정신병자들의 작품이다.

b) 교잡 be동사 = 쑥대밭 be동사

교잡 be동사가 보어, 준보어, 진행형, 수동태, 조동사, 2능, 시제 등을 망치니 영어를 완전히 쑥대밭으로 만들기 때문에 쑥대밭 be동사라는 별명을 추가해야 한다. 다음도 are were가 2능어라는 증거다.

> My friends are going. 나의 친구들은 간다.
>
> My friends were going. 나의 친구들은 가는데.

> My friends are gone. 나의 친구들은 갔다.
>
> My friends were gone. 나의 친구들은 갔는데.

3) 조동사

a) 생각심 보동격(보어격과 동사격) 조사로 쓰이는 조동사다. will shall은 단순미래와 의지미래라는 다음 주장은 돌팔이 문법가들이 만든 거짓말이다.

의지미래	단순미래
1 will	I shall
you shall	you will
he shall	he will

b) 기타 조동사들의 용법도 모두 엉터리다.

> 의무: must, ought to, should
>
> 추측: must, may, can
>
> 능력: can

따라서 할 테다(must, may), 할 것이다(will, shall), 할 수 있다(can)로 하고, 조동사 유무로 생각심과 사실심으로 하고, 2시제가 아니고 2능어로 하면 일목요연하게 영어 조동사들을 학생들에게 가르칠 수 있다.

UN세계국을 만들면
종말의 시계가 멈춘다

4) 관계사

형용사절을 만드는 조사다. 한국어 '는'에 해당한다. 따라서 선행사와 관계사 일치, 관계사 3격(주격, 소유격, 목적격) 일치는 모두 인공일치다. that은 국어 문장조사 '다'에 해당한다. 영어는 준보어와 준동사가 고장나서 관계사로 표현된다. that 유무로 동사절과 준동사절이다.

> Mary is the girl that I love. 매리는 내가 사랑한다는 소녀다.
> Mary is the girl I love. 매리는 내가 사랑하는 소녀다.

5) 접속사

a) 부사절 만드는 조사다. 국어의 '고, 나, 면, 서, 도'에 해당하는 것만 접속사인데 이것도 and와 but은 등위접속사라고 하고, if, as(because), though는 종속접속사라고 하여 불규칙하다.

b) 선행사가 부사인 형용사절: when where before after처럼 선행사가 부사격조사도 없이 부사로 쓰이는 형용사절을 부사절이라고 착각하니 접속사에 문제가 많다. 다음은 부사절이 아니고 형용사절이다. 선행사 + 기능어 = 격어 원리다. 다음 Where는 관계대명사절의 선행사다.

> Where there is a will, there is a way.
> 뜻이 있는 곳에 길이 있다.

6) 전치사

a) 국어 '서(from), 로(to), 와(with, and), 나(or), 에(at)'에 해당하는 것만 전치사인데 영어는 위치를 나타내는 명사들(on, in, over, above, under, before, after)도 전치사로 하니 뜻어와 기능어의 구별이 없다.

b) 크기에 따라 다른 영어 전치사 일치: 한국어는 at(에) 하나로 되는데 영어는 크기에 따라 다음과 같이 2개와 3개로 되니 혼란스럽다.

> 장소: at in
> 시간: at on in

7) 접두사

기능어가 윤회하여 어두에 붙어버린 경우다. 다음 사역동사들이 예다.

> enrich, widen
> encourage, empower

8) 접미사

다음 stop에 붙는 접미사들이 예다. stop + s로 자음 + 자음도 3음(자음 + 모음 = 음절) 위반이다. 마지막 자음을 겹치고 접미사를 붙이는 방법도 모두 인공이다.

> A car stops in front of the building.
> A car stopped in front of the building.
> A car is stopping in front of the building.

한국어는 생어(SOV)
영국어는 사어(SVO)

14. 3어(뜻어 + 기능어 = 격어) 고장

1) 명주보목

3어가 고장난 영어다. 명사가 기능어도 없이 주어 보어 목적어로 쓰인다는 소리니까 기능어가 사망한 영어다.

2) 명동형부

a) 명사가 동사 형용사 부사로 쓰인다는 이름이 명동형부다.

b) 3어(뜻어 + 기능어 = 격어)가 고장난 영어 증거다. 영어도 본래 3어의 언어라는 증거가 다음 문장이다. 관사가 윤회한 주격과 목적격조사다. 격조사가 불규칙하다.

    A love has loved the lovely loves lovingly.

c) 영어는 명사가 기능어도 없이 동사 형용사 부사로 쓰이니 역시 기능어가 사망한 언어다.

    I study English. 나(는) 영어(를) 공부(한다). (격조사가 하나도 없다.)

    He is safe. (safe는 성품명사 '안전'을 형용사로 착각하니 엉터리다.)

    He arrived safe. (safe는 성품명사인데 부사 safely 대신에 쓰이니 엉터리다.)

d) think, know를 동사로 착각하는 경향이 있다. 8품사 영문법 때문이다. 모두 명사다.

    I have a think. 나는 생각을 한다.

    He is in the know. 그는 안다.

    We had a fight.

e) 파생명사

영어는 명사가 기능어도 없이 동사 형용사 부사로 쓰이니 주어 보어 목적어로 쓰일 새로운 명사가 필요하게 된다. 이래서 파생명사라는 것이 동사 형용사 부사에서 나온다.

    성품명사: safeness safety, poorness poverty, kindness

    비성품명사: transportation, conversion, settlement, thinking, knowing

명사가 격어(동사 형용사 부사)보다 길게 되니 3어(뜻어 + 기능어 = 격어) 위반이다. 따라서 파생명사도 영어가 사어 증거다.

15. 3동1리

뜻어와 기능어의 성격과 모양 4개에서 3개는 같고 1개만 다르다는 제목이다.

    뜻어

        내모(성격): 동

        외모(모양): 리

    기능어

        내모(성격): 동

        외모(모양): 동

1) 뜻어의 모양(외모)만 다르다.

3동1리는 위에서 3개는 같고 하나만 다르다는 소리다.

2) 뜻어 성격(내모)은 같다.

a) 성품명사: have kind = 친절하다

예를 들면 국어 '친절'과 영어 'kind'는 외모는 다르지만 성품명사라는 내모(성격)는 같아서 보어 문장을 만든다는 점에서 국어와 영어가 일치한다. 하지만 영어는 주어와 동사의 일치라는 인공 문법이라서 국어와 기능어도 다르기 때문에 ain't라는 단어로 주어와 동사의 일치가 없는 아래의 세 문장을 만들었다. am = 하다, ain't = 안 하다에 해당한다. am was가 아니고 am had(했다)가 짝이라야 맞다. 주어와 동사의 일치는 없다. 뜻어와 기능어의 일치가 맞다.

> I ain't kind. 나는 친절하지 않다.
> You ain't kind. 너는 친절하지 않다.
> He ain't kind. 그는 친절하지 않다.
>
> I am kind. 나는 친절 하다.
> You am kind. 너는 친절 하다.
> He am kind. 그는 친절 하다.

이제 am은 2능어니까 긍정에서는 다음과 같이 have가 등장해야 우리 국어와 같이 된다.

> I have kind. 나는 친절하다.
> You have kind. 너는 친절하다.
> He have kind. 그는 친절하다.

b) 비성품명사: have a think = 생각을 하다

> I think that he is honest. (동사격조사가 사망)
> ⟶ I have a think that he is honest. (동사격조사가 다시 생김)

영어는 think만으로 동사가 되니 엉터리다. have a think가 더 맞다는 것을 우리는 알 수 있다. 여기서 'a'는 국어 목적격조사 '을/를'에 해당하는 것으로 단수조사가 아니라는 것도 알 수 있다. 영어 think라는 명사도 한국어의 '생각'과 외모도 많이 닮았다.

3) 기능어 만국공통

a) 뜻어의 외모 하나만 다르기 때문에 시간과 공간에 따라 언어가 달라져서 방언이 생기고 외국어가 생기지만 기능어는 만국공통이라서 좀체로 안 변한다. 물론 기능어도 윤회하여 달라지기도 하지만 화석으로 존재한다.

b) 우리나라 남한과 북한의 말이 달라지지만 뜻어만 달라지고 기능어는 그대로 존재하는 것도 기능어는 잘 안 변하는 증거이다.

한국어는 생어(SOV)
영국어는 사어(SVO)

4) 국어로 영어를 교육해야 맞다.

다시 말해 뜻어 + 기능어 = 격어에서 뜻어 외모만 다르기 때문에 다음과 같이 국어로 영어를 교육하는 것이 정상이다. 학생들의 질문에 답을 할 수 있기 때문이고 영어를 쉽게 가르치는 방법이기 때문이다.

16. 국어로 영어 교육

국어로 영어 8기능어를 학생들에게 다음과 같이 설명할 수가 있다.

1) 관사

   a) 주목격조사: 주격과 목적격조사

     (a) 영어: a/an = 은/는, the = 도

      소위 대표단수와 대표복수가 여기에 해당한다. 대표복수는 소유격어라서 엉터리다.

        Horse is useful. 말
        A horse is useful. 말은
        The horse is useful. 말도
        Horses are useful. 말이?

     (b) 서반아어: el/la = 을/를, el nino(엘니뇨), la nina(라니냐)

     (c) 불어: le/la = 을/를

     (d) 이/가

      국어 이/가에 해당하는 것은 화석을 찾기가 어렵다. 북한의 국어학자 류렬이 쓴 '조선말역사'에 따르면 15~6세기에 생긴 것이기 때문이다.

   b) 부사격조사

     (a) on/in = a/an: on/in은 전치사가 아니고 관사다. 크기에 따라 다른 시간과 장소의 전치사로 쓰이는 것은 인공영문법이다.

       시간: at nine on Sunday in April
       장소: We arrived at Seoul station.
             We arrived in Seoul.

     (b) on = 은, in = 는

       I go to church on Sunday. 일요일은

   c) 강조 the = 도

      This is the furniture. 이것이 가구도다.

   d) 정지시사(정관사)와 부정지시사(부정관사)

      정지시사   부정지시사
      which(어느)   what(무슨)

this(이)	every(모든)
that(저)	some(어떤)
the(그)	any(아무) = a/an

e) 영어의 진짜 복수조사: 한국어 '들'에 해당하는 the

the poor 가난한 사람들, the killed and wounded 사자와 부상자들

the + he = they, the + you = thou thy thee,

다음도 국어의 복수조사 '들'이 들어간 소유격의 단어들이다.

poultry farm 닭들의 농장, peasantry 농부들의, gentry 신사들의

f) 비교조사

The sooner, the better

더 빠르면 더 좋다.

g) 소유격조사: 불어 소유격조사 'de'에 해당하는 영어 the

on the table, under the table

2) be동사: 사실심 보동격조사

a) 윤회 2세대

1세대	2세대
	do(다)
am	have(하다)
are	let(이다)
is	be(있다)
	get(지다)
	become(되다)

b) 1세대 be동사(am are is)는 직설법 2능어인데 2능어로 안 쓰이고 2시제로 쓰이니 엉터리다.

c) 교잡 be동사

2능어 am are is 원형이 be라는 것은 잡종교배라서 교잡 be동사라는 별명을 붙였다.

d) 교잡 진행형, 교잡 수동태

am are is가 2능어로 안 쓰이고 진행형과 수동태조사로 쓰이니 역시 엉터리다. 구식 현재시제와 과거시제를 진행형과 수동태로 만든 영문법이니까 교잡 진행형이고 교잡 수동태다. 진행형도 수동태도 없는 영어다.

She is marrying to Tom. 그녀는 톰과 결혼한다.
She was marrying to Tom. 그녀는 톰과 결혼하는데.

She is married to Tom. 그녀는 톰과 결혼했다.
She was married to Tom. 그녀는 톰과 결혼했는데.

한국어는 생어(SOV)
영국어는 사어(SVO)

e) 보동격조사는 사망이라서 불규칙하게 쓰인다. 다음과 같이 격 차이를 나타낼 때도 있다. 이것이 제대로 쓰이는 get(지다)이다.

> It is dark. 날이 어둡다. (보어격)
> It gets dark. 날이 어두워진다. (동사격)

f) do be have 3파전

  (a) do

   의문문과 부정문 독점
   be동사나 have동사나 조동사가 없는 경우에 의문문과 부정문을 만들 때 do를 써야 한다고 영문법에 규범되어 있다.

   > Do you love me?
   > I don't love you.

  (b) be(am are is)

   보어, 준보어, 진행형, 수동태 독점

  (c) have

   완료와 대완료 시제 독점

   > have pp
   > had pp

3) 조동사: 생각심 보동격조사

a) 윤회 3세대

  (a) 1세대(준동사)

가능	불능
must(할 테다)	ought to(할 텐데)
may(일 테다)	might(일 텐데)
shall(할 것이다)	should(할 것인데)
will(일 것이다)	would(일 것인데)
can(할 수 있다)	could(할 수 있는데)

  (b) 2세대(동사)

   are to: 할 테다, 할 것이다, 할 수 있다
   were to: 할 텐데, 할 것인데, 할 수 있는데

  (c) 3세대(동사)

   are(were) about to 할 테다(텐데)
   are(were) going to 할 것이다(것인데)
   are(were) able to 할 수 있다(있는데)

b) 지금 2능 조동사를 2시제 조동사로 하는 것은 엉터리다. 더구나 시제일치로 조동사 가능을 불능으로 바꾸니 설상가상으로 엉터리다.

> He said, 'I will go to Seoul.'
> He said that he would go to Seoul.

c) 지금 다음과 같은 용법으로 조동사를 설명하는 것도 엉터리다.

> must 의무, may 허가, will shall 미래, can 능력

d) 심지어 ought to, should도 의무를 나타낸다고 거짓말을 하고 있다.

e) will shall을 가지고 주어와 동사의 일치로 의지미래와 단순미래를 만들기도 하는데 완전히 미친 짓이다.

의지미래	단순미래
I will	I shall
you shall	you will
he shall	he will

4) 관계사: 형용사절 조사

다음은 이름만 다를 뿐 모두 형용사절들이다.

a) 관계대명사절

　(a) that(다) 유무로 동사절과 준동사절

> This is Tom that I love.
> 이 사람이 내가 사랑한다는 톰이다.
> This is Tom (whom) I love.
>
> 이이가 내가 사랑하는 톰이다.

　(b) 선행사가 의존명사로 쓰이는 의문사인 경우

> Whom the gods love die young.
> 신들이 사랑하는 자들은 일찍 죽는다.

　(c) 소위 관계대명사 계속적 용법이라는 것은 지시대명사다.

> He said that he saw me in the party, which is a lie.
> 그는 파티에서 나를 보았다고 말했는데 그것은 거짓말이다.

> which는 it에 해당한다. 따라서 이것은 형용사절이 아니다.

b) 관계부사절: 선행사를 수식하는 형용사절이다.

> This is the house where(in which) I was born.

c) 동격절: 동격어를 선행사로 하는 형용사절이다.

> I know (the fact) that he is honest.

한국어는 생어(SOV)
영국어는 사어(SVO)

d) 명사절: 의존명사 '것'과 부사절 조사 '고'의 사망으로 생긴 절

> I know that he is honest. (명사절 = 형용사절)
> 나는 그가 정직하다는 (것을) 안다.
> I think that he is honest. (부사절)
> 나는 그가 정직하다(고) 생각한다.

e) 선행사가 부사인 형용사절: 선행사가 기능어도 없이 부사로 쓰이는 절을 부사절이라고 하는데 부사절이 아니고 형용사절이 맞다. 선행사 + 기능어 = 격어의 원리다.

> Where there is a will, there is a way.
> It began to rain when(= by the time) I arrived home.

f) in that(는다)이 본래 영어 관계대명사의 화석으로 추정된다.

> This is Tom (in) that I love.
> 이 사람이 내가 사랑한다는 톰이다.

지금은 다음과 같이 부사절 숙어로 쓰인다.

> Men differ from animals in that they can think and speak.
> 사람은 생각하고 말할 수 있다는 점에서 동물들과 다르다.

5) 접속사: 부사절 조사

a) 국어 '그리(고 나 면 서 도)'에 해당하는 것만 부사절이다. that(다고), but(나), if(면), as(서), because(때문에), though(도) 등이 여기에 속한다. 따라서 종속접속사로의 '고'는 사망했다.

> I think that he is honest. 나는 그가 정직하다(고) 생각한다.

b) where, when, before, after, since 등 뜻이 있는 부사들을 접속사로 하는 절은 모두 형용사절에 속한다.

c) 등위부사
'그리고' '그러나' 등으로 쓰이는 and와 but는 접속사가 아니고 부사다.

> He is American, and(but) his wife is Chinese.

6) 전치사

a) 국어 '서(from), 로(to), 와(with, and), 나(or), 에(at)'에 해당하는 것만 전치사들이다.

b) 영문법은 위치를 나타내는 명사들(on, in, over, above, under, before, after)도 전치사라고 하니 뜻어와 기능어의 구별이 없어서 엉터리다.

7) 접두사

기능어가 윤회하여 어두에 붙어버린 경우다. 사역동사 조사가 접두사도 있고 접미사도 있어서 불규칙하다.

> enrich 부유하게 한다

widen 넓게 한다

여기서 'en'은 한국어 '한'에 해당하는 것이다. 따라서 과거분사 thriven의 en과 모양은 같지만 시제가 다르다. widen의 'en'은 동사의 현재시제 '한'이고, thriven(번성한)의 'en'은 분사의 과거시제 '한'이다.

8) 접미사

a) 영어 복수조사 -s는 국어 사이시옷(ㅅ)에 해당한다.

> Mary's book 매릿 책, sports car, girls' high school

b) 영어 과거시제조사 -ed는 국어 과거시제조사 쌍시옷(ㅆ)에 해당한다.

> They have worked hard. 그들은 열심히 일했다.

c) 국어 준동사를 만드는 접미사: 부정사(L), 동명사(M), 분사(N)는 영어에서 모두 죽었다. 따라서 영어는 shall will이 부정사 조사라야 맞고 to는 아니다. 영어 동명사 'M'은 swim, dream 등의 'm'이 화석이다. 영어 현재분사 -ing는 국어 니은(ㄴ)이나 '는'에 해당한다. dancing girl 춤추는 소녀

d) 직설법 3인칭 단수 현재동사의 어미에 붙는 -s가 인공문법이듯이 마지막 모음을 겹치고 접미사를 붙이는 방법도 모두 인공문법이다. 다음 stop에 붙는 접미사가 예다.

> A car stops in front of the building.
> A car stopped in front of the building.
> A car is stopping in front of the building.

17. 윤회 = 전환 = 사망

다음 3개는 하나다.

1) SOV-SVO 어순 전환

어순이 전환하면서 다음 준동사-동사 전환이 생긴다.

2) 준동사-동사 전환

다음이 4분사가 4시제로 쓰이는 즉 준동사가 동사로 쓰이는 증거들이다.

> 원형분사 = 현재시제 (work)
> 과거분사 = 과거시제 (worked)
> have + pp = 현재완료시제 (have worked)
> had + pp = 과거완료시제 (had worked)

준동사가 동사로 전환하니 시제-능 전환이 생긴다. 보동격조사(be동사와 조동사) 2시제가 2능어로 전환된다.

3) 시제-능 전환

be동사와 조동사는 2시제가 아니고 2능어다.

> may = are to = are about to 할 테다

might = were to = were about to 할 텐데

will = are to = are going to 할 것이다

would = were to = were going to 할 것인데

can = are to = are able to 할 수 있다

could = were to = were able to 할 수 있는데

지금 2능을 2시제로 하니 영어는 시제도 없는 언어다. 교잡 be동사가 보어 준보어 진행형 수동태 시제 등에서 영어를 쑥대밭으로 만들고 있다.

18. 시간 3시제 착각

다음과 같은 착각에 빠져 마음 6시제를 망치고 있다.

1) 단순 시간 3시제

현재	과거	미래
thrive	thrived	will thrive
번성하다	번성했다	번성할 것이다
번성한다		

2) 완료 시간 3시제

현재완료	과거완료	미래완료
have thrived	had thrived	will have thrived
번성했다	번성했었다	번성했을 것이다

a) '번성한다'라는 현재시제가 없다. 따라서 원형이 현재를 겸한다.

b) 과거시제가 두 개다. 인공과거 thrived, 자연과거 have thrived.

c) 다음은 미래시제가 아니고 생각심 시제다.

will thrive 생각심 가능 미완료

will have thrived 생각심 가능 완료시제

19. 시제도 없는 영어

1) 시간 3시제 착각

위에서 설명했다.

2) If 가정법 시제 = 가짜 가정법 시제

a) 소위 가정법 공식에서 If절 4시제는 사실심 4시제다. 주절 2능 2시제가 생각심 시제다.

b) as if, wish, time 뒤에 오는 가정법도 가짜 가정법이다. 다음과 같이 써도 말영어에서는 아무 문제가 없다. 주동일치도 무시한다.

Konglish = Vulgar English = Natural English = Spoken English

He talks as if he know everything.

I wish he work in Seoul.

It's time he go to bed.

c) 다음에서 I was가 아니고 I were인 것은 주어와 동사의 일치가 거짓이라는 증거이다. 따라서 are were만 남기고 am is was는 없애도 된다는 증거이다. 2능어는 하나면 되기 때문이다.

If I were a bird, I would fly to you.

If the sun were to rise in the west, I would not change my mind.

따라서 다음과 같아야 정상이다.

I are a bird. 나는 새다.

I were a bird. 나는 샌데.

3) 2능어를 2시제로

are were는 2시제가 아니고 2능어다. are to, were to가 증거다.

may = are to = are about to 할 테다

might = were to = were about to 할 텐데

will = are to = are going to 할 것이다

would = were to = were going to 할 것인데

can = are to = are able to 할 수 있다

could = were to = were able to 할 수 있는데

4) 시제일치로 가능을 불능으로 하니까

가능과 불능의 구별이 없다. 다음과 같이 화법전환을 할 때 발생한다.

He said, 'I will go to Europe'

He said that he would go to Europe.

5) 현재완료를 현재시제로 착각

과거시제가 두 개다. 명칭을 다음과 같이 정하는 것이 현재완료시제를 현재시제로 착각하지 않게 한다.

thrived는 인공과거

have thrived는 자연과거

6) 보어격 3시제, 동사격 4시제

이런 구별이 안 되는 영어.

a) 영어는 보어격 5시제니 엉터리다. 따라서 be동사(am, was)는 2능어다.

I be professor. 나는 선생님이다.

한국어는 생어(SOV)
영국어는 사어(SVO)

I am professor. 나는 선생님이다.

I was professor. 나는 선생님인데.

I have been professor. 나는 선생님이었다.

I had been professor. 나는 선생님이었었다.

b) 동사격은 현재시제가 없고 과거시제가 2개니 역시 엉터리다.

He works hard. 그는 열심히 일하다.(일한다)

He worked hard. 그는 열심히 일했다.

He has worked hard. 그는 열심히 일했다.

He had worked hard. 그는 열심히 일했었다.

7) 한국어는 진행형 3시제, 수동태 4시제

영국어는 교잡 be동사로 이런 구별도 안 된다.

진행형	수동태
-을 하고 있다	생각이 되다
-을 하고 있었다	생각이 된다
-을 하고 있었었다	생각이 되었다
	생각이 되었었다

8) 엉터리 32상: 32개의 비문

여러 가지(어순, 시간 3시제, 완료 3시제, be동사와 조동사 2시제, 진행형, 수동태, 교잡be동사, 주동 일치) 착각으로 이루어진 영어의 32상이니 엉터리 32상이다. 모두 정문(자연문장)이 아니고 비문(인공 문장)이다. 글 영어의 문장들이 100% 비문들이라는 대표적인 증거가 엉터리 32상이다.

a) 기본 8상

오명	정명
현재 I study English. 나는 영어를 공부하다.	사실심 원형미완료
과거 I studied English. ?(나는 영어를 공부한다.) 현재로 한다.	사실심 미완료
미래 I will study English. 나는 영어를 공부할 것이다.	생각심 가능 미완료
과거미래 I would study English. 나는 영어를 공부할 것인데.	생각심 불능 미완료

현재완료 I have studied English.　　　　사실심 완료
　　　나는 영어를 공부했다.

과거완료 I had studied English.　　　　사실심 대완료
　　　나는 영어를 공부했었다.

미래완료 I will have studied English.　　　생각심 가능 완료
　　　나는 영어를 공부했을 것이다.

과거미래완료 I would have studied English.　　생각심 불능 완료
　　　나는 영어를 공부했을 것인데.

(ㄱ) 과거=현재완료라서 현재자리에 온 과거시제는 현재로 해야 맞다.

(ㄴ) 여기서 가정법과거라는 착각이 생긴다.

b) 진행형 8상

　　오명　　　　　　　　　　　　　　　　정명

현재진행 I am studying English.　　　　사실심 원형미완료 진행형
　　　나는 영어를 공부하고 있다.

과거진행 I was studying English.　　　　사실심 완료 진행형
　　　?(나는 영어를 공부하고 있었다.) 제외한다.

미래진행 I will be studying English.　　　생각심 가능 미완료 진행형
　　　나는 영어를 공부하고 있을 것이다.

과거미래진행 I would be studying English.　　생각심 불능 미완료 진행형
　　　나는 영어를 공부하고 있을 것인데.

현재완료진행 I have been studying English.　　사실심 완료 진행형
　　　나는 영어를 공부하고 있었다.

과거완료진행 I had been studying English.　　사실심 대완료 진행형
　　　나는 영어를 공부하고 있었었다.

미래완료진행 I will have been studying English. 생각심 가능 완료 진행형
　　　나는 영어를 공부하고 있었을 것이다.

과거미래완료진행 I would have been studying English. 생각심 불능 완료 진행형
　　　나는 영어를 공부하고 있었을 것인데.

(ㄱ) 과거시제 두 개에서 하나는 제외한다. 진행형은 3시제이기 때문이다.

(ㄴ) 따라서 진행형은 8상이 아니고 7상이 된다.

c) 수동태 16상

　　오명　　　　　　　　　　　　　　　　정명

현재수동 English is studied by me.　　　사실심 원형미완료 수동태
　　　나는 영어가 공부되다.

과거수동 English was studied by me.　　　사실심 미완료 수동태
　　　?(나는 영어가 공부된다.) 현재로 한다.

한국어는 생어(SOV)
영국어는 사어(SVO)

미래수동 English will be studied by me.   생각심 가능 미완료 수동태
　　　　나는 영어가 공부될 것이다.

과거미래수동 English would be studied by me.   생각심 불능 미완료 수동태
　　　　나는 영어가 공부될 것인데.

현재완료수동 English has been studied by me.   사실심 완료 수동태
　　　　나는 영어가 공부되었다.

과거완료수동 English had been studied by me.   사실심 대완료 수동태
　　　　나는 영어가 공부되었었다.

미래완료수동 English will have been studied by me.   생각심 가능 완료 수동태
　　　　나는 영어가 공부되었을 것이다.

과거미래완료수동 English would have been studied by me.
　　　　　나는 영어가 공부되었을 것인데. (생각심 불능 완료 수동태)

현재진행수동 English is being studied by me.   사실심 미완료 진행형 수동태
　　　　나는 영어가 공부되고 있다.

과거진행수동 English was being studied by me.   사실심 완료 진행형 수동태
　　　　?(나는 영어가 공부되고 있었다.) 제외한다.

미래진행수동 English will be being studied by me.   생각심 가능 미완료 수동태
　　　　나는 영어가 공부되고 있을 것이다.

과거미래진행수동 English would be being studied by me.
　　　　　나는 영어가 공부되고 있을 것인데. (생각불능미완료진행수동)

현재완료진행수동 English has been being studied by me.
　　　　　나는 영어가 공부되고 있었다. (사실완료진행수동)

과거완료진행수동 English had been being studied by me.
　　　　　나는 영어가 공부되고 있었었다. (사실대완료진행수동)

미래완료진행수동 English will have been being studied by me.
　　　　　나는 영어가 공부되고 있었을 것이다. (생각가능완료진행수동)

과거미래완료진행수동 English would have been being studied by me.
　　　　　나는 영어가 공부되고 있었을 것인데. (생각불능완료진행수동)

(ㄱ) 여기도 과거가 두 개라서 하나는 현재로 한다.

(ㄴ) 진행형은 3시제라서 하나는 제외한다. 따라서 수동태 16상은 15상이 된다.

(ㄷ) 진행형 두 개 제외하면 32상이 30상으로 줄어들어 6으로 나눠지는 6행상이 된다.

이상의 여러 가지 착각들을 간단하게 다시 설명하면 다음과 같다.

a) 어순 착각

모두 생어(SOV) 어순이 아니고 사어(SVO) 어순들이다. 영어는 사어라서 격조사도 없다. 다음이 증거다. 주격조사, 동사격조사, 목적격조사가 없다.

> I   study   English.
> 나(는) 공부(한다) 영어(를)

b) 시간 3시제 착각

시간 3시제가 아니고 마음 6시제(사실심 4시제와 생각심 2능 2시제)다. 시간 3시제 착각으로 위 32상의 이름들이 모두 정명이 아니고 오명이다.

c) 완료도 시간 3시제로 착각

3완료도 시간 3시제로 착각하고 있다. 현재완료 과거완료 미래완료

d) 2능의 be동사와 조동사를 2시제 착각

be동사와 조동사는 2시제가 아니고 2능어다.

e) 진행형(be+현재분사) 착각

구식 현재시제를 진행형으로 착각하고 있다.

f) 수동태(be+과거분사) 착각

구식 과거시제를 수동태로 착각하고 있다.

g) 교잡 be동사 착각

am are is의 원형은 be가 아니다.

h) 주동일치 착각

영국어는 수문법이라서 주어와 동사의 일치를 하고, 한국어는 격문법이라서 뜻어와 기능어의 일치를 한다.

i) 한마디로 요약하면 영어는 준동사가 동사로 쓰이는 언어라서 기본 8상 자체가 엉터리다. 여기에 진행형 엉터리와 수동태 엉터리까지 겹쳐서 32상이 모두 비문(인공문장)들이다.

20. 준보어와 준동사

한국어로 보면 보어격과 동사격의 부정사와 동명사는 모양이 같다.

> 동부정사 = 보부정사
> 동명사 = 보명사

분사만 약간 다르다. 따라서 준보어를 준동사 모양으로 만들어보면 다음과 같다. 국어와 비교하면 준동사도 엉터리지만 준보어는 더 엉터리라는 것을 알 수 있다. 교잡 be동사 때문이다.

한국어는 생어(SOV)
영국어는 사어(SVO)

1) 준동사

부정사	분사	동명사
to thrive	thriving	thriving
번성할	번성하는	번성함
to have thrived	having thrived	having thrived
번성했을	번성하던	번성했음
	hading thrived	
	번성했던	
	thriven	
	번성한	

2) 준보어

부정사	분사	보명사
to kind	kinden	kinding
친절할	친절한	친절함
to have kinded	having kinded	having kinded
친절했을	친절하던	친절했음
	hading kinded	
	친절했던	

21. 100% 인공(거짓말) 영문법

1) 죽은 송장 글영어와 산송장 말영어

영문법 유무로 글과 말이 다른 영어니까 우리는 영문법에 사기당하고 있다. 100% 주먹구구 인공영문법이다. 라틴문법을 모방한 붕어빵 영어기 때문이다. 글영어는 100% 인공어라서 죽은 송장 영어라는 별명을 붙이고, 말영어는 자연어지만 SVO 사어라서 산 송장 영어라는 별명을 붙이면 실감나는 정명이 된다. 글영어와 말영어의 차이를 잘 설명하기 때문이다. 다시 말해 글영어는 죽은 송장이라서 생명이 없고 말영어는 중풍환자처럼 생명은 있어도 죽은 목숨이나 마찬가지다. 따라서 생명유무로 말영어와 글영어가 큰 차이가 난다. 글영어는 100% 인공영어라서 마네킹 글영어라는 별명을 붙인다.

품목	인공 글영어 죽은 송장 글영어 마네킹 글영어	자연 말영어 산송장 말영어 중풍 걸린 말영어
문법	수문법	고장난 격문법
문자	철자(뜻문자)	발음기호(소리문자)
영문법	필요	불필요
	고급(Classical)영어	저급(Vulgar)영어
	문법적 영어	비문법적 영어
	학교(School)문법	어머니(Mother)문법
	규범(Normative)문법	비규범(Abnormative)문법
	인공(Unnatural)문법	자연(Natural)문법

주동 일치	있다	없다
	He is going to	He gonna
	He wants to	He wanna
	He isn't	He ain't
a/an과 - s	단수와 복수 조사	격조사
	수문법	격문법
will, shall	미래조동사	생각심 조동사
	시간 3시제	마음 6시제
have pp	현재완료	사실심 과거시제
will have pp	미래완료	생각심 가능 과거시제
가정법	if 가정법	폐기처분
be + 현재분사	진행형	구식 현재시제
be + 과거분사	수동태	구식 과거시제
are, were	2시제	사실심 2능어
will, would	2시제	생각심 2능어
동사 나누기	자동사와 타동사	자역동사와 사역동사

2) 우리는 영문법에 사기당하고 있다!

여기서 '우리'는 영미 본토인들도 포함하는 말이다. 영어는 사어라서 라틴문법을 모방한 인공문법이다. 이래서 라틴문법 붕어빵 영어라고 불러도 될 정도로 엉터리다. 100% 거짓말 영문법이라서 글과 말이 100% 다르다. 문자도 다르고 문법도 다르다.

음어＼영어	글영어	말영어
문자	뜻문자(철자)	소리문자(발음기호)
문법	수문법	격문법

이래서 미국과 캐나다에는 대학 나온 문맹자들이 50%다. 의무교육문제가 아니다. 전 세계가 이렇다. 사음 사어들이기 때문이다. 따라서 영어가 안 망하면 미국이 망한다. 영어를 쓰면 머리가 나빠지기 때문이다. 언어가 IQ를 결정하는 것은 일반론이다. 성 수 인칭 유무로 영어가 중국어보다도 열등하다. 성 수 인칭은 수문법이라서 백해무익한 담배와 같은 존재기 때문이다. 영어는 주어와 동사의 일치고 국어는 뜻어와 기능어의 일치라서 완전히 다르다. 여기서 우리는 영어는 맞춤법도 띄어쓰기도 없는 언어라는 것을 안다.

A horse is useful.　　An ox is useful.
Horses are useful.　　Oxen are useful.

3) Chomsky를 포함한 영미의 자연어(생어) 연구 교수들은 영어가 인공어(사어)라는 것을 안다.

22. 인류는 영어에 사기당하고 있다

1) a/an과 -s는 단수와 복수가 아니고 격조사다.

Oxen are animals.
An ox is an animal.

한국어는 생어(SOV)
영국어는 사어(SVO)

2) will, shall은 미래조동사가 아니고 가정법 기능동사다.

> She will have posted the letter yesterday.
> That will have been Mary who phoned.

3) be동사와 조동사는 2시제가 아니고 2능어다.

> can = are to = are able to 할 것이다.
> could = were to = were able to 할 것인데.

4) 주어와 동사의 일치가 아니고 뜻어와 기능어의 일치다.

English	Korean	Konglish
I am a boy.	나는 소년이다.	I let boy.
I am happy.	나는 행복하다.	I have happy.
I am here.	나는 여기 있다.	I be here.

5) am are is의 원형은 be가 아니다. be는 3시제로 별개다.

비문	국어	정문
I am here.	나는 여기 있다.	I be here.
I was here.	나는 여기 있었다.	I have been here.
I had been here.	나는 여기 있었었다.	I had been here.

6) 진행형과 수동태는 구식 현재와 과거시제로 만들어서 엉터리다. be동사는 2능어다.

> She is marrying to Tom. 그녀는 톰과 결혼한다.
> She was marrying to Tom. 그녀는 톰과 결혼하는데.
>
> She is married to Tom. 그녀는 톰과 결혼했다.
> She was married to Tom. 그녀는 톰과 결혼했는데.

7) 영문법 유무로 글과 말이 다른 영어다. 주어와 동사의 일치 유무로 글영어와 말영어가 증거다.

글영어	말영어
He isn't happy.	He ain't happy.
He is going to live in Korea.	He gonna live in Korea.
He wants to live in Korea.	He wanna live in Korea.

23. 영문법 결론의 시

예전엔 미처 몰랐어요.
영어가 사어(SVO)라는 것을
한국어(SOV)가 윤회한 송장이 영국어(SVO)라는 것을

100% 거짓말 영문법이라는 것을
주어와 동사의 일치(I am, you are, he is)가 대표적인 거짓말이라는 것을
영문법의 모든 일치들이 다 이런 거짓말들이라는 것을
18세기 라틴문법을 모방하여 날조된 붕어빵 영문법이라는 것을

영문법 유무로 글영어와 말영어가 100% 다르다는 것을
a/an과 -s가 글영어에서는 단수와 복수지만 말영어에서는 격조사라는 것을
따라서 본토인들은 글영어(수문법)를 어려워하고 외국인들은 말영어(격문법)를 어려워한다는 것을
이래서 미국과 캐나다의 문맹률이 50%나 되고 전 세계는 영어로 소통이 불가능한 벙어리 세계라는 것을
다시 말해 글과 말이 다른 영어로 본토인도 불행하고 외국인도 불행하다는 것을
한마디로 지금 인류는 영문법에 사기당하고 있다는 것을
국문법은 자연문법 격문법 참말문법이지만
영문법은 인공문법 수문법 거짓말문법이라는 것을
정말로 정말로 예전엔 미처 몰랐어요.

한국어는 생어(SOV)
영국어는 사어(SVO)

제3장

구세주 한국어

제3장 구세주 한국어

1. 국어는 생어(SOV), 영어는 사어(SVO)

	국어	영어
1)	SOV	SVO
2)	생어	사어
3)	지연어	인공어
4)	소리문자	뜻문자
5)	격문법	수문법
6)	생음 생어	사음 사어
7)	토끼 똥	참새 똥

1) 어순: SOV, SVO

a) 주어 + 목적어 + 동사 어순은 살아 있는 언어의 어순이고, 주어 + 동사 + 목적어 어순은 죽은 언어의 어순이다. 지구촌은 죽은 언어들 공동묘지다. 살아 있는 언어는 우랄알타이어 3개(몽골어, 한국어, 일본어)뿐이기 때문이다. 몽골어는 러시아 abc를 쓰고 일본어는 중국 한자를 쓰니까 한글을 쓰는 한국어가 세계 최우수어라는 것은 쉽게 알 수 있다. 한국어가 금메달, 몽골어가 은메달, 일본어가 동메달이다. 세계 언어대회에서 한국어가 83%로 1위고 몽골어가 10%로 2위라는 방송보도가 있었다고 한다. 지금 영어가 세계어가 된 것은 미국의 국력 때문이다. 영어가 세계 최우수 언어라서 세계어가 된 것은 아니다.

b) 문장조사 유무로 생어와 사어다. 동사격조사가 문장조사를 겸한다. 다음이 6행의 문장조사다.

> 평서문: 사랑하다.
> 의문문: 사랑하냐?
> 명령문: 사랑하라.
> 기원문: 사랑하소서.
> 감탄문: 사랑하구나!
> 청유문: 사랑하자.

c) 문장조사는 깡통 뚜껑과 같은 기능을 한다. 문장조사의 정위치는 문미가 되는데 영어는 동사가 주어 다음으로 윤회하여 문장조사가 죽었기 때문에 내부가 구석구석 썩은 영어다.

2) 국어는 생어, 영어는 사어

a) 생어와 사어는 비교의 상대가 안 된다. 죽은 사람을 살릴 수 없듯이 죽은 언어도 살릴 수 없기 때문에 영어는 구제불능 언어라서 미국도 한국어 사용이 불가피하다.

b) 국어와 영어를 비교하여 서로 다를 때는 국어가 맞다. 지금은 영어가 맞는 것으로 착각하고 있으니 국어가 병신인 줄 안다.

3) 국어는 자연어, 영어는 인공어

a) 국어는 생어니까 자연어고, 영어는 사어니까 인공어다.

b) 국어와 영어는 서로 문자와 문법이 확 다르다.

4) 소리문자와 뜻문자

a) 한글은 소리문자지만 로마자는 뜻문자다. 발음기호 유무로 뜻문자와 소리문자기 때문이다. 영어 발음기호는 영어 abc 즉 철자가 뜻문자라는 증거이다.

b) 영어는 철자를 버리고 발음기호를 철자로 해야 소리문자로 가까이 간다.

c) abc를 쓰는 나라들은 모두 엉터리 문자를 쓰고 있는데도 모르고 있다. 3음(자음 + 모음 = 음절)이 안 되는 것이 증거다.

d) 한글〉한자〉abc

abc를 더 정확하게 말하면 중국 한자보다 못한 사이비 소리문자다. 중국 한자로는 학생들 출석을 부를 수 있지만 abc로는 안 되기 때문이다. 죽(뜻글)도 밥(소리글)도 아닌 문자가 사이비 소리문자다.

5) 국어는 격문법, 영어는 수문법

a) 격문법이 자연문법이고 촘스키가 찾고 있는 보편문법이다. 보편문법 연구는 한국어로만이 가능하다.

b) 영어는 격조사 a/an과 -s를 단수와 복수로 하니까 격문법이 아니고 수문법이다.

6) 생음 생어 국어, 사음 사어 영어

a) 3음도 되고 3어도 되는 국어라서 생음 생어의 국어다. 반대로 영어는 두 개 모두 안 되니까 사음 사어의 영어다.

b) 이것은 맞춤법과 띄어쓰기의 문제라서 매우 중요하다. 국어는 맞춤법과 띄어쓰기가 되는 언어고 영어는 안 되는 언어라는 소리니 심각한 문제다. 이래서 아래 토끼 똥 국어와 참새 똥 영어에서 다시 논하기로 한다.

7) 토끼 똥 국어, 참새 똥 영어

a) 국어는 맞춤법도 되고 띄어쓰기도 되지만 영어는 이게 안 된다. 맞춤법도 띄어쓰기도 없는 영어라는 것을 예의주시해야 한다. 3음 3어가 되는 한국어와 안 되는 영국어의 차이가 무섭다.

b) 3음 맞춤법이 안 되는 영어

에그 egg[eg] = ㅔㄱㄱ[ㅔㄱ]

여기서 국어는 음절로 표현이 되는데 영어는 이응(ㅇ)과 '으'라는 모음이 없어서 음절이 안 되는 것을 안다. 철자의 'g' 하나는 묵음이다. 예를 또 하나 더 보자.

나이트 night[nait] 나ㅣㄱㅎㅌ[나ㅣㅌ]

이것도 마찬가지다. 국어는 3음의 음절이 되는데 영어는 안 된다. 'gh'는 묵음이다. 'ㅌ'은 '으'도 없이 음절이다.

c) 3어 띄어쓰기가 안 되는 영어

oxen[소는] = an ox[는 소]

oxen[소는]은 불규칙 복수명사가 아니고 주격어다. an ox[는 소]로 기능어가 뜻어 앞으로 윤회한 영어다. 이것을 주어로 문장을 만들어보면 영어는 단수와 복수도 엉터리고 띄어쓰기도 엉터리 언어라는 것을 안다. 기능어가 뜻어 앞으로 윤회하여 독립하였기 때문이다.

Oxen are animals. 소는 동물이다.(국어는 1번, 영어는 2번 띄어 쓴다.)
An ox is an animal. 소는 동물이다.(국어는 1번, 영어는 4번 띄어 쓴다.)

이래서 국어는 3음 3어가 되는 생음 생어라서 맞춤법과 띄어쓰기가 되는 다시 말해 음절과 격어가 분명하게 성립되는 언어라는 소리를 줄여서 '토끼 똥 국어'라고 별명을 정하고, 영어는 이게 안 되는 언어라서 '참새 똥 영어'라는 별명을 정하면 국어와 영어를 이해하는 데 도움이 된다. 토끼 똥은 동글동글한 된 똥이라서 음절과 격어가 분명한 상징이 되고, 참새 똥은 설사라서 음절과 격어가 불분명한 상징이 되기 때문이다.

2. 서당개 3년 비교

언어＼종류	문자	문법	서당개 3년
중국어	인공문자	자연문법	글만 되고 말은 안 된다.
	뜻문자	격문법	
영국어	인공문자	인공문법	글도 안 되고 말도 안 된다.
	뜻문자	수문법	
한국어	자연문자	자연문법	글도 되고 말도 된다.
	소리문자	격문법	

1) 중국어

a) 서당개 3년이면 풍월을 읊는다는 말을 중심으로 만든 위 3개 언어의 비교표를 보면 한국어가 가장 배우기 쉽고 다음이 중국어고 가장 배우기 어려운 언어가 영국어다. 이게 자연어는 배우기 쉽고 인공어는 배우기 어려운 증거다.

b) 옛날 한문학자들이 중국 사신으로 갈 때 역관을 데리고 간 것은 말과 글이 다른 중국어라서 중국말은 안 되기 때문이다. 영어도 마찬가지다. 지금 한미정상회담을 할 때 통역이 필요한 것도 같은 처지다.

2) 영국어

a) 발음기호 유무로 뜻문자와 소리문자다. 영국어 철자 abc를 소리문자로 착각하면 안 된다. 발음기호가 있어서 뜻문자요 사이비 소리문자다.

b) 인구어에 있는 성 수 인칭은 백해무익한 담배와 같은 존재다. 성 수 인칭 유무로 영국어가 중국어보다 열등하다. 이래서 위 도표에서 중국어는 자연문법(격문법)으로 했다.

한국어는 생어(SOV)
영국어는 사어(SVO)

c) 언어가 IQ를 결정한다는 것은 일반론이다. 미국이 한국어를 안 쓰고 영국어를 고집하면 중국에 망한다. 한자가 안 망하면 중국이 망한다는 중국 노신의 말대로 중국은 50000 한자를 버리고 간자체 한자 2235자를 만들어 쓰고 있다. 뜻문자가 소리문자로 가고 있는 중국어다.

3) 한국어

a) 영국어는 세계어라서 세계 최우수어라고 생각하고 한국어는 약소국 언어라서 열등한 언어로 생각하기 쉽다. 그러나 정반대다. 한국어가 세계 최우수어다. 그 증거가 1석4조의 한국어 사용혜택이다. 이것 외에도 증거는 많다. 이미 많이 보았다.

b) 자연어(격문법)는 복잡해도 배우기 쉽고, 인공어(수문법)는 간단해도 배우기 어렵다. 우리가 태어나기 전 어머니 배 안에 있을 때 격문법은 배웠기 때문이다. 그래서 격문법을 어머니문법 (Mother Grammar), 비규범(참말)문법 또는 자연문법(Natural Grammar)이라고 하고 수문법은 학교문법(School Grammar), 규범(거짓말)문법 또는 인공문법(Unnatural Grammar)이라고 한다.

c) 촘스키가 찾고 있는 보편문법은 격문법이고 자연문법이다. 나아가서 3음 + 3어 = 6행문법이다. 한국어 연구로만이 가능하다. 100% 순수 자연어는 한국어 하나기 때문이다.

d) 지금은 영어가 세계어라서 불통 세계다. 한국어가 세계어가 되면 소통 세계가 된다. 한국어만이 세계 문맹률을 0%로 낮출 수 있는 유일한 언어기 때문이다. 통역인이 필요 없는 세계가 된다.

3. 1석4조 한국어 혜택

한국어를 쓰면 다음 4가지 큰 혜택이 있어서 1석4조라는 용어를 만들었다.

종류 국가	문맹률	IQ	서당개 3년	모국어 시간
한국	0%	1위	글도 되고 말도 된다.	불필요
중국	50%	대만 4위	글만 되고 말은 안 된다.	필요
미국	50%	(?)	글도 안 되고 말도 안 된다.	필요

1) 문맹률

세계 최선진국인 미국과 캐나다의 문맹률이 50%라는 매스컴 보도가 있었다. 이것은 한국만 문맹률이 0%고 전 세계 각국의 문맹률이 모두 50% 이상이라는 것을 의미한다. 지구촌이 사어(SVO)들의 공동묘지기 때문이다. 의무교육의 부실문제가 아니다.

2) IQ

a) 우리나라가 IQ 1위라는 것은 이미 여러 번 설명하였다.

b) 대한민국 학생들이 세계 수학이나 과학 올림피아드에서 1위나 2위를 하지만 영어는 꼴찌를 헤매는 것은 영어에 문제가 있다는 증거이다. 대한민국 학생들의 IQ에는 아무 이상이 없기 때문이다.

c) 한국이 IQ 세계 1위라는 증거는 많다. 1석4조의 한국어 사용혜택도 증거요 2차 세계대전 이후 후진국이 선진국이 된 나라는 한국뿐인 것도 증거다.

3) 서당개 3년 차이

서당개 3년 차이는 앞에서 이미 여러 번 설명하였다.

4) 하루 한글

a) 중국은 초등학교 6년 동안에 간자체 한자 2235자를 암기하는 것이 목표고, 미국은 기초 단어 2500개의 철자를 암기하는 것이 목표지만 한국은 초등학교 6년 동안 이런 목표가 없다. 따라서 우리나라는 초중고에 국어시간이 없어도 문맹률은 여전히 0%를 유지한다. 우리는 무학 문맹자도 한글을 하루만 배우면 문맹에서 벗어나기 때문이다. 영어는 로마자(abc) 며칠 배운다고 문맹을 벗어나지 못한다. 발음기호가 따로 있기 때문이다.

b) 영문법은 학교문법, 국문법은 어머니문법
이것은 영문법은 학교에서 배워야 알고, 국문법은 학교에서 안 배워도 안다는 소리다.

c) 우리나라 어린이들이 받아쓰기할 때 자주 틀리는 것들은 맞춤법을 잘못 만들었기 때문이다. 엉터리 19종성을 고치면 받아쓰기 틀리는 학생들도 없어진다.

4. 세계 최우수 한국어

1) 한국어만이 3음 3어가 된다.

따라서 한국어가 세계에서 유일하게 6행 자연어다.

2) 언어 우열 기준

a) 성 수 인칭 유무로 열등어 우등어
b) 발음기호 유무로 열등어 우등어
c) 어순의 윤회 유무로 열등어 우등어
d) 문자에 공(이응) 유무로 우등어 열등어
e) 6행(3음 + 3어) 유무로 우등어 열등어
f) 문맹률 고저로 열등어 우등어
g) IQ 고저로 우등어 열등어
h) 서당개 3년 차이, 배우기 쉽고 어려운 차이로 우등어와 열등어
i) 모국어 교육시간 필요 유무로 열등어와 우등어

3) 서당개 3년 한국어, 평생 영국어

a) 격문법 자연 한국어, 수문법 인공 영국어
b) 하루 한글(ㅇㄱㄴㄷ) 3년 한말, 평생 영국글(oabc) 평생 영국말

4) 한글 창제 원리

a) 6행: 아설순치후(비)
b) 3성 글 = 받침 글 = 모아쓰기: 한국어 하나만 이렇다.

한국어는 생어(SOV)
영국어는 사어(SVO)

c) 기하학 6행: 무(흰 종이), 점(.), 선(─), 3각형(ㅅ), 4각형(ㅁ), 원(ㅇ)

5) 한글 덕: 한글 1위 ── 한말 1위 ── 문맹률 0% ── IQ 1위 ── 경제발전 1위

한글 1위라서 한말도 1위 되어 문맹률 0%니까 IQ도 1위 국가라서 경제발전 1위로 나타난다. 2차 세계대전 이후에 후진국이 선진국 된 나라는 한국이 유일하다. 지금 불고 있는 여러 가지 한류들도 한국어가 1위라는 증거들이다.

6) 한국어가 특효약

a) 문맹병에는 한글이다.

b) IQ병에는 한말이다.

7) 벙어리 중국어, 벙어리 영국어

말과 글이 달라서 이런 일이 발생한다.

a) 한문학자는 벙어리 중국어

조선시대에 한문학자들이 중국에 사신으로 갈 때 역관을 데리고 간다.

b) 영문학자는 벙어리 영국어

지금 대한민국시대에 영어를 10년 이상 배운 대통령도 통역관 없이는 정상회담이 불가능하다.

8) 한국어도 글과 말이 약간 다르다.

주먹구구로 맞춤법을 고정하여 한국어도 글과 말이 15% 정도 다르니 고쳐야 한다.
한국어도 이러니 지구상에 글과 말이 100% 같은 나라의 언어는 없다.

5. 글과 말이 다르다

인공 글	자연 말	언어
1) 랑그(Langue)	빠롤(Parole)	소쉬르
2) 고급(Classical)	저급(Vulgar)	라틴어
3) 글(Written)영어	말(Spoken)영어	영국어
학교(School)문법	어머니(Mother)문법	
규범(거짓말)문법	비규범(참말)문법	
수문법	격문법	
be going to	gonna	
am not	ain't	
4) 글국어	말국어	한국어
철자	발음기호	
닳도록	[달토록]	
격문법	격문법	

1) 랑그(Langue)와 빠롤(Parole)

구조주의 문법가 소쉬르가 한 말이라서 어렵게 풀이하는 경향이 있는데 글과 말이라는 소리다. Langue는 Language라는 의미로 '글(Written)'이라는 뜻이고 Parole은 프랑스어 '말하다'의 의미 parler

동사에 해당하는 것으로 '말(Spoken)'의 의미다. 글과 말이 다르다는 것은 이해하기 매우 어려운 문제인데 소쉬르가 이것을 지적했다는 것은 그의 천재성이다.

2) 고급 라틴어(Classical Latin)와 저급 라틴어(Vulgar Latin)

고급 라틴어는 상류층들이 쓰는 좋은 라틴어고, 저급 라틴어는 하층민들이 쓰는 나쁜 라틴어로 생각하면 안 된다. 고급 라틴어가 학교문법이고 규범(거짓말)문법이고 수문법이다. 반대로 저급 라틴어가 어머니문법이고 비규범(참말)문법이고 격문법이다. 이 논리는 모든 사어(SVO)들에 적용된다.

3) 글영어(Written English)와 말영어(Spoken English)

음어 / 영어	글영어	말영어
문자	철자(뜻문자)	발음기호(소리문자)
문법	수문법	격문법

이것도 라틴어처럼 이해하기 어려운데 영어도 글과 말이 문자도 다르고 문법도 다르다. 문답문(Q&A) 즉 묻고 답하는 문장을 말영어로 착각하는 경향이 있다. 이런 문답문 문장은 모두 글영어에 해당한다. 인공 영문법 필요 유무로 글영어와 말영어다. 따라서 말영어를 할 때는 인공 영문법이 필요 없다.

4) 글국어(Written Korean)와 말국어(Spoken Korean)

음어 / 국어	글국어	말국어
문자	철자(닳도록)	발음기호[달토록]
문법	격문법	격문법

한국어는 생어라서 위 3개 언어들처럼 글과 말이 크게 다르지 않고 단지 맞춤법을 잘못 고정하여 생긴 차이뿐이다. 그래서 그 예를 '닳도록' 하나 달아 놓았다.

6. 국어가 어렵다

1) 맞춤법 다시 보기 학술대회

한글학회에서 맞춤법에 문제가 있다는 것을 알기 때문에 이런 학술대회를 한다. 숟가락 받침은 디귿(ㄷ)이고 젓가락 받침은 시옷(ㅅ)이냐 등을 논의했다.

2) 맞띄 고정 ──→ 맞띄 자유

맞춤법과 띄어쓰기를 주먹구구로 고정하여 국어가 어렵다는 소리가 나온다. 따라서 맞춤법과 띄어쓰기를 3음 3어 원칙 + 자유재량으로 하면 국어가 쉽다는 소리가 나올 것이다. 소리 나는 대로 쓰고, 띄어쓰고 싶은 대로 띄어쓰면 되기 때문이다. 개인 차이를 인정해야 한다.

> 자장면 = 짜장면
> 동해 물 = 동해물

한국어는 생어(SOV)
영국어는 사어(SVO)

3) 3먁3보리 = 3음 3어 = 만물진리 6행

알면 부처가 된다는 불교의 3먁3보리 진리는 언어학의 3음 3어에 해당한다. 따라서 6행 불교가 종교의 정답이듯이 6행 한국어가 언어의 정답이다.

7. 맞춤법이 안 망하면 국어가 망한다

1) 소리글과 뜻글

소리 나는 대로 적어야 소리글이다. 아니면 뜻글이다. 한국어도 30% 뜻글이니 영어 abc는 100% 뜻글이다. 발음기호가 증거요 3음이 안 되는 abc가 증거다.

2) 맞춤법이 안 망하면 국어가 망한다.

한국어가 세계어로 나갈 수 없기 때문이다.

3) 나라마다 다른 abc: 나라마다 다른 ㄱㄴㄷ

지금 한글 맞춤법으로 한글이 세계어로 나가면 ㄱㄴㄷ이 abc처럼 나라마다 다르게 된다. 그래서 3음 6줄 48문자로 고정하고 나가야 이런 일이 없다.

4) 인공 글과 자연 말

글과 말이 다를 때는 말이 맞다. 다음에서 발음기호가 맞다. 쌍자음 자리에 무성자음을 쓰는 실수를 하고 있다.

> 살코기[살꼬기], 안팎[안빡]
> 암탉[암딲] 수탉[숫딲], 암퇘지[암뙈지] 수퇘지[숫뙈지]
> 암캣[암껫] 수캣[숫껫]

5) 자연 맞춤법 = 3음 맞춤법

사람 입안에 자연 맞춤법이 들어 있다. 소리 나는 대로 쓰면 자연 맞춤법이다. 3음 6줄 48문자다. 3음 맞춤법은 자연 맞춤법이고 보편 맞춤법이다.

8. 국어와 영어 비교

다음도 되풀이 강조다.

종류 \ 언어	국어	영어
1) 어순	SOV(생어)	SVO(사어)
2) 문장조사	유	무(어순 구두점 대문자)
3) 언어	자연	인공
4) 문자	소리	뜻(사이비 소리)
5) 자음 + 모음 = 음절	규칙	불규칙
6) 발음기호	무	유
7) 문법	격	수
8) 뜻어 + 기능어 = 격어	규칙	불규칙

9) 성 수 인칭	무(격문법, 어머니문법)	유(수문법, 학교문법)
10) 문맹률	0%	50%
11) IQ	1위	(?)
12) 서당개 3년	글도 말도 된다.	글도 말도 안 된다.
13) 글과 말	같다	다르다
14) 과목	비암기	암기
15) 문맹자	무학	대졸
16) 모국어 시간	불필요	필요

1) 어순

어순 보고 생어와 사어 안다. 어순이 SOV면 생어고 SVO면 사어다. 기능어가 언어의 생명이다. 기능어가 뜻어 앞으로 윤회하면 사어다. 영어는 기능어가 뜻어 앞으로 윤회하고, 이어서 동사도 목적어 앞으로 윤회했다. 다음은 동사의 윤회과정이다.

> I my hair have done.
> ⟶ I have my hair done.
> ⟶ I have done my hair.

2) 문장조사

동사격조사가 문장조사를 겸하는데 영어는 동사가 주어 다음으로 윤회하여 문장조사가 없다. 문장조사의 정위치는 문미기 때문이다.

3) 언어

국어는 생어니까 자연어고 영어는 사어니까 인공어다. 따라서 100% 거짓말 영문법이고 돌팔이 영문법이고 막가파 영문법이고 규범영문법이고 학교영문법이고 수영문법이고 인공영문법이다. 국문법은 영문법과 정반대다.

4) 문자

소리문자가 자연문자고, 뜻문자는 인공문자다. 영어는 문자가 두 개다. 철자는 뜻문자고 발음기호는 소리문자에 가깝다. 따라서 철자를 버리고 발음기호를 철자로 해야 영어가 소리문자로 한 발 더 가까이 가게 된다. 발음기호도 3음이 안 되니 완전한 소리문자는 아니다. 사이비 소리문자가 abc의 정명이다.

5) 3음(자음 + 모음 = 음절)

국어는 3음이 되니까 생음문자고, 영어는 26개 철자도 36개 발음기호도 모두 3음이 안 되니까 사음문자다.

6) 발음기호

발음기호 유무로 뜻글과 소리글이다. 국어는 글과 말이 같아서 발음기호가 필요 없는데 영어는 글과 말이 다르니까 발음기호가 필요하다. 따라서 한글만이 3음이 되는 살아 있는 문자고 나머지 지구촌 모든 문자들은 3음이 안 되는 죽은 문자들이다.

7) 문법

격문법은 자연문법이고 수문법은 인공문법이다. 격문법은 어머니 배 안에서 배우고 태어나니까 학교에서 안 배워도 아는 비암기 문법이고, 수문법은 학교에 가서 배워야 아는 문법이라서 학교문법(school grammar)이라고 하는 규범문법이고 암기문법이다. 예를 들면 영어 가산명사와 불가산명사를 다 암기하는 것은 불가능하다. 영어 furniture는 불가산명사고, furnishings는 가산명사라서 복수도 가능하니 말이 안 되는 엉터리 수문법 영어다. 다음이 가산명사와 불가산명사는 없다는 증거다.

> Riches have wings.
> Still waters run deep.
> London fogs are killing me.

8) 3어(뜻어 + 기능어 = 격어)

국어는 3어가 되니 생어문법이고, 영어는 안 되니 사어문법이다. 따라서 영어에 명사가 기능어도 없이 주어 보어 목적어가 되고, 동사 형용사 부사도 된다. 이래서 명주목보, 명동형부라는 용어가 있다.

9) 성 수 인칭

성 수 인칭은 백해무익한 주먹구구 인공문법이라서 없는 것이 더 좋은 언어다. 영어의 성 수 인칭은 죽은 격조사(관사 a/an, 소유격조사 -s, 보어격조사 am are is)를 고정시키는 나사못 같은 장치로 쓰인다. 다음이 수문법을 만드는 대표적인 거짓말이다.

a) a/an과 -s가 단수와 복수라는 말은 100% 거짓말 영문법이다.

b) 주어와 동사의 일치 I am, you are, he is도 100% 거짓말 영문법이다.

c) 영문법은 수문법이고 학교문법이라서 학교에서 배워야 알지만 국문법은 격문법이고 비학교문법이라서 학교에서 배울 필요가 없다.

10) 문맹률

문자와 문법이 문맹률을 결정한다. 국어는 자연문자(소리문자)요 자연문법(격문법)이라서 문맹률이 0%고, 영어는 인공문자(뜻문자)요 인공문법(수문법)이라서 문맹률이 50% 이상이다. 의무교육의 문제도 아니고 모국어를 교육하는 선생님들의 자질문제도 아니다.

11) IQ

언어가 IQ를 결정한다는 것은 일반론이다. 국어가 세계 최우수언어라는 증거가 바로 한국이 IQ 1위라는 사실이다.

12) 서당개 3년

국어는 생음 생어라서 글도 되고 말도 되지만 영어는 사음 사어라서 글도 안 되고 말도 안 된다.

13) 글과 말

영문법 필요 유무로 글영어와 말영어라서 100% 확 다르다. 주어와 동사의 일치가 없는 ain't, gonna, wanna 등이 하나의 낮 뜨거운 영어(Vulgar English)의 예다.

> He ain't happy.
> He gonna live in Korea.
> He wanna live in Korea.

국어는 생음 생어의 자연어라서 글과 말이 같다. 영어는 사음 사어의 인공어라서 글과 말이 다르기 때문에 미국 학생들이 수학 배로 영어를 어려워한다는 것은 당연한 소리다.

미국 대통령들 중에서 영문법 실력이 가장 좋은 링컨 대통령이 고등학교 2학년 수준이라니 다른 대통령들은 모두 중학교나 초등학교 수준이라는 신문보도다. 아들 부시 대통령은 문맹자라고 기자들이 놀릴 정도로 비문법적인 영어를 쓴다. 우리나라에 있는 많은 미국 군인들이 자기 이름도 제대로 못 쓴다는 말도 같은 말이다.

14) 과목

국어는 자연문자요 자연문법이라서 암기할 필요가 없지만 영어는 문자도 암기, 문법도 암기해야 하는 100% 암기과목이라서 미국 사람들도 학교를 졸업하고 나면 잊어버리니까 문맹자가 되고 만다. 우리나라 사람들이 고등학교 3학년 때 영어실력이 최고봉인 것과 같은 이치다. 글영어는 한국학생이나 미국학생이나 어려운 것은 마찬가지다. 오히려 영문법 중심의 글영어만 하는 한국학생들이 유리하다. 이래서 한국의 유학생들이 미국학생들의 철자도 문법도 없는 작문에서 철자와 문법을 고쳐준다.

15) 문맹자

따라서 한국 문맹자와 미국 문맹자는 질적으로 다르다. 초등학교도 못 다닌 한국 문맹자와 대졸 미국 문맹자 차이다. 한국 문맹자는 한글만 며칠 배우면 문맹에서 벗어나지만 미국 문맹자는 이런 기회가 전혀 없으니 불행한 사람들이다. 글과 말이 같은 국어와 글과 말이 다른 영어의 차이다. 따라서 한국어가 미국어가 되는 것은 불우이웃돕기다.

16) 모국어 시간

영문법은 학교문법이고 국문법은 비학교문법이라는 차이를 예의주시해야 한다. 국어는 며칠 한글만 깨치면 문맹에서 벗어나니까 초중고에서 국어시간이 없어도 되지만 영어는 대졸자도 문맹자가 있으니 초중고에서 영어를 가르치지 않을 수 없다. 심지어 미국에서는 대학에서도 글영어를 가르치고 있다. 대학생들이 철자도 문법도 없는 작문을 하기 때문이다. 지금 우리나라는 애국심에서 국어를 한다. 외국어인 영어를 하면서 국어를 안 할 수 없기 때문이다. 우리는 이 국어시간을 과학에 주면 과학 강국이 된다.

9. 6행 신 = 6행 진리

1) 한글은 6행 신이 내린 문자: 6행 소리문자

어떤 영국 학자는 한글은 신이 내린 문자라고 격찬했다. 더 정확하게 말하면 6행 진리가 내린 문자다.

2) 한말도 6행 신이 내린 문법: 6행 격문법

한글이 신이 내린 문자라면 한말도 신이 내린 문법이다. 여기서 신은 자연이고 구체적으로 말하면

한국어는 생어(SOV)
영국어는 사어(SVO)

6행 우주만물진리다.

10. 4개국어 비교표

다음도 되풀이 강조하는 내용이다.

종류 \ 언어	한국어	일본어	중국어	영국어
1) 어순	SOV(생어)	SOV(생어)	SVO(사어)	SVO(사어)
2) 문장조사	유	유	무	무
3) 언어	자연	자연	인공	인공
4) 문자	소리	뜻	뜻	뜻(사이비 소리)
5) 3음	가	불가	불가	불가
6) 발음기호	무	유	유	유
7) 문자 변화	유	무	무	무
8) 문법	격	격	격	수
9) 3어	가	가	불가	불가
10) 글과 말 차이	15%	50%	80%	100%
11) 문맹률	0%	20%	50%	50%
12) IQ	1위	공동 2위	대만 4위	오지리 5위
13) 서당개 3년	글과 말 가	글과 말 가	글만 가	글과 말 불가
14) 모국어 교육	불필요	필요	필요	필요

1) 어순

SOV어순은 생어고 SVO어순은 사어다. 따라서 생어와 사어는 비교대상이 아니다. 지금 지구촌은 3개어(몽골어 한국어 일본어)만 생어고, 나머지는 모두 사어들이니 지구촌 문맹률이 50% 이상이다. 살아 있는 3개국어 중에서 한국어가 1등이라는 것은 한글로써 알 수 있다. 일본은 중국한자를 쓰고 몽골은 러시아문자를 쓰니 모두 한글과 비교가 안 되는 엉터리 문자들이다. 죽은 사람을 되살릴 수 없듯이 죽은 언어도 되살릴 수 없기는 마찬가지다. 따라서 세계 각국은 각국의 죽은 모국어를 버리고 살아 있는 한국어를 수입하여 모국어로 써야 1석4조의 한국어 사용 혜택을 누릴 수 있다.

2) 문장조사

문장조사 유무로 생어와 사어다. 영어는 어순 구두점 대문자를 문장조사 대용으로 쓰지만 불충분하다. 이런 것으로 6개의 문장조사(사랑하다, 하냐, 하구나, 하라, 하자, 하소서)를 대신할 수 없기 때문이다.

3) 언어(생어 = 자연어, 사어 = 인공어)

국어는 생어라서 자연문법(격문법)을 쓰니 자연어고, 영어는 사어라서 인공문법(수문법)을 쓰니 인공어다.

4) 문자

소리문자는 자연문자고, 뜻문자는 인공문자다. 발음기호 유무로 뜻문자와 소리문자로 나눌 수 있다. 따라서 영어는 발음기호가 있어서 소리문자가 아니고 뜻문자라는 것을 각별히 유의해야 한다. 지금 영어 abc를 소리문자로 착각하고 있으니 거대한 전도몽상이다. 더 나아가서 한글〉한자〉abc라는 것도 알아야 한다. 출석도 못 부르는 사이비 소리글 abc라서 중국한자보다도 못하다. 한자는 출석을 부르는 데 지장이 없기 때문이다.

5) 3음(자음 + 모음 = 음절)

> ㅅ + ㅗ = 소(여성 음절)
> ㅁ + ㅏ + ㄹ = 말(남성 음절)

한글(ㅇㄱㄴㄷ)만 가능하다. 로마자(oabc)로는 불가능하다. egg[eg = 에그]에서 '이응'과 '으'가 없는 영어 발음기호가 하나의 예다.

6) 발음기호

발음기호 유무로 뜻문자와 소리문자다. 국어도 맞춤법을 고치지 않으면 발음기호가 생겨야 한다. 애국가 일절을 다시 예로 든다. 대략 30% 정도 글과 말이 다른 한국어다.

> 동해물과 백두산이 [백뚜사니] 마르고 닳도록 [달토록]
> 하느님이 [하느니미] 보우하사 우리나라 만세
> 무궁화 삼천리 [삼철니] 화려강산
> 대한사람 대한으로 [대하느로] 길이 [기리] 보전하세

7) 문자 변화

소리 나는 대로 적어야 소리문자다. 다음과 같이 되어야 정상이다. 한글도 일부는 문자변화를 한다. 다음 발음기호처럼 대폭 확대해야 한다.

> 몇월[며될] 며칠, 얽히[얼키]고설킨

8) 문법

영어에서 a/an과 -s는 단수와 복수조사로 하는데 크게 잘못된 것이다. 이것은 국어 주격조사 은/는과 소유격조사 사이시옷(ㅅ)에 해당한다. 따라서 수문법 영어는 두말할 것도 없이 엉터리다. 100% 주먹구구 문법이다. 격문법이 어머니 배 안에서 배우고 나온 어머니문법(Mother Grammar), 즉 자연문법(Natural Grammar)이고, 수문법은 학교에 가서 배우는 학교문법(School Grammar), 즉 인공문법(Unnatural Grammar)이요 규범(Normative)문법이다.

주어와 동사의 일치(I am, you are, he is)도 거짓말 영문법이라는 것을 각별히 유념해야 한다. 이것으로 만드는 보어격, 진행형, 수동태 등이 모두 엉터리 문장이라는 것도 눈치채야 한다. 확대하면 글영어 문장들은 인공문법(수문법)으로 만든 문장들이라서 100% 엉터리 문장들이라는 사실을 간파해야 한다.

9) 3어(뜻어 + 기능어 = 격어)

기능어가 윤회하여 뜻어 앞으로 가면 본래의 기능을 상실한다. 영어에서 7기능어(관사 be동사 조동사 관계사 접속사 전치사 접두어) 등이 예다. 따라서 3어는 생어만 되고 사어는 안 된다. 결과적으

한국어는 생어(SOV)
영국어는 사어(SVO)

로 생어는 격문법이고 사어는 격문법이 아니고 수문법이니 죽은 문법이다. 격문법은 어머니문법으로 비암기문법이고, 수문법은 학교문법으로 학교에서 배워야 하는 암기문법이다. 이래서 미국 학생들이 글영어를 수학보다 어려워한다.

10) 글과 말 차이

맞춤법을 잘못 만들어 한국어도 글과 말이 15% 차이가 나서 받침 울렁증에 걸린 한국 사람들이 많다. 따라서 국어가 어렵다는 소리가 나온다. 받아쓰기 잘 틀리는 19엉터리 종성이 구체적인 예다. 맞춤법을 소리 나는 대로 고치면 15% 차이도 사라지니 구제가능 국어다. 일본은 한자를 쓰니 50% 차이 나고, 미국과 중국 차이는 성 수 인칭 유무로 대략 80%와 100%다. 다음이 글과 말이 다른 4개 국어 비교표다.

품목어	문자(100%)		문법(100%)		계(200%)		평균(100%)	
	자연(소리)	인공(뜻)	자연(격)	인공(수)	자연	인공	자연	인공
한국어	70	30	100	0	170	30	85	15
일본어	0	100	100	0	100	100	50	50
중국어	0	100	40	60	40	160	20	80
영국어	0	100	0	100	0	200	0	100

a) 한국어

   3음(자음 + 모음 = 음절)이 되는 유일한 소리문자가 한글이다. 하지만 불행하게도 맞띄고정으로 70% 자연문자고 30% 인공문자다. 애국가 일절이 예다. 맞띄자유로 하면 100% 자연문자로 가니 구제가능하다. 한말은 3어(뜻어 + 기능어 = 격어)가 되는 100% 격문법(자연문법)의 생어다.

b) 일본어

   3음이 안 되는 한자를 쓰기 때문에 뜻문자라서 100% 인공문자 사음이다. 3어가 되는 격문법이라서 100% 자연문법 생어다.

c) 중국어

   뜻문자라서 100% 인공문자다. 문법도 3어가 안 되는 인공문법이지만 영어와 같은 수문법은 아니라서 40% 자연, 60% 인공으로 했다.

d) 영국어

   영어는 두 가지 문자를 가지고 있다. 영어 철자는 뜻문자고 발음기호가 소리문자다. 하지만 철자도 발음기호도 3음이 안 되는 것은 마찬가지라서 100% 인공문자로 봐야 정확하다. 한국어가 윤회한 송장이 영어라서 100% 인공(거짓말) 영문법이다.

11) 문맹률: 우리는 무학 문맹자, 미국은 대졸 문맹자

우리나라도 1% 정도 문맹률은 있지만 무시하고 0%라고 했다. 초등학교를 못 다닌 할머니들이기 때문이다. 미국은 대학 나온 사람들도 문맹자가 많으니 큰 문제다. 학교를 졸업하고 나면 문자와 문법을 잊어버리기 때문이다. 미국 대통령들 중에서 링컨의 영문법 실력이 가장 좋은데 고등학교 2학년 수준이라고 보도되었다. 고3 영문법 실력을 최고로 보는 견해다. 따라서 다른 미국 대통령들은 영문법 실력이 중학교나 초등학교 수준이라는 소리다. 이러니 미국 문맹률을 50%로 잡은 것도 낮게 잡은 것이다. 70% 내지 80%라고 해야 정확하다. 우리나라에 있는 미국 군인들이 자기 이름도 제대로 못 쓰는 사람이 많다는 소리가 문맹률 50% 소리다. 초등학교를 못 다녀서 이런 것이 아니다. 사음 사어 인공영어기 때문이다.

12) IQ

영국과 스웨덴 교수들이 조사한 세계 각국 IQ 조사에서 남한이 1위고, 북한과 일본이 공동 2위로 나왔다. 언어가 IQ를 결정한다는 것은 일반론이다. 이것이 한국어가 세계 최우수언어라는 증거다.

13) 서당개 3년

3개국어를 비교하면 다음과 같다.

국어	어순	문자	문법	서당개 3년
중국어	SVO(사어)	뜻	격	말은 안 되고 글만 된다.
영국어	SVO(사어)	뜻	수	말도 안 되고 글도 안 된다.
한국어	SOV(생어)	소리	격	말도 되고 글도 된다.

자연어는 배우기 쉽고 인공어는 배우기 어렵다. 소리문자와 격문법은 어머니 배 안에서 배우고 태어나지만 뜻문자와 수문법은 태어나서 학교에 가서 배워야 아니까 학교 졸업하고 나면 잊어버린다. 그래서 미국은 대학 나와도 문맹자들이 많다. 따라서 미국이 영어를 버리고 한국어를 쓰지 않으면 한국이 누리고 있는 1석4조의 한국어 사용혜택을 누리지 못하고 중국에 망한다.

14) 모국어 교육

중국은 초등학교 6년 동안에 간자체 한자 2235자를 배우는 게 목표고, 일본도 한자를 쓰니 한자 2000자를 배우는 것이 목표고, 미국은 영어 단어가 철자와 발음이 다르니 기본 단어 철자 2500개의 철자를 암기하고 주어와 동사의 일치와 같은 간단한 인공 영문법도 암기해야 하지만 우리나라 초등 6년 동안에는 이런 목표가 없다.

초등학교를 못 나온 한국 할머니들도 한글을 며칠 배우면 문맹에서 벗어나지만 미국 문맹자는 다르다. 로마자(oabc)는 며칠 배워도 영어를 읽을 수가 없다. 발음기호가 따로 있기 때문이고, 글과 말이 100% 다른 영어기 때문이다. 한국어는 글과 말이 같아서 소리 나는 대로 쓰면 되기 때문에 학교에서 한글(ㅇㄱㄴㄷ)을 배울 필요가 없다. 대부분 유치원이나 가정에서 어머니로부터 배우고 초등학교에 입학한다. 이래서 일본 중국 미국은 초중고에서 모국어 교육이 필요하지만 우리나라는 불필요하다. 사회 자연 산수와 같은 초등학교 교과서들이 국어 교과서 역할을 겸하기 때문이다. 이런 국어 시간을 과학에 주면 한국은 과학 강국이 된다.

참고로 한국과 미국의 대입수능(SAT) 필수 과목과 점수를 비교해 보면 다음과 같다.

한국		미국	
국어	100점	영어 읽기	800점
영어	100점	영어 쓰기	800점
수학	100점	수학	800점
국사	50점		
총	350점	총	2400점

여기서 우리가 알 수 있는 것은

a) 글영어(읽기와 쓰기)와 말영어(듣기와 말하기)가 다르다는 사실이다. 간단하게 말해 문자도 다르고 문법도 다른 영어다. 따라서 미국 학생들은 글영어를 수학 배로 어려워한다.

음어 ＼ 영어	글영어	말영어
문자	뜻문자(철자)	소리문자(발음기호)
문법	수문법	격문법

b) 우리나라 국어와 국사는 애국과목이다. 우리나라는 문맹률이 0%인데도 국어를 하니 시간 낭비다. 미국은 문맹률이 높아서 일주일에 수학 5시간 하고 영어는 10시간 해도 문맹률이 내려가지 않는 것은 3음 3어가 안 되는 사음 사어기 때문인데 이걸 모르고 있으니 답답하다. 이래서 미국은 영어를 버리고 한국어를 수입해서 써야 한국이 누리는 1석4조의 한국어 사용 혜택을 누릴 수가 있다. 서당개 3년이면 되니 한국어를 배우는 데 시간이 많이 걸리는 것도 아니다. 한국어는 자연어라서 평생 해도 안 되는 인공 영어와 다르다.

우리나라는 외국어인 영어를 하면서 모국어인 한국어를 안 할 수가 없으니 애국심에서 국어를 필수과목으로 한다. 영어는 사어(SVO)고, 국어는 생어(SOV)라는 차이를 간과한 처사다.

미국 SAT에는 미국국사가 없다. 세계화시대에 우리나라가 국사를 대입 필수로 하는 것은 시대에 뒤떨어지는 교육행정이다.

15) 영어교육을 모방한 국어교육은 잘못

언어 사대주의 지나치다. 옛날에는 중국어를 중시하고 한국어를 경시하고 지금은 영국어를 중시하고 한국어를 경시하는 우리나라 사람들이다. 이러니 중국어와 영국어의 결점을 모른다. 모두 사어라는 것은 더욱 모른다. 따라서 다음과 같이 미국의 영어교육을 모방한 우리나라의 국어교육은 매우 잘못된 것이다. 한국어는 생어라서 문맹률이 0%고, 영국어는 사어라서 문맹률이 50%라는 사실을 간과한 잘못된 교육행정이다.

a) 미국이 초중고에서 영어교육을 하니까 우리나라도 초중고에서 국어교육을 한다.

b) 미국이 대학에서 교양 영어를 하니까 우리나라도 대학에서 교양 국어를 한다.

c) 미국이 대입수능(SAT)에서 영어와 수학을 필수로 하니까 우리나라도 국어와 수학을 필수로 한다. (우리나라의 수능에서 영어와 국사는 상대평가의 등급제로 사실상 당락에는 영향을 미치지 못한다.)

d) 미국이 대입에서 작문(Essay)시험을 보니까 우리나라도 논술(Editorial)시험을 본다.

11. 엉터리 수문법 증거들

다음은 수문법이 엉터리라는 증거를 모아놓은 것들이다.

품목	단수	복수
1) 명사	a/an	-s
2) be동사	am/is(was)	are(were)
3) have동사	has	have
4) do동사	does	do
5) 일반동사	goes	go
6) 대명사	I	we
	you	thou
	he	they
	she	they
	it	they
7) 형용사	this book	these books
	that book	those books
	the book	the books

1) 명사

격조사를 단수와 복수로 규범을 정하였으니 격문법이 아니고 수문법이다. 한국어에 단수조사는 없다. 영어의 진짜 복수조사는 the poor(가난한 사람들)에 나오는 the다.

2) be동사

동사에 단수와 복수가 있으니 어불성설이다. 더구나 2능어인 am are is에 단수와 복수가 있다니 소도 웃을 일이다. be동사는 과거시제도 주동일치가 있으니 더 웃긴다. 코미디 영문법이다. 다음을 보면 are도 단수가 된다. 복수라는 근거가 없다.

I am a boy. You are a boy. He is a boy.

3) have동사

has(하다)와 have(가지다)가 하나로 되었다. He is처럼 He has로 3인칭 단수에 인공규범으로 주동일치를 시켰을 뿐이다.

He has a think that Tom is honest.

4) do동사

국어 '다'에 해당하는 영어의 기능동사 do에 단수와 복수가 있다니 말이 안 된다.

I do know that he is honest.

5) 일반동사

a) 직설법 3인칭 단수 현재 동사의 어미에 -s를 붙이는 주어와 동사의 일치는 최악의 일치다. 본토인들도 잘 모른다. 따라서 예외도 많다. If 가정법이 대표적인 예다. If절을 가정법으로 착각하고 주어와 동사가 일치하지 않는다.

If he be kind, I will be kind.

If he work hard, I will employ him.

If he have worked hard, I will have employed him.

한국어는 생어(SOV)
영국어는 사어(SVO)

b) 다음을 보면 be동사 2능어는 are were만 남기고 am is was는 지워도 된다.

> If I were a bird, I would fly to you.
> If the sun were to rise in the west, I wouldn't change my mind.

6) 대명사

a) you의 복수는 thou인데 you로 단수와 복수를 모두 하니 are가 단수도 되고 복수도 된다. are가 복수 be동사라는 증거는 없다.

b) 국어는 3개(그들 그녀들 그것들)의 복수대명사가 있는데 영어는 they 하나로 다 되니 엉터리다.

7) 형용사

a) 동사에 단수와 복수가 있다는 말이나 형용사에 단수와 복수가 있다는 말이나 소가 웃을 코미디(comedy) 영문법이다.

b) 3인칭 the는 복수가 없으니 인칭도 고장이다.

c) 다음 문장을 보면 영어의 수문법이 지나치다는 것을 실감한다. 단수가 복수로 되면 3개(주어 동사 보어)가 전부 바뀐다.

> This is a book.
> These are books.

이상 7가지를 종합해 보면 영어는 사어라서 규범문법인 수문법으로 버티고 있다. 수문법이 영어의 산소마스크다. 글은 수문법이고 말은 격문법이니 글과 말이 달라서 문맹률 50%도 낮게 잡은 것이다. 7~80%라고 해도 된다. 미국 학생들이 제출한 시험 답안지를 보면 철자도 문법도 없는 영어다. 이래도 채점할 때 감점은 하지 않는다. 감점을 하면 전부 낙제생이기 때문이다.

12. 영어가 사어라서

1) 방향감각 상실

영어가 사어라서 영문법학자들이 방향감각을 상실하여 격문법 영어를 수문법 영어로 만들어 놓았다. 따라서 영문법에서는 단수와 복수가 매우 중요한데 국문법에서는 하나도 중요하지 않다는 사실을 예의 주시하면 영국어는 수문법이고 한국어는 격문법이라는 사실을 알게 되고, 영문법이 100% 거짓말이라는 사실도 알게 된다.

2) 화분 문법

대영박물관에 화분과 물뿌리개가 있는 그림의 제목이 Grammar다. 이것은 화분에 물을 주지 않으면 화분이 말라 죽듯이 영문법도 인공문법이라서 학교에서 계속 교육하지 않으면 죽는다는 의미를 담고 있다. 영문법이 자연문법이 아니고 인공문법이라는 의미의 그림이다.

3) 영문법 교과서가 없다.

지금은 문법 춘추전국시대다. 미국 중고등학교에도 영문법 교과서가 없고 한국 중고등학교에도 없다. 아직 정설이 없기 때문이다.

UN세계국을 만들면
종말의 시계가 멈춘다

4) 영문법을 출제하지 못한다.

TOEFL에 영문법을 출제하지 못하는 것이 예다. 예외가 너무 많아서 과학적인 영문법이 아니기 때문이다. 다음은 영문법을 두고 하는 말이다.

> There is no rule but has some exceptions.

5) 링컨 영문법 실력 고2 수준

미국 대통령들 중에서 영문법 실력이 가장 높은 링컨도 이 정도니 다른 대통령들은 중학교나 초등학교 수준이다.

6) 수학보다 어려운 글영어

SAT 성적이 증거다. 미국 학생들은 글영어를 수학보다 어려워한다.

7) 규칙 한국어, 불규칙 영국어

a) 불규칙 동사표

영어사전 뒤에는 불규칙 동사표가 있는데 국어사전 뒤에는 없다. 불규칙 동사표 유무로 사어와 생어라고 구별해도 된다. 미국 학생들은 불규칙동사를 암기해야 하지만 한국 학생들은 규칙동사라서 암기할 필요가 없다. 이래서 영어는 암기과목이고 국어는 비암기과목이라는 것을 안다.

b)
규칙 한국어	불규칙 영국어
규칙 동사	불규칙 동사
규칙 복수	불규칙 복수
규칙 비교	불규칙 비교
규칙 인칭대명사	불규칙 인칭대명사

8) 영어 꼴찌

우리나라 학생들이 수학이나 과학 올림피아드에서 1등이나 2등을 하면서 영어는 꼴찌를 할까? 영어에 문제가 있다. 영어가 사어기 때문이다.

9) 영문법 유무로 글과 말이 다른 영어

internet상에서 영국인들이 가장 비문법적인 영어를 쓰고 있다는 신문보도가 있는데 이것은 영어가 사어라서 글과 말이 다르기 때문이다. 말영어를 internet상에 쓰니 비문법적인 영어다. 따라서 우리는 영문법 유무로 글영어와 말영어가 다르다는 것을 예의 주시해야 한다. 말영어를 할 때는 영문법이 필요 없다는 사실을 알아야 한다. 다음도 글과 말이 다른 영어라는 의미이다.

> The English language is in no sense native to England.
> (영어는 결코 영국 태생이 아니다.)

10) 맞춤법도 띄어쓰기도 없는 영어

다음 3가지는 같은 말이다.

> 3음 3어가 안 되는 영어
> = 문자도 문법도 없는 영어
> = 맞춤법도 띄어쓰기도 없는 영어

한국어는 생어(SOV)
영국어는 사어(SVO)

11) 글영어로 강의 불가능

대한민국 영문과 교수들 중에 영어로 강의가 가능한 교수가 없다는 것은 영어에 문제가 있다는 증거이다. 영어가 사어기 때문이다. 인간의 언어능력은 수문법이 아니고 격문법이다. 수문법의 글영어로 시간적인 여유가 있는 작문도 어려운데 즉석에서 글영어로 강의를 한다는 것은 불가능하기 마련이다. 수문법의 글영어로 말한다는 것은 광대 줄타기와 같다. 걸핏하면 틀린다.

13. 인공 글(langue)과 자연 말(parole)

1) 글(Written)영어   말(Spoken)영어

글(Written)영어	말(Spoken)영어
죽은 송장 영어	산송장 영어
마네킹 영어	중풍 걸린 영어
Classical(고급) English	Vulgar(저급) English

(1) 죽은 송장 영어, 산송장 영어

a) 고급 영어가 글영어요 죽은 송장 영어로 마네킹 영어고, 저급 영어가 말영어요 산송장 영어로 중풍 걸린 영어다.

b) 글영어도 사어요 말영어도 사어지만 좀 더 확실히 구별하기 위하여 죽은 송장 영어와 산송장 영어라는 구별을 하였다. 글영어가 말영어보다 더 인공영어라는 말이다. 생명 유무로 산송장과 죽은 송장이다. 죽은 송장은 썩었지만 산송장은 중풍 걸린 사람과 같아서 생명은 붙어 있는 차이가 있다.

c) 영어 문답문(Q&A)은 Spoken English가 아니고 Written English라는 것도 유의해야 한다. 규범영문법 유무로 글영어와 말영어기 때문이다.

d) 영어 방언이 수십 개다. 영국만 해도 3개다. 영어권 5개국을 합치면 수십 개가 되기 때문이다.

2) 주어와 동사의 일치 유   주어와 동사의 일치 무

주어와 동사의 일치 유	주어와 동사의 일치 무
He is not happy.	He ain't happy.
He is going to live in Korea.	He gonna live in Korea.
He wants to live in Korea.	He wanna live in Korea.

(1) 주어와 동사의 일치가 있으면 수문법이고 없으면 격문법이다.

a) 영어는 주어와 동사의 일치가 있는 대신 뜻어와 기능어의 일치가 없으니 격문법이 아니고 수문법이다. 반대로 국어는 주어와 동사의 일치가 없고 뜻어와 기능어의 일치가 있으니 수문법이 아니고 격문법이다.

b) 주어와 동사의 일치가 없는 3문장은 Vulgar English요 Konglish지만 자연영어다.

3) 수문법   격문법

수문법	격문법
인공(unnatural)문법	자연(natural)문법
규범(거짓말)문법	비규범(참말)문법
학교(School)문법	어머니(Mother)문법
oxen 소들	oxen 소는 = an ox [는 소]

(1) 거짓말 문법과 참말 문법

a) 수문법이 인공문법이고 규범문법이고 학교문법이다. 반대로 격문법이 자연문법이고 비규범문법이고 어머니문법이다.

b) 규범문법이 엉터리라는 것을 강조하기 위하여 괄호 안에 거짓말이라고 하고 비규범문법은 참말이라고 적었다.

c) 학교문법의 반대말은 어머니문법이라고 한 것은 우리가 태어나기 전에 어머니의 배 안에 있을 때 이미 배우고 나온 것이 격문법이라서 만든 용어.

d) oxen = an ox는 수문법과 격문법의 차이를 보여주고 영어의 맞춤법과 띄어쓰기가 엉터리라는 예다. 기능어와 뜻어 사이를 띄어쓰는 영어기 때문이다.

> Oxen are animals.
> An ox is an animal.
> 소는 동물이다.

4) 뜻문자 　　　　　　소리문자

철자 　　　　　　　　발음기호

egg[ㅔㄱㄱ] 　　　　　eg[ㅔㄱ]

(1) abc는 소리문자가 아니고 뜻문자다.

a) 발음기호 유무로 뜻글과 소리글이다. 영어는 발음기호 없이 철자를 읽을 수가 없다. 그래서 출석도 부를 수 없는 abc라서 중국 한자보다도 못하다.

b) 영어 abc는 중국 한자의 획에 해당하고, 영어의 단어는 중국 한자와 같은 것이라고 보면 정확하다. 중국은 5만 한자를 가진 문자지만 영어는 10만 한자를 가진 문자라고 보면 영어가 얼마나 배우기 어려운 언어인지 안다.

c) egg[eg]는 3음이 안 되는 abc라는 증거로 제시된 것이다. 따라서 3음이 되는 문자는 우리 한글 하나다.

5) English 　　　Korean 　　　Konglish

영국어 　　　　한국어 　　　　콩글리쉬
주어와 동사의 일치 　　　　　　뜻어와 기능어의 일치
I am a boy. 　　나는 소년이다. 　I let boy.
I am happy. 　나는 행복하다. 　I have happy.
I am in the room. 나는 방에 있다. 　I be in the room.

(1) Konglish = Vulgar English = Spoken English

a) 주어와 동사의 일치는 사람이 만든 규범문법이고 뜻어와 기능어의 일치는 자연이 만든 어머니문법이요 격문법이다. 따라서 콩글리쉬가 저급 영어지만 말영어다. 따라서 말영어를 할 때는 영문법을 잊어버리고 Konglish로 해도 된다. 영문법 유무로 글영어와 말영어기 때문이다. 따라서 미국 학생들은 글영어를 수학보다도 더 어려워한다.

한국어는 생어(SOV)
영국어는 사어(SVO)

b) I는 이 도령, am은 열녀 춘향

am은 언제나 I만 따라다니는 be동사라서 붙인 별명이다. 영어의 주어와 동사의 일치(I am, you are, he is)가 얼마나 엉터린가를 보여주는 좋은 증거다. am과 is가 단수고 are가 복수라는 증거도 없다. 다음에서 보면 are가 단수에도 쓰이기 때문이다.

I am a boy. You are a boy. He is a boy.

동사에 단수와 복수가 있다는 것도 소가 웃을 일이다.

14. 용어 정리

우리는 용어의 혼란에 빠져 있다. 그래서 다음과 같이 다시 한 번 용어 정리를 하면 이런 혼란에서 벗어나고 문법이 바로 선다. 화살표 방향으로 용어를 변경해야 정명이 된다.

인공 글	자연 말
1) 랑그(Langue) ⟶ 글	빠롤(Parole) ⟶ 말
2) 고급(Classical) 라틴어 ⟶ 글 라틴어	저급(Vulgar) 라틴어 ⟶ 말 라틴어
3) 글(Written)영어 ⟶ 인공 영어	말(Spoken)영어 ⟶ 자연 영어
4) 규범(Normative)문법 ⟶ 거짓말 문법	비규범(Ab-normative)문법 ⟶ 참말 문법
5) 학교(School)문법 ⟶ 인공문법	비학교(Out-school)문법 ⟶ 어머니문법
6) 비자연(Unnatural)문법 ⟶ 인공문법	자연(Natural)문법 ⟶ 정답 문법
7) 수(Numeral)문법	격(Case)문법

1) 랑그(Langue) ⟶ 글   빠롤(Parole) ⟶ 말

글과 말이 다르다는 것을 처음으로 지적한 구조주의 언어학자 소쉬르의 말이다. 우리 국어도 30%나 다른데 모르고 있다.

동해물과 백두산이 [백뚜사니] 마르고 닳도록 [달토록]
하느님이 [하느니미] 보우하사 우리나라 만세
무궁화 삼천리 [삼철니] 화려강산
대한사람 대한으로 [대하느로] 길이 [기리] 보전하세

이러니 영어와 같은 사어(SVO)들은 100% 글과 말이 달라서 문맹률이 50% 이상이나 된다.

2) 고급(Classical) 라틴어 ⟶ 글 라틴어   저급(Vulgar) 라틴어 ⟶ 말 라틴어

고급 라틴어는 글자 그대로 좋은 라틴어고 저급 라틴어는 나쁜 라틴어로 알면 큰 착각이다. 반대로 알아야 정각이다. 고급 라틴어가 성 수 인칭이 있는 수문법으로 만든 인공라틴어고 나쁜 라틴어다. 저급 라틴어는 성 수 인칭이 없는 격문법으로 만든 자연 라틴어고 좋은 라틴어다.

유럽 각국들이 수문법 라틴어를 모방하여 모두 글과 말이 다른 언어들이 되었다. 이래서 유럽 각국의 문맹률도 미국과 캐나다의 문맹률처럼 50% 이상이다.

3) 글(Written)영어 ──→ 인공 영어   **말(Spoken)영어 ──→ 자연 영어**

문답문(O&A)을 말영어로 착각하지 말고 비문법적인 저급한(Vulgar) 영어를 말영어로 알아야 착각에서 벗어난다. 글과 말이 다른 영어라는 것을 알게 된다. 다시 말해 수문법 영어가 글영어고 격문법 영어가 말영어다. 글과 말이 100% 다르다.

4) 규범(Normative)문법 ──→ 거짓말 문법   **비규범(Ab-normative)문법 ──→ 참말 문법**

규범문법은 좋은 문법이고 비규범문법은 나쁜 문법으로 생각하면 오해다. 규범문법이 수문법으로 나쁜 문법이고 비규범문법이 격문법으로 좋은 문법이다. 이것을 확실히 하기 위하여 규범문법을 거짓말문법이라고 하고 비규범문법을 참말 문법이라고 명명하였다.

5) 학교(School)문법 ──→ 인공문법   **비학교(Un-school)문법 ──→ 어머니문법**

학교문법이라면 학교에서 가르치는 문법이라서 좋은 문법으로 알고, 비학교문법이라면 학교문법과 반대말이니까 나쁜 문법으로 알기 쉬운데 이것도 반대다. 학교문법이 수문법으로 나쁜 문법이고 비학교문법은 격문법으로 좋은 문법이다. 이것을 확실히 하기 위하여 학교문법은 인공문법으로 개명하고, 비학교문법은 어머니문법으로 개명하였다. 어머니문법이 우리가 태어나기 전에 어머니 배 안에서 배우고 태어난 자연문법이고 격문법이고 보편문법이다.

6) 비자연(Unnatural)문법 ──→ 인공문법   **자연(Natural)문법 ──→ 정답 문법**

수문법이 비자연문법이라서 인공문법이고 나쁜 문법이다. 격문법이 자연문법이고 좋은 문법이라서 개명할 필요도 없다.

7) 수(Numeral)문법   **격(Case)문법**

영문법에서 격조사 a/an과 -s를 단수와 복수로 만들어 이런 대혼란이 일어나고 있다. 격문법의 영어가 수문법의 영어가 되어 글과 말이 100% 다른 영어가 되어 있기 때문이다. 영문법 유무로 글영어와 말영어다. 따라서 본토인들도 글영어를 수학보다도 어려워한다. 우리나라는 초등학교를 다니지 못한 사람이 문맹자인데 미국은 대학 나온 사람도 문맹자가 많다. 링컨의 영문법 실력이 고3 정도가 아니고 고2 정도가 예다.

15. 한국어가 구세주

1. 세계 최우수 한국어

품목 ＼ 언어	한국어	몽골어와 일본어	영국어와 기타 세계 각국어
1) 등위	1위	2위	3위
2) 어순	SOV(생어)	SOV(생어)	SVO(사어)
3) 문장조사	유	유	무(어순, 구두점, 대문자가 대용)
4) 문자	소리(자연)	뜻(인공)	뜻(인공)
5) 문법	격(자연)	격(자연)	수(인공) (성, 수, 인칭 문법)
6) 3음	된다(생음)	안 된다(사음)	안 된다(사음)
7) 3어	된다(생어)	된다(생어)	안 된다(사어)

8) 글과 말	15% 다르다	50% 다르다	100% 다르다
9) 문맹률	0%	20%	50%
10) 문맹자	무학	초등졸	대졸
11) 모국어 교육	불필요	필요	필요
12) 과목	비암기	암기	암기
13) IQ	1위	2위	3위

1) 등위

언어에도 우열이 있다. 생어(SOV) 3개(몽골어 한국어 일본어) 중에서 한국어가 1위고 다음이 몽골어와 일본어고 영어를 포함한 나머지 언어들은 모두 사어(SVO)로 꼴찌라는 소리가 3위다.

2) 어순

여기서 SOV는 주어 + 목적어 + 동사의 어순을 의미하고, SVO는 주어 + 동사 + 목적어의 어순을 의미한다. 어순을 보면 생어와 사어를 구별할 수 있으니 가장 쉬운 증거가 어순이다.

3) 문장조사

a) 3어에서 뜻어 다음에 기능어가 오는 것이 정상이듯이 문장조사도 문미에 오는 것이 정상이다. 동사격조사와 문장조사가 하나다. 한국어에는 6행의 문장조사들(하다, 하냐, 하라, 하소서, 하자, 하구나)이 있는데 영어는 동사가 주어 다음으로 윤회하여 문장조사가 없어졌다.

b) 문장조사는 통조림의 뚜껑과 같다. 이것이 없으면 통조림의 내용물이 모두 썩듯이 언어도 그렇다. 따라서 영어는 구석구석 썩은 언어다.

c) 영어는 없어진 문장조사 대용으로 어순, 구두점, 대문자를 쓰지만 역부족이다.

4) 문자

a) 소리문자가 자연문자고 뜻문자가 인공문자다.

b) 소리문자도 우열이 있다. 3음이 되면 한글과 같은 생음문자고 안 되면 abc와 같은 사음문자다. egg, night 등이 예라고 앞에서 몇 번 예를 들었다.

5) 문법

a) 격문법은 자연문법이고 수문법은 인공문법이다.

b) 인구어의 성 수 인칭은 사망한 격조사를 고정시키기 위한 나사못으로 사용하고 있지만 엉터리다. 백해무익한 담배와 같은 존재가 성 수 인칭이다. 영어는 성이 없어서 불어나 독어보다 덜 인공어라서 배우기 쉬운 편에 속한다.

6) 3음

a) 3음은 자음 + 모음 = 음절을 의미한다. 문자론의 기초요 맞춤법의 기초라서 굉장히 중요하다. 3음이 되면 생음문자요 안 되면 사음문자다.

b) 3음이 되는 문자는 한글 하나라서 한국어가 몽골어와 일본어를 따돌리고 세계 1위가 된다.

7) 3어

a) 뜻어 + 기능어 = 격어를 의미한다. 문법론의 기초라서 굉장히 중요하다.

b) 3어가 되면 생어요 안 되면 사어다. 지구촌에서 몽골어 한국어 일본어만이 생어고 나머지는 모두 사어들이다.

8) 글과 말

a) 정도의 차이는 있지만 나라마다 글과 말이 다르다.

b) 생음 생어지만 한국어도 15% 다른 것은 맞춤법을 잘못 고정하였기 때문이다. 몽골어와 일본어가 50% 다른 것은 사음과 생어기 때문이고, 영어가 100% 다른 것은 사음 사어기 때문이다.

9) 문맹률

a) 문자와 문법이 문맹률을 결정한다. 국어는 생음 생어라서 문맹률이 0%고, 몽골어와 일본어는 사음 생어라서 20%고, 영어와 기타 세계 각국어는 사음 사어라서 50%다.

b) 죽은 사람을 살릴 수 없듯이 죽은 언어를 살릴 수 없기도 마찬가지다. 미국과 캐나다가 영국어를 초중고에서 주 10시간씩 교육해도 문맹률을 50% 이하로 내릴 수 없는 것은 영국어가 사음 사어기 때문이다. 간단하게 말해 한국어(SOV)가 윤회한 송장이 영국어(SVO)기 때문이다. 기능어가 뜻어 앞으로 윤회한 영어라서 격문법이 아니고 성 수 인칭으로 만든 수문법 영어다. 이걸 모르고 있으니 답답하다. 그들은 영국어를 버리고 한국어를 모국어로 선택해야 문맹률을 0%로 내릴 수 있다. 나머지 세계 각국들도 마찬가지다. 따라서 한국어는 세계 각국의 문맹률을 0%로 내려 줄 수 있는 구세주(Savior)와 같은 존재다. 한국어가 세계어가 되는 것은 불우이웃돕기요 적자생존의 자연법칙이다.

10) 문맹자

a) 한국의 문맹자는 초등학교를 나오지 못한 무학 문맹자들이다. 이들도 한글을 며칠 배우면 문맹에서 벗어난다.

b) 미국의 문맹자는 우리와 사정이 다르다. abc를 며칠 배운다고 문맹에서 탈출할 수 없기 때문이다. abc는 한자의 획에 해당하는 사이비 소리문자요 영어 단어 하나하나가 한자에 해당하는 뜻문자라서 철자를 암기한다는 것이 굉장히 어려운 글영어다.

c) 설상가상으로 수문법인 규범영문법도 암기해야 영어작문을 할 수 있으니 미국의 문맹자는 구제 불능이다.

d) 몽골어와 일본어는 3음이 안 되는 문자라서 초등학교를 나와도 문맹에서 벗어나기 어렵다.

11) 모국어 교육

a) 한국어는 생음 생어라서 초중고에서 모국어 교육이 필요 없다. 한글만 며칠 익히면 되니까 초등학교에 입학하기 전에 이미 읽고 쓸 수 있기 때문이다.

b) 몽골어와 일본어는 사음 생어라서 문자를 익히기 위한 초중고의 모국어 교육시간이 필요하다.

한국어는 생어(SOV)
영국어는 사어(SVO)

c) 영어와 기타 각국어는 사음 사어라서 주 5시간 수학을 하고 주 10시간 모국어를 해도 문맹률을 50% 이하로 내리는 것이 불가능하다. 문자도 암기해야 하고 문법도 암기해야 하는 설상가상의 언어들이기 때문이다.

d) 따라서 우리는 국어교육시간을 과학에 주면 과학 강국으로 간다.

12) 과목

a) 한국어는 생음 생어라서 문자도 암기과목이 아니고 문법도 암기과목이 아니다.

b) 몽골어와 일본어는 사음 생어라서 문자만 암기과목이다.

c) 영어와 기타 세계 각국어들은 사음 사어라서 문자와 문법이 모두 암기과목이라서 구제불능의 언어들이다. 한국어를 수입해서 쓰지 않을 수가 없다.

13) IQ

a) 언어가 IQ를 결정한다는 소리는 일반론이다. 한국과 일본의 IQ가 1위와 2위로 나오는 것은 한국어와 일본어가 1위와 2위기 때문이다.

b) 영어권 국가들은 5위 내에 없으니 영어가 사어(SVO)라는 증거다.

16. 불우이웃돕기

한국어 세계화는 불우이웃돕기다. 우리가 누리는 1석4조의 혜택을 전 세계가 함께 누릴 수 있기 때문이다. 이 혜택들은 한국어가 세계 최우수 언어라는 증거도 된다.

제4장

총결론

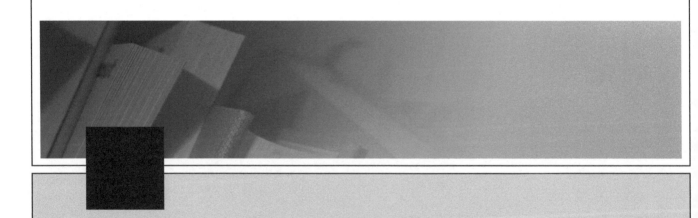

제4장 총결론

1. 6근 혼탁 인간, 6근 청정 자연(동식물)

1) 인간과 자연(개) 비교

6근 ＼ 동물	사람(6근 혼탁)	개(6근 청정)
안	비정상(장님)	정상
이	비정상(귀머거리)	정상
비	비정상(코머거리)	정상
설	비정상(입머거리)	정상
신	비정상(성매매)	정상
의	비정상(정신병자)	정상

2) 장애자 인간

6근 혼탁 인간이란 위 6가지 종류의 장애자라는 말이니 의미심장하게 생각해 봐야 한다. 따라서 사람만이 자연을 파괴한다.

3) 의사 진단서와 석가 진단서가 다르다.

a) 의사 진단서 6근 청정: 육체진단서

b) 석가 진단서 6근 혼탁: 정신진단서

우리는 21세기 과학이 발달한 시대에 살지만 실제로는 아는 것이 아무것도 없다. 99% 무명(장님)이고 1% 아는 것도 전도몽상(정신병자)이다.

4) 병든 지구 사람이 병균

병든 지구에서 보면 사람이 병균이다. 사람이 지구를 떠나야 지구의 병이 낫는다. 따라서 모든 사람들은 수도승처럼 살다가 후손을 남기지 말고 지구를 떠나야 한다.

5) 마귀 인간, 천사 동식물

자연파괴 유무로 사람이 마귀고 동식물이 천사다. 종교에서 말하는 날개 달린 천사와 뿔 달린 마귀는 없다. 사람이 손만 대면 다 망가진다. 따라서 부패한 인간만사다. 부패한 지구가 대표적인 예다.

6) 사람 빼고 중생이 부처

사람만 6근 혼탁하고 동식물들은 6근 청정하니 사람만 빼고 중생이 부처다. 사람만 성불하면 성불 끝이다. 사람은 원숭이 시절에는 자연을 파괴하지 않았다. 따라서 원숭이가 사람으로 진화한 것이 아니고 퇴화한 것이다. 불이 없으면 살 수 없는 것이 하나의 증거다.

2. 유대 3교 비판

유대 3교, 창세기 3교, 성경 3교, 전쟁 3교 모두 같은 말이다. 야훼와 알라 사이의 종교전쟁이 핵전쟁이 될 가능성이 높아서 3종교를 싸잡아서 비판한다.

1) 유대교는 민족종교

유대교는 우리 단군교처럼 유대민족 종교다. 이런 유대교가 기독교와 회교로 변하여 세계종교가 된 것은 보편종교인 마음불교와 결합했기 때문이다.

2) 젊은 시절 무

예수도 무함마드도 젊은 시절 없는 것이 일치한다. 그래서 예수가 젊은 시절 인도에서 불교승려였다는 한양대 민희식 교수의 책들처럼 무함마드도 그런 것으로 추정 가능하다. 두 사람 모두 성경과 코란에서 '마음' 소리를 하는 것도 증거다. 예수교에서 네 마음속에 하느님이 있다고 말한다.

3) 문맹자 교주(파생종교)

a) 예수는 목수요 문맹자다. 기독교는 유대교에 불교를 접목시킨 파생종교다. 유교나 불교와 같은 독창적인 종교가 아니다.

b) 무함마드도 문맹자요 상인이다. 회교는 예수교에 불교를 접목시킨 파생종교라서 역시 독창적인 종교가 아니다.

4) 메시아 종교

a) 예수도 무함마드도 자기가 메시아라고 주장하면서 생긴 종교들이다. 그러나 유대인들은 그들을 메시아로 인정하지 않는다.

b) 마니교

3세기에 마니라는 사람이 만들어 14세기까지 1000년 이상 지속하다가 사라진 종교인데 이것도 마니 자신이 조로아스터(조로아스터교), 아브라함(유대교), 부처(불교), 예수(기독교)를 잇는 마지막 메시아라는 주장을 하였다. 마니는 석가모니 부처도 메시아라고 보는 것이 특이하다. 불교를 모방한 것을 공공연하게 인정하니 정직한 종교다. 기독교의 교부 철학자 성 아우구스티누스가 젊은 시절에 빠졌던 마니교다.

c) 예수교에서 이단으로 취급된 소위 영지주의라고 하는 그노시스(Gnosis)파는 깨달음의 종교로 불교와 매우 닮았다. 외경에 속하는 도마복음도 그렇다.

5) 야훼 = 알라

예수교 야훼와 회교 알라는 같은 하느님(Sky님)이다. 두 종교에서 서로 순교하니 커다란 모순이다. 하느님은 누구의 손을 들어줄까?

6) 미신들

다음 하늘(Sky)님들은 모두 미신들이다.

제우스(그리스 신화)   주피터(로마 신화)

한국어는 생어(SOV)
영국어는 사어(SVO)

브라마(브라만교)	범천(불교)
인드라(힌두교)	제석천(불교)
야훼(예수교)	알라(무함마드교)

3. 문맹자 교주와 학자 교주

다음과 같이 4종교의 차이를 다시 강조한다.

1) 문맹자요 목수인 예수가 만든 종교 기독교

불교를 유대교에 접목, 유일신(야훼) 숭배, 기적종교다.

2) 문맹자요 상인인 무함마드가 만든 회교

불교를 기독교에 접목, 유일신(알라) 숭배, 동굴에서 기도하다가 하느님을 만나 아랍문자도 만들고 종교도 만든 기적종교다.

3) 학자인 공자가 만든 유교

다른 종교의 영향이 없는 독창적인 종교다. 유일신 사상이 아니다. 자연법칙을 위반하는 기적 같은 것은 없다.

4) 학자인 석가가 만든 불교

인도의 기존 종교인 힌두교 신들을 믿지 않는 최초의 미신타파 종교라서 매우 독창적이다. 정답 탐지기 공과 6행이 모두 들어 있는 유일한 종교다. 인간의 사고가 가장 깊이 들어간 과학종교다.

4. 과학 종말

여러 가지 종말이 몰려온다. 불 사용에서 오는 불 종말들이다.

1) 핵 종말

가장 먼저 온다.

2) 기후 종말

이산화탄소 과다로 온다.

3) 쓰레기 종말

핵 쓰레기와 플라스틱 쓰레기와 같은 썩지 않는 쓰레기가 문제다.

4) 인구 종말

매년 1억 2천만 명씩 증가하는 지구촌 인구다. 기원전 1억도 안 되던 인구가 2050년에 100억이 된다니 인구종말이다. 우리나라는 1919년 3.1운동 때 2천만 동포가 지금은 남북한 합쳐서 8천만 동포니 100년 동안에 인구가 4배로 늘어났다는 사실을 알 수 있다.

5) 질병 종말

점점 많아지는 질병의 종류가 문제다. 농약 농업과 항생제 축산업도 예다. 농약이 없으면 농업이 안 되고, 항생제가 없으면 축산업이 안 된다. 인간의 질병도 그 수를 다 헤아릴 수가 없을 정도로 많아지고 있다.

5. 쟁기질 논문

1) 문법 암흑시대

지금은 문법 암흑시대다. 국어를 잣대로 영어를 연구하면 써야 할 논문들이 무한대다. 생어와 사어로 구석구석 싱싱한 한국어와 구석구석 썩은 영국어기 때문이다.

2) 만물6행 만학6행

모든 학문들을 6행으로 다시 연구해야 하기 때문에 써야 할 논문들이 무한대다.

3) 암흑시대 ⟶ 광명시대

5행의 암흑시대에서 6행의 광명시대로 가기 위하여 무명과 전도몽상을 뒤집는 내용을 써야 할 논문들이 너무 많아서 망치논문으로는 부족하다. 사람의 힘으로는 부족하여 소의 힘을 빌리는 쟁기질 논문이 필요하다.

6. 학승과 선승

불교에서 해탈하면 부처가 된다는 아뇩다라3먁3보리(무상정등각 또는 최상의 깨달음)라는 진리가 있다. 이것이 우주만물의 진리 음양6행이라는 것을 불교학자나 불교승려들도 모르고 있으니 답답하다. 국어학자들이 3음 3어를 음양6행인 줄 모르고 있는 것과 같은 처지다.

1) 학승부처

학문연구로 불교의 3먁3보리가 6행이라는 것을 알게 되는 경우를 학승부처라고 하면 아래 선승부처와 구별된다.

2) 선승부처

참선수도로 3먁3보리의 6행경지에 도달하는 경우를 선승부처라고 하면 정명이다.

7. 정답 탐지기들

다음은 영어를 연구하는 데 필요한 정답 탐지기들이다.

1) 공 없는 이론은 앙꼬 없는 빵

공 유무로 정답과 오답

	정답(구제 가능)	오답(구제 불능)
수학	0123(인도숫자)	X I II III(로마숫자)
어학	ㅇㄱㄴㄷ(한국 문자)	o a b c(로마 문자)
종교	공즉시색(불교 창세기)	창세기(유대교 예수교 회교)

한국어는 생어(SOV)
영국어는 사어(SVO)

만학 공지수화풍식(불교 6대)　　　　목화토금수(중국 5행)

2) 다양한 공

다음은 모두 공과 동의어들이다.

영, 이응, 하늘, 원, 점, 무, 구멍, 6근, 마음, 생냑(zero article)

3) 자연(Teacher, Doctor, Mother)파괴 유무로 오답과 정답

인공 = 사람: 6근 혼탁, 무한 탐진치, 마귀, 불효자(탕아)

자연 = 동식물: 6근 청정, 유한 탐진치, 천사, 효자

4) 자연 = 정답, 인공 = 오답

자연 한국어(8종성)	인공 한국어(27종성)
자연 불교(인과 불교)	인공 불교(기복 불교)
자연 동식물(야생)	인공 동식물(농축산물)

5) 불교는 과학

부증불감 = 질량불변의 법칙

불생불멸 = 영혼불변의 법칙

6) 6행으로 교육

인성교육으로 성인(부처)이 많이 나오고, 창의교육으로 노벨상 수상자도 많이 나온다.

7) 6행을 이미 발견한 사람들

a) 석가모니: 반야경의 3먁3보리

b) 단군: 천부경의 대3합6

c) 세종대왕: 음양5행으로 한글을 창제했지만 실제로는 6행(아설순치후비)으로 한글을 창제해서 한글만 3음 6줄 48문자가 되는 세계 최우수 문자다.

8) 등잔 밑 진리

진리는 멀리 있는 것이 아니고 가까이 있지만 잘 안 보인다.

a) 언어: 국어는 생어(SOV), 영어는 사어(SVO)

b) 종교: 마음종교와 미신종교

c) 6행: 불교 6대(지수화풍공식), 중국 5행(목화토금수)

d) 마귀와 천사: 자연파괴 유무로 마귀 인간과 천사 동식물

e) 윤회론: 어순의 윤회를 설명한다.

UN세계국을 만들면
종말의 시계가 멈춘다

8. 성인과 비성인은 가는 길이 반대

종교마다 호칭이 다르지만 같은 소리다.

1) 예수교: 성인(제정신인 자), 비성인(제정신이 아닌 자)

2) 유교: 군자(순천자흥), 소인(역천자망)

3) 도교: 도인(무위자연), 범부(유위자연)

4) 불교: 부처(빈천해탈), 장님(부귀영화)

9. 지식의 구름, 진리의 태양

지식의 구름에 가리어 진리의 태양이 안 보인다는 불교의 용어다.

1) 제6멸종은 인재: 마귀 인간, 천사 동식물

동식물은 자연보호하니 천사고, 사람은 자연파괴하니 마귀다. 종교의 천사와 마귀를 현실화해야 제6멸종을 예방한다.

2) 부패한 인간만사

사람이 마귀라서 손만 대면 다 망가진다.

a) 부패한 정치 경제 사회 문화

b) 부패한 지구

c) 부패한 종교

d) 부패한 학문(국어, 영어, 수학)

3) 오답(지식의 구름)과 정답(진리의 태양)

지식의 구름에 가려서 진리의 태양을 보지 못한다는 불교의 소리가 있다. 쉬운 말로 하면 오답에 가려서 정답을 보지 못한다는 소리다.

a) 영어〈국어
영어가 세계어라서 세계 최우수언어로 착각하니 한국어가 세계 최우수언어라는 것을 모르게 만든다.

b) 예수교〈불교
예수교가 세계종교니 불교가 정답종교라는 것을 모르게 만든다.

c) 음양5행(목화토금수)에 가려서 음양6행(지수화풍공식)이 정답이라는 것을 모르게 만든다.

d) 사람이 최고로 귀한 동물이라고 알고 있으니 자연동식물들이 천사라는 것을 모르게 만든다.

e) 몽골족이 인구 300만밖에 안 되는 중국 변두리의 소수민족이라서 몽골족이 빙하기 이후 현생 인류의 조상이라는 것을 우리가 모르게 만든다.

한국어는 생어(SOV)
영국어는 사어(SVO)

f) UN세계국가를 만든다는 것은 불가능하다고 단정하고 시도도 안 해보고 핵 종말을 맞이하니 인간은 무명과 전도몽상에 빠진 어리석은 동물이다. 9년(1분 30초) 남은 종말의 시계를 멈추게 할 유일한 대안은 UN세계국의 건설이다.

10. 병든 지구, 사람이 병균

1) 사람이 병균

병든 지구에서 보면 사람이 병균에 불과하다. 사람이 지구를 떠나야 지구의 병이 낫는다.

2) 6행르네상스: 인본주의 ⟶ 자연주의(동식물주의)

제6멸종은 인재고 자연재해가 아니다. 불 사용에서 오는 불종말은 인연과보라서 부처도 막지 못한다. 신본(미신)주의 ⟶ 인본(마귀)주의 ⟶ 동식물(천사)주의 시대로 가야 한다. 자연으로 돌아가자 = 6행으로 돌아가자, 모두 같은 소리다.

3) 유인 최천

유인최귀 아니고 최천이다. 동식물이 자연이니까 최귀다. 고로 자연파괴 유무로 최천 인간 최귀 동식물이다. 이래서 다음과 같은 소리도 있다.

a) 순자의 성악설

b) 한비자의 법치주의

c) 유교: 사람이 호랑이보다 무섭다.

d) 불교: '중생상도 버려라'

e) 유대3교: 에덴동산에서 인간만 추방

f) 소로우 인간 경멸: 사람을 원숭이, 쥐, 개, 구더기라고 한다.

4) 세상에 나쁜 개는 없다. 사람이 나쁘다.

6근 청정 동식물과 6근 혼탁 인간이 증거다.

5) 인간은 몰라도 너무 모른다.

수천 년 내려오는 거짓말: 음양5행론, 품사문법, 성 수 인칭, 영어가 세계어, 출석도 못 부르는 oabc, 신본주의 미신종교들, 전쟁하는 민족국가들

6) 인구증가 = 쓰레기 증가

한 사람이 일 년에 내는 쓰레기가 3톤이라니 사람이 쓰레기 제조기다.

11. 인류는 과학과 종교로 망한다

1) 종교전쟁이 핵 전쟁된다.

화약고 중동의 종교전쟁이 가장 위험하다.

2) 3전쟁 원인: 순교자(종교전쟁), 순국자(민족전쟁), 순돈자(물질전쟁)는 어리석다.

  a) 종교소멸: 기복종교가 엉터리라는 것을 알면 모든 종교가 저절로 소멸된다.

  b) 국가소멸: 국경선은 살인마(전쟁광)들이 그어 놓은 경계선이니 무효다. UN세계국가를 만들어야 불종말을 예방한다.

  c) 돈 소멸: 유소유 돈본주의 사회가 무소유 심본주의 사회로 가면 돈도 저절로 소멸된다. 빈천해탈을 인생의 목표로 하는 석가모니 같은 사람들은 돈이 필요 없다.

3) 기복 종교 = 무당(퇴마사)

  마귀를 몰아내고 질병을 고치는 것이 일치한다. 생로병사는 모두 자연법칙이다. 병들고 죽는 것도 자연법칙이다. 마귀의 행위가 아니다. 인연과보요 전생의 업이다.

4) 인연과보 불교와 기복 불교

  서로 반대말이다. 석가모니 불교는 인연과보 불교고, 보살불교는 기복 불교다.

5) 종교가 말썽

  a) 학문 발달사: 무당 ⟶ 종교 ⟶ 5행(암흑) 과학 ⟶ 6행(광명) 과학

  b) 종교전쟁이 가장 끈질긴 전쟁이다. 종교전쟁이 핵전쟁 된다. 7차례 십자군전쟁과 4차례 중동전쟁이 매우 닮았다. 중동전쟁(제2십자군 전쟁)이 3차 세계대전이 될 가능성이 매우 높다.

  c) 한국은 종교 사업(business)이 잘 되는 나라라는 소리를 외국인들이 한다. 우리나라에 있는 세계 최대교회들이 그 증거다.

6) 불 = 과학

  불 사용이 원죄다. 불 사용은 인연과보다.

  불 사용 ⟶ 6근 혼탁 ⟶ 무한 탐진치 ⟶ 자연 파괴 ⟶ 불종말

7) 하나뿐인 지구

  지구가 유일한 6행행성이다. 달(moon)이 있어야 월경(menses)이 되는 것이 하나의 증거다. 물만 있다고 생명체가 존재하는 것은 아니다.

8) 성불하기 좋은 시대

  지금은 풍요로운 시대라서 버린 옷 입고, 식당에서 손님들이 남긴 음식 먹고, 빈 집에서 잠을 자면서 수행하면 되니까 성불하기 좋은 시대다.

12. 인류는 진보, 구원?

1) 인류는 진보, 구원?

  잊어라. 환상이다. 퇴보요 멸망이다.

한국어는 생어(SOV)
영국어는 사어(SVO)

2) 인연과보 불종말

불 사용으로 인한 불(핵, 기후)종말은 인연과보라서 피할 수가 없다. 원숭이 시절에는 자연파괴를 안 했다. 원숭이가 사람으로 진화한 것이 아니라 퇴화한 것이다.

3) 2050년 기후종말

책들(제6멸종, 텅빈 바다 등)이 예언하듯이 기후변화로 홍수와 가뭄이 생겨 식량은 감소하는데 인구는 100억으로 증가하니 공룡시대처럼 인류시대도 간다.

4) 불교 말세

불멸 후 2500년이 불교의 말세다. 이것을 계산하면 불기 2580(서기 2036)년이다. 천안통을 한 석가모니의 말이다. 제6멸종 서기 2050년과 불과 14년 차이다.

13. 6행이 하나님(One님. 유일진리)

1) 6행학 = 유일 필수과목: 6행이 모든 학문의 뿌리, 정답 탐지기

6행 모르면 아무것도 안 된다. 정답을 모르기 때문이다. 6행 몰라서 오답이 정답을 구축하는 세상이다.

2) 만법귀일

모든 법(진리)은 하나로 돌아간다. 그 하나가 6행이다.

3) 이신론(Deism): 진리가 신

진리가 신이니 6행이 유일신이다.

4) 피타고라스 재평가

'숫자가 신이다.'라는 수학자 피타고라스학파는 본래 종파였다. 진리가 신이라는 이신론(Deism)과 같은 말이다. 그는 윤회론을 믿는 사람이었고 자기의 전생들을 보는 사람이었다. 따라서 피타고라스는 재평가되어야 한다. 6행이 우주만물의 진리니 숫자가 신이라는 그의 말이 맞기 때문이다.

5) 6행이 조물주

6대(지수화풍공식)작용 = 식물은 탄소동화작용으로 지금도 조물하고 있다. 동물은 산소동화작용으로 지금도 조물하고 있다. 식물과 동물의 차이는 탄소와 산소 차이다. 서로 상부상조하는 관계다.

6) 6행이 하나님(One님)

6행이 우주만물의 진리요 보편진리다. 유일 진리는 있어도 유일신은 없다. 하늘(Sky)님도 미신이다.

7) 불멸영혼

생명체들의 영혼은 있지만, 야훼, 알라와 같은 유일신은 없다.

8) 정답은 하나

6행 언어 = 한국어, 6행 종교 = 불교

14. 불종말 대책: UN세계국가

1) 핵무기 제거 위해 UN세계국가 건설 필요

a) UN 무용론

우크라이나 문제도 해결 못 하니 지금의 UN으로는 안 된다는 로마 교황의 말이 맞다.

b) USA(United States of America)처럼 UNW(United Nations of World)를 만들어야 한다. 중앙정부만 군대를 보유하고 각국은 지방자치정부로 경찰만 보유한다. 이래야 핵무기를 수거하여 폐기처분할 수 있다. UN세계국을 만들면 9년 남은 종말의 시계가 멈춘다.

2) 한국어와 불교

UN세계국가의 국어와 종교가 된다.

3) 단일민족국가

UN세계국가는 다민족국가가 아니고 몽골족 단일민족국가다.

4) 3무 세상

a) 6행 한국어가 세계어가 되어 문맹자가 없는 세상

b) 6행 불교가 세계종교가 되어 부정부패가 없는 세상

c) UN이 세계국가가 되어 전쟁 없는 세상

15. 99% 무명, 1% 전도몽상

1) 석가모니

'우리는 무명(무지)과 전도몽상(착각)에 빠져 있다.'는 불교의 소리가 우리는 아무것도 모른다는 소리요 아는 것 1%도 착각하고 있다는 소리다.

2) 소크라테스

'너 자신을 알라'는 소리가 의미하는 것들

a) 무명과 전도몽상

사람이 무명과 전도몽상에 빠져 있다는 점에서 불교의 소리와 일치한다.
이것이 소크라테스의 말이다. All I Know is that I know nothing.

b) 윤회론

소크라테스와 플라톤은 불교의 윤회론을 믿는 사람들이었다.

c) 성악설

소크라테스도 순자처럼 성악설 주장자다. 그는 결국 인민재판에서 사형선고를 받고 죽었기 때문이다.

한국어는 생어(SOV)
영국어는 사어(SVO)

3) 플라톤

'국가론'에서 동굴 비유를 한다. 동굴 안은 비성인들이 사는 암흑(무명)세상이고, 동굴 밖은 성인들이 사는 광명(유명)세상을 의미한다.

4) 뉴턴

'우리가 아는 것은 해변의 모래사장에서 한 줌 모래에 불과하다.'고 말한 뉴턴의 이 한 줌 아는 것도 전도몽상이라서 99% 무명, 1% 전도몽상이라는 말이다.

5) 소로우

'우리는 허위의 늪에 빠져 있다.'는 소로우의 말도 우리가 무명과 전도몽상에 빠져 있다는 성인의 목소리다.

16. 6대 성인

1) 성인 추가

a) 예수가 성인이면 무함마드도 성인에 넣어야 공평하다.

b) 소크라테스가 성인이면 플라톤도 성인에 넣어야 공평하다.

2) 석가모니의 영향

공자를 제외한 나머지 4성인은 석가모니의 영향을 받은 사람들이다.

3) 교주〈학자

다음과 같은 비교도 가능하다. 학자에 무게의 추가 실린다.

> 예수〈소크라테스
> 무함마드〈플라톤

17. 두 개의 르네상스는 불교가 원인

1) 중세르네상스: 신본주의 ──▶ 인본주의

세계종교인 기독교에 이길 수 있는 종교는 불교 하나다. 인간이 신의 노예가 아니고 인간이 부처(God)라는 불교사상이 낭만주의 문학이다. 낭만주의(Romanticism) 시인 워즈워스의 시 "Child is Father of Man(아이는 어른의 아버지다)" 소리도 증거다. 따라서 로마주의(Romanticism) = 낭만주의는 불교주의 내지 인도주의(Buddhism, or Indianism)로 고쳐야 정명이다.

2) 현대 르네상스: 인본주의 ──▶ 자연주의

인본주의도 문제가 있다. 인간만이 자연을 파괴하기 때문이다. 유전과 환경이 운명을 결정한다는 자연주의 문학도 불교의 인연과보 윤회론이다. 그래서 자연으로 돌아가자는 소리나 6행으로 돌아가자는 소리나 같은 소리다. 셰익스피어 문학을 비롯하여 명작이라고 할 수 있는 서양문학들은 대부분 불교사상이 들어 있다는 것을 서양문학을 전공하는 사람들은 다 아는 사실이다. 불교의 6번뇌(탐진치 + 돈 사랑 명예)를 그리고 있기 때문이다.

3) 두 개의 르네상스 요약

　a) 중세 르네상스

　　　　기독교(유럽)　　　　불교(인도)

　　　　암흑시대　　　　　　광명시대

　　　　신본주의　　　　　　인본주의

　b) 현대 르네상스

　　　　5행(중국)　　　　　6행(불교)

　　　　암흑시대　　　　　　광명시대

　　　　인본주의　　　　　　자연주의

18. 빈천해탈이 인생목표

1) 인간은 이성적 동물이 아니다.

　a) 1차, 2차 세계대전은 인간이 이성적 동물이 아니라는 증거다.

　b) 성인(Saint)은 제정신인자, 비성인(Insaint)은 제정신이 아닌 자 즉 정신병자다.

　c) 일본에 핵무기를 사용한 것이 인간이다. 따라서 3차 세계대전은 핵전쟁이다. 살아남은 자가 죽은 자를 부러워한다는 말이 맞다.

　d) 인간은 이성적 동물이라서 핵전쟁은 안 할 거라는 안일한 생각은 버려야 한다. 그래서 UN세계국가를 만들어 핵무기를 수거 폐기처분해야 한다. 군축회담은 쓸데없는 일이다. 세계 핵정상회의, 세계 기후정상회의도 모두 무용지물이다. UN세계국가 건설만이 핵 종말을 예방하는 유일한 길이다.

　e) 핵전쟁을 걱정하여 촘스키가 쓴 '파멸전야'라는 책은 그가 쓴 책 중에 가장 맞는 책이다. 생성문법책들은 모두 엉터리다. 전통문법의 정문들이 생성문법의 정문이기 때문이다. 촘스키도 한 명의 전통문법가에 불과하다. 격문법이 자연문법이고 보편문법이고 참말문법이다,

2) 교육 무용론

　a) 소로우는 그의 저서 월든(Walden)에서 '문명인(미국 백인)이 야만인이고, 야만인(인디안)이 문명인이다.'라고 평했다.

　b) 사람이 배울수록 나빠진다는 속담은 우리나라에도 있다. '여자가 배우면 여우가 된다.'는 소리가 그것이다. 여기에 '남자가 배우면 늑대가 된다.' 소리를 보태면 된다.

　c) 학문과 예술이 인간을 타락시킨다는 루소의 말이 맞다. 자연으로 돌아가자는 루소의 말은 귀농 귀촌하자는 소리가 아니고 부패한 사회에서 정의로운 사회로 돌아가자는 소리다.

　d) 사람은 배울수록 나빠지니 교육무용론이 나온다. 지금 하고 있는 돈본주의 사회의 부귀영화 교육이 아니고 불교의 빈천해탈 교육을 하면 전인교육(인성교육 + 창의교육)이 된다.

3) 탕아 이야기

　a) 불경에도 있고 성경에도 있는 탕아 이야기는 단순한 가출 청소년 이야기가 아니고 자연을 떠난

한국어는 생어(SOV)
영국어는 사어(SVO)

탕아, 자연을 파괴하는 패륜아 인간의 이야기로 해석함이 옳다. 따라서 자연으로 돌아가자는 소리와 어울린다. 인간이 원숭이였을 때는 자연을 파괴하지 않았다. 인간이 불을 사용하면서, 다시 말해 과학으로 자연을 파괴하기 시작했다. 인간의 높은 IQ는 조조 IQ로 인간은 제 꾀에 제가 넘어가고 있다. 자연을 파괴하면 결국 인간도 파괴되고 만다. 따라서 제6멸종이 오고 있다.

b) 4차례 산업혁명은 모두 불 사용 발달이다.
> 1차: 증기기관 발명
> 2차: 전기 발명
> 3차: 컴퓨터 발명
> 4차: 인공지능(AI) 발명

4) 양치기 소년

지금까지 사이비 종교들이 예언한 종말론들이 하도 많이 빗나가서 진짜 종말, 2050년에 온다는 과학종말, 제6멸종도 믿지 않는다. 우리는 동화 '양치기 소년'을 닮았다.

5) 인생목표: 빈천해탈

a) 미국 부처 소로우가 쓴 Walden도 빈천해탈 소리를 한다.

b) 휘트먼(Whitman)도 소로우와 같은 초월주의자(= 해탈주의자)로 미국 부처다. 그의 시 '내 자신의 노래(Song of Myself)'는 천상천하 유아독존의 불교시다. 불멸의 영혼을 노래한 오도송이다.

6) 3먁3보리(6행) 알면 부처

불경에 3먁3보리는 '무상정등각' 또는 '최상의 깨달음'이라고 번역한다. 이 말은 우주만물의 진리라는 말과 상통한다. 따라서 3먁3보리가 6행이라서 불교에서 3먁3보리를 알면 부처가 된다고 한다. 학승이 학문 연구로 6행을 알면 학승부처가 되고, 선승이 참선으로 6행을 알면 선승부처가 된다고 보면 학승과 선승의 차이를 짐작할 수 있다.

7) 헛 영어선생, 헛 인생

a) 영문법이 100% 거짓말인 줄 모르고 가르쳤으니 평생 헛 영어 선생을 했다.

b) 인생의 목표가 빈천해탈인 줄 모르고 살았으니 평생 헛 인생을 살았다.

19. 무함마드의 기적

1) 젊은 시절이 없는 무함마드

무함마드도 예수처럼 젊은 시절이 없다. 12세부터 24세까지 젊은 시절이 오리무중이다. 예수처럼 인도에 가서 불교승을 했을 가능성이 매우 높다. 당시 인도는 지금의 미국으로 가장 선진국이었기 때문이다. 예수는 목수요 무함마드는 상인으로 모두 문맹자들이다.

2) 기적은 자연법칙 위반

무함마드는 귀국하여 동굴에서 명상하다가 하느님을 만나 아랍문자도 만들고 회교도 만드는 기적을 이루었다. 기적은 자연법칙 위반이라서 거짓말이다.

3) 천장 글, 바닥 글

실제로는 무함마드가 인도문자를 모방하여 아랍문자를 만들었다. 인도문자를 뒤집어 놓은 모양이 아랍문자기 때문이다. 그래서 인도문자는 위에 줄이 있는데 아랍문자는 아래에 줄이 있어서 붙인 별명이 인도문자는 천장글, 아랍문자는 바닥 글이다.

4) 아랍문자의 0123

아랍문자 우측 귀에 있는 인도숫자(0123)도 아랍문자가 인도문자를 모방하여 만든 증거이다. 0123 은 아라비아 숫자가 아니고 인도숫자기 때문이다.

5) 예수교 + 불교 = 회교

무함마드가 인도숫자와 인도문자를 모방하여 아랍문자를 만들었듯이 인도불교를 모방하여 회교 (이슬람교)를 만들었다고 보면 된다. 예수가 불교를 유대교에 접목했듯이 무함마드는 불교를 예수교 에 접목하였다.

6) 유대교는 유대민족 종교

우리나라 단군교처럼 유대교는 유대인들의 민족종교다. 이런 유대교가 예수교와 회교를 통하여 세계종교가 된 것은 보편종교인 마음불교를 만났기 때문이다. 유대3교가 전쟁종교라는 것은 매우 걱정되는 점이다.

7) 3위일체설: 종교전쟁의 원인

예수도 무함마드도 자기가 메시아라고 자칭하지만 유대교에서는 그들을 메시아로 보지 않는다. 아우구스티누스가 만든 예수가 3위일체라는 설은 종교전쟁의 원인이다. 예수가 야훼고 알라라는 말 이기 때문이다.

20. UNW(UN세계국가)

1) USA 모델로 UNW(UN세계국가)를 만든다.

미국(United States of America) 모델로 세계국가(United Nations of World)를 만들면 된다. 세계 각 국은 미국의 주(state)처럼 하나의 지방자치단체가 된다.

2) 지금 UN은 세계국가의 모양을 갖추고 있다.

3권 분립이 되어 있고 군대도 보유하고 있기 때문이다.

> 입법: UN 총회
> 행정: UN 사무처
> 사법: 국제재판소
> 군대: UN군

이러니 사실상 세계국가의 기본 형태를 갖추고 있어서 세계국가로 만들기 쉽다. 단지 UN사무총장 의 힘이 너무 미약하여 문제니까 이 자리에 전 세계가 투표하여 UN세계대통령을 뽑아서 앉도록 하면 된다.

한국어는 생어(SOV)
영국어는 사어(SVO)

3) 뭉치면 살고 흩어지면 죽는다.

핵전쟁을 경고하는 파멸전야라는 촘스키 책처럼 인류의 운명은 풍전등화다. UN세계국가를 만들면 살고 못 만들면 죽는다.

4) 세계시민 정신

소크라테스의 세계시민 정신이 바로 UN세계국가 정신이다. 현생인류의 조상은 호모사피엔스에서도 하나고 몽골족에서도 하나다. 따라서 UN세계국가는 다민족국가가 아니고 단일민족국가다. 민족자결주의 개별국가는 엉터리다.

5) 플라톤의 국가(Republic)

이것이 UN세계국가다.

21. 성인도 우열

1) 석가

인간의 사고가 가장 깊이 들어간 종교가 불교다. 공과 6행이 증거다.

2) 공자

유교는 일종의 생활 철학이다. 독창적이지만 석가에 미치지 못한다.

3) 소크라테스〉예수

모두 불교의 영향을 받은 사람들이다. 학자와 목수의 차이가 있다.

4) 플라톤〉무함마드

모두 불교의 영향을 받은 사람들이다. 학자와 상인의 차이가 있다.

위 6대 성인들 중에 예수만 신의 아들이요 나아가서 삼위일체로 신이라는 주장은 종교전쟁의 원인이다. 예수가 야훼요 알라니까 유대교도 회교도 예수교를 미워한다. 예수도 다른 성인들처럼 사람(Man)이다. 신(God)이 아니다. 삼위일체는 4세기에 교부철학자 아우구스티누스 사제가 만든 거짓말이다. 모세도 사람, 무함마드도 사람이듯이 예수도 사람이다. 교주를 학자보다 과대평가하는 경향은 고쳐야 한다.

22. 종이호랑이들

세계적으로 쓰이지만 엉터리들이 종이호랑이들이다.

1) 영어

a) 영어가 세계어라고 세계에서 제일 좋은 언어로 착각하지 말아야 영어가 100% 엉터리 언어라는 것을 안다. 언어 사대주의가 지나치다. 옛날에는 중국어를 중시하고 한국어를 경시하였고, 지금은 영국어를 중시하고 한국어를 경시한다.

b) 미국의 영어교육을 모방한 우리의 국어교육은 시정해야 한다. 영국어는 사어라서 문맹률이 50%고, 한국어는 생어라서 문맹률이 0%라는 사실을 감안해야 한다. 영어학을 모방한 국어학도 시정

해야 한다.

c) 토끼 똥 국어, 참새 똥 영어

아래 6개를 약칭하는 별명이다. 따라서 맞춤법과 띄어쓰기가 분명한 국어와 불분명한 영어라는 말이다.

토끼 똥 국어	참새 똥 영어
SOV	SVO
생음	사음
생어	사어
소리문자	뜻문자
격문법	수문법
음절과 격어 분명	음절과 격어 불분명

2) abc

a) 문자가 없는 나라는 대부분 abc를 쓰니 가장 많이 쓰이는 문자다. 하지만 가장 좋은 문자는 아니다. 3음이 안 되는 것이 증거다.

b) 영국 프랑스 독일도 문자가 없는 나라라서 abc를 쓴다.

c) 한글과 비교하면 비교가 안 된다. 한글은 3음이 되는 유일한 문자다. 영어 abc는 3음으로 분리수거 안 된 쓰레기장이다. 음소와 음절의 구별도 안 된다. abc는 100% 불량문자가 정명이다.

d) 영국 언어학자가 한글은 신이 내린 문자라는 칭찬은 정확하다.

e) 한글(Korean Alphabet)도 좋지만 한말(Korean Grammar)은 더 좋다. 한글은 세종대왕이 만든 문자고, 한말은 세종대왕 이전부터 내려오는 한국말이다. 한글은 맞춤법을 고쳐야 3음 자연문자가 되지만 한말은 고칠 것도 없이 3어 자연문법이기 때문이다. 한말도 신이 내린 문법이다.

f) 발음기호 유무로 뜻글과 소리글이다. 영어는 발음기호가 없으면 발음할 수 없는 언어라서 미국 선생님들은 학생들의 출석을 부를 수가 없다. 학생 본인에게 어떻게 발음하는지 물어보고 출석을 부른다.

g) 문자변화 유무로 소리문자와 뜻문자다. 따라서 한글도 '궁민 칭구 동닙문'처럼 소리 나는 대로 써야 100% 소리문자로 간다.

3) 품사문법

a) 2500년 전 인도의 파니니가 만든 품사문법과 수문법이 아라비아를 거쳐 유럽으로 가면서 전 세계로 퍼졌다.

b) 격문법 방해꾼 2개(품사문법, 수문법) 중에서도 품사문법이 가장 애물단지다. 수문법은 인구어에만 있지만 품사문법은 전 세계적이기 때문이다.

4) 기독교

a) 문맹자요 목수인 예수가 만든 종교다. 가장 많은 교인을 가진 세계 1위 종교라고 최우수 종교는 아니다.

b) 서양에서는 한물간 종교다. 프랑스에는 성당을 지킬 신부가 없어서 우리나라 신부가 가서 지키고 있다.

5) 회교

a) 문맹자요 장사꾼인 무함마드가 만든 종교다. 예수교 다음으로 큰 종교지만 확장세가 대단하여 중요시 안 할 수가 없는 종교다.

b) 무함마드가 전쟁으로 전파한 회교라서 전쟁종교라는 오명을 벗기 어렵다. 지금도 자폭테러 종교라는 오명을 가지고 있다.

6) 음양5행론

a) 지금까지 우주만물의 진리라고 믿어 왔던 음양5행론이 엉터리고 음양6행론이 정답이라니 놀라운 일이다.

b) 만물6행, 만학6행으로 다시 연구하면 모든 학문들이 6행의 광명시대를 열 것이다.

7) 사람, 중국 한족, 개별국가

기타 필수품들의 오답들도 모두 종이호랑이들이다.

23. 3대 문학사

1) 고대 신본주의 문학

고대에는 신과 귀족들이 문학작품의 주인공이 된다.

2) 근대 인본주의 문학

근대에는 보통 사람들이 문학작품의 주인공이 된다.

3) 현대 자연주의 문학

현대에는 유전과 환경이 운명을 결정한다는 불교문학 내지 자연주의 문학이라서 범죄인들이 작품의 주인공이 되기도 하고, '동물농장'과 같은 작품은 동물들(개, 돼지)이 작품의 주인공이 되기도 한다.

24. 인간은 표절(모방)의 동물

지금의 인도를 가난한 나라라고 가볍게 봐서는 안 된다. 옛날에는 인도가 지금의 미국이었다. 15세기까지 인도가 가장 선진국이었다는 의미다. 따라서 인도에 유학한 예수와 무함마드가 각각 예수교와 무함마드교를 만들었다. 인간이 모방의 동물이라는 것은 이미 다 알고 있는 사실이다.

1) 인도숫자(0123) ⟶ 유럽 숫자

인도숫자가 아라비아 숫자라는 이름으로 유럽으로 전파되었다.

2) 인도 문법 ⟶ 유럽 문법

인도 파니니 문법에서 품사와 성 수 인칭이라는 전통문법이 시작되어 모든 인구어에 스며들었다.

라틴문법도 그중의 하나다. 이 라틴문법을 유럽 각국이 모방하여 만든 것이 모두 붕어빵 인공언어들이다. 인도 파니니 문법이 첫 단추를 잘못 끼웠기 때문이다. 인도숫자와 불교는 정답이지만 인도 문자와 문법은 엉터리다. 따라서 한글(Korean Alphabet)과 한말(Korean Grammar)로 문자와 문법의 종주국은 한국이다.

3) 인도 철학 —→ 그리스 철학

인도 불교철학이 그리스로 전파되어 소크라테스·플라톤과 같은 철학자를 낳았다. '너 자신을 알라'는 소크라테스의 말이 '불교의 무명과 전도몽상을 알라'는 소리고, 플라톤의 동굴비유도 같은 소리기 때문이다. 동굴 안에는 비성인(장님)들이 살고 동굴 밖에는 성인(부처)들이 산다. 아리스토텔레스의 중용사상도 불교의 중도사상이다.

4) 인도 철학 —→ 유럽 철학

인도 불교철학이 그리스를 거쳐 유럽 전역으로 전파되어 데카르트, 스피노자, 칸트, 쇼펜하우어, 니체와 같은 유럽철학자들을 낳았다. 불교의 마음(이성 감성 오성)철학이 유럽철학이기 때문이다.

5) 인도 종교 —→ 유럽 종교

예수가 인도 불교를 유대교에 접목하여 기독교를 만들었다. 한양대 불문과 민희식 교수가 쓴 '법화경과 신약성서' 등 예수가 인도에서 불교승려였다는 책을 여러 권 냈기 때문에 더이상의 증거는 불필요하다. 무함마드가 불교를 예수교에 접목하여 회교를 만든 것도 예수나 마찬가지다. 무함마드도 예수처럼 젊은 시절이 없다.

6) 인도 사상 —→ 유럽 문학

인도 불교사상이 유럽 낭만주의와 자연주의 문학을 낳았다. 소위 서양의 명작들은 대부분 불교사상이라는 논문들이 증거다. 따라서 불교를 모르면 문학이 안 된다는 말도 나온다.

25. 낫 놓고 기역자도 모른다

과학이 발달한 21세기에 사는 우리는 많이 아는 것 같지만 실제로 아무것도 모른다. 인간은 몰라도 너무 모른다. 이래서 무명과 전도몽상에 빠진 인간이라는 성인들의 말씀이 나온다. 따라서 '낫 놓고 기역자도 모른다.'는 말을 빌려 다음과 같이 말해도 된다.

1) 숫자 공을 보고도 만물이 공이라는 색즉시공을 모른다.

a) 공이 없으면 수학이 안 되는 것을 알면서도 공이 없으면 모든 학문이 안 되는 것은 모른다. 모든 공은 하나다.

> 숫자 공: 0123
> 문자 공: 한글 이응(ㅇ)
> 문법 공: 공 관사(zero-article)
> 불교 공: 색즉시공
> 6대 공: 지 수 화 풍 공 식
> 인체 공: 6근(안 이 비 설 신 의)

b) 공즉시색 = Big Bang(대폭발, 천지창조), 색즉시공 = Black Hole(우주의 대장간)

2) 한국 IQ가 세계 1위라는 것은 알면서도 한국어가 세계 1위라는 것을 모른다.

언어가 IQ를 결정한다는 것은 일반론이다.

3) 한국어(SOV)를 보면서도 영어(SVO)가 사어라는 것을 모른다.

만물이 윤회한다. 따라서 언어도 윤회한다. 한국어가 윤회한 송장이 영국어다.

4) 미신타파하는 마음불교를 보고도 불교가 정답 종교라는 것을 모른다.

제우스, 주피터가 미신이듯이 야훼, 알라도 미신이다. 힌두교의 브라마신도 인드라신도 미신이고 불교의 범천과 제석천도 미신이다. 하늘(Sky)님, 땅(Earth)님, 바다(Sea)님들도 모두 미신들이다.

5) 벌집 보고 6행을 모른다.

a) 6행 불교
3먁3보리 = 6행
6대(지수화풍공식)
6근, 6식, 6바라밀, 6도 윤회, 6신통
6치유(탐진치 + 계정혜)
6번뇌(탐진치 + 물애명), 108번뇌, 84000번뇌

b) 6행 한국어
6행 보편음어(문자와 문법)지도
3음 6줄 48문자
3어 6격 108문법

c) 수학
완전 수 6
완전 각 6각형

d) 기타
6각 수 설 빙
6각 소금
6각형의 주상절리 화산 기둥
6쪽 마늘
거북이 등에 난 6각형 무늬

6) 병든 지구 보고 인간이 병균인 줄 모른다.

사람이 만물의 영장이 아니다. 사람만이 자연을 파괴한다. 사람이 지구를 떠나야 지구의 병이 낫는다.

7) 훈족(흉노족), 투르크족(돌궐족) 보고도 몽골족이 현생 인류의 조상인 줄 모른다.

a) 25000년 전 빙하기가 시작되면서 원시인류는 모두 얼어 죽었다. 빙하기에 살아남을 수 있는 인

UN세계국을 만들면
종말의 시계가 멈춘다

간은 북극 에스키모뿐이다. 얼음집에 살면서 날고기를 먹으며 사니까 불을 사용하지 않기 때문이다. 이 에스키모의 인구가 증가하면서 몽골로 내려와 전 세계로 흘러갔다는 추론은 어렵지 않다.

    b) 거란족이 게르만족이다. 게르만(German)의 게르(Ger)가 몽골 유목민들의 천막이름이기 때문이다.

8) 인구어의 조상들이 모여 살던 중앙아시아는 알면서도 몽골어가 지구촌 언어의 조상이라는 것은 모른다.

    a) 이 중앙아시아가 바로 몽골이다.

    b) 몽구어

    따라서 인구어를 몽구어로 해야 정명이다. 지구촌의 모든 언어들의 조상은 몽골어가 된다. 몽골어 후손들을 크게 우랄알타이어, 중국어, 인구어로 나눈다.

9) 뭉치면 살고 흩어지면 죽는다는 것은 알면서도 UN세계국가를 만들지 못하고 인류는 종말을 고한다.

    UN세계국가가 현대판 유토피아다. 소크라테스의 세계시민사상이 실현된 것이다. 플라톤의 국가(Republic)다.

10) 해와 달이 도는 것을 보고도 윤회론을 모른다.

    a) 이 세상에 돌지 않는 것이 없다. 만물이 생성소멸한다. 춘하추동의 변화가 하나의 예다. 어순도 SOV에서 SVO로 윤회하는 것을 보고 윤회론을 믿지 않을 수가 없다.

    b) 브라만교의 경전 바가바드기타의 말
    '태어나면 반드시 죽는다. 죽은 자는 반드시 태어난다.'

26. 공과 6행 동의어

1) 공 동의어

    a) 불교: 공즉시색

    b) 수학: 영, 원

    c) 한글: 초성이응, 유종성이응, 무종성이응

    d) 자연: 하늘, 기타 모든 구멍, 6근＝6공(눈구멍 귓구멍 콧구멍 입구멍 성기구멍 마음구멍)

    e) 문법: 공 관사(zero-article). 모든 생략들은 모두 공이다.

2) 6행 동의어

    a) 불교: 3먁3보리(무상정등각＝최상의 깨달음＝우주 만물의 진리), 6대(지수화풍공식), 6근 6식, 무명 밝히는 불교의 연등, 중도

    b) 천부경: 천23 지23 인23 대3합6

    c) 세종 한글: 아설순치후(비)

    d) 플라톤 철학: 이데아(Idea), 원형

한국어는 생어(SOV)
영국어는 사어(SVO)

e) 아리스토텔레스: 중용

f) 스토아 철학: 로고스(Logos) = 이성

g) 기타: 자연, 진리, 정의, 보편, 정답

27. 사람: 최귀 아니고 최천

1) 자연파괴 유무로

마귀 인간과 천사 동식물이다.

인간 IQ는 조조 IQ요 마귀 IQ요 자연파괴 IQ다.

인간 IQ가 종교도 만들고 과학도 만들어 인간은 과학과 종교로 망한다.

2) 6근 혼탁 = 6가지 장애자

6근	6경	6식 장애자
a) 안	색	장님
b) 이	성	귀머거리
c) 비	향	코머거리
d) 설	미	입머거리
e) 신	촉	성타락자
f) 의	법	정신병자

3) 무명, 전도몽상

a) 무명(무지) 인간 = 장님

b) 전도몽상(착각) 인간 = 정신병자

4) 4상 환자

불교에서 4상을 버리라고 한다. 사람은 4상 환자기 때문이다.

a) 아상: 나라는 생각

b) 인상: 사람이라는 생각

c) 중생상: 중생이라는 생각

d) 수자상: 오래살겠다는 생각

5) 추방된 자

에덴동산에서 사람만 추방되었다. 따라서 사람만 땀 흘려 일해야 밥먹고 사는 불행한 생활을 하고, 동식물들은 지금도 낙원에 살고 있다. 의식주 걱정이 없으니 취직할 필요가 없는 자유로운 생활을 한다.

6) 사람이 호랑이보다 더 무섭다.

공자가 무덤 앞에서 울고 있는 여자를 보고 한 말이다. 이 여자는 어릴 때는 아버지가 전쟁에 나가 죽었고, 결혼해서는 남편이 전쟁에 나가 죽었고, 늙어서는 아들이 전쟁에 나가 죽은 불행한 여자다. 인간은 호랑이보다 더 호전적인 동물이라는 비유다.

7) 소크라테스

'너 자신을 알라.' 소리의 대답은 무명과 전도몽상에 빠진 자기 자신을 알라는 불교의 소리다.

8) 플라톤

동굴 비유도 소크라테스의 '너 자신을 알라' 소리의 되풀이다. 무명과 전도몽상에 빠진 자기 자신을 알라는 소리다.

9) 소로우 월든(Walden)

사람 욕을 아래와 같이 많이 한다.

a) 구더기

b) 원숭이

c) 개(prairie dog)

10) 자연파괴 3가지 인간 별명

a) 어머니 자연을 파괴하는 패륜아

b) 스승 자연을 파괴하는 문제 학생

c) 의사 자연을 파괴하는 문제 환자

11) 만물의 영장 아니고 만물의 파괴자

인간은 만물의 영장이 아니고 만물의 파괴자다. 인간에 의해 멸종된 동식물이 이미 많다.

12) 사람이 개보다 못하다.

사람	개
자연파괴	자연보호
배신	충성
성 매매	성 건전
무한욕심	유한욕심

13) 부패한 인간

인간이 부패해서 인간이 손만 대면 다 썩는다.

a) 부패한 정치 경제 사회 문화

b) 부패한 지구

c) 부패한 종교

d) 부패한 국어 영어 수학

한국어는 생어(SOV)
영국어는 사어(SVO)

e) 부패한 모든 학문

f) 부패한 인간 만사

14) 동물농장(Animal Farm)

사람이 짐승(개, 돼지)이라는 소설이다.

15) 세상에 나쁜 개는 없다.

개는 안 나쁘고 사람이 나쁘다는 TV 프로그램이다. 개는 훌륭하다는 TV 프로그램도 있다.

이상을 종합해 보면 사람이 개보다 못하다는 소리는 일반론이다. 불편한 진실이고 공공연한 비밀이다. 차마 말을 못할 뿐이다.

28. 신본주의 ⟶ 인본주의 ⟶ 자연주의

미신시대	마귀시대	천사시대
암흑시대	암흑시대	광명시대
	5행시대	6행시대

1) 중세 르네상스

신본주의 미신시대에서 인본주의 마귀시대로 가는 변화의 시대다.

2) 현대 르네상스

a) 인본주의는 자연파괴주의로 마귀시대라서 자연주의 천사시대로 가야 제6멸종을 면한다.

b) 현대 르네상스 = 6행 르네상스
중국 음양5행의 암흑시대에서 불교 음양6행의 광명시대로 가는 시대변화다.
'자연으로 돌아가자 = 6행으로 돌아가자'도 같은 소리다.

3) 두 개의 르네상스 요약

a) 중세 르네상스

기독교(유럽)	불교(인도)
암흑시대	광명시대
신본주의	인본주의

b) 현대 르네상스

5행(중국)	6행(불교)
암흑시대	광명시대
인본주의	자연주의

4) 정의는 6행이다.

미국 하버드대학의 샌델 교수는 횡설수설하지 말고 정의는 6행이라고 선언해야 한다. 6행 한국어가 세계어고, 6행 불교가 세계 종교라고 선언해야 한다.

UN세계국을 만들면
종말의 시계가 멈춘다

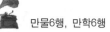

29. 필수품 요약

1) 생어와 사어: 국어〉영어

국어는 생어, 영어는 사어라서 비교가 안 된다. 국어와 영어가 다를 때는 당연히 국어가 정답이다. 영어는 주어와 동사의 일치, 국어는 뜻어와 기능어의 일치가 예다.

I am a boy.	나는 소년이다.
You are a boy.	너는 소년이다.
He is a boy.	그는 소년이다.

2) 마음 종교와 미신 종교: 불교〉유대 3교

불교는 마음 종교라서 기타 미신종교들과 비교가 안 된다. 유대 3교뿐만 아니라 힌두교도 미신종교다.

3) 공 유무로 6행(지수화풍공식)〉5행(목화토금수)

공이 없으면 수학이 안 되듯이 어학도 안 되고 종교도 안 되고 모든 학문이 안 된다. 공이 없는 이론은 앙꼬 없는 빵이다.

4) 자연파괴 유무로 사람〈동식물

사람이 마귀요 동식물이 천사다.

5) 거대민족 유무로 몽골족〉중국 한족

몽골족에서는 돌궐족 = 투르크족, 흉노족 = 훈족, 거란족 = 게르만족처럼 큰 민족이 많이 나왔는데 중국 한족에서는 전혀 없다. 따라서 몽골족이 현생인류의 민족조상이다. 중국의 변두리 소수민족이 아니다. 중국의 한족도 몽골족의 일종이다.

6) 전쟁과 평화로 개별국가〈UN국가

뭉치면 살고 흩어지면 죽는다. 지금처럼 개별국가로 있으면 핵전쟁이 난다. 세계가 하나의 국가로 가야 핵전쟁을 예방한다.

30. 세계 보물 1호 불교, 2호 한국어

생물에 멸종위기종이 있듯이 종교와 학문에도 있다. 다음 두 개가 멸종하면 세계 평화와 인류의 행복에 커다란 불행이다. 불교와 국어의 중요성을 강조하기 위해 인류문화유산 세계 보물 1호와 2호로 정하고 싶다.

1) 1석 5조 불교 세계화 혜택

a) 평화
불살생의 불교라서 세계 평화시대를 연다.

b) 평등
인도의 4성 계급제도를 타파하는 불교다. 중생이 부처라는 불교사상은 심지어 동식물까지도 평등하게 본다.

한국어는 생어(SOV)
영국어는 사어(SVO)

c) 자유

미신타파 불교는 신의 노예에서 인간을 해방시킨다. 불교의 인생목표인 빈천해탈은 자유의 최고봉이다. 안 태어나는 것이 불교 최고의 경지다. 태어나면 인생이 고해기 때문이다.

d) 진리

불교에 정답 탐지기 2개(공과 6행)가 모두 들어 있다. 공즉시색이 그것이요 불교 최상의 진리 3먁3보리가 6행이다. 불교가 만물6행, 만학6행의 진리시대를 열 것이다.

e) 정의

정의가 이긴다. 불교가 6행 시대, 정답시대를 열어 부패한 시대는 가고 정의의 시대가 오도록 할 것이다. 부정부패가 없는 세상이다.

2) 1석 5조 한국어 세계화 혜택

a) 평화

지구촌의 언어가 한국어 하나로 되면 민족이라는 개념이 희미해지니까 민족전쟁이 줄어든다.

b) 평등

영어권 국가는 영어 하나만 하면 되고, 기타 국가는 영어와 모국어를 해야 하니 두 개를 해야 하고, 소수민족은 소수민족어와 그 나라 국어와 영어를 해야 하니 3개의 언어를 공부해야 하니 지금은 언어 불평등 시대다. 한국어 하나로 통일되면 이런 언어 불평등시대는 사라진다. 모두 한국어 하나로 소통이 되기 때문이다. 문맹자가 없고 통역도 불필요한 세상이다.

c) 자유

한국어가 세계어가 되면 전 세계의 문맹률이 0%라서 언어의 자유를 누린다. 문맹자가 아닌 우리는 문맹자의 답답함을 모른다. 그들은 버스도 타지 못하고 동사무소나 은행도 가지 못한다.

d) 진리

6행 한국어시대라서 6행이 우주만물의 진리라는 것을 안다. 만물6행, 만학6행의 진리시대를 연다.

e) 정의

6행시대가 정답시대고 정의시대다. 악화(오답)가 양화(정답)를 구축하는 지금의 부패한 시대에서 양화가 악화를 구축하는 정의의 시대로 간다.

31. 1석5조 UN세계국가의 혜택

a) 평화: 핵무기를 수거하여 폐기처분하고 기후종말에 효과적으로 대처한다.

b) 평등: 대국과 소국의 차별이 없어진다.

c) 자유: 투표로 지방자치단체장을 선출하니 독재자가 나올 수 없다.

d) 진리: 만물6행 만학6행
모든 학문은 6행으로 다시 연구한다.

e) 정의: 정의가 살아 숨쉬는 정답시대다. 정답이 오답을 구축하는 시대가 된다.
한국어가 세계어가 되고, 불교가 세계 종교가 되고, 6행이 우주만물 진리가 되고, 인본주의 시대는 가고 자연주의시대가 오고, 몽골족 위주의 세계사와 몽골어 중심의 언어학 시대가 오고, 개별국은 사라지고 UN세계국가의 시대가 온다. 전쟁이 없는 세상이다.

32. 총결론의 시

예전엔 미처 몰랐어요.
한국어가 세계어라는 것을
불교가 세계종교라는 것을
음양6행이 우주만물의 진리라는 것을
6행 한국어요 6행 불교라서 정답이라는 것을
한국어 3음 3어가 불교의 3먁3보리라는 것을

현생 인류의 조상은 몽골족이라는 것을
병든 지구에서 보면 사람이 병균이라는 것을
사람이 동물보다 못하다는 것을
사람 IQ는 조조 IQ요 자연파괴 IQ라는 것을
성선설이 아니고 성악설이 맞다는 것을

인류는 과학과 종교로 망한다는 것을
화약고 중동의 종교전쟁이 핵전쟁으로 변한다는 것을
공룡시대처럼 인류의 시대도 간다는 것을
UN세계국가를 만들지 못하면 핵 종말이라는 것을

한마디로 우리는 몰라도 너무 모른다는 것을
무명과 전도몽상에 빠져 있다는 것을
6행 몰라서 장님이지만 6행 알면 부처라는 것을
정말로 정말로 예전엔 미처 몰랐어요.

한국어는 생어(SOV)
영국어는 사어(SVO)

제5장

되풀이 강조

제5장 되풀이 강조

1. 인간의 언어능력은 격문법이다

> A love has loved the lovely loves lovingly.
> 사랑은 사랑스런 사랑을 사랑스럽게 사랑했다.

1) 뜻어+기능어 = 격어의 원리는 영어에도 본래 있었다. 한국어는 규칙적인데 영국어는 불규칙하다.

2) 기능어+뜻어 = 격어도 존재하니 영어는 기능어가 윤회한 죽은 언어다.

2. 두 개의 핵심

1) a/an과 -s는 단수와 복수가 아니고 격조사다.

> Horse is useful. 　　말 유용하다.
> A horse is useful. 　말은 유용하다.
> The horse is useful. 말도 유용하다.
> Horses are useful. 　말이 유용하다.
>
> Ox is useful. 　　소 유용하다.
> An ox is useful. 　소는 유용하다.
> The ox is useful. 소도 유용하다.
> Oxen are useful. 　소가 유용하다.

　a) 한국어는 6행의 주격조사가 규칙적인데 영국어는 불규칙하다.

　b) 한국어는 받침 유무로 남성명사(말)와 여성명사(소)라서 암기할 필요가 없다.

2) will shall은 미래조동사가 아니고 생각심 2능어다.

> She will have posted the letter yesterday.
> You will have heard the news last night.

　a) 조동사 유무로 생각심과 사실심이다.

　b) 시간 3시제가 아니고 마음 6시제라는 것은 가정법공식에서 설명할 것이다.

3. 다음 주어와 동사의 일치 4개는 모두 엉터리 인공일치들이다

1) 2능어 am are is의 주어와 동사의 일치

> I am a boy. 　　나는 소년이다.
> You are a boy. 너는 소년이다.
> He is a boy. 　그는 소년이다.

주동일치는 인공문법(규범문법, 학교문법, 수문법)이고 자연문법(비규범문법, 비학교문법, 격문법)

한국어는 생어(SOV)
영국어는 사어(SVO)

이 아니다. 영어는 주어와 동사의 일치고, 국어는 뜻어와 기능어의 일치라서 서로가 다르다. 국어가 맞다.

2) is는 단수, are는 복수라는 주어와 동사의 일치

An ox is useful.	소는 유용하다.
Oxen are useful.	소가 유용하다.

이것도 아무 근거도 없는 인공문법이다. oxen의 기능어가 윤회하여 an ox가 되었으니 두 개 모두 단수다.

3) 직설법 3인칭 단수 현재동사의 어미에 –s를 붙이는 주어와 동사의 일치

I love her.
You love her.
He loves her.

이것도 아무 근거도 없는 엉터리 인공문법이다. 동사에 단수와 복수가 있다는 것은 웃기는 소리다.

4) 의지미래와 단순미래의 주동일치

의지미래	단순미래
I will	I shall
you shall	you will
he shall	he shall

이것은 망가져서 지금은 지켜지지 않고 있다. 위 3개도 이것처럼 망가져야 한다.

5) 일치(Agreement) = 문법(Grammar)

주동일치처럼 영문법에 있는 모든 일치는 거짓말이다. 영문법이 100% 거짓말이라는 말이나 영문법의 일치가 100% 거짓말이라는 말이나 같은 말이다.

4. 심능료 무명

생각심과 사실심, 가능과 불능, 완료와 미완료는 우리가 모르고 있다.

사실심 4시제(종속절)	생각심 2능 2시제(주절)

(원형미완료) If she love me, I will marry her. (가능, 미완료)
　　　　　　　그녀가 나를 사랑하면, 나는 그녀와 결혼할 것이다.

(미완료)　　　If she loved me, I would marry her. (불능, 미완료)
　　　　　　　그녀가 나를 사랑한다면, 나는 그녀와 결혼할 것인데.

(완료)　　　　If she have loved me, I will have married her. (가능, 완료)
　　　　　　　그녀가 나를 사랑했다면, 나는 그녀와 결혼했을 것이다.

(대완료)　　　If she had loved me, I would have married her. (불능, 완료)
　　　　　　　그녀가 나를 사랑했었다면, 나는 그녀와 결혼했을 것인데.

1) If절은 사실심 4시제고, 주절은 생각심 2능 2시제다. If 유무로 가정법과 직설법은 거짓말이다.

2) 이것은 가정법시제가 아니고 사실심과 생각심이 모두 모인 것이다. 모든 언어의 시제는 시간 3시제가 아니고 위에 있는 마음 6시제다. 시제의 기본이 과거 현재 미래가 아니고 완료와 미완료라서 용어의 변경이 불가피하다.

3) will shall은 미래조동사가 아니고 생각심 2능어다.

4) 시제일치는 없다. 따라서 다음과 같이 시제일치를 하는 것은 잘못이다. will과 would는 2시제가 아니고 2능어기 때문이다.

> He said, 'I will marry her.'
> He said that he would marry her.

5) If she loved me가 국어의 현재시제 '사랑한다'에 해당되어 가정법 과거라는 착각이 생긴 것이다.

6) 조동사 유무로 생각심과 사실심

3법(가정법, 직설법, 명령법)은 없고, 2심(생각심, 사실심)은 있다. 조동사 유무로 생각심과 사실심이니 구별하기도 쉽다. If, as if, wish, time 뒤에 가정법이 온다는 지금의 가정법은 정신병자들의 소리다.

a) will(일 것이다), shall(할 것이다)
> I will go to Seoul tomorrow.
> 나는 내일 서울 갈 것이다.
> I go to Seoul tomorrow.
> 나는 내일 서울 간다.

b) can(할 수 있다)
> I can speak English.
> 나는 영어를 말할 수 있다. (외국인의 경우)
> I speak English.
> 나는 영어를 말한다. (본토인의 경우)

c) may(일 테다), must(할 테다)
> He may be a fool.
> 그는 바보일 테다.
> He is a fool.
> 그는 바보다.

7) 시간 3시제가 아니고 마음 6시제라서 시간과 시제는 무관하다. 다음이 예다.

a) 때나 조건의 부사절에서 현재완료가 미래완료를 나타낸다는 예문
> I will rend you the book when I have done with it.
> 내가 그 책을 끝냈을 때, 나는 그 책을 너에게 빌려줄 것이다.

b) 2능 과거시제
> When I am finished with my homework, let's go see a movie.
> 내가 숙제를 끝냈을 때, 영화 보러 가자.

한국어는 생어(SOV)
영국어는 사어(SVO)

c) 소위 미래완료 예문들

We will have passed the Dover by this time tomorrow.

내일 이때쯤 우리는 도버해협을 건넜을 것이다.

d) 영어에 있는 시제일치의 예외들도 영어의 시제일치가 과학적인 문법이 아니라는 증거들이다.

e) 한국어에는 시제일치가 없다. 인칭만 바꿔주면 된다.

'나는 서울 간다.'고 어제 그가 말했다. (직접화법)

그는 서울 간다고 어제 그가 말했다. (간접화법)

f) 한국어에서 다음 3문장은 시제 차이가 나도 모두 정문이다.

이순신은 장군이다.

이순신은 장군이었다.

이순신은 장군이었었다.

g) 다음 영어와 국어를 비교해 보면 and 앞의 시제가 과거가 아니고 원형시제다. 따라서 영어의 병렬일치도 엉터리라는 것을 알 수 있다.

Yesterday I went to Seoul and met my friend.

나는 어제 서울에 가서 나의 친구를 만났다.

I ran and ran and ran.

나는 뛰고 뛰고 뛰었다.

h) 미래 공상소설에도 과거시제가 있고, 과거 역사소설에도 미래시제가 있다.

Caesar will cross the Rubicon.

5. 영어의 보어격 사망

1) 영어는 주어와 동사의 일치, 국어는 뜻어와 기능어의 일치

English	Korean	Konglish
I am a boy.	나는 소년이다.	I let boy.
I am happy.	나는 행복하다.	I have happy.
I am here.	나는 여기에 있다.	I be here.
You are a boy.	너는 소년이다.	You let boy.
You are happy.	너는 행복하다.	You have happy.
You are here.	너는 여기에 있다.	You be here.
He is a boy.	그는 소년이다.	He let boy.
He is happy.	그는 행복하다.	He have happy.
He is here.	그는 여기에 있다.	He be here.

a) 국어와 영어가 다를 때는 모두 국어가 맞다. 국어는 생어고 영어는 사어기 때문이다.

b) 영어는 수문법이라서 I am a boy의 a가 필요하지만 국어는 격문법이라서 a가 불필요하다.

c) 영어가 옛날에 생어였을 때 am(하다), are(하다), is(있다)의 뜻이었으나 지금은 2능어로 변했다. have(하다), let(이다), be(있다)가 새로 생겨 보동격(보아격과 동사격)조사 노릇을 하고 있어야

하는데 제대로 못하고 있으니 영어의 보동격은 죽었다.

d) 2능어를 주동일치하여 영어의 보동격조사는 죽었다. 따라서 우측의 Konglish가 Vulgar English로 Natural English요 Spoken English다.

e) 모양(Form)과 의미(Meaning)가 지나치게 다른 영어

위 be동사의 예문들은 Form과 Meaning이 지나치게 다른 죽은 영어라는 증거들이다.

2) 보어격 3시제 복원

English	Korean	Konglish
I am a boy. I was a boy. I had been a boy.	나는 소년이다. 나는 소년이었다. 나는 소년이었었다.	I let boy. I have let boy. I had let boy.
I am happy. I was happy. I had been happy.	나는 행복하다. 나는 행복했다. 나는 행복했었다.	I have happy. I have had happy. I had had happy.
I am here. I was here. I had been here.	나는 여기에 있다. 나는 여기에 있었다. 나는 여기에 있었었다.	I be here. I have been here. I had been here.

English	Korean	Konglish
You are a boy. You were a boy. You had been a boy.	너는 소년이다. 너는 소년이었다. 너는 소년이었었다.	You let boy. You have let boy. You had let boy.
You are happy. You were happy. You had been happy.	너는 행복하다. 너는 행복했다. 너는 행복했었다.	You have happy. You have had happy. You had had happy.
You are here. You were here. You had been here.	너는 여기에 있다. 너는 여기에 있었다. 너는 여기에 있었었다.	You be here. You have been here. You had been here.

English	Korean	Konglish
He is a boy. He was a boy. He had been a boy.	그는 소년이다. 그는 소년이었다. 그는 소년이었었다.	He let boy. He have let boy. He had let boy.
He is happy. He was happy. He had been happy.	그는 행복하다. 그는 행복했다. 그는 행복했었다.	He have happy. He have had happy. He had had happy.
He is here. He was here. He had been here.	그는 여기에 있다. 그는 여기에 있었다. 그는 여기에 있었었다.	He be here. He have been here. He had been here.

a) 영어는 3시제가 같은데 국어는 모두 다르다.

b) 영어는 하다, 이다, 있다의 구별이 없는데 국어는 선명하게 다르다.

c) 이상과 같이 국어와 영어를 비교하면 100% 서로 다르다. 국어는 생어고 영어는 사어라는 증거들이다.

d) Konglish 찬미론

Konglish = Vulgar English = Natural English = Spoken English

한국어는 생어(SOV)
영국어는 사어(SVO)

따라서 영문법 유무로 글영어와 말영어가 다르다. 글을 쓸 때는 영문법이 필요하지만 말을 할 때는 영문법을 틀려도 된다.

6. 2능어와 보동격조사는 다르다

종류	사실심		생각심	
2능어	가능	불능	가능	불능
	am하다 are이다 is있다	had한데 were인데 was있는데	(are to) will일 것이다 shall할 것이다 can할 수 있다 may일 테다 must할 테다	(were to) would일 것인데 should할 것인데 could할 수 있는데 might일 텐데 ought to할 텐데

보동격 조사	사실심	생각심
	do다 be있다 have하다 let이다 get지다 become되다	are (let) going to -ㄹ 것이다 were (let) going to -ㄹ 것인데 are (be) able to -ㄹ 수 있다 were (be) able to -ㄹ 수 있는데 are (do) about to -ㄹ 테다 were (do) about to -ㄹ 텐데

1) be동사(am are is)는 2시제가 아니고 사실심 2능어가 정명이다. 다음 2능현재시제와 2능과거시제가 증거다.

　　She is marrying to Tom next year.
　　그녀는 내년에 톰과 결혼한다.
　　She was marrying to Tom next year.
　　그녀는 내년에 톰과 결혼하는데.

　　She is married to Tom last year.
　　그녀는 작년에 톰과 결혼했다.
　　She was married to Tom last year.
　　그녀는 작년에 톰과 결혼했는데.

2) had better라는 숙어가 am의 짝이 was가 아니고 had라는 증거이다. 시제는 과거지만 뜻은 현재다.
　　You had better go there.
　　네가 거기에 가는 것이 더 좋은데.

3) 다음과 같이 돼야 정상인데 이렇게 안 되니 문제다.
　　I are a bird.　나는 새다.
　　I were a bird. 나는 샌데

4) 소위 be to 용법도 am are is가 2능어라는 증거라서 위 도표에서 조동사 위에 표시하였다.

5) am are is의 주동일치(I am, you are, he is)는 최악의 규범문법이다. 설상가상으로 be와 잡종교배하여 2능이 아니고 2시제로 변하여 보어격, 준보어, 진행형, 수동태, 조동사, 시제를 모두 망치고 있어서 쑥대밭 be동사라는 별명을 붙여도 된다.

6) 주동일치가 없는 저질영어(Vulgar English) ain't, gonna, wanna 등이 영어의 주동일치가 엉터리라는 증거들이다. 한국어도 주동일치는 없고 뜻어와 기능어 일치만 있다는 것을 우리는 앞에서 보았다.

7) 조동사도 의지미래와 단순미래로 착각하여 주어와 동사의 일치를 시도했지만 실패했다. 모든 주동 일치들은 이렇게 실패해야 한다.

8) 조동사는 2시제가 아니고 2능어로 쓰여야 정상인데 2시제로 쓰이니 영어는 시제도 없는 언어다. 시제조사(ㄴ, ㅆ)도 고장이고 준동사 조사[L(ㄹ), M(ㅁ), N(ㄴ)]도 고장이다. 간단하게 말해 모든 기능어가 고장난 영어다.

7. 3과거, 3착각

영어는 다음과 같이 3개의 과거시제에서 3개의 착각이 일어난다.

1) 현재시제의 자리에 온 인공과거 worked는 가정법 과거 착각

　　　If he worked hard, she would employ him.
　　　그가 열심히 일한다면, 그녀는 그를 고용할 것인데.

따라서 가정법은 본래 없는 것이고 착각이다. 사실심 4시제와 생각심 2능 2시제가 우연히 만난 것을 가정법이라 착각하고 있다. 3법(직설법, 가정법, 명령법)은 잘못 만든 규범문법이다. 2심(생각심과 사실심)으로 가야 한다.

2) 자연과거 have worked는 3완료 착각

　　　If he have worked hard, she will have employed him.
　　　그가 열심히 일했다면, 그녀는 그를 고용했을 것이다.

따라서 3완료는 없는 것이고 3가지 시제다.

3) 2능과거(She is married to Tom)를 수동태로 착각
　2능현재(She is marrying to Tom)를 진행형으로 착각

따라서 수동태와 진행형은 잘못 만들어진 규범문법이다. 따라서 영어는 100% 오진 문법이다. 모두 바로잡아야 하는데 불가능하니 구제불능 영어다. 따라서 영어권 국가들은 한국어 사용이 불가피하다.

4) 또 하나의 과거가 더 있다. 영어에는 과거시제가 4개나 있으니 불규칙동사다. 우리 국어의 시제와 같은 자연영어시제다.

　　　The couple had a fight but then made up and kissed.
　　　부부는 싸움을 했지만 곧 화해를 하고 키스를 했다.

다음과 같이 하면 한국어와 일치하기 때문이다. 현재시제도 생긴다. 여기서 a는 단수가 아니고 목적격조사 '을/를'에 해당한다.

　　　have a fight　　　싸움을 하다.
　　　han a fight　　　싸움을 한다.
　　　had a fight　　　싸움을 했다.
　　　ed had a fight　　싸움을 했었다.

이상과 같이 영어는 과거시제가 4개나 되니 시제도 없는 언어라는 것을 재확인할 수가 있다.

한국어는 생어(SOV)
영국어는 사어(SVO)

8. 자동사를 타동사로 착각하는 영어

2능과거시제를 수동태로 착각하고 능동태로 고치니 자동사가 타동사로 변하는 영어라서 영어는 자동사와 타동사의 구별도 고장난 언어다. 다음과 같이 2능과거시제를 수동태로 착각하고 능동태로 바꾸는 것은 엉터리다.

> She is married to Tom. → Tom marries her.
>
> I am interested in this book. → This book interests me.
>
> I am surprised at his sudden death. → His sudden death surprises me.
>
> I am finished with my homework. → My homework finishes me.(?)

9. 보어격과 동사격의 소통이 안 되는 영어

한국어는 되는데 영어는 안 된다. 한국어는 보어도 목적어를 취할 때가 있다.

주어+목적어+보어	주어+목적어+동사
보어격 3시제	동사격 4시제
	나는 그것을 좋아하다(I like it.)
나는 그것이 좋다.	나는 그것을 좋아한다(I liked it.)
나는 그것이 좋았다.	나는 그것을 좋아했다(I have liked it.)
나는 그것이 좋았었다.	나는 그것을 좋아했었다(I had liked it.)

1) 영어는 보동격이 불통격이라서 이런 구별이 안 된다.

2) am are is의 주동일치로, 교잡 be동사로 영어의 보어격은 설상가상으로 망했다.

3) 하나를 보면 열을 안다. 보동격이 망한 것을 보면 영어의 6격이 모두 망한 것을 안다.

10. 불규칙 전치사

한국어는 모두 다음과 같이 '에' 하나로 규칙적인데 영국어는 달라서 암기해야 한다.

> at dawn 새벽에
>
> in the morning 아침에
>
> at noon 정오에
>
> in the afternoon 오후에
>
> at night 밤에
>
> in the evening 저녁에

1) 부사격조사인 전치사가 고장난 영어다.

2) 영어에 이런 숙어가 많은 것도 영어가 사어라는 증거들이다.

11. 준보어와 준동사의 고장

1) 준보어

종류	보부정사(L)	보명사(M)	보분사(N)
미완료	to be kind (to kind) 친절할	being kind (kinding) 친절함	being kind (kinden) 친절한
완료	to have been kind (to have kinded) 친철했을	having been kind (having kinded) 친절했음	having been kind (having kinded) 친절하던 hading been kind (hading kinded) 친절했던

2) 준동사

종류	동부정사(L)	동명사(M)	동분사(N)
미완료	to thrive 번성할	thriving 번성함	thriving 번성하는
완료	to have thrived 번성했을	having thrived 번성했음	thriven 번성한 having thrived 번성하던 hading thrived 번성했던

a) 영어는 고장이라서 국어 중심으로 봐야 준보어와 준동사의 본모습을 볼 수 있다. 국어는 L(ㄹ), M(ㅁ), N(ㄴ)이 정확한데 영어는 고장이다.

b) 국어는 준보어와 준동사가 비슷한데 영어는 교잡be동사 때문에 준보어와 준동사가 확 다르다. 따라서 영어의 준보어도 괄호 안의 것으로 고쳐야 맞다.

12. 하나를 보면 열을 안다

영어사전 뒤에는 불규칙 동사표가 있는데 국어사전 뒤에는 없다. 이것이 바로 영어는 사어, 국어는 생어라는 증거가 된다. 영어는 동사에 관련되는 모든 것들이 불규칙적이고 한국어는 모두 규칙적이기 때문이다. 다음은 동사가 불규칙하면 기타 모든 영문법이 불규칙하다는 증거들이다.

1) 불규칙 동사를 보면 불규칙 8품사를 안다.

불규칙 동사: 불규칙 동사표를 지금의 현재(go) 과거(went) 과거분사(gone)에서 원형(go) 현재(went) 과거분사(gone)로 다시 만들어야 한다.

불규칙 명사: 불규칙 복수명사라는 oxen, children은 격조사가 붙은 격이다.

불규칙 대명사: 불규칙 인칭대명사 I my me, you your you, he his him

불규칙 형용사: 형용사의 불규칙 비교 bad better best → well better best

불규칙 부사: 부사의 불규칙 비교 well worse worst → bad worse worst

불규칙 전치사: 시간의 크기에 따라 at on in은 인공문법이다.

불규칙 접속사: 접속사에 뜻어인 의문사가 동원되는 것은 접속사 고장의 증거다.

불규칙 감탄사: 원시 감탄문이라서 품사의 자격도 없다.

한국어는 생어(SOV)
영국어는 사어(SVO)

2) 불규칙 동사를 보면 불규칙 8기능어를 안다.

      불규칙 be동사: am had가 짝이다.

      불규칙 조동사: must ought to가 짝이다.

      불규칙 전치사: 위치명사 under beneath 등은 전치사가 아니고 명사다.

      불규칙 접속사: by cause가 because로 된 것이라서 접속사가 아니고 '때문에'라는 부사격어다.

      불규칙 관사: 관사는 지시사가 아니고 주격과 목적격의 격조사가 정명이다.

      불규칙 관계사: that 유무로 동사절과 준동사절이다. 의문사는 대청소해야 한다.

      불규칙 접두사: enrich, widen으로 사역동사의 조사 'en'이 불규칙하다.

      불규칙 접미사: (e)s, ed, ing 등의 접미사 붙이는 방법이 불규칙하다.

      foggy satisfy beautiful realize도 접미사가 붙은 격어들이다.

3) 불규칙 동사를 보면 불규칙 준동사를 안다.

      준동사의 조사 L(ㄹ), M(ㅁ), N(ㄴ) 고장이다.

      불규칙 동부정사: 생각심 형용사가 정명이다.

      불규칙 동명사: 사실심 명사가 정명이다.

      불규칙 동분사: 사실심 형용사가 정명이다.

4) 불규칙 동사를 보면 불규칙 보어를 안다.

      불규칙 보어를 보면 불규칙 준보어를 안다.

      준보어의 조사 L(ㄹ), M(ㅁ), N(ㄴ) 고장이다. 준보어라는 용어도 없는 영문법이다. 준동사와 준보어가 고장난 영어라서 관계사가 발달한 영어다.

      불규칙 보부정사: 생각심 형용사가 정명이다.

      불규칙 보명사: 사실심 명사가 정명이다.

      불규칙 보분사: 사실심 형용사가 정명이다.

5) 불규칙 동사를 보면 불규칙 6격도 안다.

      불규칙 주격: a/an과 -s는 단수와 복수가 아니고 주격조사다.

      불규칙 목적격: a/an과 -s는 단수와 복수가 아니고 목적격조사다.

      불규칙 보어격: 주어와 동사의 일치로 보어격이 가장 망한 영어다. 교잡be동사로 보어격 조사가 완전히 사망한 영어다.

      불규칙 형용사격: 탈영격이다. 준보어와 준동사가 6격에 쓰인다.

      불규칙 부사격: 격조사 고장으로 hard, hardly 다르고, late, lately 다르다.

6) 불규칙 동사를 보면 불규칙 6상을 안다. 지금의 영문법은 6상의 존재도 모른다.

      불규칙 사실심과 생각심: 조동사 유무로 생각심과 사실심이다.

      불규칙 가능과 불능: be동사와 조동사는 각각 사실심과 생각심의 2능어다.

      불규칙 완료와 미완료: 시제의 기초는 마음 2시제(완료, 미완료)다.

      불규칙 자역동사와 사역동사: She married her daughter to a rich man.

      불규칙 정지형과 진행형: 2능 현재시제 She is marrying to Tom tomorrow.

      불규칙 능동태와 수동태: 2능 과거시제 She is married to Tom yesterday.

7) 불규칙 동사를 보면 다음 시간 3시제들이 모두 엉터리라는 것을 안다.

　　　　직설법 시간 3시제

　　　　가정법 시간 3시제

　　　　진행형 시간 3시제

　　　　수동태 시간 3시제

　　　　보어격 시간 3시제

　　　　3완료 시간 3시제

　　a) 시간 3시제가 아니고 마음 6시제다. 따라서 위의 시간 3시제는 모두 엉터리다.

　　b) 사실심 2능어 be동사(am are is)를 시간 3시제로 하는 보어격 진행형 수동태는 설상가상으로 더 엉터리다. 따라서 시제도 없는 영어다.

8) 따라서 불규칙 동사로 만든 영어의 모든 문장들은 모두 비문들이다. 인공문법(수문법)으로 만든 글영어는 자연문법(격문법)에서 보면 모두 비문이기 마련이다.

13. 한국어는 생어, 영국어는 사어라는 간단한 증거

1) 불규칙동사 유무

영어사전의 뒤에는 불규칙 동사표가 있는데 한국어사전의 뒤에는 불규칙 동사표가 없다. 불규칙은 고장이고 사망이라는 뜻이다.

2) 단수와 복수의 중요성 유무

영문법에서는 단수와 복수가 되게 중요한데 국문법에서는 하나도 안 중요하다. 영문법은 수문법이고 한국어는 격문법이기 때문이다.

14. 한국어는 비암기과목, 영국어는 암기과목

한국어	영국어
진짜 소리문자	가짜 소리문자
격문법	수문법
비학교문법=비규범문법	학교문법=규범문법
자연어	인공어
생어	사어
규칙어	불규칙어
서당개 3년어	평생어
비암기과목	암기과목

1) 영문법은 학교문법(수문법)이라서 학교에서 배워야 알지만, 국문법은 비학교문법(격문법)이라서 학교에서 배울 필요가 없다. 어머니 배 속에서 이미 배우고 태어났기 때문이다. 따라서 미국은 대학 나온 대졸문맹자고 우리는 초등학교도 못 나온 무학문맹자다. 우리는 한글만 깨치면 문맹에서 벗어나지만 미국의 문맹자는 로마자(abc) 깨쳐도 문맹에서 벗어나지 못한다. 단어의 철자도 암기해야 하고 수문법도 암기해야 하고 가산명사와 불가산명사도 암기해야 한다. 불어와 독어는

남성명사와 여성명사도 암기해야 하니 영어보다 더 배우기 어려운 언어들이다.

2) 영어는 수문법이라서 격조사도 없는 언어

한국어는 주격조사가 아래 4개나 되는데 영어는 외통수다. 다음은 불가산명사가 주어가 된 경우다. 영어가 가산명사와 불가산명사로 나뉘어 주동일치를 하는 것은 미친 짓이다.

Time is money.	Mary is beautiful.
시간 돈이다.	매리 아름답다.
시간이 돈이다.	매리가 아름답다.
시간은 돈이다.	매리는 아름답다.
시간도 돈이다.	매리도 아름답다.

영국어는 문자도 암기해야 하고 문법도 암기해야 하는 암기과목이라서 평생 해도 안 된다.

15. 한국어와 영국어의 품사비교

한국어	영국어
명사	명사
대명사	대명사
동사	동사
부사	부사
감탄사	감탄사
관형사	형용사
형용사	(보어)
조사	전치사, 접속사
수사	

1) 같은 것도 있고 다른 것도 있다. 한국어 9품사나 영국어 8품사나 엉터리는 마찬가지다. 인간의 언어능력은 품사문법이 아니고 격문법이기 때문이다.

2) 한국어는 격문법으로 고치면 잘 맞아 들어가지만 영국어는 격문법으로 고칠 수가 없으니 구제불능이라서 영어권 국가들은 한국어를 모국어로 사용함이 불가피하다. 이래서 영어를 연구하는 것은 시간 낭비라서 더 이상 영어를 연구할 필요도 없다.

16. 사어 영어 = 100% 거짓말 영문법

위의 두 말은 같은 말이다. 서로가 서로를 증거한다. 영어는 사어라서 100% 거짓말 영문법으로 버티고 있고, 반대로 100% 거짓말 영문법은 영어가 사어라는 증거다. 100% 오진(거짓말) 영문법이라서 정진(참말) 영문법으로 바르게 고쳐야 하는데 고칠 수도 없으니 구제불능 영어다.

17. 공공연한 비밀: 영어는 사어

1) 영어발달사에서 18세기까지의 영어는 철자도 문법도 없는 언어라는 말은 영어가 사어라는 말이다.

2) 18세기에 규범문법 = 학교문법 = 인공문법 = 수문법으로 죽은 영어를 살려놓았지만 지금도 여전

히 죽은 영어다. 죽은 사람을 살릴 수 없듯이 죽은 언어도 살릴 수 없기 때문이다.

3) 영미에 자연어를 연구하는 교수들이 많다. Chomsky도 그들 중의 한 사람이다. 이 사실은 영어가 자연어가 아니고 인공어라는 것을 모두 알고 있다는 증거다.

4) 영미에는 영문법교과서도 없고 영어시험에 영문법을 출제하지도 못한다.

18. 신이 내린 한국어

> 한글은 신이 내린 문자: 3음(자음+모음=음절)이 되는 문자
> 자연문자 = 진짜 소리문자
> 한말은 신이 내린 문법: 3어(뜻어+기능어=격어)가 되는 문법
> 자연문법 = 격문법
>
> 영글은 사람이 내린 문자: 3음(자음+모음=음절)이 안 되는 문자
> 인공문자 = 가짜 소리문자
> 영말은 사람이 내린 문법: 3어(뜻어+기능어=격어)가 안 되는 문법
> 인공문법 = 수문법

따라서 한국어는 맞춤법도 띄어쓰기도 되는 언어지만 영국어는 맞춤법도 띄어쓰기도 안 되는 언어다. 한글로 달아 놓은 아래의 발음기호를 보면 이것을 안다.

> 소는 동물이다.
> An ox is an animal.
> [넌] [녹시] [ ] 지 [넌] [애니믈]
> Oxen are animals.
> [녹슨] [아] [애니믈시]

19. 성품명사 = 성상명사

rich poor safe kind 같은 성질이나 상태를 나타내는 형용사라고 우리가 착각하는 단어들은 형용사가 아니고 명사라는 것을 각별히 유의하기 바란다.

> Riches have wings. 부는 날개가 있다.
> He is rich. 그는 부유하다.

다음과 같이 준보어의 보분사가 고장이 나서 형용사로 착각되고 있다.

> a rich man 부유한 사람

따라서 영어는 준보어 고장으로 관계대명사가 발달한 언어다. 괄호 안의 것은 Konglish다.

> a man who is rich(han rich) 부유한 사람 (미완료 보분사)
> a man who was rich(have riched) 부유하던 사람 (완료 보분사)
> a man who had been rich(had riched) 부유했던 사람 (대완료 보분사)

한국어는 생어(SOV)
영국어는 사어(SVO)

20. 2심 2능 2시제 be동사(am are is)

1) 사실심 2능 2시제

> She is marrying to Tom tomorrow.
> 그녀는 내일 톰과 결혼한다.
> She was marrying to Tom tomorrow.
> 그녀는 내일 톰과 결혼하는데.
>
> She is married to Tom yesterday.
> 그녀는 어제 톰과 결혼했다.
> She was married to Tom yesterday.
> 그녀는 어제 톰과 결혼했는데.

2) 생각심 2능 2시제

> She is to marry to Tom tomorrow.
> 그녀는 내일 톰과 결혼할 것이다.
> She was to marry to Tom tomorrow.
> 그녀는 내일 톰과 결혼할 것인데.
>
> She is to have married to Tom yesterday.
> 그녀는 어제 톰과 결혼했을 것이다.
> She was to have married to Tom yesterday.
> 그녀는 어제 톰과 결혼했을 것인데.

21. 국어는 삼겹살 수동태

a) 동사 수동태
> 그가 정직하다고 나는 생각을 한다.
> 그가 정직하다고 나는 생각이 된다.

b) 술부 수동태
> 나는 구름을 본다.
> 나는 구름이 보인다.

c) 문장 수동태
> 자동차가 고양이를 갈았다.
> 자동차에 고양이가 갈렸다.

1) 영어는 문장수동태로만 되니 인공수동태다.

2) 2능 과거시제를 수동태로 규범문법을 만든 것은 큰 오진이다.

22. 보어격과 동사격의 구별이 고장난 영어

다음은 보어문장이 아니고 동사문장이다. 2능 과거시제를 보어로 착각하고 있다. 국어로 번역해 보면 안다.

> She is married. 그녀는 결혼했다.
> He is dead(died). 그는 죽었다.

23. 국어와 영어의 어순이 반대

	영어	국어
a)	SVO	SOV
b)	기능어+뜻어=격어	뜻어+기능어=격어
	전치사	후치사
c)	명사+형용사	형용사+명사
	선행사	후행사

24. 인구어는 암기 과목: 성 수 인칭도 증거다

> 성: 남성명사와 여성명사의 암기
> 수: 가산명사와 불가산명사의 암기
> 인칭: 4개의 주어와 동사의 일치 암기

25. 조동사 유무로 2심

1) will would, shall should: -ㄹ 것이다(let going to)

> 조동사는 2시제가 아니고 2능이다. will shall과 would should는 같은 것이다.
> I go to America tomorrow. 사실심
> 나는 내일 미국에 간다.
> I will(shall) go to America tomorrow. 생각심 가능
> 나는 내일 미국에 갈 것이다.
> I would(should) go to America tomorrow. 생각심 불능
> 나는 내일 미국에 갈 것인데.

2) can could: -ㄹ 수 있다(be able to)

> I speak English. 사실심
> 나는 영어를 한다.
> I can speak English. 생각심 가능
> 나는 영어를 할 수 있다.
> I could speak English. 생각심 불능
> 나는 영어를 할 수 있는데.

한국어는 생어(SOV)
영국어는 사어(SVO)

3) may might, must ought to: -ㄹ 테다(do about to)

　may must와 might ought to는 같은 것이다.

> He is a fool. 사실심
>
> 그는 바보다.
>
> He may(must) be a fool. 생각심 가능
>
> 그는 바보일 테다.
>
> He might(ought to) a fool. 생각심 불능
>
> 그는 바보일 텐데.

26. 받침명사와 무받침명사

　남성명사는 받침명사가 정명이고, 여성명사는 무받침명사가 정명이다. 자연성과 문법성이 다르다는 것을 확실히 설명하는 한국어의 주격조사와 목적격조사들이다.

남성명사	여성명사
말	소
사슴	사자
선생님	교수

27. 영어의 기본 8상, 진행형, 수동태를 총망라한 32상에서 기본 8상이 모두 비문인 증거들

1) SVO 어순이고 문장조사도 없고 격조사도 없다.

2) 격문법이 아니고 수문법이다.

3) 과거시제가 두 개다. worked, have worked

4) 시간 3시제가 아니고 마음 6시제가 맞다.

5) 3완료상은 시제로 돌리고 6상(심 능 료 역 형 태)으로 가야 한다.

6) 지금의 영문법은 2심 2능 2료도 모른다.

28. 남용

1) 소유격 남용

　다음 문장에 my는 없어도 된다.

> I have my hair done. 나는 머리했다.

2) 전치사 남용

> What grade are you in?
>
> I am in the fifth grade.

29. 겁주는 수문법, 겁 빼는 격문법

　수문법으로 영어를 가르치는 교육은 영어에 대해 겁을 주는 영어교육이라서 벙어리 영어교육이고,

격문법으로 영어를 가르치는 것은 영어에 대한 겁을 빼는 영어교육이라서 벙어리가 입을 열게 하는 참교육이다.

30. 8품사는 명사의 감옥

명사를 8가지 품사로 나누는 것이 8품사문법이라서 3어 격문법을 방해한다.

1) think와 know는 본래 동사가 아니고 명사였다.

2) rich safe kind는 형용사가 아니고 성상명사다.

3) 다음 home과 hard는 명사가 기능어도 없이 부사로 쓰이는 경우다.
> He went home. 그는 집에 갔다.
> He works hard. 그는 열심히 일한다.

4) under, beneath 같은 위치를 나타내는 단어는 전치사가 아니고 명사다. 다음 Konglish 문장은 전치사가 주어라고 영어에서는 비문이라고 착각되고 있다.
> Under the table is dirty.

5) 다음 where는 접속사가 아니고 명사가 격조사도 없이 부사로 쓰이는 경우다.
> Where there is a will, there is a way.

6) 다음 whom과 what은 선행사를 포함하는 관계대명사가 아니고 의존명사 '자'자다.
> Whom the gods love die young. 신들이 사랑하는 자는 일찍 죽는다.
> He is not what he was. 그는 옛날의 그자가 아니다.

31. 의존명사를 모르고 있다

우리는 의존명사 '자'자와 '것'자 등을 선행사를 포함하는 관계대명사, 반복대명사, 가주어, 가목적어 등으로 잘못 알고 있다.

32. be동사와 조동사는 2심 2능 2시제

1) be동사 + 분사 = 사실심 2능 2시제: 분사의 동사적 용법
> She is marrying to Tom tomorrow. 그녀는 내일 톰과 결혼한다.
> She was marrying to Tom tomorrow. 그녀는 내일 톰과 결혼하는데.
> She is married to Tom yesterday. 그녀는 어제 톰과 결혼했다.
> She was married to Tom yesterday. 그녀는 어제 톰과 결혼했는데.

2) be동사 + 부정사 = 생각심 2능 2시제: 부정사의 동사적 용법
> She is to post the letter tomorrow. 그녀는 내일 편지를 부칠 것이다.
> She was to post the letter tomorrow. 그녀는 내일 편지를 부칠 것인데.
> She is to have posted the letter yesterday. 그녀는 어제 편지를 부쳤을 것이다.
> She was to have posted the letter yesterday. 그녀는 어제 편지를 부쳤을 것인데.

한국어는 생어(SOV)
영국어는 사어(SVO)

33. 인공 글과 자연 말

따라서 글과 말이 다르면 말이 맞다.

a) 글 영어(Written English)   말 영어(Spoken English)
   26개 철자   36개 발음기호
   수문법   (고장난)격문법

b) 글 국어(Written Korean)   말 국어(Spoken Korean)
   (26종성)   (8종성)
   격문법   격문법

1) 영어는 문자도 2가지고 문법도 2가지다. 따라서 글과 말이 다르다.

2) 국어는 받침만 문제다. 18개 엉터리 받침은 고쳐야 국어가 세계어로 나간다.

34. 잘못된 규범문법

1) 조동사 뒤에는 원형동사가 온다는 소리도 거짓말이다. 다음의 과거시제가 증거다.

   The couple will have fought last night.
   = The couple will had a fight last night.
   그 부부는 지난밤에 싸웠을 것이다.
   I can (speak) English. 나는 영어를 할 수 있다.

2) 동사원형에 -ing가 와야 한다는 소리도 거짓말이다. 4개의 분사가 증거다.

   thriving(번성하는)
   thriven(번성한)
   having thrived(번성하던)
   hading thrived(번성했던)

3) to fight 싸울

   to have fought 싸웠을
   to had a fight 싸웠을

35. 비문법적인 문장들이 모두 Konglish 예문들이다

   Horse is useful.
   I arrived at Seoul.
   I am a think that he is a fool.
   I can English. 나는 영어할 수 있다.
   Under the table is dirty.

36. the 유무로 명사와 부정사

   I go to the school, to the prison, to the church, to the sea
   I go to school, to prison, to church, to sea

37. 원형부정사가 아니고 원형분사다

> I saw her sing.
> =I saw her singing.

38. 형용사가 보어가 된다는 소리도 거짓말이다

보어도 뜻어+기능어=격어의 원리에 의해서 돼야 정상이다. 다음과 같이 소유격어가 보어가 되는 것은 영어의 보어격이 사망한 증거다.

> He is of fame.
> =He is famous.

39. 주어를 남용하는 영어

다음 문장에서 영어는 주어 'I'가 두 개인데 국어는 하나다. 따라서 한국어는 주어도 없는 문장이 있다는 비난은 잘못된 것이다.

> I will lend you the book when I have done with it.
> 내가 그 책을 끝냈을 때 너에게 그것을 빌려줄 것이다.

40. 성문종합영어 = 대한민국의 영문법 교과서(Bible)

1) 50년 이상의 전통을 가진 명실상부한 대한민국의 영문법 교과서라고 할 만하다. 영어선생님들은 이 책을 영문법의 Bible처럼 굳게 믿고 있다. 이것은 참 신기한 일이다. 영미에도 영문법교과서가 없기 때문이다.

2) 본 연구에서 영문법이 100% 거짓말이라는 말은 성문종합영어가 100% 거짓말이라는 말과 같다. 격문법에서 보면 수문법은 모두 거짓말이기 때문이다.

3) 문용(서울대 명예교수)은 무슨 이유로 이런 말을 하는지 모르지만 '성문종합영어가 약인가 독인가'라고 물었다. 물론 독이라는 말이다.

4) 성문종합영어에 나오는 독해문장들도 100% 거짓말 영문법으로 만들어졌기 때문에 100% 비문들이다. 자연문법(격문법)에서 보면 인공문법(수문법)에 맞는 문장들은 모두 비문이기 때문이다.

5) 성문종합영어가 100% 거짓말 책이라는 증거를 장마다 하나씩 들면 다음과 같다.

> 제1장 동사의 종류: 보어 유무로 불완전동사와 완전동사로 나누는 것은 거짓말이다.
> 제2장 동사의 시제: 시간 3시제가 아니고 마음 6시제다.
> 제3장 부정사: 형용사인 부정사가 3용법으로 6격에 쓰이니 고장이다.
> 제4장 동명사: 동명사(M)가 ing분사(N)와 모양이 같으니 동명사가 사망한 영어다.
> 제5장 분사: 형용사인 분사가 부사절인 분사구문으로 쓰이니 역시 고장이다.
> 제6장 조동사: 2능어인 조동사가 2시제로 쓰이고 있으니 역시 고장난 조동사다.
> 제7장 태: 2능 과거시제(be+pp)를 수동태의 규범으로 정한 것은 큰 오진이다.
> 제8장 법: 3법(직설법 가정법 명령법)은 없고 조동사 유무로 2심(생각심과 사실심)은 있다.
> 제9장 명사 I: 가산명사와 불가산명사는 없다. 수문법에서 나온 거짓말이다.

한국어는 생어(SOV)
영국어는 사어(SVO)

제10장 명사 II: 영문법에 성 수 인칭은 거짓말이고 격은 참말이다.

제11장 관사: 관사는 오명이다. 주격과 목적격의 격조사가 정명이다.

제12장 대명사 I: 의존명사 '것'자를 지시대명사로 착각하고 있다.

제13장 대명사 II: 선행사에 따라 who와 which로 나누는 것은 인공문법이다.

제14장 형용사: rich safe kind 같은 단어는 성상형용사가 아니고 성상명사다.

제15장 비교: -er -est와 more most 두 개라서 불규칙비교다.

제16장 부사: 부사격조사 -ly가 고장이다. late와 lately의 뜻이 다르다.

제17장 일치와 화법: 시제일치는 없다. 화법은 작문이고 문법범주가 아니다.

제18장 전치사: after under 같은 위치 명사는 전치사가 아니다.

제19장 접속사: 종속접속사는 윤회한 접속사고, 등위접속사는 미윤회한 접속사다.

제20장 도치, 강조, 생략, 공통관계, 삽입, 동격: 동격은 형용사다.

41. 영어에 반하다

영국어	한국어
세계어	약소국어
세계최우수어?	열등어?
규범문법	비규범문법
학교문법	비학교문법
인공문법	자연문법
수문법	격문법
불규칙동사	규칙동사
불규칙복수	규칙복수
불규칙비교	규칙비교
암기과목	비암기과목

1) 죽은 언어인 영어가 세계어가 된 것은 미국의 국력 때문이라는 사실은 우리가 다 알고 있다.

2) 우리는 영어에 반해서 영어의 결점들을 보지 못한다. 영어의 결점들이 하늘의 별처럼 아름답게 보인다.

3) 영어가 죽은 언어고 100% 거짓말 영문법인데도 모르고 있으니 우리는 무명과 전도몽상에 빠져 있다. 그러나 음양6행을 알면 여기서 벗어날 수 있으니 다행이다.

42. 1석4조의 이익과 불이익

한국은 한국어가 생음 생어라서 1석4조의 이익을 누리지만 미국은 영국어가 사음 사어라서 1석4조의 불이익을 받고 있다. 기타 영어권 국가들도 마찬가지고, 독어 불어 등 사음 사어를 쓰는 세계 모든 국가들도 마찬가지다.

	한국어	영국어
1) 문맹률	0%	50%
2) IQ	세계 1위	(?)
3) 배우는 시간	서당개 3년	평생
4) 학교교육	불필요	필요

1) 미국은 초 중 고 대학교에서 아무리 영어교육시간을 늘려도 미국의 문맹률을 50% 이하로 내릴 수가 없다. 죽은 사람과 죽은 언어는 되살릴 수 없기 때문이다.

2) 한국어를 쓰면 머리(IQ)가 좋아지고 영국어를 쓰면 머리가 나빠진다.

3) 한국어는 격문법이라 복잡해도 배우기 쉽고 영국어는 수문법이라 간단해도 배우기 어렵다. 인간의 언어능력은 격문법이지 수문법이 아니기 때문이다.

4) 한국어는 비학교문법(격문법)이라서 학교에서 배울 필요가 없지만 영국어는 학교문법(수문법)이라서 학교에서 배워야 안다. 따라서 학교교육의 필요 유무로 한국어와 영국어는 엄청난 차이가 난다.

43. 영어는 평생 해도 안 되는 언어

영어마을, 영어도시, 영어국가(인도, 필리핀)가 성공한 사례가 없다. 500년 동안 영어를 공용어로 쓰고 있는 인도에서도 영어를 모국어처럼 쓸 수 있는 사람이 0.02%라는 사실도 증거다.

44. 언어도 상품이다

언어가 IQ를 결정하기 때문에 세계 각국은 모국어와 외국어를 구별하지 않고 머리 좋아지는 언어를 수입하여 모국어로 사용하는 시대가 온다. 따라서 한국어가 세계어가 되는 것은 시간문제다.

45. 우리는 영어를 어떻게 가르칠 것인가

지금처럼 겁주는 수문법으로 가르치지 말고 겁빼는 격문법으로 가르쳐야 한다. 영어가 사어고 영문법이 100% 거짓말이라는 사실을 숨기지 말고 사실대로 가르쳐야 한다. 영어를 세계어에서 밀어내고 한국어를 세계어로 만들어야 세계평화와 인류의 행복에 기여한다.

46. 횡설수설하는 교수들

1) 보편문법을 찾고 있는 미국의 Chomsky 교수는 횡설수설하지 말고 격문법이 보편문법이라고 선언해야 한다.

2) 정의란 무엇인가라고 강연하는 미국의 Sandel 교수는 횡설수설하지 말고 정의란 음양6행이라고 선언해야 한다.

47. 두 개의 르네상스 원인은 모두 불교

1) 중세 르네상스는 기독교의 신본주의 암흑시대가 불교의 인본주의 광명시대로 가는 것이다.

한국어는 생어(SOV)
영국어는 사어(SVO)

2) 현대 르네상스는 유교의 음양5행 암흑시대가 불교의 음양6행 광명시대로 가는 것이다.

48. 소로우의 인간 구더기론

미국의 작가 Henry David Thoreau는 그의 책 Walden에서 인간은 부패하여 구제불능의 동물이라고 다음과 같이 혹독하게 비난하고 있다.

> '인간의 머리통 속에는 구더기(maggot)들이 가득해서
> 압착기에 머리통을 넣어 꽉 짜서 구더기들을 다
> 죽여도 소용이 없다. 구더기들이 까놓은 알 몇 개
> 남아서 다시 구더기로 가득 찰 것이기 때문이다.'

49. 3대 불가피

다음은 인류가 직면한 3가지 난제의 해결책이다.

1) 구제불능 영어, 한국어 사용 불가피

죽은 사람을 살릴 수 없듯이 죽은 언어도 살릴 수 없다. 구제불능 영어라서 미국은 한국어 사용이 불가피하다. 물에 빠진 불쌍한 미국 사람들이다. 죽은 영어의 바다에 빠져 허우적거리는 미국 사람들이라는 말이다. 우리 한국 사람들이 한국어로 도와주지 않으면 도와줄 사람이 없다. 죽은 언어를 쓰는 세계 각국이 모두 미국과 같은 처지에 있다. 따라서 한국어가 세계어가 되는 것은 불우이웃돕기다.

2) 부패한 인간만사, 6행시대 불가피

자연을 파괴하는 유일한 동물이 인간이다. 인간이 손만 대면 다 망가진다. 부패한 정치 경제 사회 문화, 부패한 종교, 부패한 지구, 이런 것들은 이미 우리가 다 알고 있다. 그러나 우리가 모르는 것이 딱 하나 있다. 부패한 국어 영어 수학과 같은 학문들이다. 이 모든 것의 원인이 우리가 6행을 모르기 때문이다. 따라서 6행 국어, 6행 영어, 6행 수학, 6행 불교 등으로 6행 학문시대를 여는 것이 불가피하다. 학문이 바로 서야 부패한 인간만사가 바로 서기 때문이다. 우리는 숫자가 신이라는 수학자 피타고라스를 높이 평가해야 한다. 음양6행의 6이라는 숫자가 우주 만물의 진리기 때문이다.

3) 핵 종말 지구, UN세계국가 불가피

기후종말은 걱정할 필요가 없다. 핵 종말이 먼저 오기 때문이다. 세계 각국이 가지고 있는 핵무기를 수거하여 폐기처분하기 위해서는 UN세계국가의 건설이 불가피하다.

참고서적

월든(Walden): 헨리 데이비드 소로우 지음, 강승영 역, 도서출판 이레, 1993.
    (허위의 늪에 빠진 인생 이야기, 무소유 저자 법정스님이 월든호수를 17번 방문했을 정도로 좋아했다. 다음이 소로우가 이 책을 쓴 목적이다.)
    I do not propose to write an ode to dejection, but to brag as lustily as chanticleer in the morning, standing on his roost, if only to wake my neighbors up. (무명과 전도몽상에 빠져있는 사람들을 깨우기 위하여 이 책을 쓴다.)

팅빈 바다: 찰스 크로버 지음, 이민아 역, 펜타그램, 2013.
    (2050년경에는 바다에 물고기가 없다는 이야기)

여섯 번째 대멸종: 에리자베스 콜버트 지음, 이혜리 역, 처음북스, 2011.
    (2050년경에는 여섯 번째 대멸종이 온다는 이야기)

2050 거주불능 지구: 데이비스 월러스 웰즈 지음, 김재경 역, 추수밭, 2017.
    (온난화가 가져올 지구 종말 예측 '사체 쌓인 바다' '질병 일상화' 등 재난 시나리오 절절하게 묘사)

파멸전야: 노암 촘스키 지음, 한유선 역, 세종서적, 2018.
    (인류가 핵 종말 일보직전이라는 이야기)

인간이후: 마이클 테너슨 지음, 이한음 역, 쌤앤파커스, 2017.
    (인류의 대량멸종과 그 이후의 이야기)

빙하기(그 비밀을 푼다): 존 임브리. 캐서린 팔머 임브리 지음, 김인수 역, 아카넷, 2015.

몽골의 역사: 강톨가 외 지음, 김장구 · 이평래 역, 동북아시아재단, 2009.
    (몽골 중고등학교 교과서. 몽골에는 빙하기가 없었다는 내용도 있다.)

마음의 고향 1-5권: 강청화 큰스님 지음, 상상예찬, 2008.
    (서양 철학자들도 불교의 영향을 받았다는 이야기)

동물들의 침묵: 존 그레이 지음, 김승진 옮김, 이후, 2014.
    (진보, 구원? 잊어라 환상이다. 퇴보요 멸망이다.)

철학이야기: 윌 듀런트 지음, 임헌영 역, 동서문화사, 2016.
    (불교승처럼 살다 간 서양철학자들 이야기)

법화경과 신약성서: 민희식 지음, 블루리본, 2012.
    (예수가 젊은 시절 인도에서 불교승이었다는 이야기)

인체, 진화의 실패작: 엔도 히데키 지음, 김소운 역, 여문책, 2006.
    (너덜너덜한 인체 설계도에 숨겨진 5억 년의 미스테리)

잔혹한 진화론: 사라시니 이시오 지음, 황혜숙 옮김, 2020.
    (인류는 가장 진화한 종이 아니다.)

기억 1, 2: 베르나르 베르베르 지음, 전미연 역, 열린책들, 2020.
    (111개의 전생이 만들어낸 지금의 나. 시공간 넘나드는 전쟁체험 통해 인간 정체성 찾아가는 과정 그려)

5분 철학: 제럴드 베네딕트 지음, 박수철 · 정혜정 옮김, 지와사랑, 2015.
    (누구나 궁금해 하지만 답할 수 없는 80가지 이야기. 불교가 정답이라는취지의 내용)

명언철학사: 강대석 지음, 푸른들녘, 2017.
    (철학 고수가 엄선한 사상가 62명의 명언을 통해 서양철학사의 흐름과 논점을 한눈에 꿰뚫다.)

초인수업: 박찬국 지음, 21세기북스, 2014.
    (논문: 원효와 하이데거의 비교연구, 니체와 불교)

철학 비타민: 도마스 아키나리 지음, 정선영 옮김, 부키(주), 2014.
    (윤회론의 신봉자 피타고라스가 몇 대에 걸친 자기의 전생 기억을 말함)

조선말역사: 류렬 저, 한국문화사 · 북한 사회과학출판사, 1992.
    [최세진의 훈몽자회에 한글의 받침은 8(ㄱㄴㄷㄹㅁㅂㅅㅇ)개다.]

한국어는 생어(SOV)
영국어는 사어(SVO)

찾아보기

한국어는 생어(SOV)
영국어는 사어(SVO)

UN세계국을 만들면
종말의 시계가 멈춘다

한국어는 생어(SOV)
영국어는 사어(SVO)

저자약력

유 영 두

경남 산청군 신안면 출생
신안초등학교 졸업
단성중학교 졸업
체신고등학교 졸업
체신부 공무원
고려대학교 영어영문학과 졸업
동덕여자중학교 교사
고려고등학교 교사
고려대학교 대학원(석사, 박사) 졸업
상명대학교 영어영문학과 교수
현) 상명대학교 명예교수
　　(전화: 010-4630-6039)

저자와의
합의하에
인지첩부
생략

한국어는 생어(SOV) 영국어는 사어(SVO)

2023년 5월 10일 초 판 1쇄 발행
2024년 5월 31일 제2판 1쇄 발행

지은이 유영두
펴낸이 진욱상
펴낸곳 백산출판사
교 정 성인숙
본문디자인 오행복
표지디자인 오정은

등 록 1974년 1월 9일 제406-1974-000001호
주 소 경기도 파주시 회동길 370(백산빌딩 3층)
전 화 02-914-1621(代)
팩 스 031-955-9911
이메일 edit@ibaeksan.kr
홈페이지 www.ibaeksan.kr

ISBN 979-11-6639-435-5 93740
값 27,000원